云霄年鉴

2020

YEARBOOK
OF
YUNXIAO

中共云霄县委员会　云霄县人民政府　主办
中共云霄县委党史和地方志研究室　　编

方志出版社
Publishing House of Local Records

图书在版编目（CIP）数据

云霄年鉴．2020 / 中共云霄县委党史和地方志研究室编．-- 北京：方志出版社，2020.12

ISBN 978-7-5144-4720-0

Ⅰ．①云… Ⅱ．①中… Ⅲ．①云霄县－2020－年鉴
Ⅳ．①Z525.74

中国版本图书馆CIP数据核字（2020）第268402号

云霄年鉴（2020）

编　　者：中共云霄县委党史和地方志研究室
责任编辑：王　娜

出 版 者：方志出版社
地　址　北京市朝阳区潘家园东里9号（国家方志馆4层）
邮　编　100021
网　址　http://www.zgfzcb.cn
发　　行：方志出版社图书经销中心
电　话（010）67110500
经　　销：各地新华书店
印　　刷：福州兴教印刷有限公司

开　　本：889×1194　1/16
印　　张：17.25
字　　数：420千字
版　　次：2020年12月第1版　2020年12月第1次印刷
印　　数：001～500册

ISBN 978-7-5144-4720-0　定价：200.00元

《云霄年鉴（2020）》编纂委员会

《云霄年鉴（2020）》编辑部

下河乡

杨桃小镇脱贫奔小康

下河乡地处云霄县西部，位于漳江上游，坡兜畲族村为云霄县唯一一个少数民族村，下河乡素有云霄县城后花园的美誉。下河杨桃、孙坑和石屏大棚蔬菜、外龙金枣、龙透枇杷、七高礤富硒蔬菜等农特色产品久负盛名，下河杨桃更于2017年成为金砖会议特供水果，享誉海内外。

2019年，下河乡深入开展“三抓三比、十项竞赛”“百个项目大比拼”当好“四个先锋”活动，兴实业、攻项目、优环境、补短板、保稳定，奋力推进全乡各项事业的发展。围绕“五业”扶贫，突出抓好产业扶贫。依托杨桃特色资源，融入生态观光、休闲旅游、采摘体验、直播抖音、文化创意等元素，让农民更多分享产业链的增加效益。2017年，全乡9个扶贫开发重点村实现摘帽出列，2018年，618户贫困户实现全面脱贫，并于2019年3月顺利通过省级第三方验收工作。华锐光电实现增资扩产，品尚皮具、同心健康、嘉利王食品等项目实现投产，实施完成和田路、饮用水源地两岸防护网、社保中心、殡仪服务中心等社会民生事业项目，扎实做好车圩溪、漳江西溪饮用水源保护工作，大力推进云平高速、七高礤古村落保护、杨桃岛提升工程建设进程。城镇综合承载能力大幅增强、功能日趋完善、品位不断提升、人气商气不断聚集。

下河新镇区

和田路（世坂段）

云平高速（下河段）

七高际村全景图

七高际景区木栈道

七高际瀑布

七高际古村落

绿色田园

山间雾气

下河杨桃生态观光园

下河村百年好合古杨桃树

下河杨桃七兄弟

下河杨桃岛星光大道

内龙村陶淑楼

车圩村卫生院

世坂村世坂小学

下河乡新湖村

青嶂云开霞河近

（戴园笙　摄）

下河村和丰杨桃专业合作社

石屏村旺江果蔬专业合作社

下河乡杨桃

下河风干杨桃

下河陈年金枣

福建省奥克兰光电科技有限公司

福建创格美居橱柜有限公司

云霄胜景建材有限公司

漳州金宝达服饰有限公司

电商文创园

2019 年 2 月 16 日杨桃采摘季互动游戏

2019 年 2 月 16 日杨桃采摘季节目表演

2019 年 2 月 16 日杨桃采摘季现场俯视图

2019 年 2 月 16 日杨桃采摘季现场

2019 年 2 月 16 日杨桃采摘季游客爆棚

（以上图片除标注摄影者外，均由下河乡人民政府供图）

编辑说明

一、《云霄年鉴（2020）》以马克思列宁主义、毛泽东思想、邓小平理论、“三个代表”重要思想、科学发展观、习近平新时代中国特色社会主义思想为指导，力求全面、客观地记载2019年云霄县自然、政治、经济、文化、社会和生态文明建设发展状况，反映云霄物质文明、政治文明、精神文明、社会文明、生态文明的新成就、新事物、新经验、新趋势。旨在为各级、各部门做出科学决策提供依据，为社会各界海外人士了解和研究云霄，置业和旅游云霄作为参考使用，并为续修地方史志积累资料。

二、《云霄年鉴（2020）》在编排方式上采用条目体。分为特载、专记、大事记、县情概貌、中国共产党云霄县委员会、云霄县人民代表大会、云霄县人民政府、政协云霄县委员会、纪委监委、军事、法治、群众团体、城乡建设与管理、资源与环境、农业与农村工作、工业与新能源、电商与商贸服务、交通、通信、经济管理、财政·税务、金融·保险、教育·科技、文化·旅游·体育·广电、卫生与计划生育、外事侨务·台湾事务·民族宗教、社会民生、开发区、乡镇、人物、附录，类目以下设分目、条目，条目为主要记事单元。

三、《云霄年鉴（2020）》采用规范化的语体文记述，力求言简意赅，通俗易懂。计量单位以国际法定计量单位为准，农田土地面积仍沿用“亩”作为计量单位。采用的统计数字数据以县统计局公布的为准，不属县统计局统计范围的数据，则出自各供稿单位核定的数据。

四、《云霄年鉴（2020）》资料由全县各级机关、企事业单位、人民团体提供外，还有部分由编辑人员采编。

五、《云霄年鉴（2020）》封面图片由云霄县美术家协会主席吴华林提供，彩页系列图片由下河乡人民政府提供。

目录

特载

专记

大事记

县情概貌

中国共产党云霄县委员会

云霄县人民代表大会

云霄县人民政府

政协云霄县委员会

纪委监委

军 事

法　治

群众团体

城乡建设与管理

资源与环境

农业与农村工作

工业与新能源

电商与商贸服务

交 通

通 信

经济管理

财政·税务

金融·保险

教育·科技

文化·旅游·体育·广电

卫生与计划生育

外事侨务　台湾事务　民族宗教

社会民生

开发区

乡　镇

人 物

附 录

索 引

中共云霄县委2019年工作总结

2019年，县委以习近平新时代中国特色社会主义思想为指导，深入学习贯彻党的十九大和十九届二中、三中、四中全会精神，在市委市政府的坚强领导下，坚持稳中求进工作总基调，坚持新发展理念，坚持高质量发展落实赶超，不断深化供给侧结构性改革，坚决打好三大攻坚战，持续抓好“六稳”工作，扎实推进“大抓工业、抓大工业”，着力建设“一区一湖两站四园”，全力推动宜居宜业宜游新云霄建设迈出新步伐、取得新成效。全县地区生产总值225.42亿元，增长7.1%；规模工业增加值76.42.06亿元，增长10.2%；社会消费品零售总额81.85亿元，增长12%；城镇居民人均可支配收入34686元，增长6.9%；农村居民人均可支配收入18388元，增长9.4%。主要工作及成效体现在以下八个方面：

一、认真学习贯彻习近平总书记重要讲话重要指示批示精神，持续推动新思想落深落细落实

把学习贯彻习近平总书记重要讲话重要指示批示精神、党的十九大精神和党中央决策部署，作为践行“两个维护”最根本的重大政治责任、第一责任，以扎实具体的举措、务实有效的机制抓好贯彻落实。一是深入贯彻落实习近平总书记在参加十三届全国人大二次会议福建代表团审议时的重要讲话精神。组织全县广大干部群众认真学习领会，广泛宣传发动，深入开展调研，汇聚各方意见，在此基础上，召开县委十三届九次全会，研究出台贯彻落实《决定》，制定营造有利于创新创业创造良好发展环境、探索海峡两岸融合发展新路、做好革命老区中央苏区脱贫奔小康工作、全面推进新时代党的建设等4份实施意见，逐项对照落实。二是深入推进习近平总书记重要讲话重要指示批示精神落地落实。严格按照省委“三四八”工作机制及市委推进会的要求，对习近平总书记每一个重要讲话重要指示批示，都及时召开常委会议、专题会、理论中心组学习会等进行传达贯彻，实行项目化、清单化、表单化、责任化跟进管理，确保落地见效。三是深入开展“不忘初心、牢记使命”主题教育。聚焦深入学习贯彻习近平新时代中国特色社会主义思想这个根本任务，全面落实“十二字”总要求、“五句话”具体目标和“四个贯穿始终”重点措施，坚持“四个到位”“四个注重”，抽调41名精干力量组建“一办四组”工作机构，派出10个县委巡回指导组加强督促指导，从严从实开展好主题教育。聚焦本地特色资源，把学习弘扬“向东渠精神”作为主题教育的“自选动作”，召开动员会，印发学习《决定》，编印《向东渠图片集》《渠水欢歌向东流》等特色学习资料，推出有特色、有载体、有看点的

向东渠现场教学点，引起社会广泛关注，《学习强国》刊载“向东渠精神”有关报道7篇次，《人民日报》《福建日报》等省级以上媒体报道20多次。聚焦“为民服务解难题”和解决群众最急最忧最盼的问题，通过个别访谈、召开座谈会、发放征求意见表等方式，累计征求党员群众意见建议369条，并围绕“8+7+4+X”开展专项整治，针对管党重点、民生堵点、生态痛点共查找问题59件，对问题实行挂钩包案、对账销号管理，用群众获得感检验主题教育成效。县委常委会召开专题民主生活会，积极开展批评和自我批评，盘点收获、检视问题、深刻剖析，明确努力方向和整改措施。四是深入学习宣传贯彻党的十九届四中全会精神。党的十九届四中全会召开后，把学习宣传贯彻党的十九届四中全会精神作为一项重大政治任务来抓，及时召开县委常委会（扩大）会议进行传达学习，县委常委带头开展宣传宣讲，推动四中全会精神进企业、进农村、进校园、进社区、进网络。召开县委十三届十次全会，研究制定我县实施意见，确保党的十九届四中全会精神落细落实。

二、紧扣高质量发展，持续推动经济运行稳中向好

深入贯彻新发展理念，不断推动经济高质量发展、赶超发展。一是打造重点产业新样板。认真落实“大抓工业、抓大工业”战略，实施“2+2”产业培育计划，巩固发展光电和新能源产业，打造电工设备产业园及富佳宝食品科技园两大产业集聚园，完成工业投资147亿元、比增61.5%，技改投资55亿元、比增28%，兑现工业政策奖励1200万元，规模以上工业总产值、规模以上工业增加值、固定资产投资和工业投资4项指标增幅位列全市首位，国企圣城集团实现营业利润和缴纳税收“双过亿”，全县经济运行总体平稳、稳中向好。持续深化供给侧结构性改革，推进农业绿色发展，全力打造“一村一品”示范带动，加强对“有机食品”“绿色食品”“无公害农产品”和“地理标志”三品一标的认证推进力度，全县共有34枚地标农产品和2枚全国驰名商标，成为全国地标产品第一县，绿洲农业获评福建省科技进步一等奖。加快推进三产融合发展，积极探索全域旅游发展新模式，重点打造“旅游＋生态、旅游＋现代农业”新业态，促进一产接二连三，今年我县代表福建省进行2019年中国美丽乡村休闲旅游推介。同时，电商产业发展迅猛，全县所有行政村实现电商服务站点全覆盖，开展“农产品网销”行动，倾心打造“云霄产、全球销”，《云霄县打造电商助力精准扶贫生态圈》入选“2019年全国电商精准扶贫典型案例”。二是激发重点区域新活力。实施“中心开发、南扩北延”发展战略，深入推进“一区一湖两站四园”全面铺开。滨北新区完成征迁1300亩，县医院整体迁建工程开始平整土地及土方开挖；1200亩的南湖生态园全面开园迎客；漳州核电1号机组正式开工，开启华龙一号批量化建设；全国首个按照“核蓄一体化”开发运营的抽水蓄能电站“两洞”（交通洞和通风兼安全洞）工程正式开工；云翔产业园迎来奥克兰电工设备、利众诚食品等项目主体的集体竣工；富佳宝食品科技园雏形初显，建成厂房近20万平方米；亚琦商贸物流园已建设完成11栋，新商业中心正在形成；累计投资13.5亿元打造农业大观园十大特色园区，逐步形成集观光、旅游、文化、养生和绿色农业生产为一体的综合示范园区。三是培育重点项目新动能。突出“五个一批”项目攻坚，深化“三抓三比、十项竞赛”及“百个项目大比拼”活动，开展县领导“下基层、解难题、促发展”活动月，强化要素保障，全年完成土地征迁2000多亩，拆迁面积约20万平方米，盘活闲置用地247亩，获批使用林地1020亩。全县237个重点项目完成投资228.61亿，已开工64个，已竣工投产122个，其中市级以上在建重点项目51个，年度投资超时序进度15.9个百分点；省级以上在建重点项目13个，年度投资超时序进度7.33个百分点。突出精准务实招商，强化以商引商、“一把手”招商、产业链招商，累计开展招商对接活动120场，对接项目135个，签约项目53个，其中已落地开工44个，计划总投资65.96亿元。

三、全面深化改革开放，持续释放发展活力

认真学习贯彻习近平总书记在庆祝改革开放40周年大会上的重要讲话精神，强化先行先试、重点突破、大胆创新，不断增强加快发展的动力活力。一是突出改革创新。深化“放管服”改革，推进“互联网＋政务服务”，编制“马上办、网上办、就近办、

一次办”审批服务事项目，推动政务服务“一网通办”，在重大投资项目模拟审批的基础上，创新重大项目特殊环节“模拟审批”，提高审批时效、促进项目早落地。创新实施“工业110”，落实“4+4”工作机制，帮助38家企业协调解决50个疑难问题；在全市首创“金融超市”，为364家企业发放10.43亿元贷款；云霄电商“一户一店一码”助力扶贫模式入围“改革开放四十周年福建影响力”案例。二是突出对台融合。深入学习贯彻习近平总书记在《告台湾同胞书》发表40周年纪念会上的重要讲话精神，积极打造对台产业深度合作示范区和台胞台企登陆“第一家园”。落实“以惠促融”，出台惠台利民措施，开展台商台胞金融授信试点，为一家台企授信2000万元解决其融资难题，引进32名台湾青年到科冠复合材料公司就业创业，在绿洲果蔬公司设置15个台湾青年就业实习岗。落实“以情促融”，组织赴台交流团体5团，接待前来寻根谒祖、探亲访友及民俗文化交流的台胞2000多人次，拉近两岸民众心灵距离，台胞对国家、对民族的认同感持续提升；经贸往来日益频繁，今年来，共组织赴台学习考察30多人次，接待台湾农业人士35人次，开展闽台农业技术培训4期200人次。三是突出对外开放。落实各级出台的鼓励外资外贸优惠政策，拨付资金补贴159.8万元，切实把优惠政策不折不扣地贯彻落实到每一家企业，全力打造对外开放新高地。认真落实稳外贸各项政策措施，组织出口企业参加各类境外展会，分别组织33家企业参加春季、秋季广交会，2019闽货华厦行·北京站展销活动以及“助力万企成长”活动，努力为我县企业拓展国际市场开辟新渠道，助力企业进一步抢占国际市场份额，形成出口规模和质量双提高的工作格局。

四、突出重难点工作，持续打好“三大攻坚战”

坚持整体思维、系统思维、底线思维，强化问题导向、目标导向，始终把打赢“三大攻坚战”作为重要政治任务。一是风险防范思想不松。建立风险预警机制，加强对经济金融、安全生产、社会舆情等领域风险的源头防范、科学研判、化解管控，重点防范化解金融风险，全县不良贷款率0.85%，始终控制在市下达指标范围内。二是脱贫攻坚标准不降。对照“两不愁、三保障”要求，深入开展脱贫攻坚战稳定提质三年行动，成立脱贫攻坚指挥部，调整县委副书记分管脱贫攻坚工作，实施扶贫资金投入稳步增长机制，今年县级财政累计投入2631万元，比增47%。 严格落实脱贫攻坚责任、政策、帮扶、监管“四不摘”要求，持续实施五业五共五查“三个五”扶贫工程，大力推行“公司+合作社+基地+贫困户”产业扶贫模式，提供兼职护林员等公益性岗位解决就业133人，投入资金592万元补助264户贫困户完成房屋修建工程，精准资助建档立卡贫困学生1671人次，落实医疗叠加保险政策补助2.82万人次，推进“养鸡生蛋”工程和“村级集体经济试点工作”，共增收493万元用于贫困村村财增收和基础设施建设，有力巩固脱贫成效。三是污染防治力度不减。实行“图表式管理、清单式销号”机制，第二轮中央生态环保督察信访件35件已办结23件，阶段性办结12件，突出生态环境问题47项已完成整改37项，其中红树林保护区退养还湿工作提前2个月超额完成年度退养任务。强化源头管控，全面开展污染源排查治理工作，排查整治68类635个污染源，已完成整治306个，投资5.39亿元实施12个“清新水域”“洁净蓝天”“清洁土壤”等“抓生态”项目，全县生态环境质量持续提升，县城区空气优良天数比例为99.7%，县级饮用水源水质达标率为100%，山美溪水质达到省级考核要求四类标准以上。

五、用心用情改善民生，持续增进群众福祉

始终坚持以人民为中心的发展思想，全力解决群众最急最需最盼的民生事项，切实增强人民群众获得感幸福感安全感。一是持续补齐民生短板。加快实施总投资78.9亿元的111个民生补短板项目，有效解决“四难一差”问题。教育方面，新建、改扩建校园建设项目16个，新增学位1830个，职业技术学校完成省级规范化职校建设，新招教师94人，组建首批17个名师工作室充实队伍力量，连续三年被评为漳州市初中教育教学质量先进县，云霄一中被确定为首批省级普通高中课程改革基地校、省级示范性高中建设学校；医疗方面，县医院整体迁建项目完成PPP合同签订、县疾病预防控制中心完成主体工程，云陵社区

卫生服务中心顺利完成搬迁，全县新增床位90张，成立5个名医工作室完善我县医疗专科建设；养老方面，新建农村幸福院26所、五星级居家养老服务照料中心1所，完善提升居家养老服务站8所，全县居家养老专业化服务覆盖率达79%；城乡基础设施建设方面，投资33.82亿元实施122个基础设施补短板项目，其中新增公共停车泊位150个，新建或改造农村供水管网153公里，铺设污水管道12.4公里，完成云霄汽车站主体工程、风吹岭水厂提升改造，完成17公里农村公路建设及7座农村公路危桥改造。二是持续改善人居环境。旧城改造稳步推进，下港片区改造建设启动迅速，创造出云霄历次征迁中涉迁对象最多、面积最大、单日签约最多等多个“之最”的“下港速度”，完成涉迁1099户已签约980户、腾房945户；威惠庙片区、旧实小片区改造、演武亭安置房等项目有序推进。环境整治成效凸显，开展铁路高速沿线环境综合整治和美丽乡村建设，拆除铁路沿线乱建乱搭1718平方米，完成既有农房（裸房）整治189栋、立面提升15栋、平改坡143栋，绿化花化美化面积17200平方米；开展“百路千村”和“两违”综合治理环境提升行动，共完成“四拆”面积60.9万平方米。三是持续维护安定稳定。深化社会综合治理，创新实行“2+4”城乡网格治理新模式，投入600万元推进城乡社区网格治理暨社区（乡村）110建设，率先在全市实现镇、村两级全覆盖；深化扫黑除恶专项斗争，共打掉黑社会性质犯罪组织1个、恶势力犯罪集团3个、恶势力犯罪团伙2个，破获刑事案件74起，抓获涉黑恶犯罪嫌疑人166人；扎实开展“夏季风暴”和秋冬季卷烟打假严打整治专项行动，招聘195名打假专员充实打假力量，继续保持全县烟机、炒丝场“零查获”；坚决依法处置非法缠访闹访行为，统筹抓好矛盾纠纷排查化解、重点人员管控、信访积案攻坚等工作，圆满完成“70周年大庆”期间信访维稳工作；开展安全生产隐患排查治理专项行动，整改隐患2182项，坚决防范各类生产安全事故。

六、牢牢把握主动权，持续唱响时代主旋律

严格落实意识形态工作责任制，巩固壮大主流思想，强化正确舆论导向，推动全县宣传思想文化工作跃上新水平。一是守好意识形态阵地。落实县委常委会定期研究意识形态工作机制，举办全县落实党委（党组）意识形态工作责任制、新闻发言人、舆情处置及网评工作等培训班，严格执行新闻媒体“三审三校”制。特聘65位骨干网评员，落实7×24小时信息巡查管控机制，共流转处置敏感舆情68条，实现“零重大网络舆情处置事故”和“零网络安全事故”的目标。加快县融媒体中心建设，出台三定方案，完成人员转隶工作。二是把好主流思想舆论。积极营造正面宣传氛围，开设“不忘初心、牢记使命”主题教育、“大抓工业、抓大工业”等宣传专栏，组织“庆祝新中国成立70周年”等主题系列宣传。培育和践行社会主义核心价值观，用好用活农村文艺队、志愿服务队、乡村宣讲队3支队伍，扎实开展氛围营造、文明创建、除陋习树新风和基层群众文化4项活动，全面推进移风易俗重点整治，持续深化殡葬改革专项治理，不断提升家风家训馆和“一镇一孝廉”等阵地建设。组织道德模范、身边好人等典型选树和推荐活动，列屿镇的蔡玉坚12月份入选“中国好人榜”。三是抓好文化事业发展。开展文化惠民提升工程，完成5个乡镇综合文化服务中心示范点和73个村级达标点建设，新图书馆项目建成竣工，举办各类文艺活动100多场，参与人数近20万人次。获批“中国书画之乡”、和平乡获评“中国旅游产业影响力美丽乡村”，大型潮剧现代剧《向东渠》在第七届福建艺术节揽获6个奖项。

七、广泛凝聚各方力量，持续推进民主政治建设

发挥党委总揽全局、协调各方的作用，推进全面依法治县，支持人大、政协和统一战线履行职能、开展工作、发挥作用。一是着力支持人大依法履职。坚持把人大工作纳入总体工作布局，完善党委领导人大工作的机制，推进人大代表联系群众活动室和人大代表网上联络站等履职平台建设；支持人大加强法律监督和工作监督，开展7部法律法规实施情况检查，听取审议15项专项工作报告，开展16项专题调研，通过6个决议决定，批准任免国家机关工作人员75人次，确保依法行政、公正司法得到落实。二是着力推进协商民主建设。召开县委政协工作会议，支持政协聚焦打造向东渠红色文化品牌、台资侨资企业发展等6个课题开展调研视察，开展全域旅游发展、农村饮

用水安全、核电配套产业布局等3个议政性专题协商以及50场咨政建言会、对口协商会等协商活动，积极建言献策，形成9份调研报告；支持政协加强和改进民主监督工作，运用委员视察、民主评议等形式，推动重大方针政策和决策部署贯彻落实。三是着力推进统一战线工作。制定完善党政领导与企业家恳谈会制度、非公有制企业诉求受理处置反馈工作机制，成立了云霄县新的社会阶层联谊会，依法管理宗教事务，治理滥乱建大型露天佛像专项工作成效明显。同时，着力加强党管武装、司法等方面工作，推进军民融合发展，发挥工会、共青团、妇联等群团组织作用，最大限度凝聚全社会推进改革发展稳定的共识和力量。

八、全面从严管党治党，持续净化政治生态

切实履行管党治党主体责任，推动全面从严治党向基层延伸，着力构建良好政治生态。一是强化党的政治建设。增强“四个意识”、坚定“四个自信”、做到“两个维护”。严明政治纪律和政治规矩，严格遵守党章，不折不扣贯彻落实中央和省委、市委各项决策部署。严格执行新形势下党内政治生活若干准则和重大问题请示报告制度，贯彻执行民主集中制各项制度，完善县委常委会、县委全会议事规则和决策程序，开展县委理论中心组集体学习11次21个专题，班子向心力、凝聚力、战斗力不断增强。二是建强干部人才队伍。建立一线干部实绩档案226名，抽调48名年轻干部到滨北、南湖、企业服务等重难点一线锻炼，选拔任用科级干部6批次共221名，提拔重用在一线工作表现突出的干部37人，记集体三等功6个、记个人三等功35名，表彰先进集体16个、先进个人48名，完成公务员、参公人员职级套转778人，晋升职级35人。申报“百人计划”项目3个，确认享受国务院特殊津贴专家1人，新认定省、市高层次人才9人，新增4家人才驿站，与2个院士团队签订合作协议。三是筑牢基层战斗堡垒。实施“村财增收三年规划”，给予17个增收成效明显的村奖补390万元，由16名县领导分别挂钩7个软弱涣散村和9个薄弱村，实现转化晋级；继续从优秀村主干中考录招聘乡镇干部，提高村主干基本报酬至人均每月2900元，并实行差异化考评；开展“两优一先”表彰工作，表彰先进基层党组织40个、优秀共产党员65名和优秀党务工作者40名，推进基层服务型党组织建设。四是持之以恒正风肃纪反腐。持续推进纪检监察体制改革工作，增设两个巡察组，制定纪检监察机关与巡察机构协作机制，开展两轮四批次对11个单位和24个村的巡察，发现问题406个，移交问题线索92条，立案23人，党纪政务处分20人。坚持把纪律和监督挺在前面，全县共处置问题线索492条，运用“四种形态”处理694人次，提出不宜使用、重用、评选意见59人次，及时为7名受到不实反映的干部澄清正名。持续查纠“四风”问题，聚焦扶贫、民生、扫黑除恶等重点领域，查处违反中央八项规定精神问题41起75人，查处扶贫领域问题4起17人、民生领域突出问题19起34人、涉黑涉恶3起3人，走访采矿、采沙点66个，发现问题线索1条，党纪立案1人，加强以案促改，推动建章立制，从源头上遏制腐败行为发生。

在看到成绩的同时，我们也清醒地认识到发展中还存在不少困难和问题，主要是县域经济不强，产业集聚效应不显，新的经济增长点不多，服务环境不优，思想解放不够，破题攻坚的决心和能力不足等。在今后工作中，县委将更加紧密地团结在以习近平同志为核心的党中央周围，认真贯彻落实中央各项决策部署和省委、市委工作要求，坚持问题导向，采取有力措施，全力加快宜居宜业宜游新云霄建设，奋力当好富美新漳州建设先锋。

云霄县人民代表大会常务委员会工作报告

——在县十七届人大四次会议上

云霄县人大常委会主任　施仲达

2019年12月27日

2019年的主要工作

2019年，县人大常委会以习近平新时代中国特色社会主义思想为指导，深入学习贯彻落实党的十九大及十九届二中、三中、四中全会精神和习近平总书记对福建工作的重要指示要求，树牢“四个意识”，坚定“四个自信”，坚决做到“两个维护”，坚持党的领导、人民当家作主、依法治国有机统一，在县委的正确领导下，围绕中心，服务大局，认真依法行使职权，贯彻新发展理念，积极开展工作。

一年来，常委会召开8次会议，检查7部法律法规实施情况，听取审议15项专项工作报告，开展1次专题询问、1次工作满意度测评、16项专题调研，通过6个决议决定，批准任免国家机关工作人员75人次，圆满完成全年目标任务，着力推进高质量发展落实赶超，为宜居宜业宜游新云霄建设作出了积极贡献。

一、围绕中心，加强监督工作

常委会紧扣中心，服务大局，突出重点，着力增强监督实效，推动县委重大决策部署贯彻落实，促进依法行政、公正司法。

（一）着力推进高质量发展落实赶超。

常委会听取审议国民经济和社会发展计划执行情况报告，认为我县紧紧围绕市委“大抓工业、抓大工业”的部署和县委实施“一区一湖两站四园”战略，经济发展稳中有进，稳中向好，提出要坚持新发展理念，坚持以高质量发展落实赶超，落实减税降费政策，收入结构得到改善，重点行业，税收总体趋稳；财政收支保持较快增长。保障稳增长、促改革、调结构、惠民生、防风险，服务经济发展需要，促进云霄经济社会持续保持稳定发展态势。

听取审议关于全县农业特色产业发展情况的报告，认为我县认真落实中央、省、市发展乡村农业特色产业一系列决策部署精神，深化产业转型升级，农业增效、农民增收，促进一二三产业联动融合发展，农业特色产业取得显著成效。提出了科学引领、助力乡村振兴；加大扶持力度，增强产业内驱力；加强培训，提升产业竞争力；抓好产业链延伸，发挥联动效应；加大资金投入与监管，助力发展等五点建议，着力推进全县农业特色产业不断发展。

听取审议关于《云霄县贯彻实施〈水污染防治法〉情况报告》，提出落实生态环境保护“一岗双责”目标责任，以饮用水源保护为核心，加快推进峰头水库水源地环境问题整改；打好“污染防治三大战役”，以消减污染物排放为抓手，策划实施精准治理减排项目；以河（湖）长制为载体，落实责任目标清单，强化环保监管，打好漳江流域山水林田湖生态系统保护修复攻坚战。同时，持续关注牛蛙养殖专项整治工作巩固情况，用法律的武器治理污染，用法治的力量保护生态，推动我县生态环境高质量持续稳定提升。

为推进改革向纵深拓展，常委会围绕“十三五”规划中经济发展的若干重要问题，有计划地开展全域旅游发展、全县教育事业发展、我县工业发展、农村人居环境整治工作、公益诉讼工作、全县农业特色产业发展、少数民族村经济发展、少数民族乡村特色文化旅游发展、县城规划区燃放烟花鞭炮、县城区背街小巷和城中村环境卫生、牛蛙养殖专项整治工作巩固、社会力量参与信访工作、2018年我县政府债务管理、我县国有资产（非金融类国有企业）管理、全县脱贫攻坚稳定提质三年行动工作落实情况等工作调研，形成调研报告，为我县经济社会发展积极建言献策，为县政府依法行政提供依据和参考。

全域旅游发展状况专题调研报告提出的创新发展理念，坚持政府主导，用活相关配套政策，推动“旅游＋核电”红色旅游路线融合发展，加快红色文化旅游保护开发；高标准编制全域旅游发展规划，推动乡村旅游产业提档升级；全力打造温泉品牌，创新旅游投融资机制；补齐基础设施短板，实施精准营销等建议，推动了我县尽早尽快构建环境优越、旅游要素聚集、区域协作密切的全域旅游发展格局。

全县脱贫攻坚稳定提质三年行动工作落实情况调研，提出抓好产业扶贫，治标治本有机统一；夯实基础，强化重点对象帮扶力度；综合施策，加大村级集体经济发展扶持力度；明确职责，强化干部挂钩帮扶责任；持续加大落实扶贫政策，强化部门联动的建议，有力地推进我县脱贫攻坚稳定提质三年行动的扎实开展。

（二）着力加强执法检查。

执法检查是人大监督的法定形式和重要途径。2019年，常委会组织检查了《中华人民共和国水污染防治法》《中华人民共和国渔业法》《中华人民共和国就业促进法》《中华人民共和国中小企业促进法》《福建省促进中小企业发展条例》《中华人民共和国教师法》《福建省实施〈教师法〉办法》法律法规的实施情况。

常委会紧紧抓住法律法规贯彻实施中突出问题和薄弱环节，提出解决问题的意见和建议。如对《中华人民共和国教师法》《福建省实施〈教师法〉办法》执法检查，提出尊师重教有关政策措施落实、加强师德师风建设、加强教师队伍建设、深化教师管理改革、维护教师合法权益等建议，交由县政府及教育主管部门研究并制定落实整改措施，在全社会中营造尊师重教良好氛围。

在《中华人民共和国就业促进法》执法检查中，提出加强资金支持力度，加强和完善公共就业服务机构建设；加大对劳务派遣机构监管力度，确保社保资金安全按时足额缴纳；健全统一领导、分工协作工作机制，建立公共财政投入、风险预警责任报告和责任追究制度。采取积极政策扩大就业的经济发展方式，做好促进就业工作十七条措施的落实，确保就业持续稳定。

通过对《中华人民共和国渔业法》执法检查，提出加强宣传、营造良好的执法环境，严格规划发展渔业特色园区经济；落实责任加大查处打击力度；创新管理，完善执法监督机制；狠抓监管，落实安全生产责任等建议，县政府及相关执法部门加大整改力度，加强渔业资源保护、增值、开发和利用，推进渔业生产综合管理不断规范，充分发挥法律巡视的监督利剑作用，取得较好的执法成效。

常委会组织检查《中华人民共和国中小企业促进法》及《福建省促进中小企业发展条例》实施情况，针对存在问题提出意见建议，进一步优化中小企业发展环境，维护中小企业合法权益，促进中小企业健康发展，推动我县工业经济实现高质量发展。

（三）着力加强预算决算审查监督。

常委会听取审议2018年本级财政决算、2018年度县本级预算执行和其他财政收支的审计工作、2019年上半年预算执行情况等报告，审查批准2018年县政府财政决算。指出要进一步贯彻实施《预算法》，规范政府部门预算编制，提出预算编制的科学化和规范化，推动财政资金使用率的提高，使财政资金更好地服务于经济社会发展需要。

听取审议政府情债务情况的报告，提出建立健全债务风险防控体系；健全规范举债融资机制；遏制隐性债务增量；妥善化解债务存量；关注政府债务率，全面评估政府债务风险水平，推进我县政府债务管理制度建设，不断规范政府举债融资行为，有效防控全县债务风险。

听取审议云霄县国有资产（非金融类国有企业）管理情况报告。提出进一步明确国有资产管理机构和管理职责，加快国有资产管理制度化、规范化建设；实现国有资产规范化管理，做到依法依规，防止国有资产遗漏流失；深化改革，更好发挥国有资产作用；积极推进困难企业改制工作；建立目标管理，完善考核机制，提高国有企业核心竞争力和抗风险能力。

听取审议2018年度县本级预算执行和其他财政收支情况的审计报告，提出本级财政支出加大对防范金融风险、精准扶贫、污染防治等三大攻坚战及加快新云霄建设的投入，并对政府及部门落实整改情况进行跟踪监督，提高人大财经监督实效，维护财经秩序，保障我县社会经济稳定健康发展。

（四）着力推动保障民生改善。

保障改善民生，促进社会公平正义，是常委会监督工作的重点。常委会坚持以人民为中心的发展思想，紧扣回应人民群众重大关切，加快补齐民生短板，增加人民群众的获得感、幸福感、安全感。听取审议2019年全县爱国卫生运动工作情况报告，提出建立爱国卫生工作绩效考核机制；加大宣传力度，提高广大群众的爱国卫生科普知识；按照属地管理原则，加强环境整治；树立大局意识，通力合作等建议。县人大常委会在去年对此项工作进行满意度测评的基础上，针对存在的问题，要求政府及各职能部门、各乡镇、开发区制定整改方案，扎实开展综合整治，今年的爱国卫生运动工作较往年得到更好的推进提升，群众满意率明显提高。

为全面了解和掌握全县教育事业发展现状，常委会就我县教育事业发展状况开展调研，调研按学前教育、小学教育、初中教育、高中教育四个层面展开，专题调研报告中分别对四个阶段的教育现状提出切实可行的建议，加快推进全县教育事业的科学发展。

为切实落实县委关于开展乡村振兴争先创优树标杆行动工作的部署要求，常委会对全县农村人居环境整治工作开展调研，提出加大宣传力度，营造良好氛围；加大经费投入、加强督查落实；强化措施，持续开展整治；加强协调，形成联动格局等建议。同时，召开县乡人大工作联席会，听取整治工作情况汇报，指难点、解难题、强监督，扎实推进我县农村人居环境整治工作。

县城规划区群众无序燃放烟花鞭炮已处于失管失控随意状态，污染空气，产生噪音，存在极大安全隐患，成为百姓关注的热点问题之一。县城规划区燃放烟花鞭炮调研报告提出的建议，得到县委的充分肯定。县委王书记对此报告作出批示：县人大常委会调研组撰写的县城规划区燃放烟花鞭炮的调研报告，意见和建议很好。请林意纯常委牵头，成立禁炮领导小组，参照兄弟县区和以往的做法，出台禁炮工作方案，提交政府研究，确保实效。要结合主题教育活动，从整改入手，抓早、抓细、抓实，确保成功！

听取审议关于殡葬改革工作情况报告，提出加大宣传力度，抓好统筹规划，建立联动机制，加快乡镇公益性骨灰楼堂建设进度等建议，营造移风易俗新风尚，真正做到为民、便民、利民。

（五）着力加强司法监督。

常委会组织开展“12·4”国家宪法日暨宪法宣传周系列教育；组织代表专题视察“七五”普法中期工作、检查“七五”普法决议落实情况；听取审议“七五”普法工作情况报告，有效地推进“七五”普法规划的贯彻落实。

加强检察公益诉讼监督。开展“云霄县检察公益诉讼工作情况”专题调研，提出增强思想观念，提高履职站位；加大宣传，营造良好氛围；强化协同联动、推进工作开展；加强队伍建设，提高办案质效等建议，促进行政执法规范化。常委会作出了《关于支持检察机关依法开展公益诉讼工作的意见》，检察监督质效得到提升。开展了《检察公益诉讼——维护公共利益的有效方式》为主题的法律知识讲座，扩大检察公益诉讼的社会知晓度，提高了干部运用法治思维和法治方式工作的能力。

听取审议《2018年道路安全“一法一办法”实施情况审议意见办理情况的报告》，提出增强全民守法意识、优化道路交通安全环境、加大联合执法力度等建议，人大常委会加强对交通安全执法的监督，提高了交通安全管理整体水平，回应了人民群众对平安顺畅出行的热切期盼。

同时，人大监察和司法工作委员会作为县全县深化改革民主法制领域改革专项工作小组的牵头部门，努力作为，确保改革持续稳妥推进。加强和改进人大信访工作，积极探索新时期人大信访工作新思路、新方法，努力化解矛盾，维护人民群众合法权益。针对人民群众反映强烈的涉法涉诉、涉黑涉恶等信访问题，加强预警、排除信访隐患，加强交办督办。今年共受理来信15件，办理率达100%，办结率达95%，做到件件有落实、事事有回音，达到较好社会效果。

（六）着力做好规范性文件备案审查工作。

常委会工作机构组织对生态环境保护规范性文件开展专项清理，督促县政府对已经清理完成的规范性文件开展自查和清理“回头看”工作。今年，共审查县政府报送备案的规范性文件9件，清理涉及生态环境保护的规范性文件共 13 件，促进备案审查工作制度化、规范化。

二、夯实基础，加强代表工作

常委会从尊重代表主体地位出发，积极探索，不断创新，让代表工作活起来，不断提升代表履职水平，充分发挥代表作用。

（一）密切与人大代表的联系。

常委会组成人员集中走访联系代表，开展“走基层、进活动室，联系基层代表和群众”主题活动，完善向代表通报重要情况和征求意见工作，扩大代表对人大工作的参与，推动“一府一委两院”加强与代表的联系。

（二）重视对代表议案建议的办理。

常委会高度重视代表议案建议的办理，及时做好建议意见分类整理，采取多形式督办。2019 年代表提出的 57 件议案、建议，现已经办理完毕并答复代表，办复率达 100%。组织对县十七届人大三次会议第 170323 号“关于加快县城新区排水排污防涝设施建设步伐”建议意见办理情况进行满意度测评，提高了承办单位办好议案、建议的意识，强化了办理措施，县城新区一些排水排污问题得到了较好的解决，建议办理质效得到进一步提升。

（三）改进代表视察调研工作。

围绕高质量发展，“抓大工业、大抓工业”，乡村振兴、脱贫攻坚、生态文明建设、人居环境整治等关系我县经济社会发展的重大问题，先后组织 8 次调研视察，提出建设性建议。如 2019 年 8 月，组织代表对我县工业发展状况开展调研视察，针对工业发展中存在的问题，提出了“突出招商选商扶商，增强投资发展后劲；推动技术创新，支持企业转型；落实惠企政策，优化营商环境；加大引导对接，减轻企业负担；推进园区建设，提升平台功能；力抓提质增量，壮大实体经济”等六条建议，较好发挥代表在工业发展中的积极作用。今年 12 月份，组织百名人大代表开展视察，通过视察调研，充分了解我县经济社会发展情况和人民群众普遍关心和迫切需要解决的热点难点问题，掌握更多的具体情况，推动代表依法履职。

（四）服务保障代表履职。

为提升代表履职水平和素质，更好地发挥代表作用，今年共四批次组织集中培训 93 名县人大代表。通过培训，让代表开阔视野、增长知识，依法履职的水平和执行代表职务能力得到提升；设立“云霄县人大代表履职服务中心”；规范人大代表联系群众活动室；推广运用人大代表履职服务网络平台，建成人大代表网上联络站，大力推动“互联网 + 代表履职”；制定履职登记制度，建立代表履职档案，同时，通过媒体加大代表履职的宣传。

三、提升政治站位，加强自身建设

常委会把政治建设摆在首位，坚持用习近平新时代中国特色社会主义思想武装头脑，指导工作，努力建设让党和人大代表、人民群众满意的“模范机关”。

（一）着力加强政治建设。

常委会坚持党对人大工作的全面领导，确保党的主张通过法定程序成为全县人民的共同意愿，做到重大事项及时向县委请示报告，人大工作围绕县委中心工作展开。深入开展“不忘初心、牢记使命”主题教育，从党组到机关党支部，都制定了专题学习计划，常委会领导带头学习，以上率下，带动常委会委员、人大代表和机关干部，紧扣主题教育目标要求，学习内容突出学原著，切实做到精读原文、理解原义、领会原理；举办 7 场专题学习会，常委会领导班子成员分赴基层，走村入户，与群众拉家常、谈发展，轮流上党课，开展汇报交流会，宣讲党的十九大精神和习近平新时代中国特色社会主义思想及习近平总书记关于坚持和完善人民代表大会制度的重要论述，学习贯彻中央关于坚持和完善中国特色社会主义制度，推进国家治理体系和治理能力现代化若干重大问题的决定，大力推进主题教育走深走实，取得成效。

（二）加强组织建设。

制定人大常委会党组和机关党支部党建工作方案，严格执行党内各项规定，落实好意识形态领域工作责任制，履行保密工作责任制。坚持民主集中制，按照《人大党组工作规则》《人大常委会主任会议议事规则》，讨论决定重大事项，依法行使人大常委会的各项职权。

（三）加强作风、制度、干部队伍建设。

大力弘扬“马上就办、真抓实干”的优良作风，健全完善日常管理制度，规范机关运作程序，提升服务保障代表履职水平，坚持严管厚爱相结合，提振干部干事创业精气神，建设忠诚干净担当的人大干部队伍。人大常委会班子挂钩的项目有效推进，取得实效。

（四）加强廉政建设。

严格落实准则、条例和中央八项规定实施细则，落实党风廉政建设各项规定，扎实开展各种专项教育，推进人大常委会及其机关党风廉政建设。

各位代表，2019 年县人大常委会所取得的成绩，是县委正确领导和全体代表共同努力的结果，是县政府、县监察委、县法院、县检察院密切配合的结果。同时，也离不开乡镇人大、各级各部门和社会各界的大力支持，离不开老领导老同志的关心支持。在这里，我谨代表县十七届人大常委会向大家表示衷心的感谢！

回顾 2019 年的工作，我们也清醒地认识到，同人大代表和人民群众的新期盼相比，我们的工作还存在一些差距和不足：对新时期人大工作中出现的新情况新问题研究不够；监督工作实效需要着力增强；发挥人大代表作用、密切联系群众的相关制度需要健全并更好落实；深入基层调研、回应社会关切尚有不足；人大理论研究和宣传工作需要改进。我们要高度重视这些问题，虚心听取代表和各方面的意见和建议，自觉接受监督，不断加强和改进各项工作。

2020 年的主要任务

2020 年是“十三五”规划收官之年，是全面建成小康社会的决胜之年。县人大常委会要以习近平新时代中国特色社会主义思想为指导，全面贯彻党的十九大和十九届二中、三中、四中全会精神，增强“四个意识”，坚定“四个自信”，做到“两个维护”，在县委的领导下，围绕中心，服务大局，认真履职，积极作为，为推动云霄经济社会发展作出新贡献。

（一）围绕坚持高质量发展落实赶超，实施监督。

一要抓住事关全县经济社会发展全局的重大事项依法行使监督职权，确保县委重大决策部署有序推进。二要树立新发展理念，综合运用重大事项决定、听取专项工作报告、执法检查、专题询问等法律赋予的职权打好“组合拳”：加强对法律法规实施情况的监督；加大对财政预算决算的监督；围绕推动经济社会高质量发展加强监督；加大对经济运行的监督；加强对保障和改善民生的监督；加强司法监督，为推动经济社会持续健康发展营造良好的环境。

（二）尊重代表主体地位，充分发挥代表作用。

一要继续抓好代表学习培训工作，进一步提升代表履职能力和水平；二是密切联系群众，深入落实常委会组成人员联系代表制度，推动代表活动制度化、常态化。三是完善拓展代表工作平台，服务保障代表履职；四是完善代表议案建议办理工作机制，推动建议办理工作取得更多实效；五是厘清思路，选准主题，确定重点，开展调研视察，推进“一府一委两院”工作落到实处。

（三）大力加强自身建设。

始终把政治建设摆在首位，持续深入学习宣传贯彻习近平新时代中国特色社会主义思想和党的十九大及党的十九届二中、三中、四中全会精神，习近平总书记关于坚持和完善人民代表大会制度的重要思想；坚持党对人大的领导，加强法律法规和人大理论知识的学习；保持“两学一做”学习教育常态化制度化，做好“不忘初心、牢记使命”主题教育成果的转化，推进人大机关党的建设；坚定履行从严治党政治责任，全面落实准则、条例和中央八项规定，履行好“一岗双责”；学习贯彻坚持和完善中国特色社会主义制度、推进国家治理体系和治理能力现代化的重大意义和总体要求，加强人大机关效能建设、精神文明建设，提升机关服务意识，提高服务效率；增强人大制度宣传实效，努力营造团结和谐、奋发有为、勇于担当的工作氛围，更好地发挥人大作为权力机关、代表机关和民意机关的作用。

各位代表！新年的阳光遍洒大地，新时代做好地方人大工作责任重大，任务艰巨，使命光荣。2020 年，我们更需倍加努力。让我们更加紧密地团结在以习近平同志为核心的党中央周围，在中共云霄县委的正确领导下，加满油、把稳舵、鼓足劲，用拼搏和奋斗书写人大工作新篇章，践行新思想、展现新作为，为加快建设宜居宜业宜游新云霄而努力奋斗！

政府工作报告

——在云霄县第十七届人民代表大会第四次会议上

云霄县人民政府县长 张明东

2019 年 12 月 26 日

一、2019 年主要工作回顾

过去一年，全县上下以习近平新时代中国特色社会主义思想为指导，深入学习贯彻党的十九大精神，全面落实习近平总书记对福建工作的重要指示要求，树牢“四个意识”，坚定“四个自信”，坚决做到“两个维护”，在县委的坚强领导下，深入贯彻新发展理念，落实“六稳”工作部署和高质量发展要求，聚精会神抓产业促升级，千方百计办实事惠民生，全县经济社会发展呈现结构更优、效益更好的高质量发展态势，基本完成年初确定的各项目标任务。初步预计，全年实现地区生产总值 211 亿元，增长 8.2%；农林牧渔业总产值 57.2 亿元，增长 4%；规模以上工业总产值 265 亿元，增长 10.2%；规模以上工业增加值 75.5 亿元，增长 10%；出口总值 6.5 亿元；实际利用外资 3580 万元；固定资产投资 215 亿元，增长 17.67%；公共财政总收入 9.91 亿元；地方公共财政收入 6.31 亿元；社会消费品零售总额 81.73 亿元，增长 12%；城镇居民人均可支配收入 35205 元，增长 8.5%；农村居民人均可支配收入 18442 元，增长 9.7%。三次产业由 2018 年的 18.3∶41.5∶40.2 调整优化为 16.6∶42.2∶41.2。主要工作和成效是：

（一）抓项目促投资，产业支撑更加有力。

坚定不移贯彻落实市委市政府“大抓工业、抓大工业”决策部署，持续深化“五个一批”工作机制，深入开展“三抓三比、十项竞赛”活动，全县 237 个重点项目完成投资 208 亿元，漳州核电等 64 个项目开工建设，开发区污水厂等 90 个项目建成投用（投产），富佳宝食品工业园、电工设备产业园建设快速推进。精准开展招商引资，全年签约三维项目 42 个、计划总投资 55 亿元，其中生产性项目 39 个、计划总投资 51.5 亿元，鑫永威珍珠岩等 15 个项目实现当年签约当年落地。持续优化营商环境，在全市首创“工业 110”服务保障队伍，践行“四个一”工作法，全力破解项目瓶颈难题，完成土地报批 1320 亩，盘活闲置用地 247 亩，获批使用林地 1020 亩。支持实体经济发展，开设“金融超市”，364 家企业获银行贷款 10.43 亿元，全年为企业减税降费 1.7 亿元，兑现政策奖励 1200 万元，办理应急周转金 840 万元，为 6 家企业补办不动产登记证，推动中福新材料等 8 家企业新上规模，规模以上工业总产值、增加值增幅连续 9 年位居全市前列。

（二）重统筹强融合，城乡发展更趋协调。

城市品质持续提升，南湖生态园建设全面收官，二期 700 亩园区开园迎宾；滨北新区完成征地 1300 亩，新县医院顺利动工；实施下港片区改造建设，稳步推进威惠庙、旧实小和演武亭安置房项目，新开工房地产面积 20 万平方米，老城新区焕发新活力。交通领域捷报频传，新汽车客运站完成主体工程建设，和田路、沿海大通道（云霄段）全线贯通，国道 324 线（城关段）改造提升工程全线开工，云平高速、国道 324 线隐患整治工程有望春节前实现通车，国道 357 线（陈岱 - 常山段）路面改造开工在即，山海城一体化交通路网渐趋完善。宜居水平显著提升，实施金霞路北段“白改黑”、将军山景区提升改造工程，“百路千村”两违综合治理行动累计拆违 18.7 万平方米，新增绿化面积 31 万平方米、公共停车位 201 个、LED 路灯 1255 盏，“数字城管”投入使用，“门前三包”有效落实。乡村振兴如火如荼，累计投入支农资金3.88亿元，实施特色现代农业“六十工程”，农业大观园累计完成投资13.5亿元，新增农民专业合作社10家、家庭农场344个，新建高标准农田2.25万亩、设施农业4000亩，新建成10个美丽乡村；全力打造“云霄黄观音”公共品牌，地理标志（产品）增至35枚，成为全国地标第一县。

（三）织密网兜底线，脱贫攻坚更富成效。

落实“六个精准”要求，深入推进“三个五”扶贫工程，投入扶贫专项资金6870万元，2019年6月顺利实现全域脱贫。扎实开展“两不愁三保障”回头看，完成所有贫困户住房安全认定。持续推进“养鸡生蛋”工程、“村财增收三年规划”和村级集体经济发展试点工作。开展缓解相对贫困人口试点工作，7户25人“夹心层”群众及时纳入保障对象。扎实推进健康扶贫，累计发放两道医疗叠加保险补助155万元，发放城乡低保和五保金4020万元、医疗救助金1073万元，366名家庭医生全覆盖签约服务贫困户。精准落实市政府电商扶贫“六条措施”，“一户一店一码”入选“改革开放四十周年福建影响力”案例。创新推行“一村一金融”模式，全年新增扶贫小额信贷440万元，发放贴息46.4万元。强化扶贫领域监督执纪，全年查处违规案件4起17人，坚决遏制扶贫领域腐败现象。

（四）严整治攻难关，人居环境更为优化。

深入践行习近平生态文明思想，实施生态领域项目7个，完成年度投资5.47亿元。突出抓好源头治污，启动山美溪生态修复和清淤疏浚工程，加快实施农村生活污水处理PPP项目，建成下坂、新坡村生活污水一体化处理站，完成黑臭水体管网改造12.4公里、清淤6.2公里；全面落实“双河长制”，清理辖区牛蛙养殖面积156亩，完成生猪规模养殖场标准化升级改造277场；持续抓好峰头水库、车圩溪水源地突出环境问题整治，全县饮用水源水质100%达标；深化推进“一革命四行动”，新建村镇公厕59座，垃圾转运站3座，开展垃圾“干湿”分类试点推广，全县所有农村生活垃圾处理实现市场化运作；扎实开展“两高”沿线环境综合治理，整治裸房181栋，立面提升15栋，平改坡46栋；落实“青山挂白”专项治理，完成造林绿化1.48万亩、封山育林2.3万亩、水土流失综合治理1.3万亩，全县森林覆盖率67.8%；加强湿地生态保护，完成红树林保护区42公顷年度退养任务，顺利通过中央第二轮生态环境保护督察；开展建筑施工及道路扬尘专项整治，县城区空气质量优良天数比例攀升至99.7%。

（五）办实事惠民生，人民生活更有温度。

全面完成30项为民办实事项目，全县财政民生支出占比82.8%。办好人民满意教育，投入教育领域资金6.98亿元，新增学位1830个，新招聘教师94名，莆美幼儿园、后汤小学等一批校安工程建成投用，云霄一中获评省级示范性高中，义务教育质量保持在全市先进行列。实施健康云霄战略，投入医疗领域资金1.8亿元，县总医院良性运作，县疾控中心完成主体建设，云陵社区卫生服务中心顺利搬迁，庆泰老人病医院建成投用，新增病床位90张、卫技人员58名，再成立4个名医工作室，医疗服务水平稳步提升。完善养老服务体系，新建1所五星级居家养老服务照料中心、26所农村幸福院，云霄县社会保障服务中心投用在即，居家养老专业化服务实现村居全覆盖。大力发展文化事业，完成73个基层综合性文化服务中心建设，火田镇溪口村入选中国传统村落名录，成功举办2019年中国汽车拉力赛云霄段赛事。深化“平安云霄”建设，深入开展扫黑除恶专项斗争，推行城乡社区网格治理“2+N”模式，招聘“一村一警务助理（打假专员）”195名，“社区（乡村）110”正式上线；全面开展安全生产集中整治，扎实推进“餐桌污染”治理，有效防范和遏制重大事故发生，社会保持安定稳定。聚焦群众饮水安全，实施风吹岭水厂提升改造，七星山自来水厂源水管道工程竣工通水，新建或改造农村供水管网153公里，确保群众喝上“放心水”。扎实开展殡仪制度改革，全面免除城乡居民基本殡葬服务收费，殡仪陋习得到有效遏制。持续推进第三轮“三年卷烟打假综合治理行动”，全年保持制假烟机“零查获”。有效防范化解金融风险，不良贷款率控制在省市下达指标范围内。

各位代表！过去一年，面对艰巨繁重的改革发展稳定任务，县政府坚持从严治政、依法行政，大力转变工作作风，政府自身建设取得新进展。深入开展“不忘初心、牢记使命”主题教育，集中整治形式主义、官僚主义，干部干事创业精气神显著提升。推进简政放权，调整行政审批和服务事项5项、保留1068

项，调整权责事项12项，保留“最多跑一趟”986项、“一趟不用跑”552项，工程建设项目审批全部压缩至90个工作日内。深化机关效能建设，受理群众投诉7件，办结率100%，效能问责7人。从严落实管党治党主体责任，全力抓好省委巡视反馈问题整改。严格落实中央八项规定精神，“三公”经费持续下降。积极主动采纳人大代表和政协委员意见建议，共办理人大议案建议57件、政协提案99件，满意率100%。军政军民团结融合发展，人事编制、妇女儿童、青少年、广播电视、外事侨台、国防教育、退役军人、防震减灾、统计审计、老龄老干、老区建设、民族宗教、档案保密、地方志、残疾人、气象、计生协会、红十字会、工会等各项工作都取得新的进步。

各位代表！2019年，是云霄发展史上不平凡的一年！这一年，云霄历史性摘掉“省级贫困县”帽子，41个贫困村顺利出列、10494名贫困对象全面脱贫，我们向实现全面小康迈出最坚实的一步；这一年，云霄历史上投资体量最大的漳州核电“千亿项目”和抽水蓄能电站“百亿工程”陆续投建，“双核”投资拉动效应全面释放；这一年，云霄稳步实施历史上最大规模的旧城改造——下港片区改造建设，仅用三个月时间便完成1016户、 21万平方米房屋征迁任务；这一年，云霄连续第四次挺进“福建省县域经济发展十佳县”行列，收获了“中国民间文化艺术之乡（书画）”“福建省科普示范县”“‘四好农村路’省级示范县”“省级食品安全社会共治示范县”等多项殊荣，全县各项社会事业取得显著进步，人民群众幸福指数不断提高。团结凝聚力量，实干创造佳绩！过去一年取得的成绩，是县委总揽全局、科学决策的结果，是县人大、县政协鼎力支持、有力监督的结果，是全县广大干部群众凝心聚力、真抓实干的结果。在此，我代表县人民政府，向全县人民，向人大代表、政协委员、工商联、离退休老同志，向驻云部队、武警官兵、公安民警，向关心支持云霄发展的台港澳同胞、海外侨胞、异地云霄商会和社会各界人士，表示衷心的感谢！

各位代表！成绩激发动力，困难寓示方向。我们清醒地认识到，2019年政府工作报告分解的56项重点工作，有的指标和任务完成不够理想。县域发展还存在不平衡不充分，经济总量还不够大，工业支撑还不够强；生态环境短板亟待进一步补齐；干部担当作为有待进一步加强。对此，我们将高度重视，采取更加有力的措施，努力予以解决。

二、2020年主要工作安排

2020年是“十三五”规划收官之年，是全面建成小康社会的决胜之年，也是福建实现赶超目标之年。明年政府工作的总体要求是：以习近平新时代中国特色社会主义思想为指导，全面贯彻党的十九大和十九届二中、三中、四中全会精神，坚持稳中求进工作总基调，坚持高质量发展落实赶超战略，紧紧围绕建设“光电之都、能源新城、生态名县、文化古郡”奋斗目标，坚定不移“大抓工业、抓大工业”，统筹推进城乡建设、改革创新、社会治理、民生保障等工作，进一步稳就业、稳金融、稳外贸、稳外资、稳投资、稳预期，加快建设宜居宜业宜游新云霄。主要预期目标是：地区生产总值增长9%，农林牧渔业总产值增长6%，规模以上工业总产值增长9%，固定资产投资增长10%，实际利用外资增长3%，外贸出口增长6%，社会消费品零售总额增长11%，公共财政总收入增长4%，地方公共财政收入增长2%，城镇居民和农村居民人均可支配收入分别增长8%和9%。

围绕上述目标，2020年重点抓好以下工作：

（一）坚持“中心开发、区域联动”，激发县域经济活力。

以县城开发为核心、区域发展为引擎，全面推进重点区域建设，优化产业布局，促进产城融合，努力做大经济体量，提升城市品质，点面联动打造县域经济发展新增长极。

1. 加快中心开发建设。持续推进城区有机更新，扎实做好下港片区改造建设，稳步推进威惠庙、旧实小、莆下、演武亭等安置房项目，确保下半年实现群众部分回迁；加大和平路等历史文化街区保护利用，启动中柱、阳下、莆南、享堂村（二期）等安置房建设，再建成一批高品位、高质量房地产项目，促进老城新区协同发展。全面补齐交通基础设施短板，加快推进国道324线（城关段）和莆政路改造提升步伐，实施将军大道北段拓宽改造，力促云漳大桥拓宽项目建成通车，让老城新区更加互联互通。积极构建多元化服务业，谋划建设二手车交易、农产品批发等一批专业便民服务市场，加快发展平台经济、夜间经济等新业态，推动中心城区消费提质扩容。

2. 推进区域联动发展。完善滨北新区规划布局，加快1840亩用地征收，开工建设滨北路，策划生成滨北高档住宅区，积极招引1～2个温泉酒店项目，努力打造宜居北区新样板。完善南湖片区功能配套，开工建设环湖路，建好配齐区域公共服务设施，促进南区人气商气集聚。高位推进下河片区建设，以下河工业园区改造提升为抓手，和田路两侧开发为主轴，有效盘活土地资源，有序推进城乡结合部综合整治，推动西区面貌实现明显改善。扎实推进滨海核电商服新区建设，瞄准核电产业带动效应，谋划启动储备用地征收开发，主动承接核电项目产业链；以实施国道357线（陈岱－常山段）路面改造为契机，加快优化列屿、陈岱镇区规划，完善片区基础设施和商业服务配套，努力打造云霄产城融合发展新标杆。

3. 加强城市精细管理。围绕新一轮“省级文明县城”创建，努力实现市容整洁、环境优美、管理有序。坚持精准服务，推动城管执法向源头化解、前端管理和事前防范转变。实施“路长制”“街长制”，开展单月集中整治活动，持续推进交通秩序、超载整治、户外广告专项治理，强化建筑工地扬尘、工程运输车辆、建筑垃圾运输管理，着力解决城区“停车难”问题。深化“两违”综合治理，全力化解存量、严控增量、健全机制、确保长效。全面落实“门前三包”，逐步推行城乡垃圾分类处置，积极实施城区绿化、亮化、净化工程，再创建一批文明示范路和示范小区，提高社会文明程度。

（二）坚持“大抓工业、抓大工业”，筑牢高质量发展根基。

坚持“工业兴县”战略不动摇，坚持优化企业发展环境不动摇，着力创新驱动，加快转型升级，做优做强实体经济，为高质量发展落实赶超提供更为坚实支撑。

1. 聚力发展实体经济。深化推进“3456”工业提升工程，扶持华威电源、华锐锂能等企业做大做强，加快培育元初科技、利众诚食品等企业新上规模，力争实现市级以上工业龙头企业零的突破。坚持“两个毫不动摇”，加大民营企业帮扶力度，落实各项减税降费、扶持奖励政策，支持企业开展技术创新，不断提升核心竞争力。密切关注中美贸易摩擦新动向，积极帮助生产型外贸企业做好应对。继续做好工业企业补办不动产权属登记工作，依法依规落实工业企业不动产权属分割政策，着力解决民营企业融资难题。持续抓好工业园区平台建设，完善云翔产业园、竹港工业园生活服务配套，全力建好电工设备产业园和食品工业园，不断夯实工业发展基础。

2. 全力推进项目招引。落实《漳州市支持工业招商引资若干措施》，继续坚持“亩均论英雄”，围绕招大引强选优再发力，聚焦新能源、食品、电工设备等主导产业，盯紧珠三角、长三角等产业转移重点区域，依托工业园区主阵地、异地商会家乡情，积极开展产业招商、精准招商、商会招商，加快引进一批延链、补链、强链项目。围绕“一区三路两站四园”谋划项目，初步安排县级以上重点项目180个，年度计划投资198.8亿元。健全项目分级挂钩、协同推进制度，力促乐味实业、坤翔蛟电力设备等78个项目开工建设，奥克兰光电、诚发不锈钢等84个项目建成投用（投产）。强化重大项目攻坚，全力保障漳州核电、抽水蓄能电站又好又快建设，持续扩大有效投资。

3. 致力优化营商环境。加强“工业110”服务保障队伍建设，规范涉企执法检查行为，真正做到“有求必应、无事不扰”，为企业发展营造良好环境。全面实施市场准入负面清单，打造公平竞争的市场环境。强化用地保障，积极争取产业用地指标，稳步推进“腾笼换鸟”，突出抓好闲置土地处置，力争消化批而未供土地620亩，盘活存量土地和低效用地1100亩。加强政银企合作，逐步降低政府“过桥”基金收费，引导金融机构通过金融创新、减负让利等举措，全力支持实体经济发展，确保全年贷款增幅不低于全市平均水平。加大人才引进力度，全面落实各类人才保障政策，让高端人才招得来、留得住。

（三）坚持“优先发展、融合发展”，促进乡村全面振兴。

对照乡村振兴战略“二十字”总要求，以“451”示范工程为抓手，加快推进农业农村现代化，努力打造乡村振兴云霄样板。

1. 巩固脱贫攻坚成果。扎实开展脱贫攻坚战稳定提质三年行动，持续实施“三个五”扶贫工程，打好

"五大战役"，深化"八项行动"，有效巩固提升脱贫成果。着力抓好精准识别，密切关注和帮扶"边缘户""脱贫监测户"，确保"一个不能少，一个不能漏"。强化扶贫长效机制，有序推进"村财增收三年规划"，继续实施扶持村级集体经济发展试点工作和"养鸡生蛋"工程，不断增强贫困村发展活力。着力补齐"两不愁三保障"短板，落实低保、医保兜底保障，用好管好扶贫项目和资金，持续提升贫困户内生动力。落实干部挂钩帮扶，壮大社会扶贫力量，抓深抓实扶贫协作，发挥第三方力量，营造脱贫攻坚大氛围。

2. 做强乡村特色产业。持续实施特色现代农业"六十工程"，完善科技特派员长效机制，全力打造农业十大特色园区，壮大水果、茶叶、蔬菜等 11 个农业特色产业，做优做大"云霄黄观音"公共品牌。推进产业聚集发展，重点实施果蔬产业"七大体系"建设，着力培育"五大产业"，推动"一产接二连三"，整合延伸产业链，打造提升价值链，优化融合供应链。拓展"旅游 +""生态 +"等新模式，促进农业全环节升级、全链条升值。创新农村电商模式，推动农产品线上线下并行销售，打造"e 上云霄"公共品牌，让"云霄味"出得去、走得远。

3. 提升乡村治理能力。加强村级班子建设，着力培养"四有"村主干，继续实施"一村一名大学生"计划，不断健全乡村自治机制。加强乡村治安防控体系建设，扩大"雪亮工程"农村覆盖面，推动村级视频监控平台全覆盖。加强网格化管理平台规范化建设，实行"前台一口受理、后台分工办理"服务新模式。加强乡村普法宣传，建立健全农村公共法律服务体系和农村土地承包经营权纠纷调处机制，培育打造一批"民主法治示范村"。

（四）坚持"源头治理、标本兼治"，提升生态宜居水平。

坚定不移贯彻落实习近平生态文明思想，践行"绿水青山就是金山银山"的发展理念，坚持问题导向，狠抓源头治理，全面打好污染防治攻坚战，让云霄的天更蓝、水更清、空气更清新。

1. 攻坚突出环境问题。扎实推进污染防治"七大标志性战役"，从源头上治理，从根本上保护，持续推进山美溪生态修复工程、城区黑臭水体治理等项目实施，不断在解决突出生态环境问题上取得新成效。扎实抓好第二轮中央环保督察反馈问题整改，加快剩余 25 件信访交办件办结销号。深入开展污染源头排查整治，按照"标本兼治、表里如一"要求，项目化、清单化推进全县 68 类 635 个污染源治理工作。加强矿山综合整治，坚决依法打击违法开采矿产资源行为，落实废弃矿山环境治理，加快马头崎山等 11 家废弃矿山覆土复绿。稳步推进漳江口红树林保护区退养还湿工作，全面完成年度 227 公顷退养任务。加强环境空气质量监测预警防控，扎实做好县城区烟花爆竹禁燃禁放工作，确保空气质量优良率继续排在全市前列。

2. 高效推进治水护水。全面实施"四水共治"，着力治污水、防洪水、排涝水、保供水。加快补齐城乡污水处理短板，开工兴建旧城关（北区）污防工程和"圣城一号"片区污水处理站，全面推进农村生活污水设施 PPP 项目，全年新建污水管网 215 公里以上；深化推进河（库）长制，落实管水护水主责主业，持续开展畜禽养殖污染防治，积极创建"无违建河道""河湖管护示范乡镇"；建立污染性行业重点监管名录库，严厉惩处企业偷排、漏排行为。高度重视防洪排涝工作，实施强塘固库工程，完成 4 座水库或山塘除险加固，新建城区雨水收集管网 15 公里以上。加快节水设施建设，新建高效节水灌溉 5100 亩。完成城乡供水一体化规划编制，开工建设县第二自来水厂，谋划成立县水务公司，稳步实现城乡供水"四同"目标。

3. 推动低碳绿色发展。积极培育壮大绿色环保产业，加快淘汰落后产能和过剩产能，严把项目引进环保关，着力构建绿色低碳产业体系。科学布局生产空间、生活空间、生态空间，全面完成永久基本农田、城市开发边界、生态保护红线"三线"划定，严格控制重点流域、重点区域环境风险项目，不断完善空间治理体系。大力发展循环经济和清洁生产，实行最严格的耕地保护、水资源管理制度，加强重点行业、重点领域节能减排。规范运营开发区污水厂，全面推行排污权有偿使用和交易制度。倡导绿色低碳生活方式，优先发展公共交通，完善县城慢行系统，鼓励绿色消费、绿色出行，让绿色低碳成为人民群众的生活习惯。

（五）坚持“不忘初心、牢记使命”，办好为民实事好事。

着力解决人民群众所需、所急、所盼，加快推进基本公共服务均等化、社会治理现代化，以为民服务解难题的实际成效，不断提升群众的获得感、幸福感、安全感。

1. 更加充实群众获得感。坚持教育优先，推进义务教育优质均衡、高中教育内涵多样发展，提升教育信息化水平，加快发展学前教育，新增公办幼儿园学位1500个，规划建设滨北新区九年一贯制学校；规范校外培训机构，着力解决中小学生“择校热”“大班额”等突出问题。落实“健康云霄2030”行动规划，加快新县医院投建进度和县疾控中心搬迁工作，新增病床位102个，持续优化全县医疗机构布局；深化推进医改工作，建立更为科学规范的紧密型医共体，健全分级诊疗、家庭医生签约制度，注重引进和培养医疗卫生人才，促进医疗资源下沉和服务模式转变。探索建立居家养老、日间照料等医养结合新模式，确保城乡养老设施覆盖率70%以上。稳步推进城乡殡葬改革，支持乡镇公益性骨灰楼堂建设，不断满足公众丧葬服务需求。

2. 持续提升群众幸福感。抓好公益性文化设施建设，投用新县图书馆，开工建设工人文化中心、非遗艺术馆，启动建设“向东渠精神”教育实践基地和党校新校区，再建成79个基层综合性文化服务中心，加快县融媒体中心建设步伐，不断丰富群众文化供给。大力发展体育事业，新增1座城区足球场，努力建好群众身边体育设施。保持房地产市场调控政策连续性和稳定性，加快建立多主体供应、多渠道保障、租购并举的住房制度。落实各项就业补助优惠政策，大力开展职业技能培训，力争全年城镇新增就业人员3280人、转移农村劳动力8900人。完善社会救助、社会福利、慈善事业、优抚安置等制度，支持工会、共青团、妇联、工商联、科协、残联、红十字会等发挥更大作用，保障妇女儿童、青少年、老年人、残疾人合法权益。

3. 不断增强群众安全感。加强和创新社会治理，持续开展扫黑除恶专项斗争，深入推进“七五”普法，加快立体化信息化社会治安防控体系建设，开展突出治安问题专项整治，持续巩固省级平安县创建成果。完善矛盾纠纷化解机制，打造更高水平的“阳光信访”“法治信访”和“责任信访”。保持打假高压态势，坚决遏制制假反弹回潮。强化综合执法队伍建设，推动执法力量下沉。树立安全发展理念，推进应急管理体系和能力现代化，提高政府应对突发事件和防灾减灾救灾能力，遏制一般及以上事故发生。强化辖区金融监管，严厉打击各类金融违法犯罪行为，合理控制金融机构不良贷款率。落实“四个最严”要求，强化食品药品安全监管，保障群众“舌尖上的安全”。加强国防后备力量建设，确保关键时刻拉得出、打得赢。

三、努力建设人民满意政府

面对改革发展的繁重任务，县政府必须坚持党的领导，树牢宗旨意识，忠诚履行职责，加强人民政府、法治政府、效能政府、担当政府、廉洁政府建设，不断提升政府治理体系和治理能力现代化水平。

一要为民执政敢担当。坚持问政于民、问需于民、问计于民，始终把民情民意作为第一选择，号准脉搏，回应关切，解决群众最急最忧最盼的紧迫问题，让群众的幸福感更加充实、获得感更有保障、安全感更可持续。勇于解放思想，善于破除束缚，敢于挑最重的担子、啃最硬的骨头，在项目竞赛、污染防治、城乡建设等重点工作中攻坚克难，在巩固脱贫、征地拆迁、维护稳定等重要任务中磨练才干，以永不懈怠、一往无前的奋斗姿态，推动民生福祉持续改善。

二要依法行政善作为。深化简政放权，推进“互联网+政务服务”，开展“指尖”问政，实现跨部门高效协同推进工作。严格依照法定权限和法定程序履行职责，自觉做到法无授权不可为、法定职责必须为。坚持科学决策，民主决策、依法决策，主动接受人大监督、政协监督、监察监督和舆论监督。严格规范公正文明执法，有权不任性，用权受监督。推进阳光政务建设，以重大项目建设、公共资源配置、社会公益事业为重点扩大政务公开，让权力在阳光下运行。

三要从严治政转作风。坚定履行从严治党政治责任，以永远在路上的执着加强廉政建设，坚决刹住“四风”，严格遵守“六大纪律”。强化不敢腐的震慑，持续惩治侵害群众利益的腐败行为和不正之风，加强机关效能建设，用好监督执纪“四种形态”。扎牢不能腐的笼子，突出关键岗位和重点领域，强化审计监督，加强源头治理，形成靠制度管权、管事、管人的长效机制。增强不想腐的自觉，持续开展学习教育活动，讲政德、明大德、守公德、严私德，永葆忠诚干净担当的政治本色。

各位代表！乘风好破浪，奋进正当时！让我们更加紧密地团结在以习近平同志为核心的党中央周围，坚持以习近平新时代中国特色社会主义思想为指导，全面贯彻落实上级党委、政府的决策部署，在县委的坚强领导下，坚定信心，保持定力，锐意进取，开拓创新，为全面建成小康社会、加快建设宜居宜业宜游新云霄而努力奋斗！

政协第十三届云霄县委员会常委会工作报告

——在政协第十三届云霄县委员会第四次会议上

政协云霄县委员会主席　林达祥

2019 年 12 月 25 日

2019 年工作回顾

2019 年是人民政协成立 70 周年，也是县政协开拓进取，实现新发展的一年。一年来，县政协在县委的领导下，以习近平新时代中国特色社会主义思想为指导，紧紧围绕全县工作大局，牢牢把握“思想上同心、政治上同向、行动上同行”原则，切实发挥协调关系、汇集力量、建言献策、服务大局的作用，为加快宜居宜业宜游新云霄建设作出了积极贡献。

一、加强引领，把准方向，共同思想基础更加牢固

一年来，县政协坚持把党的政治建设摆在首位，加强思想政治引领，广泛凝聚共识，画好更大同心圆，筑牢团结奋斗的共同思想基础。

*提高思想政治站位。*组织专门委员会、参加单位、联络组，深入学习习近平新时代中国特色社会主义思想和党的十九大、十九届四中全会精神，以及中央政协工作会议精神，切实把习近平总书记关于加强和改进人民政协工作重要思想作为统揽工作的总纲、武装头脑的灵魂、履职尽责的指南。以政协党组理论学习会为引领，常委会专题学习、主席会议集体学习、机关干部集中学习、支部“三会一课”、委员联络组读书会等载体，持之以恒抓好理论学习，深化对政协重要理论和实践问题的研究探讨，力求学以致用、知行合一，从思想上政治上扣好履职的第一粒扣子，增强“四个意识”、坚定“四个自信”、做到“两个维护”，保持政治定力，确保政协工作沿着正确的政治方向不断前进。

*大力加强党的建设。*认真贯彻落实中共中央和省委关于加强新时代人民政协党的建设工作的有关文件精神，完善政协党组织体系，成立专委会党小组，着力提高政协机关党建工作质量和水平。充分发挥政协党组领导作用，建立县政协党组成员联系党员委员、党员委员联系党外委员制度，实现党的组织对党员委员的全覆盖、党的工作对政协委员的全覆盖，努力把党的主张转化为政协委员和各界人士的思想共识，担负起团结引导界别群众听党话、跟党走的政治责任。

*深入开展主题教育。*根据中央和省市县委的统一部署，党组围绕守初心、担使命、找差距、抓落实的总要求，扎实开展“不忘初心、牢记使命”主题教育，坚持把学和做结合起来，把查和改贯通起来，推动学习教育、调查研究、检视问题、整改落实四项重点措施有机融合、统筹推进、贯穿始终，达到了自我

净化、自我完善、自我革新、自我提高的目的，取得“改进作风、推进工作”的积极成效。

二、围绕中心，服务大局，建言资政富有成效

一年来，县政协充分发挥专门协商机构作用，加强调查研究，积极建言资政，努力为推进我县高质量发展落实赶超献务实之策，尽精诚之力。

围绕中心工作协商议政。紧紧围绕县委、县政府重大决策部署和中心工作，通过全体会议开展全面协商。十三届三次会议期间，委员们以大会发言、小组讨论等形式，围绕加快民营经济发展、发展农村电商助力乡村振兴、加强生态环境保护工作等事关全局工作的重要课题，坦诚建言、积极献策，为党委、政府科学决策提供了依据和参考；县委、县政府领导到会听取大会发言，与委员们充分交换意见，共商发展大计。同时由县委、县政府、县政协共同制定年度协商工作计划，并召开县政府与县政协联席会议，丰富了协商内容，完善了协商形式，实现了政协所能与党委所思、政府所做、人民所盼、发展所需的有效结合。

围绕发展大局献计献策。组织百名委员视察我县部分重点项目建设，引导政协委员心往一块想、智往一起聚、力往一处使，共同致力于实现我县转型升级发展的奋斗目标。围绕农村饮用水安全、全域旅游发展和核电产业配套项目规划建设，深入开展专题视察，广泛听取政协委员和社会各界的建议意见，形成有情况、有对策、有措施的视察报告，提交政协常委会进行协商讨论后呈报县委、县政府。县委、县政府主要领导对农村饮用水安全、全域旅游发展、核电产业配套项目规划建设三个视察报告均作出批示。县委、县政府分管领导根据批示精神，召集相关部门共同研究，结合报告中的建议意见，强力推进工作任务落实。按照农村饮用水安全视察报告中提出“加快建设云霄县第二自来水厂及引水管道”的建议，火田镇、下河乡、云陵镇和县住建局加快推进该项目的土地征迁及工程建设进度，县水利局加快铺设从火田镇溪口村岔管取水口至云霄第二自来水厂的引水管道。

围绕重点问题调研协商。组织委员就打造向东渠红色文化品牌、挖掘弘扬林偕春文化、县直机关事业单位办公用房使用管理、台资侨资企业发展、加强网格化管理、云霄旧制书院与学院现状及保护利用等，开展专题调研。全年共开展6个专题调研，并形成专题调研报告呈送县委、县政府，得到了县委、县政府主要领导的肯定和批示，促进了相关工作的开展和改进。关于打造向东渠红色文化品牌的专题调研报告，得到县委的重视和采纳，县委召开县委常委会进行研究部署，制定下发《关于进一步弘扬向东渠精神的决定》，实施建设“向东渠主题公园”“向东渠纪念馆”和创作提升《向东渠》大型潮剧现代戏等“十个一”工程。

三、关注民生，突出重点，民主监督扎实推进

一年来，县政协把体察民情、改善民生作为履职的重点，通过组织委员提案办理、反映民意、民主评议等途径和方式，开展了多形式、多层次的监督活动，民主监督工作更加务实。

注重提升提案工作水平。一是突出质量。引导委员围绕全县改革、发展、稳定中的大事和涉及广大人民群众生活的要事，开展调研，为撰写提案掌握第一手材料。绝大多数的提案既体现了宏观性和前瞻性，又具有可操作性。二是重视督办。筛选出事关民生的5件重点提案，作为县政府与县政协分管领导联合督办件，通过召开重点提案督办会，组织提案人参与督办和与承办单位就提案办理落实情况进行现场协商，确保了重点提案的办理质量，带动了其它提案的办理。三是健全机制。结合贯彻落实《中国人民政治协商会议福建省委员会提案工作条例》，开展提案办理“回头看”活动，健全提案办理内部运行机制，促进提案工作开展。截至今年11月底，县政协十三届三次会议立案的99件提案均已全部办复，委员满意率为100%。

注重拓宽评议活动领域。实施民主评议活动，是政协加强民主监督的重要方式。一年来，推荐32位政协委员分别担任监委、法院、检察院、银行等部门和窗口单位的政风行风监督员，他们认真履行监督职责，积极参加各种专项检查和考评活动，对上述部门和单位依法行政、履行职责、端正行风、廉洁自律、提高办事效率等方面进行监督和评议，较好地推动了部门、单位的工作，进一步拓宽了政协履行民主监督

职能的渠道和范围。

注重反映社情民意工作。进一步加大社情民意信息工作力度，不断提高反映社情民意信息工作水平。全年共上报社情民意信息28件，得到上级采用23件。其中，《建议把向东渠精神作为开展主题教育的生动教材》的社情民意信息得到省委、市委领导4人次的批示，市主题教育办按照批示要求，将学习弘扬向东渠精神作为全市主题教育的重要内容，省委宣传部、省主题教育办组织新闻媒体对李文庆同志先进事迹进行宣传报道。根据市政协通报，我县政协反映社情民意信息工作位居全市各县（市、区）第一名。

四、凝聚人心，汇集力量，联谊作用充分显现

一年来，县政协积极创建载体，认真开展联谊活动，着力营造宽松和谐、民主活跃的政治环境，着力增强包容性和扩大团结面。

紧密团结各界人士。加强与工商联、各人民团体、社会各界人士的联谊工作，为发挥他们的作用创造良好环境和有利条件。政协领导主动走访各界人士，交流工作情况，听取各界人士对政协工作的意见和建议。邀请各界人士代表参加各种座谈会。通过这些重要活动，不仅融洽了各方面关系，而且极大地激发了爱国爱乡热情。

扩大交流联谊渠道。积极参与、配合省、市政协开展扶贫开发、“乡村振兴”等多项课题的协商、调研活动，增进政协组织协作。扎实做好文史工作，出版了《云霄村社要览（综合卷）》和《巾帼英杰·弘扬魏妈精神文集（续集）》2辑文史资料，彰显团结育人的效用。以庆祝人民政协成立70周年为契机，开展举办一次书画展、召开一场政协理论研讨会、举行一场文艺晚会、编辑出版一辑文史资料特刊《同心筑梦——云霄政协发展历程》、发动政协委员为贫困户办一件实事等“五个一”活动，丰富活跃文化生活，营造团结向上、合力奋进的良好氛围。组织开展诚信兴商宣传、食品安全诚信教育、“诚信单位”评选等活动，有力推进我县诚信建设。

深入开展帮扶工作。一是开展“献爱心、送温暖”活动。积极开展扶贫济困和奖学助学工作。从“政协博爱基金”中拨出专款，于今年1月走访慰问我县贫困特困户184户，共发放慰问金11.1万元；设立“魏妈奖学金”，于今年8月对48名云霄籍高考优秀生和20名竹塔学校优秀毕业生进行奖励，共颁发奖学金11.64万元。二是开展“竞赛”服务活动。政协领导认真参与全县各项中心工作，主动参与“三抓三比、十项竞赛”活动，在红树林环保督查整治工作中，在和田路、滨北新区、南湖生态园和魏妈文化园的建设中，以及服务企业发展等方面积极献计出力；鼓励引导政协委员积极投身“十项竞赛”活动，以实际行动服务支持我县经济社会建设。三是开展精准扶贫工作。政协领导和机关科级干部认真落实结对帮扶精准扶贫责任，做到每季度至少入户帮扶一次，依据精准扶贫户的实际情况，有针对性制定“一户一法”的帮扶措施，推动机关挂钩精准扶贫工作深入有效开展。

五、打牢基础，提供保障，自身建设不断加强

一年来，县政协主动适应新形势新任务的要求，全面加强自身建设，为提高履职能力和工作水平打下坚实基础。

加强委员学习培训。组织政协委员深入学习习近平总书记在中央政协工作会议暨庆祝中国人民政治协商会议成立70周年大会上的重要讲话精神，学习省委、市委、县委政协工作会议精神。举办政协委员培训班，组织全体委员学习《中华人民政治协商会议章程》和有关政协理论及统战知识。通过一系列的学习和培训，委员们较好地理解把握新时代加强和改进人民政协工作的使命任务、总体要求、着力重点和政治保障，进一步增强做好新时代政协工作的责任感和使命感。

加强委员服务管理。举办“政协讲堂”2期，邀请专家、专业人员授课，拓宽委员思维视野。编发《政协视点》38期、《松洲学讯》4期，宣传、展示政协工作亮点和委员风采，增强委员的荣誉感和成就感。开展走访联系委员活动，近距离地与委员们进行沟通和交流，帮助解决实际困难，增进政协组织与委员之间的感情，调动委员履职的积极性和主动性。完善委员管理机制，明确委员履职具体要求，对委员参加政协会议、视察调研、提交提案、反映社情民意、

参加公益慈善活动等情况进行年度考核，并予以通报，增强委员主体意识，激励委员发挥主体作用。

加强政协机关建设。结合主题党日活动，组织党员干部到谷文昌纪念馆、向东渠精神教学基地、七星山廉政主题公园、县廉政警示教育基地、坪水苏维埃革命陈列室等地参观学习，召开党风廉政教育分析会和意识形态工作会，推动管党治党各项举措落地见效。以省委巡视整改和开展“不忘初心、牢记使命”主题教育为契机，着力在建章立制长效机制上下功夫，重点完善档案管理、调研工作等制度。积极开展“平安巡防”“家园清洁”等志愿服务活动，巩固“市级文明单位”创建成果，树立政协机关良好形象。

各位委员、同志们，一年来，政协工作始终与全县中心工作紧密相联，与民生民利息息相关，政协委员为实现云霄经济发展、社会进步、人民幸福作出了积极贡献。成绩的取得，是中共云霄县委正确领导和县政府大力支持的结果，是县直部门、单位及乡镇（场）和全体政协委员同心协力、尽心履职的结果，是政协历届老领导、老同志和社会各界关心与支持的结果。在此，我代表县政协常委会，向所有重视、关心、支持政协工作的领导和同志们，向全体政协委员和社会各界人士致以崇高的敬意和衷心的感谢！

在肯定成绩的同时，我们也清醒地看到，我们的工作与新时代人民政协工作所要达到的目标相比，还有一定差距。主要表现在：政治协商的内容和程序还需要进一步规范，促进履职成果转化的机制还需要进一步健全，政协的界别优势还需要进一步发挥。对于这些问题，我们将在今后的工作中努力加以改进。

2020 年工作意见

2020 年是全面贯彻落实中央政协工作会议精神的推进之年。我们要以习近平新时代中国特色社会主义思想为指导，认真贯彻中央政协工作会议精神和省委、市委、县委政协工作会议精神，增强“四个意识”，坚定“四个自信”，做到“两个维护”，把坚持和发展中国特色社会主义作为巩固共同思想政治基础的主轴，把服务实现“两个一百年”奋斗目标作为工作主线，把加强思想政治引领、广泛凝聚共识作为中心环节，坚持团结和民主两大主题，提高政治协商、民主监督、参政议政水平，进一步把握人民政协新方位新使命，深入开展“委员履职能力提升年、提案办理质量提升年、党建工作水平提升年”活动，齐心协力推动我县政协事业在继承中发展，在发展中创新，努力干出新时代云霄政协的新样子，为决胜全面建成小康社会、加快建设宜居宜业宜游新云霄而共同奋斗。

一、加强党建引领，在坚决落实党对政协工作全面领导中展现新担当

政协组织是政治组织，政协机关是政治机关，要切实增强“四个意识”、坚定“四个自信”、做到“两个维护”。要以党的政治建设为统领，深入开展“党建工作水平提升年”活动。要认真贯彻落实中办印发《加强新时代人民政协党的建设工作的若干意见》和省委、市委实施意见等文件精神，以更加有力措施，推动各项工作落实到位。要加强思想理论武装，夯实共同思想政治基础。进一步完善学习制度体系，利用好“政协讲堂”，开办常委读书班，创设“新时代·新政协·新担当·新作为”为主题的“委员微讲堂”，推动习近平新时代中国特色社会主义思想和中央政协工作会议精神学习入心入脑，提升新时代政协工作科学化水平。要加强政协党组建设。充分发挥政协党组把方向、管大局、保落实的领导职责，进一步落实从严治党主体责任，实现党的组织对党员委员全覆盖、党的工作对政协委员全覆盖，不断强化政协党组织在政协工作中的政治领导力、思想引领力、群众组织力、社会号召力。

二、加强议政建言，在决胜全面建成小康社会中彰显新作为

要围绕县委和县政府工作的重点、群众生产生活的难点、社会治理的焦点，组织委员深入调研协商，积极议政建言，为云霄改革发展聚众智、汇众力。要围绕做强产业支撑、扶持实体、乡村振兴等重点，选择“盘活闲置土地厂房助推‘大抓工业、抓大工业’”“发展夜间经济”等课题，积极开展协商议政；按照“激发活力、传承创新文化”的要求，着眼于提升文化软实力、精神文明创建常态长效机制，选

择“弘扬向东渠精神”“弘扬林偕春文化”等课题，切实开展建言献策；按照“强化生态建设、和谐共生”的要求，持续助推新型城镇化、美丽乡村建设，选择“健全山美溪长效治理机制”“破解县城停车难问题”等课题，积极献计出力；按照“共治共享、改善民生”的要求，立足方便群众、提高教育质量等惠民目标，选择“加快乡镇骨灰堂建设”“加快农村幼儿园建设”等课题，积极提出对策建议，推动全面建成小康社会成果由人民共享，使人民群众拥有更多的获得感、幸福感。

三、加强实践创新，在坚持团结和民主两大主题中作出新成效

人心是最大政治，共识是奋进的动力。要认真贯彻落实上级关于加强和改进人民政协工作的一系列部署要求，推进人民政协民主与团结实践创新。要把质量导向鲜明地树起来，因地制宜地推动工作创新、制度创新，促进政协工作从注重“做了什么”“做了多少”向“做出了什么效果”转变。要务实有效推进协商民主，更加积极开展专题协商、对口协商、提案办理协商，探索界别协商、联络组协商等新形式；持续坚持党委领导和政府支持下的协商议题确立、社情民意“直通车”等好做法好经验，进一步改进知情明政制度，强化协商成果的落实和反馈机制。要探索加强民主监督的办法，重点围绕政协协商意见采纳和提案办理情况，开展“提案办理质量提升年”和监督性的履职活动，推动县委县政府重要部署和协商成果的进一步落实。要加强思想政治引领，凝聚共识。坚持“有事好商量，众人的事情由众人商量”，促进不同思想观点的充分表达和深入交流，在协商中凝聚共识。要组织委员利用自身影响力主动发声，协助县委、县政府做好协调关系、理顺情绪、化解矛盾的工作。要积极运用网络信息技术传播共识、凝聚人心。通过有效的思想政治引领，团结带领广大群众听党话、跟党走。与此同时，发挥文史工作“存史、资政、团结、育人”的作用，切实加强与各人民团体、社会各界人士的团结合作；做好港澳台侨工作，加强同港澳台同胞、海外侨胞的团结联谊，广泛汇聚中华民族伟大复兴正能量。

四、加强队伍建设，在推进工作提质增效中焕发新活力

要按照“懂政协、会协商、善议政、守纪律、讲规矩、重品行”的要求，深入开展“政协委员履职能力提升年”活动，把履职效果导向放在更加重要位置，强化委员学习培训，建立健全委员联络机构，完善多层次联络服务委员制度，进一步健全和完善委员履职评价考核和退出机制，加大对委员的跟踪和动态管理，落实履职“五个一”要求，切实让委员做到每年撰写提案、参加重点课题调研视察、反映社情民意、大会发言或协商发言，着眼突出政治标准、强化业务考核、从严要求委员，着力打造一支“守纪律、讲规矩、勇担当”的新时代政协委员队伍。要加强政协机关干部队伍建设。进一步深化“不忘初心、牢记使命”主题教育，从严教育、从严要求、从严管理、从严监督，不断提升干部队伍素质能力，切实把政协“是什么”“干什么”“怎么干”“谁来干”搞清楚、弄明白，有的放矢地开展工作；以党的十九届四中全会精神为指导，健全人民政协工作制度，做到以制度管人管事；着力深化机关作风建设，强化责任担当，大力弘扬“马上就办、真抓实干”工作作风，提振干部干事创业精气神，努力打造一支忠诚干净担当的政协机关干部队伍。

各位委员！初心永志不忘、使命召唤担当。让我们紧密团结在以习近平同志为核心的中共中央周围，坚持以习近平新时代中国特色社会主义思想为指导，高举中国特色社会主义伟大旗帜，在中共云霄县委的正确领导下，不忘初心、牢记使命，同心协力，开拓创新，为加快建设宜居宜业宜游新云霄作出新的更大贡献！

云霄连续四年挺进省县域经济发展“十佳”县

年终岁末，云霄县处处涌动发展热潮。在工业园区一线，重点项目你追我赶抢进度；在企业生产车间，工业“110”队伍服务到位、解难及时；在乡村田野，现代农业大观园四季有花有果；在城市街头，条条大道通民心，座座新区颜值高。

近年来，云霄立足“光电之都、能源新城、生态名县、文化古郡”的发展定位，在工业发展、乡村振兴、城乡规划、民生补短等重点领域不断发力，推动经济社会各项事业蹄疾步稳，经济实力不断增强，实现了从产业薄弱到工业兴县、从传统农业到现代农业、从闽南小城到现代新城、从温饱不足到富美宜居的蜕变。2019 年 6 月，云霄县正式退出省级扶贫开发工作重点县；云霄也连续四年挺进福建省县域经济发展“十佳”县。

工业发展有后劲

连日来，位于云霄经济开发区的富佳宝食品工业园建设热浪翻涌，工人们加紧推进厂房内部装修，项目建设进度不断加快。开工仅一年，这座全县未来的“美食工厂”，已基本建成 4 幢大型厂房、1 幢 4 万吨级大型冻库等产业配套厂房，完成建筑面积超 20 万平方米，累计投资超 4.5 亿元。

这一“富佳宝速度”，正是云霄贯彻落实市委“大抓工业、抓大工业”决策部署，工业发展提质增效的缩影。今年，全县积极实施“2+2”产业培育计划，做大做强光电、新能源两大百亿元支柱产业，提升建材、食品加工两大潜力产业，着力加快产业转型升级，全力打造县域经济发展的产业引擎。

光电产业迅猛发展，规模以上光电企业 52 家，2018 年光电产业产值达 100 亿元。新能源产业加快发展，计划总投资 1000 亿元的漳州核电华龙一号批量化建设开启，投资 100 亿元的抽水蓄能电站“两洞”工程开工，风电、光伏发电、锂电池等一批生产性项目落地投产。产业集聚效应加快形成，通过开展产业链招商，建成奥克兰电工设备产业园、富佳宝食品工业园及亚琦商贸物流园等三大产业园，为产业发展注入新动能。

农村农业有看头

云霄是传统农业县，农业资源丰富。立足现有资源优势，推动农村繁荣、农业转型、农民富裕，这是县委、县政府长期以来的奋斗目标。对此，全县多措并举，从人才引进、生态保护、农业转型着手，全力做好农村农业发展“加法”，助力乡村振兴。

2015年来，全县紧扣“人才+”，积极实施“乡土人才”培育计划，引导农户发展家庭农场、农民专业合作社，鼓励社会资本到农村发展现代种养业和加工业。紧扣“生态+”，大力开展大气、水、土壤污染防治行动，并加大农村人居环境整治，持续创建美丽乡村示范村。其中，污水处理厂改造及建设、污水管网建设、黑臭水体整治三大治污工程和农村生活污水处理设施及配套管网PPP项目等工程建设有序推进。紧扣“旅游+”，以良好生态为基础，深化现代农业与休闲旅游融合发展，持续加大旅游配套投入力度，示范打造了农业大观园十大特色园区，提升了“一乡一线”休闲旅游精品。紧扣“科技+”，推动农技革新，以工业化理念做大做精现代农业，推进农业企业向集约、规模、效益的方向迈进。同时，注重发展生态农业、智慧农业、创意农业、品牌农业，打好富硒品牌，做好茶产业文章，促进农业全环节升级、全链条升值，现代农业业态更新；促进农村居民人均可支配收入不断翻番，增长至2018年的16812元，城乡收入差距持续缩小。

城乡融合有潜力

今年国庆，占地1200亩的南湖生态园全园开放。这座“春之园”盘活了抛荒田地、扮靓了县城南部、“漂白”了山美溪，风景美图刷屏朋友圈。

南湖变身旅游“打卡胜地”，是全县拓宽城市版图、完善城市功能、提升城市“颜值”的其中一镜。近年来，云霄县城建成区从10.5平方公里扩大到13.5平方公里，常住人口从14.5万人增加到19.7万人。尤其是，近5年城镇化率从46.9%增长至52.1%。

全县着力实施“中心开发、南扩北延”发展战

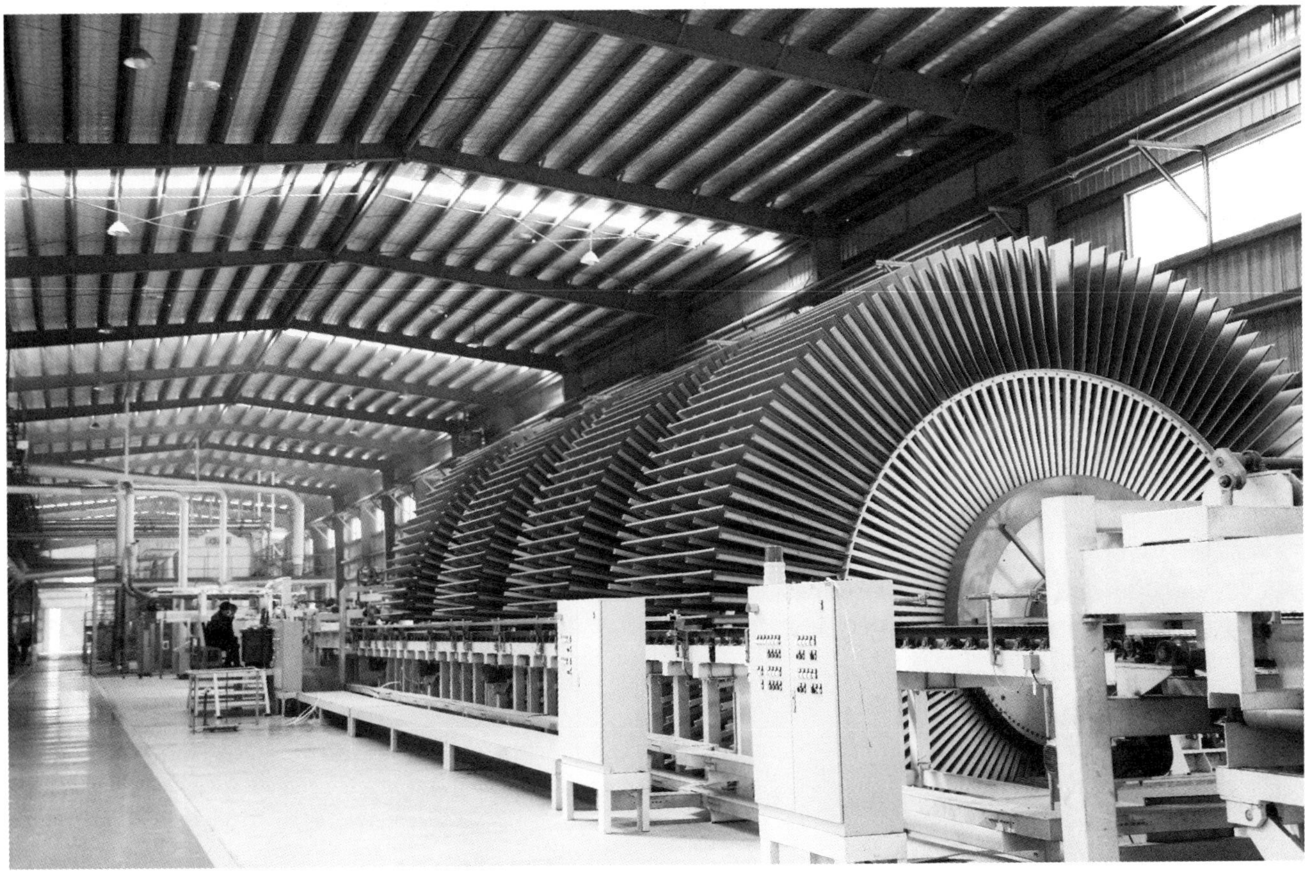

中福新材料生产线 （郭 扬 供图）

略，县城南北部建设有突破，南湖全面开园，滨北新区已启动县医院整体搬迁、滨北路等先行项目，新行政中心区、世坂扩容区规划提档升级。同时，城区改造提升有看头，近年来共投入数十亿元新建尚都花园、宝山佳苑、滨江北苑、和田嘉园等4期社会保障性住房项目；新建各类保障性住房2256套，累计发放廉租租赁补贴2151户，新建商品房开发项目39个，建筑面积约299.2万平方米，县城城区绿化覆盖率至去年达42.34%。

云霄还不断提高交通、环保、商贸等基础设施现代化水平。以厦深高铁、国道、疏港公路、沿海大通道为骨架，以开漳大道、云平高速、漳江湾特大桥、和田路等道路为网络，逐步形成内联成环、外联成网的一体化交通路网，所有乡镇将实现最快15分钟上高速，30分钟上高铁。2019年计划投入7.3亿元，实施国道324线云霄城关段改建及莆政路提升改造工程，进一步打通城乡区域间交通节点。此外，棪树村获中国美丽休闲乡村、内洞村成为国家级旅游扶贫试点村，创建下坂、佳洲等19个“富美乡村”以及22个“美丽乡村”。“一户一店一码”电商助力扶贫模式入选“改革开放四十周年福建影响力”案例；“打造电商助力精准扶贫生态圈案例”入围国务院扶贫办典型案例初选。

民生保障有温度

长期以来，云霄县委、县政府聚力脱贫攻坚，持续深化五业、五共、五查“三个五”扶贫工程，完善“养鸡生蛋”工程、扶持村级集体经济发展试点工作等一揽子扶贫长效机制，奏响一曲精准扶贫协奏曲，带领贫困户走进春天里。今年6月，云霄正式退出省级扶贫开发工作重点县。

在此基础上，如何巩固扶贫成果，提升人民群众的获得感、幸福感、安全感？聚力补齐民生短板成为关键。对此，云霄县精准制定出台专项政策，推进脱贫攻坚稳定提质三年行动，瞄准“四难一差”等民生热点难题，不断深化医药卫生体制改革，优化整合教育资源，提升市政基础设施建设。

近5年来，投入1.16亿元用于卫生基础设施建设，现床位总数1450张，新增病床数674张。相继实施云平路、经堂口等百年老街“白改黑”工程，新建城区道路35.3公里、慢道22公里、公园3300亩、亮化工程39公里，改造供水主管道17.8公里，新增排水管道67.5公里。仅2018年，新建校舍面积26万平方米，新增校园面积8.5万平方米，新增义务教育阶段学位4200个，新增公办幼儿学位4860个。

（来源：《闽南日报》）

福建云霄：攻坚克难 扶贫“战场”再冲锋

云霄县把深入开展学习弘扬‘向东渠精神’活动，作为全县‘不忘初心、牢记使命’主题教育的重要内容，汲取向东渠‘上下同心、艰苦奋斗’的精神力量，深入开展脱贫攻坚战稳定提质三年行动，进一步巩固41个扶贫开发重点村的脱贫成果，提升3175户建档立卡贫困对象的脱贫水平，确保全面脱贫奔小康。

“江南红旗渠”精神永不褪色

在云霄县城内，有一座藏于市井的纪念馆，最近一段时间以来，游人络绎不绝，这座百余平方米的小型纪念馆是因何而建，又为何有如此大的吸引力？近日，记者踏进了向东渠纪念馆，探访其中奥秘。

“我对向东渠有着很深的感情，每当看到这些老物件，就好像回到了当时向东渠建设的岁月。”谢鹏志是向东渠纪念馆馆长，也是当年向东渠的建设者之一。已年逾古稀的他仍旧神采奕奕，在他的讲述下，一幅云东两地劳动人民攻坚克难建设的图景展现在记者面前。

在上个世纪70年代以前，漳州云霄县、东山县这两个隔海相望的县城常年饱受旱灾困扰，农田荒芜，生活用水枯竭。“十年九旱”的状况严重影响了两地劳动人民的生产生活。

1970年，云东两地人民展开了一场与干旱抗争的“战役”——修建一条引水渠，在位于云霄马铺车墩的漳江上游筑坝，引水向东，沿途灌溉云霄的各个旱区，以解决两地农业用水问题，保障农业生产。

当时，这样一项浩大的工程计划甫一提出，就遭到了多方的反对。水利干部经过多方考察、论证，最终确定了最合理的实施方案。1970年5月3日，“向东渠引水工程筹建处”在云霄县成立，吹响了建设的号角。

另一边，与云霄隔海相望的东山县也同样遭受旱灾的困扰，将水从云霄引入东山，让渠水惠及两地人民，这是云霄对东山的承诺。1971年9月，东山县成立指挥部，主动承担建设了在云霄境内的一座滚水坝，两地人民同心协力，共同推进向东渠的建设进程。

85.81公里，是向东渠的总建设长度，这个数字凝结的是云东两县5万多名干部群众星夜兼程，1000多个日日夜夜的艰苦跋涉，用“肩挑锄挖”的“土办法”一点一点达成的。建成后的水渠像一条蜿蜒长龙，劈开了24个山头的重重阻隔，盘绕上了100多道山梁，飞越15条溪流，最终汇入了东山岛的红旗水库。

向东渠通水之后，浇灌了云霄县16万亩、东山县7万亩农田，占两地耕地面积的60%。经过了49年的风雨磨砺，如今的向东渠仍旧坚守着它的使命，向东山源源不断地送水。

如今，乡村建设产生了日新月异的变化，当年建设向东渠的一批人也已经渐渐老去，而这种精神，却随着时代的沉淀愈发闪耀了起来。在向东渠建设过程中诞生的“向东渠精神”，是云东两县老一辈干事创业留下的精神财富。

“向东渠精神”，蕴含着忠贞为民、勇于担当的崇高信念；无私奉献、大局为重的宽广胸怀；攻坚克难、艰苦奋斗的坚强意志；上下同心、依靠群众的创业激情；马上就办、真抓实干的过硬作风；大胆创新、精益求精的工匠精神这六种精神内涵。这种精神到今天，仍旧引领着云霄人民艰苦奋斗，完成一个又一个伟大工程，它是云霄人民独特的精神财富，也成为今天云霄脱贫攻坚工作的内生动力。

脱贫攻坚吹响“向东”号角

“从前，村里农户各干各的，杨桃虽然产量多，但是质量参差不齐，价格也卖不高。”云霄县和丰果蔬专业合作社理事长蔡川和说。

桜树村枇杷观光生态园 （吴建云 摄）

云霄县下河村位于下河乡中部，是革命老区村、全国“一村一品”（杨桃）示范村。村民几乎家家户户都以种植销售杨桃为业。但是，在很长一段时间以来，由于缺乏科学布局，杨桃产业一直低迷，下河村被列为省级贫困村。

如何激发产业活力，带动农民脱贫致富？脱贫攻坚战役的打响，为下河村带来了活力与生机。下河乡党委、政府积极实施产业扶贫，扶持杨桃种植业。

为解决村民各自经营、市场分散的问题，下河村建起“基地＋合作社＋贫困户”的产业扶贫模式，吸收了本村23户贫困户，带动建档立卡贫困户就业，提升“造血”能力；面对技术上的瓶颈，聘请了省农科院专家建立品种改良实验园，引进马来西亚水晶杨桃、台湾软枝杨桃等品种，通过科技特派员下到田间在全乡试验推广种植。

“现在合作社每天可以向农户收购约1万公斤的杨桃进行销售，通过电商平台，客户遍及全国各地。杨桃的价格也从以前的一块多涨到了三块多，合作社挂钩的贫困户通过种植杨桃已经全部实现脱贫。”在第十一届海峡两岸现代农业博览会、第二十一届海峡两岸花卉博览会的“老区苏区脱贫奔小康”展馆中，蔡川和带来了他们合作社生产的新品种杨桃，深受好评。

此外，云霄县有效整合农业资源，在“现代农业＋”模式下大胆创新，因地制宜，打造龙镜花卉扶贫创业园、凤顶茶山休闲观光园等十大特色产业园区，将观光、旅游、文化、养生和绿色农业生产融合起来，以农兴旅，以旅促农，带动了周边旅游收入超百万元，让现代农业效益多方面延展。如今，在首批10个示范园区的辐射带动下，涌现出了一批又一批独具特色的农业产业观光园。

今年6月，云霄县顺利退出省级扶贫开发工作重点县。面对剩下的收入水平不高、刚性支出较大的56户重点对象，云霄县坚持对照“两不愁、三保障”的要求，按照“摘帽不摘责任、不摘政策、不摘帮扶、不摘监管”的原则，深入开展以“稳定提质”为主题的三年行动，让脱贫工作持续发力。

（来源：滴水缘公众号）

中核集团漳州核电项目正式开工华龙一号将批量化建设

金秋十月，中国自主三代核电技术华龙一号再传捷报：10月16日，中核集团在福建漳州宣布华龙一号在此开工建设。这是由中核集团建设的第五台华龙一号核电机组，至此，“国家名片”华龙一号批量化建设正式启动，增强了“一带一路”沿线国家对华龙一号的信心，同时将给清新福建再增添“绿色新名片”，为福建省地方经济发展提供新动力。这也是中核集团和福建省积极贯彻落实党的十九大精神，推动我国经济高质量发展，携手打造核强国的具体行动。

华龙一号是我国具有完整自主知识产权的三代核电技术，满足全球最新核安全标准，是我国核电创新发展的重大标志性成果，对于我国实现由核电大国向核电强国的历史性跨越具有重要意义。目前，中核集团华龙一号国内外4台示范工程进展有序，是全球唯一按照计划推进建设的三代压水堆核电工程。

据了解，中核国电漳州能源有限公司是由中国核能电力股份有限公司控股的综合性能源公司，作为项目业主，负责漳州核电项目的投资、建设及运行管理。漳州核电厂规划建设6台百万千瓦级第三代核电机组，一期工程2台机组采用华龙一号技术。漳州核电厂一期工程在参考电站基础上进行了多项设计改进和优化，进一步提升了机组的安全性和经济性。此外，漳州核电是中核集团在福建省规划建设的一个大型清洁能源基地，对促进福建省经济社会健康发展、造福当地群众、探索建立核电发展新模式具有重要意义。

（来源：《闽南日报》）

2019年10月16日，中核集团在福建漳州宣布位于云霄县列屿镇的华龙一号开工建设。图为华龙一号机组正在浇筑混凝土

（中核国电漳州能源有限公司　供图）

云霄入选中国书画艺术之乡

近日，文化和旅游部下发《关于命名2018—2020年度“中国民间文化艺术之乡”的通知》。经一段时间以来的评审和公示，决定命名北京市大兴区榆垡镇等175个县（县级市、区）、乡镇（街道）为2018—2020年度“中国民间文化艺术之乡”。

其中，福建七地入选，云霄县光荣在列，成为漳州市唯一上榜的县区。

云霄县是闽南历史文化名城漳州发祥地，素有“开漳圣地”的美誉。这座千年古郡，历史悠久、人文荟萃、文风鼎盛，存有尖峰夏商贝丘遗址、圆岭商周印纹陶文化遗址、仙人峰、青崎岩画等众多名胜古迹和纪念地。

近年来，在全县各项社会事业取得全面进步的同时，县委县政府始终高度重视文化事业建设，特别是在书画艺术领域，持续加大投入力度，以举办书画家庭表彰大会，建设书法、美术创作写生基地、培育民间文艺队伍、举办各类书画展览等举措，提升全县文艺精品创作水平，创作更多的艺术精品，在打造中国书画之乡路上砥砺前行。

如今，漫步云霄，省内外著名书画家多聚于此举办个展、联展或讲座，积极开展交流、研讨和培训，漳州市首届刻字展、全国百位书法名家作品展等精彩纷呈的大型活动广受好评。全县相继涌现一批国家级、省级书法家、美术家协会会员；目前，现有中国书协、美协会员18人（还有3人具备入会资格）、省级会员126多人、市县级会员500人。本土书画新秀、名家们以翰墨颂家乡、屡获佳绩，平均每年有近60幅作品在全国、省级比赛中入选并获奖。形式多样的书画展和书画笔会还办进校园、企业、办进机关、办进军营和社区，106个家庭获得“书画之家”命名表彰。此外，街头巷陌，大小书画装裱店、文房四宝店和艺术画廊应运而生，外地书画家、商家纷纷进驻，好一派百家争鸣、百花齐放的繁荣景象。

（来源：新云霄公众号）

云霄县举办书画展　（戴园笙　摄）

大事记

1月

1日，县燕翼宫文物保护协会成立，协会选举产生出首届理事会组成人员、协会会长、副会长、聘任荣誉会长、秘书长及顾问。

同日，云霄县举行公安边防部队转改官兵集体换装仪式，仪式上宣布公安边防部队官兵集体退出现役，转为人民警察编制。

同日，县住房和城乡建设局揭牌成立。县城乡规划建设局更名为县住房和城乡建设局。

2日，福建潮剧传习所魏妈文化园传习点举行揭牌仪式。

同日，县委书记王金狮调研社区党建文化工作及指导云陵客运站建设。

3—4日，省政协副主席、民盟福建省委会主委阮诗玮带队到云霄县开展精准扶贫调研活动。

4日，县委书记王金狮带队到金霞交通路口、下河乡世坂桥路段、南湖湿地公园、和田路等路段调研道路交通路网建设工作。

同日，漳州市诚信促进会第四次会长联席会暨晋江经验学习讨论会在云霄县召开。

8日，副省长李德金带队到云霄县下河乡杨桃产业扶贫示范项目、佳洲岛现代农业示范区等地调研农业农村工作。

8—9日，省人大常委会副主任潘征带队到云霄县调研脱贫攻坚工作。

14日，“纪念建漳1332周年‘胜景云霄’福建省山水画名家作品展”在将军山开幕。

15日，市领导黄华安带队到云霄县召开落实全面从严治党主体责任约谈反馈会。又到火田镇溪口村、马铺乡宝石村走访慰问困难群众。

同日，副市长吴卫红深入云霄县马铺乡调研产业扶贫工作。

16日，国家烟草专卖局专卖司副司长舒军龙、李宏光带队到云霄县开展卷烟打假工作调研。

同日，省妇联副主席袁素玲带队到云霄县调研指导基层妇联工作并开展慰问活动。

17日，县委书记王金狮深入和平乡东方村、新楼村走访慰问挂钩贫困户。

21日，省检察院党组书记、检察长霍敏带队到云霄县慰问省检察院驻村第一书记和困难群众。

22日，县委书记王金狮前往南湖湿地生态园详细了解项目当前推进情况以及下阶段节点规划。

同日，县委书记王金狮带队慰问云霄县党外知名人士、曾潮州烈士之妻、劳模、见义勇为遗属、困难教师。

23日，由县潮剧传承保护中心创作编排的大型潮剧现代戏《向东渠》在云霄县人民会堂演出。

同日，县长张明东走访慰问云霄县见义勇为遗属、部分生活困难群众和困难党员。

26日，县委书记王金狮调研南湖湿地生态园，详细了解项目当前推进情况以及下阶段节点规划。

28日，2019“云霄味”迎春年货展销会在将军山云茶坊广场举办。

同日，云霄县举办2018年秋冬茶评选赛落下帷幕。

同日，云霄南湖生态园开园，县委书记王金狮，县长张明东主持开园仪式。

29日，副市长谢毅泰带队到漳江湾特大桥云霄段检查云霄县主体大桥路段已完工建设情况。

30日，漳州军分区政委李宣良带队到云霄县开展现役军人家属慰问活动。

31日，县长张明东带队到云霄县部分重点行业领域检查节日市场供应和安全生产工作。

是月，厦门市翔安区副区长王婴水带领慰问团深入挂钩帮扶村马铺乡宝石村、下河乡石屏村，走访慰问建档立卡贫困户。

是月，福建省首批示范性普通高中建设学校名单公布，云霄一中榜上有名。

是月，2018—2020年度“中国民间文化艺术之乡”名单公布，云霄县（书画）上榜，系漳州市唯一。

2月

1日，云霄县举行2019年春节团拜会，县委书记王金狮发表讲话，县长张明东主持。

同日，中国铁路南昌局集团有限公司董事长王培到云霄县调研动车站扩建情况。

2日，云霄县召开省市下派扶贫一线挂职干部座谈会，县委书记王金狮代表致谢挂职干部。

11日，县委书记王金狮带队查看新春招聘会。

同日，县委书记王金狮带队到鲜品冷冻、互惠光电、鳌霸食品、华威电源等企业考察复工复产、新年目标任务、以后发展思路以及市场经营等情况。

15日，县委书记王金狮带队到下河乡实地调研指导“春暖云霄，快乐采摘”系列活动筹备情况。

同日，县委书记王金狮，县长张明东带队前往漳江口红树林自然保护区检查督导。

16日，下河杨桃快乐采摘周开幕。

21—22日，县委书记王金狮带队前往广东省东莞市开展招商活动。

25日，县委书记王金狮带队调研莆美安置地项目。

同日，县委书记王金狮带队到挂钩的重点项目建设一线“亚琦商贸物流园项目”现场办公。

同日，县长张明东带队前往龙泽食品、县总医院整体迁建等挂钩项目一线。

26日上午，县委书记王金狮带队实地走访澳林镁环保科技、诚发不锈钢、财兴不锈钢等项目。

27日，县委书记王金狮带队到下河乡金坑村、龙透村、后山村调研指导扶贫开发工作。

3月

2日，火田镇白石“金柑快乐采摘周”活动开幕。

4日，县委书记王金狮，县长张明东带队，前往南湖公园和滨北新区，调研重点项目进展情况。

5日，县委书记王金狮带队到马铺乡调研百草园景区建设及农副产品加工。

同日，省高级法院党组成员、政治部主任王汉宏到县人民法院开展新型审判团队暨队伍建设重大课题专题调研。

6日，市委书记邵玉龙深入云霄县漳州核电项目和汉晶光电PSS项目调研。

同日，2019和平乡枇杷快乐采摘周活动在安吉村开幕。

8日，县委书记王金狮，县长张明东带队，前往南湖公园和滨北新区，调研重点项目进展情况。

同日，市中级人民法院副院长陈志福带领调研组到云霄县调研扫黑除恶专项斗争整改工作开展情况。

12日，省发改委党组书记、主任张灿明带队到云霄县调研中核漳州核电项目。

同日，县委书记王金狮带队调研南湖生态园二期建设。

14日，县委书记王金狮深入马铺乡、下河乡、云陵镇等地调研农村污水处理工作情况。

同日，县长张明东带队调研督导污染防治攻坚工作。

同日，省交通运输厅党组书记、厅长黄祥谈到云霄县调研指导交通项目建设工作。

16日，省住建厅副厅长、考核组组长王胜熙及考核组成员到云霄县考核扶贫开发工作情况。

19—21日，县长张明东带队赶赴长三角开展招商活动。

20日，县长张明东带队到江苏省江阴市参观考察该市的城市重点项目建设、政务服务标准化建设等方面先进经验和做法。

21日，市委常委、常务副市长张慧德到云霄县调研铁路沿线环境综合整治工作。

同日，漳州市云霄医疗保障局正式揭牌成立。

27日，市人大常委会调研组到云霄县对特色现代农业园区建设开展调研。

27—28日，省政协副主席、民盟福建省委会主委阮诗玮带队到云霄县调研挂钩帮扶工作。

是月，省自然资源厅调研组到云霄县开展“大棚房”问题整治整改专题调研。

4月

3日，县委书记王金狮带队到云霄经济开发区调研工业发展和开发区建设工作。

4日，副市长沈志平到云霄县调研漳江流域及峰头水库水源地问题整改工作。

9日，县委书记王金狮带队到东厦镇调研农业农村发展情况。

10日，省人大常委会副主任潘征带队到云霄县调研挂钩帮扶工作。

15日，“中国梦·劳动美”云霄县首届茶叶加工技能竞赛在茗香四溢的凤顶茶山拉开帷幕。

16日，省人大常委会副主任吴洪芹带队到云霄县开展促进革命老区发展暨人大建设和工作情况调研。

17日，市政协副主席林俊山、何伟燕带队到云霄县开展“提升我市小流域水质”专题调研。

18日，副市长谢毅泰到云霄县调研指导交通重点项目建设工作。

23日，县委书记王金狮带队到南湖生态园开展“五一”国际劳动节节前调研。

24日，副市长陈水树到峰头水库检查基础设施运行情况。

26日，市委常委、宣传部部长刘伟泽到云霄县金汤湾、向东精神纪念馆、火田白石古茶树保护区、董希源美术馆等地调研宣传思想文化工作。

28日，县委书记王金狮带队到滨北新区察看重点项目征迁建设情况。

29日，县委书记王金狮前往县长途客运站、中梁首府、恒晟超市、县供电公司开展“五一”安全生产大检查。

30日，县委书记王金狮带队前往和平乡泮坑村，探索茶旅融合新发展。

是月，2019年联合国工发组织“促进福建省绿色工业发展”系列知识培训班在云霄县顺利举办，此次培训系首次到县一级行政区县开展，共有30余家企业、55名主管和技术人员参加。

5月

1日，云霄县和田路、漳江湾特大桥、沿海大通道云霄段（二期）顺利通车。

6日，市委副书记、政法委书记阮开森带队深入云霄县实地调研推进扫黑除恶专项斗争工作。

7日，副市长张翼腾带队到云霄县调研峰头水库水源保护与云霄漳江口红树林养殖清退工作情况。

同日，县委书记王金狮带队前往云霄经济开发区，调研县工业项目服务保障队工作开展情况。

9日，省林业局副局长林旭东到云霄县调研指导红树林整改工作。

10日，市中级法院副院长陈志福带队到云霄县开展扫黑除恶专项斗争问题整改工作调研。

13日，县长张明东带队到东厦、莆美、云陵等乡镇开展“河长制”巡河工作。

14日，县委书记王金狮、县长张明东带队到翔安区参观学习交流对口帮扶工作。

15日，县委书记王金狮带队调研红树林周边农村生活污水处理PPP项目。

22日，副市长陈水树带队到云霄县调研工业经济运行情况。

24日，省人大常委会调研组到云霄县调研民事、行政、公益诉讼检察工作。

27日，翔安区委书记黄奋强、区长胡盛带队到云霄县参观调研交流对口帮扶工作。

28日，市委书记邵玉龙深入云霄县乌山革命纪念馆、中共闽南地委机关旧址调研。

30日，县委书记王金狮带队深入南湖生态园二期项目实察、调研园区建设情况。

同日，省纪委七室副主任孙志敏带队到云霄县漳江口红树林、县政法委等地调研云霄县巡视整改进展情况。

6月

3日，县委书记王金狮到气象局、防汛仓库、火田镇调研防汛工作。

4日，县委书记王金狮会见来云考察的圣辉堂投资集团负责人，就合作事宜进行对接洽谈。

5日，县长张明东前往云霄一中、元光中学检查高考准备工作情况。

同日，市人大常委会副主任吴达金带领考察组到云霄县，开展《中华人民共和国中小企业促进法》及《福建省促进中小企业发展条例》执法检查。

9日，云霄县举办第三届茶叶评选赛，比赛共61个茶样，分“黄观音”和“品种茶”2个系列进行评比，最后评选出“黄观音”系列茶王1名、金奖1名、银奖2名、铜奖3名和“品种茶”系列金奖1名、银奖2名、铜奖3名。

11日，县委书记王金狮带队调研富佳宝食品工业园、奥克兰光电、华威二期、绿克食品的建设现场。

12日，由县开漳圣王府祖庙燕翼宫举办“开漳圣王杯龙舟联谊赛”在云陵镇漳江举行，为期12天，有陈岱龙舟队、开漳圣王府龙舟队、西林龙舟队、山后龙舟队、新坡龙舟队、下港关帝庙龙舟队、佳洲龙舟队、莆美英济龙舟队、下坂龙舟队、下楼龙舟队等10支代表队参赛。

12—14日，县长张明东带队赴广东深圳开展招商活动。

13日，市委常委、常务副市长张慧德带队到云霄县开展铁路沿线环境综合整治及农村裸房整治现场办公活动。

14日，第十一届海峡论坛·第六届海峡（漳州）茶会开幕式结束后，县委书记王金狮到云霄县茶展区参观指导工作。

18日，县长张明东带领相关部门人员检查铁路沿线环境综合整治工作情况。

19日，市委政法委副书记、市扫黑办常务副主任陈青树带队到云霄县调研扫黑除恶专项斗争重点问题整改工作开展情况。

同日，县委书记王金狮带队前往抽水蓄能电站项目处现场办公。

26日，县委书记王金狮带队前往潮州开展招商活动。

是月，福建省第六批省级历史文化名镇名村名单公布，云霄县和平乡莆顶村获“历史文化名村”称号。

7月

2日，厦门大学党委书记张彦带队到云霄县视察漳江口湿地生态系统野外科研基地项目的建设情况。

11日，市政法委副书记陈青树带队到云霄县调研2019年上半年党政领导平安建设（综治工作）责任书落实情况。

同日，生态环境部海洋司副司长胡松琴带领调研组一行到云霄县调研漳江口红树林国家级自然保护区违法养殖问题和漳江水质治理工作。

同日，市长刘远、市政协主席张祯锦带队到云霄县开展重点项目建设现场推进活动。

16日，县委书记王金狮带队调研南湖生态园二期建设。

18日，团省委副书记陈涛带队到云霄县开展关于“如何提高对台青年交流交往工作的实效性”的课题调研。

24日，云霄县与厦门翔安区首次联手举办2019

年山海协作招聘会。

25日，县委书记王金狮带队前往火田镇、云陵镇督导中央生态环境保护督察案件整改落实情况。

28日，县委书记王金狮带队实地检查中央生态环境保护督察转办信访件整改落实情况。

30日，县委书记王金狮到县退役军人事务局调研了解退役军人和其他优抚对象信息采集和退役军人服务站建设、运营和管理服务等情况。

是月，漳州核电项目获得国家能源局核准，该项目总投资超过400亿元。

8月

1日，县长张明东到县医院检查指导征兵体检工作。

16日，省文化和旅游厅副厅长肖长培带队到云霄县开展文旅融合课题和“十四五”规划前期重大问题调研。

21日，副市长吴卫红到云霄县察看生猪养殖基地暨开展宗教专项督查工作。

22日，县委书记王金狮将带队前往陈岱、东厦、莆美等地调研全县旅游产业发展工作。

23日，市人大常委会组成人员余永平带队到云霄县开展工业发展状况专题调研。

24日，副省长田湘利带队到漳州核电、列屿山前一级渔港、马铺峰头水库检查防台工作。

同日，县长张明东带队到下河乡新坡村原云霄建筑垃圾堆放场和陈岱镇下曾村废塑料加工厂调研推进中央生态环境保护督察反馈问题整改落实情况。

是月，由省农业农村厅组织举办的第三届福建省农业农村创业创新大赛在晋江市举行，福建友福百草园农业开发有限公司（马铺百草园）获成长组二等奖。

是月，省科协公布第二批2016—2020年度福建省科普示范县（市、区）名单，云霄县被评为福建省科普示范县。

是月，云霄县建成全市首家规模化粮食烘干公司“漳州市田丰粮业有限公司”。

9月

3日，县委书记王金狮带队督导铁路沿线环境综合整治及农村裸房整治两项工作。

4日，市委常委、常务副市长张慧德带队到云霄县调研矿山整治工作。

5日，县长、总河长张明东带队调研污染防治工作，并实地检查指导农村生活污水处理设施及配套管网PPP项目和经济开发区污水处理厂工程建设。

6日，省市场监督管理局食品安全协调处处长蒋爱民带队到云霄县就创建省级食品安全社会共治示范县工作进行考评验收。

15日，县委书记王金狮到县公安局开展大庆安保战时慰问活动。

17日，县委书记王金狮带队赴南湖生态园调研，督促二期工程国庆节前如期开园。

19日，县委书记王金狮带队调研重点企业、重点项目，确保企业形象进度满足国庆前基本竣工和试生产要求。

23日，县委书记王金狮深入马铺乡调研该乡产业发展、脱贫攻坚问题，开展“不忘初心、牢记使命”主题教育蹲点蹲点调查研究活动。

26日，副市长、市公安局局长黄华安到云霄县开展“不忘初心、牢记使命”主题教育蹲点调研。

27日，县长张明东带队深入南市场、渡头嘉园、自来水厂、供电公司等地，开展国庆节前安全生产大检查。

同日，县委书记王金狮调研南湖夜景工程。

同日，县长张明东带队到陈岱镇、列屿镇检查指导海洋督察整改工作。

28日，县委书记王金狮带队到山美溪流域开展河长巡河活动。

是月，市委常委、常务副市长张慧德到云霄县部分乡镇蹲点调研突出生态环境问题工作。

是月，云霄县被评为“四好农村路”省级示范县，系漳州市唯一。

是月，国网福建电力2019年度配电网十佳优质工程名单公布，漳州云霄110千伏火田变10千伏开漳Ⅰ、Ⅱ线新建工程获评，系漳州市唯一。

10月

1日，县委书记王金狮、县长张明东、县政协主席林达祥等县各套班子在家领导及四级调研员、县法院院长、检察院检察长、红树林管理局局长，县处级离退休老干部代表，各乡镇（开发区）党政主要负责人，县直机关、垂直管理部门干部职工代表及教师、学生代表，共计1200多人在新行政大楼广场参加升国旗仪式。

8日，县委书记王金狮带队调研山美溪流域河道清淤工作。

11日，副市长兰万安带队到云霄县调研云平高速A3标段项目建设。

16日，省烟草专卖局副局长孔祥统带队到云霄县调研卷烟打假工作。

17日，县长张明东深入下港片区指挥部开展主题教育调研下港片区征迁工作情况。

18日，省政府发展研究中心党组书记、主任陈秋平带队到云霄县开展县域经济发展专题调研。

21日，市人大常委会委员吴灿辉、朱志宏、王雅秋、何辉到云霄县调研人大代表联系群众活动室建设运行情况。

28日，市委副书记、政法委书记阮开森带队到云霄县和平乡上坂村调研扶贫开发及乡村振兴工作。

11月

8日，县委书记王金狮、县长张明东带队调研铁路沿线环境综合整治。

10日，边坝县委副书记、县长夏冰带队回访团到云霄县调研云霄县智慧农业发展、旅游开发、巩固脱贫攻坚成果经验。

11日，县委书记王金狮带队调研驻云霄经济开发区的工业项目服务保障队。

14日，市人大常委会副主任刘加来带队到云霄县调研脱贫攻坚稳定提质三年行动工作。

18日，县委书记王金狮前往下河村为提升“扶贫园”档次提出新思路、新要求。

20日，市政协副主席柳建聪、杨胜华带队到云霄县开展实施乡村振兴战略及社会治理能力建设等工作调研。

25日，县委书记王金狮带队调研山美溪流域水质提升项目，并实地考察南湖公园。

同日，副市长吴卫红带队调研2019环东山湾“片仔癀杯”中国汽车拉力锦标赛云霄段的筹备工作情况。

27日，市委副书记、政法委书记阮开森带队到云霄县开展“三大攻坚战、年底回头看”暨“解难题、促发展”、生态环境突出问题整改落实现场推进活动。

28日，副市长、市公安局局长黄华安带队到云霄县主持召开专题座谈会，就2020年《市政府工作报告》的补充与完善广泛征求全县各界代表意见建议。

是月，云霄县火田镇高田村、白石村被评为为省级乡村振兴试点村。

是月，云霄县上榜2019年福建省县域经济发展“十佳县”。

12月

6日，2019环东山湾“片仔癀杯”中国汽车拉力锦标赛在东山开幕，设东山县、云霄县、诏安县和常山华侨经济开发区4个区域赛段。

7日，副市长吴卫红带队到云霄县调研2019环东山湾“片仔癀杯”中国汽车拉力锦标赛云霄段开赛前各项准备工作。

同日，副市长吴卫红深入和平乡宜谷径，就如何做好树滋楼的保护工作开展调研。

8日，2019年环东山湾“片仔癀杯”中国汽车拉力锦标赛云霄赛段开赛，共设置2个赛段，第一赛段为峰头水库赛段，起点为峰头水库、终点为坑口村共18.64公里，比赛2次；第二赛段为官乡赛段，起点为官乡、终点为桥仔头共 16.12 公里，比赛 1 次。

10—11 日，省委第三巡回指导组组长丁志隆带队到云霄县开展专题调研，检阅全县主题教育服务群众推动发展的亮点与成效。

10—11 日，省禁毒委副主任、公安厅党委委员薛祺安到云霄县调研指导禁毒工作。

11 日，省人大常委会副主任潘征带队到下河乡坡兜畲族村开展帮扶工作调研及春节慰问活动。

12 日，市委宣传部副部长、闽南日报社社长陈惠贞到县融媒体中心开展调研。

16 日，副市长、漳江流域河长、峰头水库库长张翼腾带队到漳江流域、峰头水库开展巡河工作。

17 日，县委书记王金狮带队检查云陵镇 2019 年全面从严治党主体责任落实情况。

19 日，市委常委、常务副市长张慧德带队到云霄县调研饮用水源地保护工作。

20 日，“e 上云霄 · 互联网 + 云霄味地标农产品展销会”开幕式在将军山公园云茶坊广场举办。

24 日，县委书记王金狮带队调研金霞路北段改造提升项目。

26 日，省委组织部公务员一处三级调研员林锋带队到云霄县调研指导公务员职务与职级并行制度执行实施情况。

30 日，云霄县圣城房地产开发有限公司党支部和圣城房地产开发有限公司举行揭牌仪式。

同日，县委书记王金狮带队到和平乡安吉村调研矿山整治工作。

（方月赏、张小云撰　罗煜阳审）

基本县情

【地理特征】 云霄县位于福建省东南部沿海，隶属漳州市管辖。云霄东接漳浦县，西连诏安县，北与平和县接壤，南与东山湾及东山岛毗邻和相望。地理坐标：北纬23°45′～24°14′，东经117°07′～117°33′。

云霄县地势从西北向南倾斜，为三面环山，向东开口的马蹄形，境内地形地貌有丘陵滨海台地、冲积平原及山地，山地面积413.81平方公里，主要位于云霄县的东北、西部及西南部；台地及河谷平原面积620.89平方公里，主要为与中部至东南部。县境内水系发育，漳江及其支流北溪、西溪是云霄县主要河流。大小水库77座，其中大（2）型水库1座（峰头），中型水库1座，小（①）型水库10座，小（②）型水库65座。云霄属亚热带海洋季风气候，多年平均气温21.3℃，多年平均降水量1795.5毫米，多集中在4—7月；全年无霜期349天，多台风。

【行政区划】 云霄县辖6个镇（云陵镇、陈岱镇、列屿镇、莆美镇、东厦镇、火田镇），3个乡（马铺乡、下河乡、和平乡），1个开发区（云霄经济开发区），共计195个行政村（居委会、作业区），其中有个37社区（2019年无新设立社区），全县总面积1066.18平方公里（含常山）。

云霄县各乡镇情况一览表

表1

乡镇街道名称（驻地）	行政区划代码	邮编	驻地地址	面积（平方千米）	人口（人）	社区和行政村名称	社区（个）	行政村（个）	社区行政村合计（个）
云陵镇（王府社区）	3506 22100	363300	云陵镇江滨路168号	15.23	68002	社区：下港、大园、溪美、王府、塘坪、宝楼、汀洋、大路、西园、北园、金霞、城元、丽都、渡头、建发、云霞 行政村：下板、享堂、塘坪、下城	16	4	20
陈岱镇（岱东村）	3506 22101	363308	云霄县陈岱镇聚星路48号	67.57	41257	行政村：白礁、竹港、峰外、岱山、岱北、岱南、岱东、石前、礁美、坑内、下曾、董塘、双岭、前江、中江、后江、呈安、大山顶	0	18	18

续表 1

乡镇街道名称（驻地）	行政区划代码	邮编	驻地地址	面积（平方千米）	人口（人）	社区和行政村名称	社区（个）	行政村（个）	社区行政村合计（个）
东厦镇（东厦村）	350622102	363305	云霄县东厦镇东厦村小料403	128.13	62135	行政村：浯田、荷东、荷中、荷西、溪塘、船场、东厦、洲渡、佳洲、白塔、埭洋、竹塔、东崎、湖坵、长洋	0	15	15
莆美镇（莆下村）	350622103	363300	莆美镇莆政路66号	68.62	48999	社区：绥阳、宝洋、绥东、泰景、君豪、宝龙、宝城、高洋、宝山、怡景 行政村：演武亭、双溪口、高塘、莆下、莆东、莆南、莆北、前埔、后汤、宝树、佳兜、前涂、山美、阳下、向北、中柱、上坑、大埔、马山、树洞、下径、益宝山、狮山、三东	10	24	34
列屿镇（城内村）	350622104	363309	城内村城东168号	54.65	26171	行政村：山前、林坪、顶城、城外、城内、宅坂、南山、油车、人家、宅后、青径、半山	0	12	12
火田镇（火田村）	350622105	363302	火田镇政和路59号	191.11	62416	社区：政和 行政村：郭浦、下楼、西林、菜埔、瑞堂、溪口、大坑、火田、莆中、乌石、东车、水头、岳坑、后埔、佳园、新园、古楼、瓦坑、高田、圆峰、白石	1	21	22
下河乡（华荣社区）	350622200	363304	云霄县下河乡华荣里1号	137.33	51466	社区：华荣社区 行政村：上窖、新坡、世坂、孙坑、新湖、下河、上河、凤兴、外龙、内龙、下洞、坡兜、车圩、后山、石屏、梅林、七高磜、龙透、坡下、仙石、金坑、曲溪、三星	1	23	24
马铺乡（马铺村）	350622201	363301	马铺乡马铺村1号	165.97	47244	行政村：峰头、宝洞、大坪、青美、白凤、泮坑、杉脚、宝石、龙镜、坑口、枋林、上洋、马铺、石芹、客寮、乌石坑、杨美、粗溪、湖洋、桥头、坪水、下庵、新楼、石鼓、磜头、枧河、乌螺、大仓	0	28	28
和平乡（新楼社区）	350622202	363303	云霄县和平乡新楼3号	122.57	31278	社区：河塘、后坪、泮坑、宜谷径、新楼、河溪、甘埔、征山、金牛 行政村：西安、东方、莆顶、坎顶、径仔、安吉、吉坂、上坂、大斜、内洞、�树、桥头、通贝	9	13	22
合计							37	158	195

说明：数据截至 2018 年 12 月 31 日。

【人口】 2019年，云霄县（不含常山经济开发区）计生常住人口合计125121户，452462人，其中男237035人、女215427人，性别比为110.03。

是年，云霄县（不含常山经济开发区）出生人数为5422人，出生率为11.63‰；死亡人数为2207人，自然增长率为6.74‰，死亡率为4.89‰。迁入人数为3060人，迁出人数为3550人。

（杨陈涛撰 张立革审）

资 源

【旅游资源】 云霄县主要的自然保护区有东厦镇红树林自然保护区，森林公园有将军山及狮头山森林公园，全国重点文物保护单位有莆美镇演武亭的陈政墓，省级重点文物保护单位有东厦镇的天地会创立遗址高溪观音亭、东厦镇的天地会创立遗址高溪庙、云陵镇溪美街的云山书院、云陵镇享堂的威惠庙等。

【矿产资源】 云霄县矿产资源2019年发现的有金、银、铜、铅、锌、锡、钨、钼、稀土、高岭土、地热等矿产25种，发现矿种数占全省的19%。

全县矿产资源查明或预测有资源储量的有16种矿种，其中金属矿产有钨矿、铜矿、银矿、锡矿、铅锌矿等8种；非金属矿产有饰面用花岗岩、建筑用花岗岩、建筑用凝灰岩、高岭土、脉石英及砖瓦用黏土等6种；水气矿产有矿泉水1种；能源矿产有地热1种。矿产资源种类多，其中非金属矿产多、金属矿产少；金属矿产的勘查程度不高，开发利用率少，非金属矿产及地热矿产的利用率高。

优势矿产主要有地热、建筑石料；次优势矿产有饰面石材。矿床规模均为小型或零星分散，矿山开采规模中地热、建筑石料及高岭土可达到大中型。地热主要分布于下河乡孙坑、火田镇溪口、后埔、官园、后门、陈岱镇院前，其中孙坑及院前地热的开采规模可达到大型。钨矿分布于大帽山，规模较小。银铅锌矿主要分布于马铺乡车墩和双过山一带，规模小。锡铜矿主要分布在下河乡坎顶一带，为共生矿，规模较小。高岭土分布于下河乡岩田山、列屿镇白衣一带。饰面用石材主要分布于下河乡仙石村。建筑用石料主要赋存于侵入岩和火山岩中，矿山分布面广，矿石资源量十分丰富。矿泉水主要分布在火田镇碧云寺和莆美镇将军山一带。除此之外，县境内还有数处银、铅、锌、锡、铜多金属矿（化）点分布，铅、锌、钨、钼异常发育。

（方陈永撰 林文革审）

【海洋资源】 云霄县海域位于东山湾内，最东端与东山湾入海口接壤，最西端与漳江出海口接壤，最南端位于陈岱镇白礁村，最北端位于东厦镇浯田村，云霄县东厦、列屿、陈岱3个乡镇与其接壤。八尺门海堤把云霄海域一分为二，海堤北边称东山湾，呈U形，最大处南北长20公里，东西宽15公里，湾口朝南，门口狭窄，宽仅5公里；海堤南边称诏安湾，呈L形。全县拥有海域面积10670公顷，大小岛屿12个，其中，30米等深线内浅海面积5722公顷，海底表面是云霄特色农产品——波纹巴非蛤主要栖息地，海水表面是素有“海上牛奶”之称的牡蛎主要生长场所，海域里面有黄鳍鲷、日本对虾等丰富渔业资源。

海岸线：云霄县海岸线迂回婉转，曲折绵长，其中东厦、列屿、陈岱3个乡镇临海；最南端为陈岱镇白礁村，与诏安县海岸线连接；最北端为东厦镇浯田村，与漳浦县海岸线连接。从陈岱镇白礁村海岸线始，一路向北，经过八尺门海堤，到礁美村与前江村海岸线交界处基本为S形；从前江村海岸线始，经过东厦镇的南江水闸、佳洲岛、北江水闸到浯田村与漳浦县海岸线交界处基本为U形。沿线有金汤湾海水温泉场、礁美二级渔港、礁美渔业种业园区、漳州核电基地、人家二级渔港、海能工厂化养殖园区。

滩涂：云霄县东厦、列屿、陈岱3个临海乡镇拥有潮间带滩涂面积3000公顷。其中，位于东厦镇的漳江口国家级红树林自然保护区2360公顷，属于禁止或限制养殖区域；其余640公顷属于列屿镇区域，已大部分被核电基地征用。漳江出海口两岸滩涂有漳江淡水注入，是鱼类、贝壳类等水生动物优良栖息繁衍场所。跳跳鱼、泥蚶、缢蛏、青蟹等鱼贝壳类水生动物品质优良、咸淡适宜，深受消费者喜爱。

（张秀钦撰 许勇审）

气　象

【气候概况】 2019年平均气温23.1℃，比历年同期（21.7℃）高1.4℃，属异常偏高；年降水量1410.8毫米，比历年同期（1830.9毫米）少23%，属显著偏少；全年总日照时数为1885.7小时，比历年同期（1869.9小时）少15.8小时，属正常。全年有3个台风影响云霄县，影响程度总体偏弱。综合分析，全年主要气候状态为气温异常偏高，降水显著偏少，日照正常。2019年，影响云霄县的主要天气气候事件包括低温霜冻、暴雨、干旱、台风、高温、大雾。

【气温表现】 2019年，县域平均气温23.1℃，比历年同期高1.4℃，属异常偏高。冬季（2018年12月至2019年2月）：平均气温17.4℃，比历年同期高2.6℃，属异常偏高。春季（3—6月）：平均气温23.2℃，比历年同期高1.1℃，属显著偏高；无“倒春寒”天气。夏季（7—9月）：平均气温29.1℃，比历年同期高1.2℃，属异常偏高。8月10日出现年极端最高气温38.8℃。全年出现33天日最高气温≥35℃的高温天气，属偏多。秋季（10—11月）：秋季平均气温23.2℃，比历年同期高1.1℃，属显著偏高。初冬（12月）：平均气温17.1℃，比常年高1.3℃，属正常。12月8日，出现年极端最低气温6.5℃。

各月平均气温及其评价

表1　　单位：℃

月份	1月	2月	3月	4月	5月	6月	7月	8月	9月	10月	11月	12月	年平均
气温	16.7	17.2	18.3	22.5	23.9	28.1	29.5	29.5	28.4	25.4	21.0	17.1	23.1
历年	14.1	14.6	16.7	20.6	24.2	26.9	28.5	28.3	26.9	24.1	20.1	15.8	21.7
评价	异常偏高	异常偏高	偏高	显著偏高	正常	显著偏高	显著偏高	异常偏高	异常偏高	偏高	正常	正常	异常偏高

【降水表现】 2019年，县域总雨量1410.8毫米，比历年同期少420.1毫米，少23%，属显著偏少。冬季（2018年12月至2019年2月）：降水量60.3毫米，比历年同期少86.9毫米，属显著偏少。春季（3—6月）：降水量794.9毫米，比历年同期少71.8毫米，属正常。夏季（7—9月）：雨量499.7毫米，比历年同期少244.5毫米，属偏少。秋季（10—11月）：雨量0.2毫米，比历年同期多72.6毫米，属异常偏少。初冬（12月）：雨量为71.8毫米，比历年同期多41.0毫米，属异常偏多。

各月总雨量及其评价

表3　　单位：毫米

月份	1月	2月	3月	4月	5月	6月	7月	8月	9月	10月	11月	12月	年平均
雨量	8.9	35.3	232.1	166.3	288.8	107.7	243.5	238.3	17.9	0	0.2	71.8	1410.8
历年	33.6	82.8	116.6	171.2	245.3	333.6	264.0	297.4	182.8	40.7	32.1	30.8	1830.9
评价	显著偏少	显著偏少	异常偏多	正常	正常	显著偏少	正常	正常	异常偏少	异常偏少	异常偏少	异常偏多	显著偏少

【日照表现】 2019年，县域总日照时数为1885.7小时，比历年同期（1869.9小时）多15.8小时，属正常。冬季（2018年12月至2019年2月）总日照时数为292.2小时，比常年少109.9小时，属偏少。春季（3—6月）总日照时数为454.3小时，比常年少42.2小时，属正常。夏季（7—9月）总日照时数为636.8小时，比常年多22.6小时，属正常。秋季（10—11月）总日照时数为457.4小时，比常年多100.3小时，属显著偏多。初冬（12月）：总日照时数为150.7小时，比常年少13.6小时，属正常。

各月总日照时数及其评价

表4

单位：小时

月份	1月	2月	3月	4月	5月	6月	7月	8月	9月	10月	11月	12月	年总量
日照	119.7	66.8	105.1	112.6	105.9	130.7	175.2	210.1	251.5	221.1	236.3	150.7	1885.7
历年	142.6	95.2	99.2	111.0	133.3	153.0	232.5	207.7	174.0	189.1	168.0	164.3	1869.9
评价	正常	正常	正常	正常	正常	正常	偏少	正常	异常偏多	正常	显著偏多	正常	正常

【风和相对湿度】 2019年县域平均风速为2.0米／秒，比历年同期（2.3米／秒）小0.3米／秒。年主导风向为西北风，风向频率为16%，平均风速为2.1米／秒；其次是东南偏东风，风向频率为12%，平均风速则为2.7米／秒。全年空气相对湿度为78%，比历年同期（77%）多1个百分点。

【气象灾害】 低温霜冻：2019年有2次冷空气天气过程，但冷空气影响程度总体偏弱。全年该站日极端最低气温6.5℃，出现在12月8日。12月2—9日受较强冷空气影响，出现低温过程，极端最低气温出现在12月8日，全县有4个自动站最低气温低于4℃（以下河乡的2.0℃为最低），中北部乡镇高海拔山区出现霜冻。

暴雨：2019年出现5个暴雨日，分别是3月9日过程雨量66.1毫米、4月14日过程雨量71.9毫米、5月28日过程雨量60.8毫米、7月22日过程雨量65.4毫米、8月25日过程雨量81.9毫米。暴雨主要特点是降水集中、强度大，多为热带辐合带和西南暖湿气流影响下的暴雨；且强降水主要集中出现于3—8月，累计雨量1276.7毫米，占全年总降水量的90.5%。

干旱：2019年9月9日到12月4日（计57天）云霄县出现一次干旱过程，各乡镇降水量介于0毫米（城关）至15.9毫米（马铺）之间，达到气象重旱至特旱。云霄县气象局加强研判天气形势，密切监视，及时掌握12月5日的有利天气过程，在马铺峰头水库作业点择机开展人工增雨作业，共发火箭弹2枚。此次人工增雨作业效果显著。统计5日8时至6日8时，县域普降中雨，全县有2个自动站累积雨量达到20毫米以上，以和平棪树村22.9毫米为最大，对缓解旱情起到明显效果。

台风：2019年有3个台风及热带低压影响云霄县，分别为1905号台风“丹娜丝”（热带风暴级）、1909 号台风“利奇马”（超强台风级）、1911 号台风“白鹿”（强热带风暴级）。第5号台风“丹娜丝”于7月16日14时在菲律宾以东洋面生成，在台湾以东洋面北上逐渐远离云霄县。受台风“丹娜丝”环流影响，7月17—19日，大部分乡镇出现35℃以上高温天气，其中17日城关最高气温达到38℃，而火田最高气温高达39.7℃。第9号台风“利奇马”于8月4日17时在西北太平洋洋面生成，10日1时45分前后在浙江省温岭市沿海登陆，登陆时中心附近最大风力16级（52米／秒，超强台风级），中心最低气压930百帕。受“利奇马”台前飑线影响，8日夜里云霄县出现雷雨大风，局部伴有短时强降水。统计8日18

时至9日7时大风实况，全县共有6个自动站瞬时极大风速达到6级以上，以莆美镇19.6米/秒（八级）为最大；全县共有6个自动站降水达到10毫米以上，以常山观竹小学19.8毫米为最大。第11号台风“白鹿”于8月21日14时在菲律宾以东洋面生成，25日7时25分钟在福建省东山县沿海登陆，登陆时中心附近最大风力有10级（25米/秒，强热带风暴级），中心最低气压988百帕。统计8月22日8时至26日8时极大风速及累积雨量，云霄县沿海和内陆地区出现7～8级阵风，其中以火田19.6米/秒（8级）为最大；全县有10个站雨量达到50毫米以上，其中有有2个站雨量达到100毫米以上，以和平乡棪树村118.6毫米为最大。

高温：夏季平均气温偏高、多炎热天气，8月10日出现年极端最高气温38.8℃。期间35℃以上炎热天数多达33天，高温初日为6月8日，高温终日为10月2日，期间最多连续高温日9天（8月7日至8月15日）。

大雾：2019年大雾出现5天，出现日期为2月4日、2月6日、3月11日、4月21日、4月22日。

【气象服务】 决策气象服务：气象局在灾害性天气来临前及时发布预警信息，实时发布降水等实况信息，同时在春运、两会、清明、国庆、高考等重要节日制作重要专题气象服务，为云霄县经济、社会发展提供有力的气象保障。2019年气象局共对外发布236期决策服务材料、天气预警信号557次、发布气象短信259045条。专业气象服务：2019年，气象局共发布农业气象旬报32期、农业气象月报11期、发布春耕春播气象服务专报8期、夏收夏种气象服务专报4期和秋收秋种气象服务专报9期。特别是针对云霄县特色枇杷、杨桃产业，气象局联合农业专家分析影响枇杷、杨桃生长的气象因素，并不定期发布农业气象灾害监测预警产品，2019年共发布枇杷、杨桃专题服务材料52期，为农民朋友送上最新的气象信息和科学合理的生产建议，为农民朋友增产增收提供贴心服务。公众气象服务：气象局通过电视、广播、微博、微信、手机短信、地方微媒体等互联网载体，通过设在各乡镇、村、社区的气象协理员和气象信息员，通过安装在各乡镇政府、旅游景点和重要交通路段的电子显示屏，及时发布、传递气象信息，并在气象灾害发生前及时更新发布灾害性天气预警信息，做到早预报、早防备、早部署，为云霄县防灾减灾工作提供有力保障。

（林日新、方文维撰　朱育清审）

经济社会发展综述

【农业经济】 2019年累计投入支农资金3.88亿元，实施特色现代农业“六十工程”，农业大观园累计完成投资13.5亿元，新增农民专业合作社10家、家庭农场344个，新建高标准农田2.25万亩、设施农业4000亩，新建成10个美丽乡村；全力打造“云霄黄观音”公共品牌，地理标志（产品）增至35枚，成为全国地标第一县。

【工业经济】 全县实现实现规模工业总产值266.1亿元，同比增长10.5%，位居全市第一，实现规模工业增加值76.4亿元，同比增长10.2%，位居全市第一；完成工业投资154.0亿元，同比增长69.2%，位居全市第一；工业投资占固定资产投资比例达70.0%，位居全市第一。2019年，全县工业税收完成24431.14万元，比上年同期22523.86万元增收1907.28万元，同比增长8.47%。陈岱镇、列屿镇、莆美镇工业税收增长较多。2019年全县工业用电为3.12亿千瓦时，同比增长15.23%，作为工业经济发展的重要参考指标，工业用电较好地匹配规模工业的增长。

【招商引资】 落实《漳州市支持工业招商引资若干措施》，全年签约三维项目42个，计划总投资55亿元，其中生产性项目39个，计划总投资51.5亿元，鑫永威珍珠岩等15个项目实现当年签约当年落地。

【重点项目建设】 2019年，云霄县安排重点项目237个，总投资1314.69亿元，年度计划投资225.17亿元。1—12月累计完成228.61亿，完成年度计划的101.53%。计划新开工项目90个，已开工68个。计划竣工、投产项目125个，已竣工122个。市级以上在建重点项目51个，总投资877.65亿元，年度计划投资76.77亿元。1—12月累计完成88.98亿，完成年度计划的115.9%。计划新开工项目15个，已开工7个。计划建成项目15个，建成16个。省级以上在建重点项目13个，总投资48.17亿元，年度计划投资17.6亿元。1—12月累计完成18.89亿，完成年度计划的107.33%。计划新开工项目1个，已开工。计划建成4个，已建成3个。

【城乡建设】 南湖生态园建设全面完成，二期700亩园区开园迎宾；滨北新区完成征地1300亩，新县医院顺利动工；实施下港片区改造建设，稳步推进威惠庙、旧实小和演武亭安置房项目，新开工房地产面积20万平方米，老城新区焕发新活力。新汽车客运站完成主体工程建设，和田路、沿海大通道（云霄段）全线贯通，国道324线（城关段）改造提升工程全线开工，国道357线（陈岱－常山段）路面改造开工在即，山海城一体化交通路网渐趋完善。实施金霞路北段“白改黑”、将军山景区提升改造工程，“百路千村”两违综合治理行动累计拆违18.7万平方米，新增绿化面积31万平方米、公共停车位201个、LED路灯1255盏，“数字城管”投入使用，“门前三包”有效落实。

【生态文明建设】 实施生态领域项目7个，完成年度投资5.47亿元。突出抓好源头治污，启动山美溪生态修复和清淤疏浚工程。加快实施农村生活污水处理PPP项目，建成下坂、新坡村生活污水一体化处理站，完成黑臭水体管网改造12.4公里、清淤6.2公里；全面落实“双河长制”，清理辖区牛蛙养殖面积156亩，完成生猪规模养殖场标准化升级改造277场；持续抓好峰头水库、车圩溪水源地突出环境问题整治，全县饮用水源水质100%达标；深化推进“一革命四行动”，新建村镇公厕59座，垃圾转运站3座，开展垃圾“干湿”分类试点推广，全县所有农村生活垃圾处理实现市场化运作；开展“两高”沿线环境综合治理，整治裸房181栋，立面提升15栋，平改坡46栋；落实“青山挂白”专项治理，完成造林绿化1.48万亩、封山育林2.3万亩、水土流失综合治理1.3万亩，全县森林覆盖率67.8%；加强湿地生态保护，完成红树林保护区42公顷年度退养任务，顺利通过中央第二轮生态环境保护督察；开展建筑施工及道路扬尘专项整治，县城区空气质量优良天数比例为99.7%。

【脱贫攻坚工作】 落实“六个精准”要求，深入推进“三个五”扶贫工程，投入扶贫专项资金6870万元，2019年6月顺利实现全域脱贫。开展“两不愁三保障”回头看，完成所有贫困户住房安全认定。持续推进“养鸡生蛋”工程、“村财增收三年规划”和村级集体经济发展试点工作。开展缓解相对贫困人口试点工作，7户25人“夹心层”群众及时纳入保障对象。扎实推进健康扶贫，累计发放两道医疗叠加保险补助155万元，发放城乡低保和五保金4020万元、医疗救助金1073万元，366名家庭医生全覆盖签约服务贫困户。精准落实市政府电商扶贫“六条措施”，“一户一店一码”入选“改革开放四十周年福建影响力”案例。创新推行“一村一金融”模式，全年新增扶贫小额信贷440万元，发放贴息46.4万元。强化扶贫领域监督执纪，全年查处违规案件4起17人，坚决遏制扶贫领域腐败现象。

【文化教育卫生养老】 全面完成30项为民办实事项目，全县财政民生支出占比82.8%。办好人民满意教育，投入教育领域资金6.98亿元，新增学位1830个，新招聘教师94名，莆美幼儿园、后汤小学等一批校安工程建成投用，云霄一中获评省级示范性高中，义务教育质量保持在全市先进行列。实施健康云霄战略，投入医疗领域资金1.8亿元，县总医院良性运作，县疾控中心完成主体建设，云陵社区卫生服务中心顺利搬迁，庆泰老人病医院建成投用，新增病床位90张、卫技人员58名，成立4个名医工作室，医疗服务水平稳步提升。完善养老服务体系，新建1所五星级居家养老服务照料中心、26所农村幸福院，云霄县社会保障服务中心投用在即，居家养老专业化服务实现村居全覆盖。大力发展文化事业，完成73个基层综合性文化服务中心建设，火田镇溪口村入选中国传统村落名录，成功举办2019年中国汽车拉力赛云霄段赛事。

【社会治理】 深化“平安云霄”建设，深入开展扫黑除恶专项斗争，推行城乡社区网格治理“2+N”模式，招聘“一村一警务助理（打假专员）”195名，“社区（乡村）110”正式上线；全面开展安全生产集中整治，扎实推进“餐桌污染”治理，有效防范和遏制重大事故发生，社会保持安定稳定。聚焦群众饮水安全，实施风吹岭水厂提升改造，七星山自来水厂源水管道工程竣工通水，新建或改造农村供水管网153公里，确保群众喝上“放心水”。扎实开展殡仪制度改革，全面免除城乡居民基本殡葬服务收费，殡仪陋习得到有效遏制。持续推进第三轮“三年卷烟打假综合治理行动”，全年保持制假烟机“零查获”。有效防范化解金融风险，不良贷款率控制在省市下达指标范围内。

（施颖溢撰　罗煜阳审）

品牌云霄

【概况】 云霄享有“四乡、五县、六地”（“四乡”即中国枇杷之乡、中国温泉之乡、中国民间戏曲之乡、中国书画之乡；“五县”即全国绿化模范县、全国平安渔业示范县、全国电商示范百佳县、全国地理标志产品第一县、全国农产品质量安全县；“六地”即开漳圣地、天地会发源地、鉴湖女侠秋瑾出生地、闽南革命根据地、温泉旅游度假胜地、红树林国际重要湿地）的美誉。

【中国枇杷之乡】 云霄是中国枇杷之乡，“云霄枇杷凭借成熟期早、果皮鲜艳美观、果肉细嫩柔软、口感甜酸适度等优良品质，曾先后取得地理标志产品保护、中欧地理标志互认保护认定，并获得中国驰名商标等多项荣誉。

2019年，云霄县深入开展电子商务进农村示范创建活动，积极培育云霄萱宝、力行、和丰、平和新农人等一批龙头电商企业，设立农村淘宝、田丰e家等村级电商服务站点，制定销售枇杷鲜果的工作方案，解决从收购、仓储、人力和运输物流上的一系列问题。下河乡的车圩村、龙透村网销量每日1000公斤以上。农村电商的发展推动云霄县名优特农产品逐步构建起全县农产品的网络销售体系，助力农业农村更优发展。

充分发挥龙头企业、农村电商带动作用，拓宽“云霄枇杷”销售渠道，带动农户稳定致富增收，枇杷产业逐渐成为全县农业支柱产业，除鲜果外，还衍生出枇杷花茶、枇杷酒、蜜饯等枇杷副产品。

【中国温泉之乡】 云霄县地热水资源丰富，具有点多、面广、量丰、质优、易采的特点。全县已发现院前、孙坑、溪口、后埔、官园、后门6处温泉出露，水温在44～64℃之间。其中，院前温泉为海水温泉，其余5处为淡水温泉。温泉中富含偏硅酸、氟、砷、镭、氡和溴等多种有益人体健康的微量元素，具养生、医疗、美容、保健等功效。

云霄县温泉开发利用历史悠远，1300年前就有记载。2012年11月22日，云霄县被中国国土资源部命名为“中国温泉之乡”。2019年，全县6处温泉全部得到开发利用，广泛用于休闲旅游、康乐健身、温泉地产和温泉养殖等。云霄县政府制定了地热资源管理办法，并委托资质单位对区内地热资源进行进一步的勘查评价，编制开发利用总体规划，全面开发和有效保护云霄县地热资源，推动地区经济发展，着力把云霄建设成以温泉文化和产业为特色的宜居宜游城市。

【中国书画之乡】 文化和旅游部下发《关于命名2018—2020年度“中国民间文化艺术之乡”的通知》。决定命名北京市大兴区榆垡镇等175个县（县级市、区）、乡镇（街道）为2018—2020年度“中国民间文化艺术之乡”。

中共云霄县委、县政府高度重视文化事业建设，特别是在书画艺术领域，持续加大投入力度，以举办书画家庭表彰大会，建设书法、美术创作写生基地、培育民间文艺队伍、举办各类书画展览等举措，提升全县文艺精品创作水平，创作更多的艺术精品，打造中国书画之乡。

全县有中国书协、美协会员18人（还有3人具备入会资格）、省级会员126多人、市县级会员500人，有106个家庭获得“书画之家”命名表彰。

【中国民间戏曲之乡】 云霄县戏曲文化具有悠久的历史、独特的魅力和深厚的群众基础，民间戏曲活动经久不衰。

2019年创作编排《渠水长流》《向东颂》等作品，其中《向东颂》获得2019年漳州市“九龙江杯”器乐大赛一等奖。2019年创作大型潮剧现代戏精品剧目《向东渠》，获福建省第七届艺术节二等奖。

全县注册民间剧团16个，木偶剧团2个。云霄县潮剧三团、云霄县潮剧团、云霄县青年艺术潮剧团、云霄县竹港潮剧团、云霄县青年潮剧团、云霄县新晖潮剧团先后赴中国香港地区、马来西亚、新加坡演出，开展戏曲文化交流活动。

（郭扬撰　王一雄审）

中国共产党云霄县委员会

重要会议

【云霄县委政法工作暨深化扫黑除恶专项斗争工作会议】 2019年2月1日，在县行政办公大楼807会议室召开。会议的主要任务是全面贯彻落实习近平新时代中国特色社会主义思想和中共十九大精神，认真落实中央、省委、市委政法工作会议精神，研究部署2019年政法工作，推动扫黑除恶专项斗争不断向纵深发展。

【云霄县2018年度省级文明县城暗访情况通报会暨2019年创城工作推进会】 2019年3月29日上午，在将军山会议中心召开。会议对新一轮创城工作进行再动员、再部署、再落实，动员全县上下齐心协力、全力以赴，共创省级文明县城。

【全县工业发展、开发区建设推进会暨第一季度经济形势分析会】 2019年4月23日，在云陵镇二楼会议室召开。会议的主要任务是深入贯彻落实市委、市政府“大抓工业、抓大工业”的决策部署，通报分析一季度经济运行情况，研究部署下阶段经济工作。

【云霄县庆祝中国共产党成立98周年暨“两优一先”表彰大会】 2019年6月27日，在将军山会议中心召开，表彰优秀共产党员、优秀党务工作者和先进基层党组织。会议宣读《中共云霄县委关于表彰全县优秀共产党、优秀党务工作者和先进基层党组织的决定》，与会县领导分别为县先进基层党组织、优秀共产党员、优秀党务工作者代表颁发证书和奖牌。

【全县2019年上半年经济形势分析会暨“三抓三比、十项竞赛”活动推进会】 2019年7月24日，在将军山会议中心召开。会议贯彻落实上级专题会议精神，表彰先进典型、分析当前形势，并研究部署下半年各项工作，动员全县上下真抓实干、埋头苦干、争当模范，确保全面完成2019年目标任务。

【全县教育大会】 2019年7月24日，在将军山会议中心召开。会议传达学习贯彻习近平总书记关于教育工作的重要论述，贯彻落实全国、省、市教育大会精神，研究部署当前和今后一个时期全县教育工作。

【全县重点项目推进会】 2019年8月14日，在县行政办公大楼807会议室召开。县委书记王金狮主持召开全县重点项目推进会。会上，王金狮回顾全县1—7月项目建设情况，部署下阶段工作。

【县委推进中央生态环保督察重点信访件办理和突出生态环境问题整改及源头治理工作专题会议】 2019年8月14日，在县行政办公大楼807会议室召开。认真抓好中央生态环境保护督察工作的落实，做好云霄县生态环境保护工作。

【全县“不忘初心、牢记使命”主题教育工作会议】 2019年9月16日，在云陵镇二楼会议室召开。会议深入学习贯彻习近平总书记关于主题教育的重要讲话和重要指示批示精神，认真落实中央、全省主题教育第一批总结暨第二批部署会议以及全市主题教育工作会议精神，对全县主题教育进行部署。

【全县基层党建工作推进会】 2019年9月29日，在云陵镇二楼会议室召开。主要目的是以习近平新时代中国特色社会主义思想和中共十九大精神为指导，全面贯彻落实习近平总书记关于加强党的基层组织建设的重要讲话精神，以及省委、市委对机关、社区、学校及非公企业等领域党的建设的部署精神，加快推进云霄县基层各领域党建工作。

（周阿家撰　张艺彬审）

重要活动

【“百个项目大比拼”竞赛活动】 2019年云霄县持续开展“百个项目大比拼”竞赛活动，由10个乡镇（开发区）各筛选10个项目参与竞赛，工业项目63个、城建交通民生等基础设施项目26个、旅游服务业项目11个，全年计划投资148.36亿元，完成投资173.06亿元，项目开工率92.6%，在建达标率100%，竣工（投产）率97.3%。各乡镇（开发区）年度最终比拼成绩排名依次为列屿镇、云霄经济开发区、下河乡、火田镇、马铺乡、陈岱镇、和平乡、东厦镇、莆美镇、云陵镇。

【“三抓三比、十项竞赛”活动】 2019年县委、县政府持续深化“三抓三比、十项竞赛”（抓招商比项目投资、抓生态比城乡环境、抓作风比营商环境；工业园区建设竞赛、创新转型项目竞赛、现代服务业项目竞赛、战略性新兴产业项目竞赛、特色现代农业暨农业绿色发展项目竞赛、重点民生项目竞赛、生态水系项目竞赛、乡村振兴暨脱贫攻坚稳定提质项目竞赛、交通先行工程竞赛、公共配套项目竞赛）活动。是年，成立“三抓三比、十项竞赛”活动领导小组，统筹协调和组织推动全县“三抓三比、十项竞赛”活动，在全市综合评比中位列第四名。

通过开展竞赛，云霄县在市级反馈的21项主要经济指标中，有17项指标增幅超过全市平均水平，其中规模以上工业总产值、规模以上工业增加值、固定资产投资等6项指标增幅位列全市前三名。历史性摘掉“省级贫困县”帽子，连续第四次获评“福建省县域经济发展十佳县”。

（蔡林雄撰　郑茂长审）

议事协调机构

【农村工作领导小组】 2019年2月14日召开2019年云霄县委工作会暨全面脱贫攻坚大会，县委何霭副书记围绕实施乡村振兴战略，总结2018年“三农”工作，研究分析2019—2020必须完成的各项任务，并部署安排2019年农业农村及脱贫攻坚工作。

【中共云霄县委全面深化改革委员会】 2019年中共云霄县委全面深化改革委员会先后召开2次会议，传达学习贯彻中央、省委、市委全面深化改革委员会会议精神；分别研究审议通过《中共云霄县委全面深化改革委员会2019年工作要点及责任分工》《关于支持检察机关依法开展公益诉讼工作的意见》等相关改革文件，多措并举推进各项改革任务的落实，完成改革任务43项，重点突破项目清单47个。加大改革宣传力度，总结经验推广，推出“云霄样板”“云霄模式”，切实提升云霄改革热度和影响力，不断提升群众获得感、幸福感。2019年，《闽南日报》《福建日报》、“学习强国”《人民日报》等新闻媒体多次宣传县委改革的做法和成效。其中云霄县电商扶贫入选《2019年全国电精准扶贫典型案例》，为福建省唯一入选县级案例。《推行“1221”支部主题党日激活党建“末梢神经”》获第二届“推进机制活，建设新福建”机关体制创新案例征集评选二等奖。

【中共云霄县委全面依法治县委员会】 2019年7月3日，召开中共云霄县委全面依法治县委员会第一次会议，传达学习贯彻中央全面依法治国委员会第二次会议精神，并部署下阶段全面依法治县工作。会议初步审议通过《中共云霄全面依法治国县委员会工作规则》《中共云霄县委全面依法治国选委员会协调小组工作规则》《中共云霄县委全面依法治国选委员会协调小组人员名单》《中共云霄县委全面依法治县委员会办公室工作细则》和《2019年全面依法治县工作重点》。

【中共云霄县委网络安全和信息化委员会】 中共云霄县委网络安全和信息化委员会于2019年5月7日成立。下设办公室（县委网络安全和信息化委员会办公室），作为县委网络安全和信息化委员会办事机构，负责处理委员会日常事务工作。8月1日，召开县委网络安全和信息化委员会第一次会议。会议审议通过县委网络安全和信息化委员会工作规则、县委网络安全和信息化委员会办公室工作细则。

【中共云霄县委外事工作委员会】

2019年11月26日，召开县委外事工作委员会第一次会议。会议审议《中共云霄县委外事工作委员会工作规则》和《中共云霄县委外事工作委员会办公室工作细则》。

【中共云霄县委审计委员会】

2019年6月25日，召开云霄县委审计委员会第一次会议。会上，传达学习中央、省委、漳州市委审计委员会第一次会议精神，汇报云霄县审计工作情况，审议通过云霄县委审计委员会工作规则、云霄县委审计委员会办公室工作细则、云霄县2019年度审计项目计划。

县委办工作

【会务工作】 2019年落实中央《关于解决形式主义突出问题为基层减负的通知》要求，组织县委常委会会议41场次，完成云霄县庆祝中国共产党成立98周年暨“两优一先”表彰大会、全县“不忘初心、牢记使命”主题教育工作会议、县委工作会议、县委全体会议、季度经济形势分析会等各类会议189场次。严格落实重大事项报告制度，协助县委主要领导向市委主要领导呈报请示报告20件，及时按程序呈批云霄县领导干部外出报告239件。完善传真办理流程，及时、高效做好上传下达，办理各项传真320余件。

（周阿家撰　张艺彬审）

【文电工作】 落实“基层减负年”工作部署，召开文件管理工作专题会议、县级层面整治形式主义为基层减负专题工作会议，指导部署全县机关精简公文工作，完成全县各党政机关、各乡镇（开发区）近5年文件制发情况统计。2019年县委制发文件167件，流转办理中央和省市县各级公文1108件，制发县委常委会会议纪要90件、专题会议纪要4件、明电89件、便笺193件，确保上级及县委部署决策迅速传达贯彻落实。

（吴鸿裕撰　吴镇平审）

【文字综合】 秉持“三服务”理念，努力提升“以文辅政，服务决策”工作水平，为领导科学决策提供依据。2019年撰写及处理各类综合文字材料120多篇，印制下发《云办通报》4期，参与弘扬向东渠精神、开发区改革创新、食品工业发展等重点课题调研，撰写调研文章5篇，其中在《漳州通讯》等市级期刊上发表3篇。

（林伟超撰　郑茂长审）

【调查研究】 围绕县委中心工作，关注云霄县食品工业、茶产业、电商产业、核电产业、开发区机制体制改革等热点领域，聚焦脱贫攻坚工作及教育、医疗、交通、公共配套等民生补短板方面的特色经验和存在的问题。整理汇编重点调研课题文章和调研报告23篇，编审云霄调研刊物《调研参考》18期，推荐《云霄创新“3456”工程，全力大抓工业、抓大工业》《推行“1221”支部主题党日 激活党建“末梢神经”》《做强食品工业企业，助力发展县域经济》《向东渠水峰头来》等多篇优秀调研文章到《漳州通讯》等省市调研刊物发表。

（徐捷撰　张艺彬审）

【信息工作】 2019年，信息科按照“实际、实质、实效”的要求，向《八闽快讯》报送信息147条，采用38条；向《漳州信息》报送信息206条，采用90条，其中增刊3条、交流版2条、专报件2条。信息工作连续6年获评全省党委系统信息报送优秀单位，居全省各县（市、区）优秀行列。

（吴荣辉撰　郑茂长审）

【督促检查】 2019年发挥督查职能作用，办理省市领导批示件18件，县委主要领导批示件158件，办结率100%，编发《落实与反馈》4期。制发《2019年督查检查考核年度计划》，督查检查考核事项精简 56.9%，有效减轻基层负担。

（徐 捷撰 张艺彬审）

【公务接待】 2019年，制发《云霄县党政机关国内公务接待管理办法补充说明》通知，指导各乡镇（开发区）完善本单位国内公务接待制度，规范云霄县党政机关国内公务接待管理工作。全年完成接待任务198批次。根据县机构改革实施方案，云霄县委、县政府接待科更名为云霄县委县政府接待中心。

（李洁撰 罗荣辉审）

【机要保密】 加强规范化建设，配合机构改革在县委办设立保密管理科，承担县委保密办、县保密局职责。强化岗位责任，拟定《云霄县机要密码工作精细化管理手册》，全面梳理全县保密管理工作，对重点部门开展调研并体检保密环境，对各部门完善保密措施提供咨询建议。

（朱前锦、石王春杰撰 房江波审）

组织工作

【概况】 2019年，云霄县委贯彻执行新修订《党政领导干部选拔任用工作条例》，改进和完善干部选拔任用工作机制，规范干部选任程序，选好干部、配强班子，激励干部担当作为。

*加强科级领导班子建设。*选优配强科级领导班子。健全干部综合分析研判机制，科学谋划全县科级领导班子和干部队伍建设，注重统筹考虑科级班子的年龄梯次、专业、工作经历等，坚持以事择人、人岗相适的原则，配强各单位领导班子，优化班子结构。全县调整配备科级干部4批次157人，其中提拔重用53人（正科23人、副科14人、重用16人），平级交流调整104人。

*落实选人用人专项整改。*增强落实巡视整改的政治自觉和行动自觉，围绕整改要求，制定整改任务与分解方案，细化整改措施55条，逐条明确整改要求和时限、责任领导、责任单位，省委巡视组反馈的10个方面25个问题全部完成整改。

*健全干部选任工作机制。*积极运用巡视整改成果，出台年轻干部培养、干部交流、规范社团兼职等制度性文件12份，汇编成《云霄县干部工作制度汇编》；对照新修订《党政领导干部选拔任用工作条例》，制定干部选拔任用流程、推荐考察、任前公示、任职宣布等22项干部选拔任用工作规范性操作程序，汇编成《干部选拔任用工作手册》、《职级晋升民主推荐和考察工作操作方案》和《干部人事档案审核手册》，进一步健全治根本、管长远的选人用人制度体系。

*激励激发干事创业热情。*统筹推动职级晋升。强化职数“一盘棋”工作理念，坚持分级分类、统筹考虑、灵活使用的原则，统筹谋划推进全县职级晋升工作，释放政策红利。晋升职级35人，其中晋升三级调研员11人，晋升四级调研员19人，晋升一级主任科员3人，晋升三级主任科员2人。

*重视一线干部选拔培养。*注重在“大抓工业、抓大工业”、“一区三路两站四园”、脱贫攻坚、维稳处突等重难点一线主战场培养锻炼、考察识别干部，分两批次选派83名干部参与滨北及南湖征迁、精准服务企业专项行动，让干部在一线当先锋、增才干。强化一线考察干部结果运用，提拔重用一线干部28人，晋升职级8人，树立一线用人的鲜明导向。注重关心关爱干部。

设立专项资金关爱基层党员干部，帮扶基层干部、党员5人次2.1万元。表彰一批在服务县委中心工作中涌现出的敢担当、敢作为、成绩显著的先进集体22个、记个人三等功35名、先进个人48名。推动乡镇机关“五小设施”（食堂、宿舍、澡堂、图书室、文体活动室）配备，让广大基层干部安心工作、舒心工作。

*干部档案管理。*开展干部档案专审整理再复核，完成干部人事档案专项审核1570份。严格执行干部任前档案审核制度，对32名提拔人选的干部档案进行干部任前档案审核和信息认定。执行落实干部档案管理八项制度，提供查、借阅档案3500余人次，相关干部信息资料400多份，办理干部人事档案转递及接收135份。

（张永结、施明撰 吴钦辉、王淑昭审）

【干部监督】 建立廉政风险提醒制度，强化对苗头性倾向性问题的发现提醒，制定出台《对县管乡科级干部进行提醒、函询和诫勉的实施办法》，切实用好提醒、函询、诫勉等组织措施。组织每年度处级干部个人有关事项填报工作，按规定组织在职的 40 名处级干部高质量填报领导干部个人有关事项报告。

规范机关干部出入（国）境备案、审查和审批工作，受理审查审批出国境 13 人。认真开展干部学历更改认定工作，受理更改干部学历 116 人。开展组织部门信访受理、查办和其他转交办信访件，受理各类群众来信来访举报件 11 件。对交通局、旅游发展服务中心、将军山公园管理委员会等 6 个单位负责人开展任中经济责任审计。

加强干部选任过程监督 严格落实干部公示制度，对 2019 年提拔重用的 4 批次 53 人。开展任前廉政知识测试，严格把关拟提任对象撰写廉政对照检查材料，组织云霄县市管干部及县管科级干部个人对配偶子女及身边工作人员提拔任用、岗位调整、招聘录用工作情况进行自查自纠。严格落实干部选任“一报告两评议”工作，对 2018—2019 年度 9 名新选拔担任正科领导职务、11 名转任重要岗位的科级领导干部以及县委 2018—2019 年度干部选拔任用工作进行年度民主评议，104 人参加会议。

领导干部在社团兼职管理 严格落实省委巡视云霄问题反馈整改，制定下发《关于全面清理规范领导干部在社会团体兼职的通知》《领导干部在社会团体兼职审批备案工作流程》《关于加强和规范社会团体财务管理的通知》，在全县范围内对领导干部社团兼职进行全面排查和清理工作，是年，全县 3 名干部辞去兼任职务，3 名按要求履行审批手续，8 名全额退清违规领取的津补贴 208210 元。退清 9 个社团 27 人违规兼职取酬 351528 元。

（陈文级撰　林建仁审）

【干部培训】 2019 年制定下发《云霄县 2019 年干部教育培训计划》《中共云霄县委组织部关于进一步加强农村党员干部教育的通知》；举办云霄县学习贯彻习近平新时代中国特色社会主义思想专题班暨村（社区）主干任职培训班、“两条例”专题培训班暨基层党务工作者培训班、全县村（社区）主干专题培训暨党风廉政教育培训班，举办科级干部培训班 3 期、青年干部培训班 1 期和组工干部专题培训班 1 期、公务员培训班 6 期。

全县各部门举办各类培训 160 期，培训各类人员 14500 人次，逐步提高各级各类人员的业务素质。管理督促全县公务员、参公干部完成福建干部网络学院的学习任务。在全县开展干部网络培训工作，根据《2019—2022 年福建省组工干部教育培训规划》要求，为积极适应互联网时代干部学习方式的新变化，全面提高干部素质和能力。组织部会同党校跟踪管理，确保 2019 年 12 月 20 日之前完成上级要求达到的每人每年 50 学时任务。

（郭书婷撰　王淑昭审）

【党群机关干部管理】 强化年度考核，兑现嘉奖奖励，2019 年度全县 4379 人参加考核，评出优秀 810 人，称职（合格）3442 人，不定等次 116 人，不称职（不合格）9 人，基本合格 2 人，不参评 11 人。给予 2019 年度考核确定为优秀等次的 302 名机关及参公单位工作人员嘉奖奖励，每人发给一次性奖金 1500 元；给予 28 位机关及参公单位工作人员记个人三等功，每人发给一次性奖金 3000 元。开展职务职级晋升、套转，晋升相应职级 21 人；完成全县职级职数设置及首次套转的职级职数备案，套转 778 人；完成法官助理、检察助理、书记员和司法警察套转工作。及时做好公务员转正定级，对 27 名考核合格的公务员办理按期转正定级并进行公务员登记；完成 38 名边防划转入编、档案交接、资料审核及公务员登记。严肃纪律要求，强化制度管理，联合县委编办下发《关于进一步严肃规范干部调动审批程序的通知》，规范细化干部调动的步骤和后续手续的干部；联合县人社局下发《关于进一步规范全县干部职工请假制度的通知》，规范机关事业单位人员请假制度。注重日常服务管理，办理干部退休 30 人，遗属补助 13 人；办理干部调动 55 名；完成 700 多名副科以上干部和 1100 多名公务员（参公）干部的工资晋档晋级及津补贴审批。

（王淑昭撰　林建仁审）

【发展党员】 严格落实政治审查制度，规范填写《发展对象政治审查表》等材料，做好函调、查档等工作；强化县乡两级预审，双重把好发展党员政治关，对政审不合格的对象，一律不予发展入党。2019 年，全县发展党员 279 名，其中 35 岁以下 174 名，占 62.4%；大专以上文化程度 144 名，占 51.6%；

女性党员79名，占28.3%；非公企业和社会组织党员28名，占10.0%；少数民族1名，占0.4%。

（田立撰 张鹏志审）

【基层组织建设】 2019年，制定出台3份党组织建设方面存在薄弱环节的专项整改具体措施，对28个“消薄”困难的村指定收益份额1160万元，12个村自筹420万元入股圣城集团实现投资收益，全面掌握村级党组织运行情况并集中管理。在主题教育中开展软弱涣散村党组织集中整顿，做到整顿针对性强、措施有力，全部实现转化晋级。发挥39名省市县乡四级驻村第一书记和派出单位作用，提升帮扶脱贫成效。选派49名干部到各乡镇和相关村（居）委会挂职金融助理，助力乡村振兴。村主干基本报酬提高到人均每月2900元，其他村“两委”基本报酬提高到人均每月1480元，提振村干部聚力乡村振兴的热情。制定《“五星级”支部滚动评定方案》，评定2017—2018年度五星级党组织，按照政治强、服务优的要求，分镇、分村完善创建计划，细化落实措施，抓好“五星级”支部示范引领、创新特色、打造品牌工作，提升党支部工作标准化、规范化、正常化。村级组织活动场所修缮项目完成9个，县财政安排专项资金进行配套补助45万元。

（高旭东撰 王桑坤审）

【“不忘初心 牢记使命”主题教育】 2019年，召开主题教育领导小组会议3次、主题教育工作推进会3次、专题汇报会5次，层层传导压力，抓细安排部署，确保主题教育不散、方向不偏、节奏不乱。派出10个巡回指导小组，严格把关各参学单位的各个步骤、各个重点措施、重点任务，跟踪掌握各单位进展情况，保障主题教育活动的进度和质量。聚焦学习贯彻习近平新时代中国特色社会主义思想，县委常委班子带头，开展9个专题的学习研讨，县处级党员领导开展专题党课30场次，邀请4批次专家做政策理论和形式报告辅导，进一步强化理论武装。举办专题读书班73班，邀请专家教授开展专题讲座71场，“五进”宣讲活动90余场次，“1221”主题党日活动1500余场次，编印《渠水欢歌向东流》《向东渠图片集》等云霄特色教材，推动主题教育走深走实。围绕找准找实问题，全县各参学单位确定调研课题456个，形成调研报告294篇，提出对策措施812条，并召开调研成果交流会，解决调研发现问题83个，修订完善规章制度15项；严格对照党章进行自我查摆，自我剖析，召开对照党章找差距专题会议，全县各参学单位梳理问题清单1408条，其中县处级领导班子问题清单397条。坚持边学边查边改，建立健全县委书记带头抓、常委分头抓、部门具体抓的整治工作机制，围绕“8+7+4+X”着力开展专项整改，对问题实行项目化、表单化、清单化、责任化管理，逐项对账销号。全县县级层面查摆问题59件，完成整改55件。

（方结章撰 张鹏志审）

【党员教育服务和管理】 2019年6月27日，县委召开庆祝中国共产党建党98周年暨全县“两优一先”表彰大会，表彰先进基层党组织40个、优秀共产党员65名、优秀党务工作者40名。开展困难党员、群众和老党员慰问工作，确定省、市组慰问对象462人，每人慰问800元，其余278名困难党员由各基层党（工）委配套相应额度资金进行慰问，确保全覆盖，同时落实建国前入党农村老党员生活补贴发放工作。落实省、市级基层干部关心关爱工作。经省组、市组复核审批，云霄县省级关心关爱补助对象11名，市级关心关爱补助对象26名，发放慰问资金11.64万元。扎实开展民主评议党员工作。按照学习动员、自评互评、表彰处置、整改提升四个阶段开展活动。全县601个基层党组织全体党员开展民主评议党员工作。

（方结章撰 张鹏志审）

【人才工作】 2019年，引才工作取得新成效。引进省级以上高端人才27人，新增教育医疗硕士以上高学历人才20人、国内重点高校毕业生25人，在全市率先落实10名教育卫生研究生学历毕业生安家生活补贴每人27.2万元。注重柔性引才，与李天来、郑绵平院士团队，省立医院徐杰教授等15名国家级专家开展合作。育才计划取得新进展。实施电商人才引育工程，举办系列电商培训班、电商孵化班20余场，培训电商运营人才1300多人次；实施教育卫生人才摇篮工程，引进徐杰、林孟波、杨一民等医学团队成立3家名医工作室；开展师带徒活动，新成立17

个名师工作室。实施农村实用人才培养工程，举办新型职业农民培训会，参训农民2700多人次，参评率100%，满意度达到95%以上。效益发挥再上新台阶。新建唯冠新能源和绿州农业两家院士专家工作站，全县共有7家院士工作站，增长数量和增长率排在全市前列。新建天泽业丰、白石老酒2家省级学会服务站。通过发挥院士站、学会服务站的创新引领带动，以“智高点”抢占引领科技发展“制高点”，进一步激发企业创新创造活力。公共服务得到新提升。在全县新建民俗文化、创客文化等3家人才驿站，举办系列人才座谈及政策宣讲、技能培训、文化沙龙20余场次。推动人才落户机制，将公安局、侨联等单位纳入县委人才工作领导小组成员单位，为高层次人才子女入学，户口迁移等提供服务保障。

（黄佳勇撰　吴钦辉审）

【自身建设】 2019年深入开展“不忘初心、牢记使命”主题教育活动，严格落实“三会一课”制度，持续推进“1221”主题党日活动，加强部机关党支部建设；打造组工干部学习平台，持续推进每周一科室轮流主持学习活动，大力弘扬组织部门优良传统、优秀文化，不断提高组工干部理论素养和业务能力；加强内部管理，推行“大科室制”工作机制，健全完善首问责任制、限时办结制、工作追踪制等相关制度，进一步完善部机关办文、办事、办会等流程，促进各项工作的制度化和规范化，提升组织工作效率和质量；抓好组工信息员和网评员“两支队伍”建设，完善信息工作绩效考评办法，拓宽信息渠道，强化信息采编和上报力度，提高宣传报道和网络舆情引导工作水平；围绕省级文明单位创建工作，认真做好本部机关办公环境、设施等配套，实现办公场所布局合理、办公环境美化绿化、办公设备配齐完善；严格落实中央八项规定及组织部门“十严禁”纪律要求；用心做好“结对帮亲、精准扶贫”工作，协助挂钩村东厦村积极推进各项工作稳步发展。

（郭俊辉撰　林建仁审）

宣传工作

【中共十九大学习宣传】 2019年，召开县委理论中心组学习。专题学习中共十九大全文里的“八个明确和十四个坚持”，要求基层党委理论学习中心组开展中共十九大精神集中学习活动。全县各级党组织把学习贯彻中共十九大精神作为中心组理论学习重点，迅速在基层党组织和党员中掀起学习中共十九大精神热潮。召开“市委宣讲团学习贯彻党的十九大精神报告会”暨《新思想引领新时代，新征程开创新未来》的专题报告会，组织各乡镇收看学习中共十九大精神报告会。举办学习中共十九大精神理论骨干培训班。举办领导干部学习贯彻中共十九大精神专题研讨班（第2期）暨第十七期科级干部理论培训班，举办县机关党组织新任书记学习贯彻中共十九大精神专题培训班，学习贯彻习近平新时代中国特色社会主义思想和中共十九大精神专题，对县科级以上领导干部进行集中培训；举办落实党委（党组）意识形态工作责任培训班（共三期）对县直机关党委（党组）分管宣传和意识形态工作的领导、全县各有关单位新闻发言人等进行一次全面系统培训。开展中共十九大精神下基层宣讲活动。组建“十九大宣讲轻骑队”“云霄县乡村讲师团”和“音乐宣讲团”，组织宣讲团赴各乡镇和基层开展宣讲，使中共十九大精神进农村、进社区、进企业、进校园。开展贯彻落实中共十九大精神专题调研。以推进全县经济、政治、文化和社会建设、党的建设为主题，由县级领导带队深入各地、各部门开展系统调查研究。组织中共十九大知识测试。组织学习中共十九大知识测试，检验全县党员干部学习效果并通报测试成绩。开展学习中共十九大精神主题宣传教育活动。通过举办座谈会、知识竞赛、文艺演出、演讲比赛、书画比赛及有奖知识问答活动，深入学习、广泛宣传、 贯彻落实十九大精神。在县电视台、新闻网等开辟学习中共十九大专栏。统一发放中共十九大文件学习辅导读物，分别是《十九大报告（单行本）》《十九大报告辅导读物》《十九大文件汇编》《中国共产党章程》。

【学习中心组活动】 2019年，云霄县县委理论学习中心组组织学习14次，有24个专题，分别为传达学习中央政治局第十二次集体学习时的重要讲话精神，传达学习习近平总书记《推动我国生态文明建设迈上新台阶》，加强党对全面依法治国的领导、传达习近平总书记在中央全面依法治国委员会第二次会议上的重要讲话精神，传达贯彻全市工业发展、开发区建设推进会及市委邵玉龙书记来云调研主要精神，传达学习习近平总书记在中央政治局审议《中国共产党党组工作条例》《中国共产党党员教育工作条例》时的重要讲话和在中央党校中青年干部培训班开班式上的重要讲话精神，学习新修订的《中华人民共和国公务员法》《公务员职务与职级并行规定》《党政领导干部考核工作条例》，学习贯彻《党政领导干部选拔任用工作条例》，传达学习贯彻习近平总书记在重庆主持召开解决“两不愁三保障”突出问题座谈会上的重要讲话精神，学习贯彻省委《关于解决形式主义突出问题切实为基层减负若干措施的通知》文件精神，学习有关“习总书记关于宗教工作的重要论述和新修订的《宗教事务条例》”，学习贯彻落实中央和全省关于解决“两不愁三保障”突出问题有关会议的精神，传达学习中办、国办《关于推进城市安全发展的意见》，学习《习近平强军思想论析》，集中观看警示教育片；聘请省委党校副教授刘明和省委党校教授杨小冬分别作学习云霄县“不忘初心、牢记使命”主题教育专题学习暨《学习党章 践行党章》专题辅导（扩大）会和坚守初心 永远向党——向东渠精神的时代意义（专题学习“不忘初心 牢记使命”主题教育），聘请厦门大学马克思主义学院副院长张艳涛教授作《牢牢把握意识形态工作的主导权》专题学习（扩大）会，聘请福建省委党校福建行政学院公共管理教研部班玉冰副教授为“双百”法治学习作《突发事件处置中的信息发布与舆情管理》专题报告，聘请漳州市委党校林阿妙副教授专题辅导“学习贯彻党的十九届四中全会精神市委宣讲专题报告会”等专题学习。

【思想政治理论宣传】 2019年，云霄县委宣传部以继续深入学习宣传中共十九大会议精神和学习习近平新时代中国特色社会主义新思想为主线，着力加强思想理论建设，着力培育和践行社会主义核心价值观，着力推动全县兴起习近平新时代中国特色社会主义思想大学习的热潮，紧贴新形势、新任务，努力推进学习型党组织建设，营造重视学习、崇尚学习的社会氛围，为建设“宜居、宜业、宜游”新云霄提供思想保证和理论支持。

明确指导思想，强化理论武装，进一步扩大理论宣传。组织学习《习近平新时代中国特色社会主义思想三十讲》《习近平谈治国理政（第一、二卷）》等，落实党中央部署要求，推动全县兴起习近平新时代中国特色社会主义思想“大学习”的热潮，确保习近平新时代中国特色社会主义思想在云霄县落地生根。加大力度启动乡村讲师团工作，助力乡村振兴工作。前往各个乡村开展宣讲，主要工作是宣讲党的路线方针政策、培训农业技术、普及民生知识、指导农村管理、密切党群干群关系。深入理论研究，积极撰写调研文章。在深入学习践行社会主义核心价值观中，积极开展理论研究工作。组织广大党员干部认真学习《2015年度干部理论学习重点和必读书目》，设立检察院及和平乡两个理论联系点基地，更好发挥联系点在全市理论学习中的带动、示范作用，有力推动学习型党组织建设和各项工作的开展。

【舆论宣传】 2019年，云霄电视台《云霄新闻》栏目播出303期，采访拍摄制作新闻1900多条，其中中央台采用6篇，省台采用105篇，市台录用528篇及26个专题节目；专题部制作播出39期专题节目，配合全县阶段性重点工作，制作《飞越南湖》《海上明珠石矾塔》等多个专题片以及云霄原创歌曲《平安云霄》；云霄新闻网发布新闻报道3000多篇，网站总点击量、浏览量近36万人次，微信公众号发布新闻报道800多篇，微信总阅读量近25万人次，其中，央级网站上稿47篇、市级网站上稿2438篇、省级网站上稿1037篇；广播电台编播新闻1700多篇，市广播电台采用536篇，省广播电台采用530篇；报纸央级采用4篇，省级179篇、市级562篇。

围绕中心工作，服务全县大局。在电视台、广播电台、网站、新媒体等平台分别设置“大抓工业抓大工业”专栏，制作播出《聚焦聚力，助推工业发展》等新闻专题片；结合“不忘初心、牢记使命”主题教育，设置主题教育专栏，摄制并播出《“不忘初心、牢记使命”主题教育，李文庆：淡泊名利，把功勋写在人心》《为有牺牲多壮志，敢叫日月换新天》《不忘来时路——董楚扬的初心》《从古田再出发》等新闻、专题及纪录片；配合扫黑除恶专项斗争工作，设置“出重拳、扫黑恶、保平安”专栏，制作扫黑除恶宣传片在《云霄新闻》后播出。

打造精品力作，献礼新中国70华诞。在电视台《云霄新闻》栏目、网站《云霄新闻网》设立“壮丽七十年 奋斗新时代”专栏；全程参与制作《壮丽70年 奋斗新时代》大型歌咏大会，制作片花及相关背景视频。制作歌颂改革开放和新中国成立70周年电视散文《海上田园礁美村》《乌山印记》《白石赞》《剑石古道》《最美古村七高礤》《仙人谷记》《我从山中来》《龙镜花缘 在水一方》。制作电视歌曲MV《我爱你中国》刊播于“学习强国”App平台。云霄原创歌曲《平安云霄》，刊播于“学习强国”App平台。

【文化宣传活动】 2019年，云霄举办各类文艺活动100多场，亮点纷呈。云霄县文化科技卫生“三下乡”启动仪式暨集中服务活动在马铺乡启动。举办“滨海新城、秀美列屿”文化节、和平乡乡村文化节、“春暖花开、快乐采摘”采摘季等惠民活动。举办书法、美术、摄影展览10多场。开展新编潮剧《向东渠》展演，创编舞蹈《年华》和歌曲《漫步云霄》《唱响云霄》等歌曲。开展“全民阅读、书香云霄”系列活动。4月23日，举办云霄县“全民阅读 书香云霄”启动仪式。赠送给各乡镇（开发区）、县教育局3000册图书。10月25日，在市委宣传部指导下开展“图书下农村”活动，规模大，影响广。市、县、乡镇三级联动，向全县近50家农村基层综合性文化服务中心（农家书屋或文化中心户）赠送8000多册图书。

【网络宣传与管理】 2019年，云霄新闻网站及手机App（新媒体手机客户端）累计发布新闻报道3000多篇，网站总点击量、浏览量36万人次，微信公众号发布新闻报道800多篇，微信总阅读量近25万人次。调控管控实现“双零目标”。

【宣传活动】 加强对台对外文化交流，创建中国书画之乡。2019年3月，云霄县组织15位书法家的书法作品参加金门燕南书画院“杜鹃有情”两岸书画交流展。7月12日，云霄县委宣传部、县文化体育和旅游局、县文学艺术界联合会、白云区文学艺术界联合会主办的“祥云墨韵——广州白云、福建云霄两地书法联展”在云霄县文化馆开展，8月8月，在广州市白云区农民工博物馆开展。“人杰湘潭 地灵云霄”福建云霄湖南湘潭美术作品联展，9月4日在云霄县将军山文化馆开展，9月27日在湘潭展出。通过书画联展扩大云霄“中国书画之乡”品牌的对外知名度。组织新闻发言人培训班，提升业务水平。11月15日，云霄县在县委党校举办落实党委（党组）意识形态工作责任制暨新闻发言人培训班，邀请市委外宣办等相关专家，对参训人员进行新闻发言人等方面的培训，提升云霄县新闻发言人的新闻素养和业务水平。对接媒体记者宣传云霄，提升对外美誉度。11月14日，“九龙江”大型文创摄影活动邀请省内及台湾记者到云霄采访拍摄，该活动从地面行走到空中航拍，展现云霄县的生态之美、文化之美、红色之美，真实记录繁荣与发展，提升云霄县的对外美誉度。

【重大活动宣传】 开展“不忘初心、牢记使命”主题教育。2019年开展文艺宣讲活动21场举办“壮丽70年，奋进新时代”歌咏大会、学习弘扬“向东渠精神”教育活动“十个一”项目等大型主题活动，传唱百首经典歌曲，创作《平安云霄》等歌曲。开展“礼赞新中国”展示活动，展示新中国成立70周年来云霄取得的成就，鼓励干部群众结合生活实际创作文章232篇，书画作品1465幅和摄影作品596幅。开展“人杰湘潭·地灵云霄”湖南湘潭——福建云霄两地美术交流活动、广州白云——福建云霄两地书法交流活动等各类展览45场，受众2万余人。开展“漫步云霄”旅游推介唱山歌。创作《漫步云霄》旅游主题曲，举办“一乡镇一晚会”“非遗进乡村”“乡村音乐摄影沙龙”“广场舞汇演”“千村万居唱起来”等大型惠民活动43场，组织“重走红色路”写生采风创作活动，参与人数超过8万人次。开展“乡村文明建设”主题宣传唱赞歌。 开展“精准扶贫·圣地凯歌”大型文艺采风巡演活动、百场红色题材电影连映、“向祖国汇报”文艺巡演、欢庆“中国农民丰收节”等活动，组织各文艺家协会走进十大农业大观园，助力乡村文化振兴，开展“音乐走村”“舞动云霄”“写意云霄”“醉美云霄”等活动，开展帮扶文艺演出23次，受益群众4万多人次。

统一战线工作

【党外人士工作】 2019年，完善县委常委与党外人士联系交友制度，推进社会主义协商民主建设。召开县委常委民主生活会征求意见座谈会、县政府党组民主生活会征求意见座谈会、春节团拜会等6次党外人士协商会、座谈会和情况通报会。结合“不忘初心、牢记使命”主题教育活动，举办“不忘合作初心，继续携手前进”“重走红军路，携手跟党走”“习近平新时代中国特色社会主义思想学习汇报会”等教育活动，有效深化无党派人士的政治认同、思想认同、理论认同、情感认同。增补县政协委员4名、常委4名。以主题教育开展为契机，对无党派人士队伍进行调整充实。调整10人，新增4人。

【非公有制经济人士工作】 完善非公经济联系沟通机制。2019年制定《云霄县党政领导与企业家恳谈会制度（试行）》和《云霄县非公有制企业诉求受理处置反馈工作机制（试行）》，建立企业诉求反映受理、处置和反馈长效机制，为云霄县非公有制经济高质量发展提供制度保障。2月18日，召开县党政领导与企业家新春恳谈会，就企业发展等问题与企业家深入交流。助推非公经济健康发展。深入开展“下基层、解难题、促发展”活动，县领导多次带领统战部、工商联等部门领导走访非公企业及深圳、福州、泉州、厦门、北京等异地商会，了解企业发展状况，协调解决企业用工、融资、审批等问题，促进非公经济发展。促进非公经济人士健康成长。加强非公有制经济人士理想信念教育，通过召开会议、举办座谈会、走访异地商会等多种方式学习宣传习近平总书记在民营企业座谈会上的重要讲话精神，帮助非公经济人士增强对中国特色社会主义道路的信心、对企业发展预期的信心，引导非公经济人士积极回馈社会。2019年，县总商会和各异地商会会员通过各种形式和途径捐赠财物100多万元，慰问贫困户90户8.62万元，帮扶贫困学生396人65.46万元。

【“同心121”工程】 持续开展“同心121”工程，引导帮扶单位、企业深入挂钩贫困村开展走访、慰问活动，帮助贫困户解决生活困难。2019年，奖学、助学、助困现金、物品折合人民币224.58万元（其中，宗教界“慈善周”捐赠现金、物品折合人民币120.9万元；明日之星公益基金开展“同心助学”，捐赠3D打印机设备、学生平板电脑等，价值46万元），开展义诊3次，惠及630多人次。高田村菠萝市场建成投入使用，促进当地农产品销售增加23万元。市致公党向上争取东厦镇高溪庙维护及环境整治工作经费20万元。市民建委捐资0.8万元成立下河乡内龙村妇女腰鼓队，协助该村争取农厕改造资金10万元。落实全市乡村振兴人才培训计划，选送5批次59人参加电子商务、乡村旅游等人才培训，助力科学兴农、生态兴农、经营兴农。

【新的社会阶层人士工作】 2019年，10月31日云霄县新的社会阶层人士联谊会召开第一次会员代表大会暨成立大会。会议选举林丽娟为会长、李志鹏为监事长的第一届理事会、监事会成员，现有会员90人。新阶联的成立，为云霄县推动新的社会阶层人士凝心聚力、共同发展搭建崭新的平台。

【开漳文化基地揭牌】 搭建文化交流新平台。2019年3月22日，燕翼宫召开开漳圣王文化（国际）交流会，举行开漳文化基地揭牌仪式，燕翼宫成为云霄县海外华人华侨开漳文化交流重要基地。

【海外联络联谊工作】 做好回乡谒祖、考察的境外、海外同胞接待工作。2019年接待回乡省亲、参观考察的马来西亚、新加坡、菲律宾、澳大利亚等海外侨胞100多人。筹集资金5万多元，开展贫困侨胞的慰问工作，增强凝聚力。

【对台工作】 深化对台交流活动。2019年开展台情调查研究工作，完善台籍同胞档案资料，进一步服务好台商、台企、台胞。接待岛内外谒祖、经贸考察台胞团体7批240多人次。同时，

【民族宗教工作】 助推少数民族村振兴发展，2019年进一步发挥省、市、县挂钩帮扶民族村工作机制作用，帮助争取上级补助资

金15万元，支持坡兜畲族村实施道路硬化工程，改善村民生产生活条件。深入开展民族团结进步宣传月活动。以“礼赞70年，铸牢中华民族共同体意识”为主题在坡兜畲族村开展民族团结进步宣传月活动，发放宣传材料5000余份。维护宗教领域和谐稳定。召开县佛教协会工作会议和基督教“三自爱国会”成立周年座谈会，推动全县宗教活动场所认真学习习总书记关于宗教工作的重要论述，贯彻落实新修订的《宗教事务条例》，引导宗教与社会主义社会相适应。2019年，全县宗教界人士积极参与扶贫、奖学、助学等公益活动，发放资金、物资累计120.9万元。

精神文明建设

【概况】 2019年来，云霄县坚持以习近平新时代中国特色社会主义思想为指导，围绕“举旗帜、聚民心、育新人、兴文化、展形象”的使命任务，大力培育和践行社会主义核心价值观，深入开展公民道德实践活动，持续深化各类精神文明创建活动，着力培育时代新人，着力提高社会文明程度，为加快建设宜居宜业宜游的新云霄提供精神动力和道德支撑。2019年7月云霄县委文明办被县委、县政府授予“公务员集体三等功”称号。

【思想道德建设】 以庆祝新中国成立70周年为主线，抓好公益广告常态化刊播工作，营造喜迎国庆、祝福祖国的浓厚社会氛围。在县城主要交通路口、商业街区、学校等醒目位置，利用“一镇一馆一公园”文化阵地、社区宣传栏、LED显示屏、灯箱等载体，刊播刊载社会主义核心价值观、“讲文明，树新风”、移风易俗、志愿服务、未成年人思想道德建设、“八不”行为规范等主题公益广告。2019年，由文明办和宣传部牵头在县城区以景观造型布置灯杆旗800多面，设置主题展板80多面，公园异形牌120多个，建筑围挡11016平方米，实现全县公益广告刊播健康向上、风格清新、创意独特。抓好道德模范等先进典型评选和学习宣传工作。积极开展“我推荐、我评议身边好人”活动，蔡玉坚10月入选“福建好人榜”。推荐吴传艺等4人参加第六届漳州市道德模范候选人评选。组织开展第三届云霄县道德模范推荐评选表彰活动，组织对4个类别16位正式候选人进行网络投票，候选人的感人事迹在社会各界群众中引起强烈反响，市民纷纷关注投票。积极开展“我们的节日”主题活动。组织发动各级文明单位（村镇、校园）利用春节、元宵、清明、端午、七夕、中秋、重阳等重要传统节日，精心组织开展新春朗诵会、“元宵点灯”民俗活动、清明祭英烈活动、“赛龙舟”比赛、慰问老干部孤寡老人活动等积极健康、群众广泛参与的主题活动。

【省级文明县城创建】 2019年3月，组织召开2018年度省级文明县城暗访情况通报会暨2019年创城工作推进会，进一步完善组织领导、网格挂钩、督查巡查、分析点评、整改通报、责任追究等工作机制。各职能部门履职尽责，按照创城责任分工，细化工作任务，切实提升创建水平；各级文明单位深入挂钩社区，帮扶社区解决实际问题，同时做好创城氛围的布置营造，扩大宣传的覆盖面；全县各领域、各条战线志愿者积极参与城市管理，经常性开展环境卫生整治、交通疏导和文明劝导等活动，助力文明县城创建。

通过群众关心的交通秩序、食品安全、环境卫生等方面问题抓短板整改，通过修路、改厕、老旧街区改造等民心工程促镇村文明提升，通过村容镇貌、集贸市场、服务环境等重点部位抓专项整治，有效突破城市管理的难点顽症；创新推行数字城管平台，为城市管理工作增添“第二双眼”。2019年维护修缮56个道路交通安全隐患点，修复28处道路路面和9条人行道砖，投放300余个生活垃圾分类设施，新建11个城市公厕，整治14000余起占道经营，疏导186个流动摊贩，查处曝光300多起交通违法违规行为。

县创城督查组和文明办协调分工，实行一周一次专项督查，每月一次全面督查，每季一次模拟测评的督查机制。组建文明县城创建督查工作群网络，通过“创城督查群”进行“晒照曝光、任务认领、跟踪督办、整改反馈”，促进创城问题及时整改和信息传播。开展创城督查88次，发出整改通知单250多份，整改要求960多条，各责任单位及时反馈，做到件件有回应，事事有整改。

【基层文明创建】 2019年修订完善云霄县文明单位、文明村镇、文明校园的届中材料审核操作手册，加强对各级文明单位（村镇、校园）的动态管理。文明单位创建方面，结合机构改革，组织好涉改单位新申报工作，对全国、省、市级文明单位申报对象进行届中初评；完成新一轮县级文明单位的申报和届中初评工作。文明村镇创建方面，修订完善《农村精神文明建设考评细则》，细化精准扶贫、补齐“精神短板”、推进移风易俗和“厕所革命”等测评内容。完成对省、市、县级文明村镇申报对象届中初评工作。文明校园创建方面，加强对文明校园创建工作的业务指导，培育文明校园创建工作品牌，完成全国、省、市、县级文明校园的届中初评工作。文明家庭创建方面，广泛开展星级文明户、文明家庭、最美家庭评选活动，传播好家风好家训，评选出县级最美家庭99户，镇级星级文明户80户、文明家庭65户。

【乡风文明建设】 2019年，完成73个村（社区）综合性文化服务中心和5个镇级综合文化服务中心建设，文化阵地不断完善。文化队伍不断壮大，组建一支79人的“乡村讲师团”，建立150多支乡村志愿服务队，还有100多支农民文艺队伍常年活跃在农村。重点行动扎实推进。深化移风易俗“六大行动”，重点抓殡葬改革、“一镇一治理”等问题整治，让群众得到实实在在的实惠。据不完全统计，全面推行“集中治丧”以来，举行集中出殡700多例，为丧属节约费用2050万元，免除全县城乡居民基本殡葬服务收费200多万元。扎实推进美丽乡村建设，全面改善农村人居环境。2019年来，建成公厕59座、垃圾运转站18座、污水处理设施149个。典型示范成效显著。着力打造莆美镇演武亭村、东厦镇荷东村、陈岱镇礁美村、下河乡内龙村、列屿镇人家村等5个乡风文明建设示范村，实现以点带面扎实推进。

【社会志愿服务】 发挥党员干部的先锋模范作用，各级文明单位志愿服务队深入挂钩社区，针对主次干道、商业大街和背街小巷等存在的的占道经营、乱停乱放、环境卫生等重难点问题进行整治。

依托阵地开展丰富多彩的主题志愿服务活动。全县各支志愿服务队依托社区志愿服务站等志愿服务阵地，利用春节、3月5日学雷锋日、庆祝新中国成立70周年等时间节点，以“建功新时代，助力新云霄”“向祖国献礼－志愿者在行动”为主题，围绕乡村振兴、便民利民、精准扶贫等内容，集中开展各类志愿服务活动。各文明单位志愿队和各村镇志愿服务队针对农村垃圾整治工作，开展环境卫生整治、文明劝导等志愿服务活动。2019年来，全县各文明单位志愿队及社会志愿服队举办志愿服务活动200余场。

【未成年人思想道德建设】 2019年，深化主题实践活动，围绕“扣好人生第一粒扣子”和“育新人展形象”主题，各级文明校园先后开展“童心颂党恩，筑梦新时代”庆祝新中国成立70周年暨庆六一文艺晚会、“喜迎六一、祝福送祖国、经典诵读、童谣传唱”活动等。

营造关爱未成年人的良好环境，协调相关职能部门，强化文化市场专项整治工作和校园周边管理，加大查处学校周边游戏机室和非法流动摊点；加大网吧检查频率，切实净化文化市场。组织开展“心手相牵、情暖云霄”关爱青少年月活动，推动各级文明单位挂钩帮扶贫困、留守儿童。

推进活动阵地建设，推进乡村学校少年宫建设，落实好2019年度中央专项彩票公益金项目——和平中心小学乡村学校少年宫建设，统筹推进中央彩票公益金支持建设和自筹建设的乡村学校少年宫常态化开展项目活动，并利用元旦、“六一”国际儿童节等时间节点集中成果展示。其中，阳下小学乡村学校少年宫的民乐合奏《采茶灯》在漳州市中小学文艺调演器乐类（小学组）比赛中获第一名。构建全县未成年人心理健康普及教育工作体系，利用云霄县未成年人心理健康辅导站，组织辅导站老师举办“关爱农村留守儿童心理健康教育专题”辅导活动15场。

【诚信建设】 2019年印发《云霄县集中治理诚信缺失突出问题提升全社会诚信水平实施方案》，推进诚信建设制度化。把诚信建设纳入群众性精神文明创建活动的重要内容。强化文明县城、文明村镇、文明单位、文明家庭、文明校园创建的诚信建设要求，将诚信建设具体举措纳入测评体系和考核标准中，让诚实守信成为文明县城、文明村镇、文明单位、文明家庭、文明校园的显著标志；推进诚信进校园活动，把诚信教育作为培育和弘扬社会主义核心价值观的重要内容，在中小学深入开展“诚信小公民”主题诵读活动；开展复兴路“诚信一条街”创建等主题宣传教育实践活动，营造诚实守信、文明守法、公平竞争的商业氛围；积极开展以“诚信八闽行、云霄在行动”为主题的活动，在人民公园举办“诚信3·15，信用让消费更放心”国际消费者权益日大型宣传咨询活动，提高消费者的消费维权意识，倡导诚实守信，共铸消费和谐。推进失信突出问题专项治理，着力建构不敢失信、不能失信、不愿失信的社会环境。

编制工作

【党政机构改革】 按照中央和省委规定的机构限额设置机构，全县设置党政机构36个，其中纪检监察机关1个、党委工作机关10个、政府工作部门25个。明确县纪委监委等26家部门为需要“三定”的部门，县委组织部等14个部门为需要调整职责和机构编制事项的部门，依据《县机构改革实施方案》和“三定”规定，对涉改部门相关职责进行相应调整，全县印发部门职责调整文件37份，调整职责58项。实现全县24个部门在42个方面的职责分工上建立协调配合机制。按照“编随事走、人随编走”的原则，印发县委办公室等37个涉改部门《职责和机构编制划转的通知》文件，完成37个涉及部门的职责划转和132人的人员转隶。

【行政职能事业单位改革】 2019年3月，印发《关于承担行政职能事业单位行政职责划转及规范事业单位管理的通知》，将完全、主要和部分承担行政职能的事业单位全部纳入改革范围，整合精简事业单位设置，全面清理事业单位承担的行政职能。改革后，除行政执法机构外，不再保留或新设承担行政职能的事业单位，进一步规范事业单位名称、职责表述。是年，全县梳理承担行政职能的事业单位29个，需调整规范的事业单位65个。

【生产经营类事业单位改革】 2019年10月，中央和省委提出“2019年底前基本完成全省经营类事业单位改革任务”，云霄县委编办组织人员深入涉改单位进行走访了解，重点掌握涉改单位经营状况、资产负债、经费收支、人员工资发放、两险一金缴纳等基本情况，进一步厘清改革重点和难点，掌握第一手资料。充分发挥综合协调职责，牵头组织涉改单位主管部门、组织、人事、财政、编办等部门召开改革推进会，由各涉改单位按照省市文件要求拟定改革方案，县委编办根据工作职责，做好督促、指导，如期完成生产经营类事业单位改革工作。

【综合行政执法队伍改革】 2019年结合全县机构改革工作，同步推进市场监管、文化市场、交通运输和农业等4个领域综合行政执法改革工作（生态环境保护执法队伍改革工作由市级承担），实行“局队合一”执法体制，统一以主管部门名义执法，压实主管部门对履行行政执法职责和加强队伍建设的责任。对涉及行政执法职能机构、人员编制进行甄别分类，确定执法队伍人员编制数，审核修订综合行政执法大队方案，整合监管执法职能，统筹配置行政执法职能和执法资源。

【机构编制工作】 严格审核2019年度公务员用编计划4个，接收选调生用编10个；事业单位人员招录计划用编需求189个（其中，县直机关事业单位用编40个、招聘教师用编80个、卫生人员69个），接收定向委培卫技人员用编25个、专项招聘研究生用编3个。

【党政群机关统一社会信用代码赋码】 2019年对党政机构改革中新组建的党政机构、整合组建的党政机构、机构名称、行政负责人、机构地址信息发生变化的，明确赋码工作的对象、内容、程序和要求，划定工作时间节点，变更相应信息，实行“一次性告知”，推行即时办结和“容缺受理”，发放、换领统一社会信用代码证书，并对提交的纸质材料进行整理归档统一管理。

【事业单位法人年度报告公示】 2019年加强对事业单位的监督管理，完成事业单位法人年度报告公示工作，推动事业单位“双随机一公开”监管工作全覆盖、常态化，推进“全事项”“全流程”网上办理。

（戴腾祥撰 林建松审）

信访工作

【领导接待】 2019年，全县来信来访1109件，同比下降15.3%。通过领导批示、协调解决、督查督办、部门联办等多措并举，来信来访初件数按期答复率100%，漳州市信访工作考核第一名。

【信访受理】 2019年县信访局重视群众的初信初访问题，对初信初访中群众反映的普遍性问题，加强综合分析，落实好首办责任制，强化第一时间受理、第一地点解决问题的意识，确保把矛盾问题的化解在基层，把问题解决在萌芽状态。加大网上办信办案力度，实行网上受理信访制度，大力推行阳光信访，全面推进信访信息化建设。建立网下办理、网上流转的群众信访事项办理程序。对群众网上的信访事项，实现办理过程和结果可查询、可跟踪、可督办、可评价，增强办案工作的透明度和公正性。在办案过程中，推行信访事项办理群众满意度评价，把办理工作置于群众监督之下，提高信访公信力。

【主要信访件办理】 至2019年3月底，省委巡视组巡视期间分4批交办的信访件78件，答复78件，答复率100%，已息访息诉54件，息访息诉率69.23%。全力配合中央生态环境保护督察期间信访工作。开展信访积案大排查大化解活动 。2019年1月7—25日，全县集中开展“信访积案大排查、大化解”活动。通过各涉案单位努力工作，集中化解一批影响全县的“骨头案”“钉子案”，实现案结事了和息诉罢访。

（陈跃猛撰 孔炜审）

机关党建工作

【政治思想建设】 举办“不忘初心、牢记使命”主题教育机关党支部书记专题培训班，126名书记参训；组织64名预备党员进行入党宣誓，增强新党员理想信念。各级党组织深入基层调研，加强对机关党建特点规律研究，有15篇调研文章入选国家、省、市、县等各级刊物。持续推行基层党建每月常态化调研指导工作制度，督促抓好机关党委（党组）理论中心组学习、党支部“三会一课”、“1221”主题党日活动、组织生活会、民主评议党员、谈心谈话、领导干部双重组织生活等基本制度落实。县直机关党工委与县委组织部联合报送的《推行“1221”支部主题党日，激活党建“末梢神经”》案例获全省第二届“推进机制活、建设新福建”机关体制机制创新优秀案例二等奖。

【党组织建设】 严格执行按期换届和届中及时调整充实制度、理顺党组织隶属关系、做好机构改革涉改单位党建工作的有效接续，健全党委、党总支、党支部等各级班子建设，116个党组织完成换届选举，9个进行届中调整充实；新成立2个党总支、13个党支部；撤销4个党总支和23个党支部。开展党支部“达标创星”验收评级，评定24个党支部为2017—2018年度“五星级党组织”、43个党支部为“四星级党组织”，县委给予授牌。整顿转化软弱涣散党支部，指导整顿转化10个后进党支部，力促后进提档晋级。加强对发展党员的业务培训和指导，举办党务干部、入党积极分子暨发展对象培训班、选派业务骨干深入基层授课，参训学员500多名。发展机关党员70名，确定入党积极分子74名。打造党建特色品牌。深入推进党建“1+4+X”工作模式和党建品牌创建活动，建立1个市级示范点、23个县级品牌示范点，促进机关党建与中心任务、业务工作的深度融合。

【党风廉政建设】 强化党规党纪理论武装，提升政治综合素养。2019年开展课堂教学、特色教学、“掌上”教学等形式的政治理论学习教育活动，组织党员干部到乌山革命根据地、向东渠、云霄县十廉吏公园等进行现场教学，组织观看党风廉政建设警示片，组织集中学习《中国共产党章程》《习近平关于“不忘初心、牢记使命”论述摘编》《习近平新时代中国特色社会主义思想学习纲要》《中国共产党纪律处分条例》等政治理论知识，举办开展58期“不忘初心、牢记使命”主题教育等各种培训班，参训人员为8529人次。是年，全县机关单位党内责任追究5起5人；加大问责力度，查处机关单位违反中央八项规定精神问题27起，处理50人。

（方安妮、方上达撰　汤光宇审）

党校工作

【教学培训】　2019年举办第18、19、20期科级干部培训班及青干班1期、专题班3期（组工干部、“一章程两条例”、全县纪检干部），入党积极分子培训班2期、全县公务员培训班1期（共11班）、“不忘初心、牢记使命”主题教育县直机关支部书记、村书记培训班2期，培训干部1637人。同时，积极主动与县各相关部门沟通联系，联合办班，开展各种班次、各种层次的培训班9期，培训轮训干部职工582人次。建立异地培训常态化。2019年，党校加强与高校、党性教育和革命传统教育培训基地联系，探索合作办学模式，组织第18、19、20期科级班和青干班到西安—延安、河南红旗渠、瑞金—井冈山—古田进行异地培训。是年，首次尝试科级班和青干班两个班次同时开班，通过“合班办学”模式加强两代干部之间的沟通交流，实现互帮互促互补。

【教学改革】　2019年，以业务骨干教师担任组长，通过双向选择，把全校教师优化整合成5个教学科研小组。以组为单位开展小组说课、集体备课、科研攻关、以赛促教等活动，达到取长补短、互帮互助、共同提高的效果，更好地发挥传帮带作用，有效提高教学质量和水平。开展13个新专题公开试讲教学竞赛，并把竞赛的结果与绩效工资考核相挂钩，有效促进教学质量的提高。以“讲好云霄故事，弘扬时代精神”为主题，充分挖掘云霄县红色文化、先进文化、传统文化、廉政文化、生态文化等特色资源，打造乌山、向东渠、开漳史迹、七星山廉政文化公园、红树林及十大农业生态大观园五个现场教学基地，纳入到各班次培训计划，把课堂搬到现场，讲好五大故事，让学员身临其境地接受党性教育和党性锻炼，同时对外开放，承接市级党校和邻县校的主体班次。2019年，承接班次211场次，培训干部7385人次。

【课题调研】　党校各课题组围绕县委县政府提出的“一区一湖两站四园”的发展思路，有目标、有方向地深入相关部门企业和乡镇村开展调研，撰写调研文章。在调研方式上，突出重点。围绕“教学相长”这一重点，充分发挥学科、人才、系统和学员优势，把党校课题组教师融入到学员调研小组里，形成党校系统内外协作、上下互动、优势互补的系统优势，利用学员了解县情和民情的优势，打通学员参与智库建设的通道，实现决策咨询与教学培训工作互相促进、成果相互转化的良性机制。2019年，2个课题获得省委党校立项，6个课题获得市委党校立项；在漳州论丛发表论文2篇，发表CN论文2篇，党校教师汤茵撰写的《浅析习近平用典对苏轼诗词的青睐》获省委党校结项优秀奖。

（陈永宗撰　吴顺昌审）

老干部工作

【老干部思想建设】　2019年老干部局课题调研组调研论文《云霄县发挥老干部独特作用的实践与思考》被省委老干部局评为2019年度离退休干部工作调研文章三等奖，入选《云霄县2019年度社会科学调研成果汇编》。获得全省老干部信息宣传工作突出单位，林建全同志被评为全省老干部信息宣传工作突出个人。

挂牌成立云霄县委离退休干部工委党校，从县委党校选聘4名客座讲师，举办全县离退休党支部书记培训班，受训240余人次。对全县24个离退休干部党支部开展“达标创星”考评验收工作，评选出五星级离退休党支部3个，四星级离退休党支部6个，推进离退休干部党组织“八个有”（有班子、有场所、有标牌、有印章、有制度、有经费、有活动、有记录）规范化建设。

3月21日，省老年大学常务副校长张国茂一行莅临云霄县调研察看老年大学场地设施和教学活动，召开两场座谈会。10月28日，市委老干部局副局长郑漳州一行到云霄县调研指导老干部活动中心工作，对县老干部活动中心工作和老党员之家建设提出建设性意见。

【服务老干部】　2019年走访慰

问离休干部、“5•12”退休干部、县处级退休干部及离休干部遗偶300多人次，发放慰问金29.5万元。把老干部工作年度预算纳入县财政预算，把党和政府对老干部的生活待遇落到实处。为3名停破产企业离休干部代为办理追加高龄护理费。首次以政府购买服务方式为离休干部提供精准养老服务。与家政养老服务公司签订《精准服务离休干部委托协议书》，每人每月享受价值100元家政清洁服务套餐；与县医院体检中心沟通协调，优化3个体检程序、精选12项体检项目，局工作人员全程陪同离休干部导医体检，提供“一站式”服务。对异地安置在福州的离休干部遗偶，派出专人前往慰问。

投入资金近5万元，升级改造老党员之家多功能会议室投影仪、液晶电视机、音响、无线话筒等电教设备及空调、开水机、消毒碗柜、窗帘等配套设施。筹集资金18多万元，修缮改造老党员之家户外活动场地，浇筑混凝土地面266平方米，增设彩钢板车棚170平方米，增加泊车位10个，加固改造部分老化围墙，增设排水沟槽、雨水井，改善户外活动场所硬件。

【组织老干部活动】 拍摄制作微视频，会同拍摄《万水千山不忘来时路——董楚扬的初心故事》微视频，纳入全市“初心如磐 使命在肩——纪念‘七一’中国共产党建党98周年党员电教片展播”重点篇目。

举办老照片摄影展，会同举办“壮丽七十年•奋斗新时代——云霄县庆祝中华人民共和国成立70周年摄影展”，得到许多老干部踊跃投稿。建立“银发人才库”，依托涉老团体，挑选理想信念坚定、乐于志愿奉献、理论水平高、专业素质好的离退休干部，建立专业分为理论宣讲、医疗卫生、文化体育、科技教育、社会民生、法律咨询等6个类别10人的全县“银发人才库”。参观红色教育基地，5月21日，组织党员干部职工、离退休党员代表赴漳浦县石榴镇车本村红色教育基地开展“不忘革命初心、永葆政治本色”主题党日活动。8月21日，在向东渠纪念馆召开全县离退休党支部书记“弘扬向东渠精神，传承红色基因”座谈会，使之成为离退休党员干部“不忘初心、牢记使命”主题教育崭新平台，引导离退休干部带头做红色基因的传承者和践行者。11月21日，到坪水乡苏维埃政府革命陈列馆参观学习，开展“传承红色基因、不忘革命初心”主题党日活动。建立红色基因教育基地，整合红色教育资源，利用马铺坪水乡苏维埃革命史展览馆、乌山革命精神纪念馆和向东渠精神纪念馆，编印《云霄县离退休干部党员传承红色基因教育基地简介》200多册，挂牌建立首批3个“云霄县离退休干部党员传承红色基因教育基地”。弘扬雷锋精神，开展志愿活动，2月28日，老干部局局联合团县委和云陵社区服务中心志愿者服务队，按照老干部日常服务需求，上门为离休老干部看诊、理发、做家务、陪聊天，宣传政策，帮助解决困难问题。9月27日和9月29日，先后组织以党员为主的志愿者，打出“云霄县委老干部局志愿者服务队”旗帜，深入挂钩村塘坪社区、文化馆开展清洁卫生、服务县“纪念新中国成立70周年摄影展活动”等系列志愿活动。

（林建全撰 方美云审）

【老年大学工作】 2019年学校有占地面积1680平方米，建筑面积3120平方米，室外活动场所1020平方米。房间34间，设有多媒体教室，舞蹈、电脑、书画、演唱、电子琴等专用教室，还有文化艺术团、10个学会办公活动室、学员活动室、阅览室，可供使用老年活动中心（气排球馆）1间，学校设施、设备较为完善，基本满足教学及学员活动需要。2019学年，学员数538人，学员人次1335，学会14个，会员761人，会员人次2356。开设课程22门，班级14个，聘请兼职教师24人，工作人员在编2人，聘用8人。以习近平新时代中国特色社会主义思想和中共十九大精神为指导，深入贯彻国务院和省的规划，贯彻落实省年会精神，加强思想建设，为云霄社会稳定和文化繁荣作出应有的努力，学校工作有新的进展。时政课继续讲中共十九大精神和习近平新时代中国特色社会主义思想以及国内外时事政治，进行爱国主义专题教育。常务副校长郭拱明在观看国庆大典后即向学员作题为《盛世中国•国之大典》的专题讲课。实行“两轮驱动”即课堂教学与专业学会活动相结合和“三课一体”即必修课、选修课、实践课统一安排的教学方式。教师针对老年学员实际，备好教材、教案、教法，讲好每堂课。采取多种形式“开门办学”，提高老年人参与学习活动的参与率。各专业课教学根据自身特点与需要，“走出去，请进来”开展实践活动。“五一”国际劳动节，学校举行“弘扬劳动精神，共享天年之乐”游园活动。组织开展以歌颂伟大祖国和展现家乡发展变化为主题的书画创作活动，并举行作品展览。与作家协会开展诗词创作、编辑作品集，举办“我和我的祖国”诗歌朗诵会；举行一场庆祝中华人民共和国成立70周年文艺晚会；2019学年出版墙报3版。做好校刊、快讯、“美篇”信息报导。2019学年，完成校刊《云霄老年教育》第十四期编辑发送工作，同时编辑报道《云霄老年教育》快讯2期。5月，常务副校长郭拱明为退休教师支部的党员上党课；唐丽真副校长带领志愿者服务队参加红歌快闪《我和我的祖国》活动；校书画学会会长黄铁汉等春节前夕为群众义务书写春联；校象棋学会下乡至下坂站传授棋艺。

（吴木火撰　唐丽真审）

党史工作

【党史二卷征编】 2019年继续推进《中国共产党云霄历史（1949—1978）》征研、编纂工作。对已完成的章节，进行修改、补充，严把政治关；对部分完成的章节，拾遗补漏，尽快编纂成章；对资料缺失较多的第一编部分章节，利用口述资料或相关部门资料来修订。至2019年末，基本完成初稿，进入修改、充实和编辑阶段。

【乌山革命史数字馆】 2019年策划上报“乌山革命史数字馆”项目，并与省市党建办多次沟通协调，将“乌山革命史数字馆”列为2019年重点党建培育项目。

【云霄县中央红军村】 2019年，史志室多方收集资料，站在新的历史起点上，以全新的视野撰写《中央红军村——古楼》《中央红军村——坪水》两篇专文，申报“云霄县中央红军村”专题。云霄县古楼、坪水两村入选《福建省中央红军村史料》，为云霄增添旅游红色地标。

【县委工作综述】 2019年认真撰写县委工作综述。按照市党研室编撰执政纪要的工作要求，认真组织人员撰写县委每个年度的工作综述，及时总结县委年度执政实践，为全县各级各部门更好地制定和执行县委决策，加快发展步伐，建设宜居宜业宜游的新云霄提供有益借鉴。

（方志南撰　王一雄审）

重要会议

【云霄县第十七届人民代表大会第四次会议】 2019年12月26—28日，云霄县第十七届人民代表大会第四次会议在县人民会堂召开，出席大会代表210名（全县代表名额217人，实有212人）。

大会主要议程：县长张明东作《云霄县人民政府工作报告》；审议《云霄县2019年国民经济和社会发展计划执行情况及2020年国民经济和社会发展计划草案的报告》；审议《云霄县2019年财政预算执行情况及2020年财政预算草案的报告》；县人大常委会主任施仲达作《云霄县人大常委会工作报告》；县人民法院代理院长柯秀娟作《云霄县人民法院工作报告》；县人民检察院检察长郭荣龙作《云霄县人民检察院工作报告》；选举县监察委员会主任、县人民法院院长；补选县人大常委会委员2名；表决县人大专门委员会组成人员人选。

大会审议通过《关于云霄县人民政府工作报告的决议》《关于云霄县2019年国民经济和社会发展计划执行情况及2020年国民经济和社会发展计划的决议》《关于云霄县2019年财政预算执行情况及2020年财政预算的决议》《关于云霄县人大常委会工作报告的决议》《关于云霄县人民法院工作报告的决议》《关于云霄县人民检察院工作报告的决议》。

【人大常委会会议】 2019年，县人大常委会依法履行各项职权，为推动云霄科学发展、跨越发展作出贡献。召开常委会会议8次，听取审议“一府一委两院”专项工作报告15项，开展专题询问1次、工作满意度测评1次，通过决议、决定6个，较好地履行地方人大常委会的职责。

主要工作与活动

【审议决定重大事项】 2019年，县人大常委会先后作出关于批准云霄县2019年预算收支的决议、关于批准《云霄县人民法院关于提请增加人民陪审员名额的报告》的决定、关于批准2019年云霄县本级政府债务限额管理及新增政府债券资金使用预算调整方案的决议、关于批准2018年县本级财政决算的决议、关于批准云霄县人民法院《关于方晓铃等同志为云霄县人民法院人民陪审员的提请报告》的决定、关于批准云霄县2019年收支预算调整的决议。

【依法监督】 2019年，县人大常委会先后听取审议县政府关于在云霄县公民中开展法治宣传教育第七个五年规划中期落实情况、关于2019年财政预算、关于县人大常委会2018年道安“一法一办法”实施情况报告审议意见的办理情况、关于2018年政府性债务情况、关于国有资产（非金融类国有企业）管理情况、关于《中华人民共和国水污染防治法》实施情况、关于2018年县本级财政决算和2019年上半年预算执行情况、关于2018年县本级预算执行情况和其他财政收支的审计工作、关于2019年上半年国民经济和社会发展计划执行情况、关于乡村振兴发展农业特色产业工作情况、关于殡葬改革工作情况、关于云霄县环境状况和环境保护目标完成情况、关于云霄县持续开展爱国卫生运动工作情况、关于云霄县十七届人大三次会议代表建议和意见的办理情况、关于2019年度县级预算部分调整方案等15项报告，并就云霄县饮用水源保护工作开展专题询问，对县政府关于县十七届人大三次会议代表建议和意见的办理情况开展满意度测评。

组织开展对《中华人民共和国渔业法》《中华人民共和国水污染防治法》《中华人民共和国教师法》《福建省实施〈中华人民共和国教师法〉办法》4部法律法规实施情况的检查，抓住法律实施中的突出问题和薄弱环节，研究提出解决问题、完善制度的意见建议，督促和推动有关方面全面有效实施法律。

【人事任免】 2019年，县人大常委会依法行使人事任免权，任免国家机关工作人员75人次（其中：任免监察委员会工作人员4人次、任免“一府两院”工作人员71人次）。

【议案与督办】 召开代表议案、建议交办会，把代表在县十七届人大三次会议上提出的57条建议意见落实到17个承办部门。交办会后，根据主任会议的要求，将各承办单位分解到人大机关的对口委办，经过人大委办的共同督办，各承办单位都及时召开办理研究会，指定一名分管负责办理工作的领导和具体抓办理的责任人，各承办单位都做到领导到位、认识到位、措施到位。经承办单位的共同努力，办复率达100%，取得良好的效果。

【主要议案或建议】 组织对县十七届人大三次会议第170323号“关于加快县城新区排水排污防涝设施建设步伐”建议意见办理情况满意度的测评，提高承办单位办好议案、建议的意识，强化办理措施，县城新区一些排水排污问题得到较好的解决，建议办理质效得到进一步提升。

【视察调研】 2019年，县人大常委会围绕高质量发展，“抓大工业、大抓工业”及乡村振兴、脱贫攻坚、生态文明建设、人居环境整治等关系云霄县经济社会发展重大问题，组织8次人大代表调研视察，参加代表近200人次。通过视察调研，充分了解云霄县经济社会发展情况和人民群众普遍关心和迫切需要解决的热点难点问题，掌握更多的具体情况，推动代表依法履职，更好地发挥代表作用。

县人大常委会组织有关工作委员会围绕“十三五”时期云霄县经济社会发展中的重点、难点问题，有计划、有重点地开展2018年云霄县政府性债务情况、云霄县全域旅游发展状况、云霄县教育教学质量、云霄县城区背街小巷和城中村环境卫生保洁情况、云霄县牛蛙养殖专项整治工作巩固情况、云霄县开展爱国卫生运动工作情况、云霄县农业特色产业发展情况、云霄县国有资产（非金融类国有企业）管理情况、云霄县城规划区禁止燃放烟花鞭炮的情况、云霄县少数民族村经济发展状况、云霄县检察院公益诉讼工作情况及“充分发挥信访志愿者参与化解矛盾作用，促进社会安定稳定”工作情况等专题调研，为云霄县经济社会发展积极建言献策，提出许多有价值的建议。

【信访办理】 2019年受理来信15件，办理率达100%，办结率达95%，做到件件有落实、事事有回音，力争使每个信访件办理结果达到最佳社会效果。

附：

云霄县福建省第十三届人大代表名单

张明东　云霄县委副书记、县长、县政府党组书记
何　辉　中核国电漳州公司总经理
周志德　漳州市顺通路桥建设有限公司董事长

云霄县漳州市第十六届人大代表名单

王金狮　中共云霄县委书记
施仲达　云霄县人大常委会主任、党组书记
张明东　云霄县委副书记、县长、县政府党组书记
蔡向东　漳州职业技术学院纪委书记
庄跃庆　云霄县委常委、监察委员会主任
方成江　云霄县人大常委会副主任、党组成员
于　锌　云霄县农业局副局长（正科长级）
张俊池　云霄县统战部副部长

方进勇 云霄县税务局局长
许顺溪 福建省智拓电子科技有限公司董事长
何 辉 中核国电漳州公司总经理
周志德 漳州市顺通路桥建设有限公司董事长
方文燕 福建云霄圣城集团投资有限公司副总经理
方义容 福建临泰上洋生态旅游开发有限公司董事长
吴茂坤 云霄县茂泰商务服务有限公司总经理
陈振辉 云霄县中医院院长
陈朝英 云霄县林业局资源管理站站长
高 智 云霄县供电公司安监部主任
方长发 云霄县莆美镇宝树村村民
蔡达权 云霄县富达农民合作社理事长
陈启明 福建明晟绿芦笋专业合作社技术员
林桂蓉 云霄县东厦镇荷中村桂蓉家庭农场负责人
张学明 漳州市明煌农民专业合作社经理
曾志豪 云霄县元光中学音乐教师
吴丽丹 云霄县房地产交易与权属登记发证中心高级工程师
陈封溥 厦门市云霄商会会长
张仁淮 云霄县药协会会长、主管药师
张玮玲 云霄县农业局经作站站长、高级农艺师
黄秀君 福建移动云霄分公司总经理

（何文革、施春声、方添城撰 方成江审）

重要会议

【县政府常务会议】 县政府常务会议为县政府集体议事决策性会议，由县长主持召开。2019年1月28日，第一次县政府常务会议研究了协议出让云霄县复兴东段（旧实验小学）片区改造建设项目安置用地等议题，审议县水利局提交的《云霄县水土保持规划（2016—2030年）（送审稿）》《云霄县“十三五”水土保持专项规划（送审稿）》。2月28日，第二次县政府常务会议研究云霄县免除城乡居民基本殡葬服务收费、火田镇菜埔村溪口村传统村落保护发展规划等议题。3月29日，第三次县政府常务会议研究划拨国道G324线云霄城关段改造工程的莆政路提升改造工程项目用地等议题，审议县卫健局提交的《“健康云霄2030”行动规划（送审稿）》。4月17日，第四次县政府常务会议研究公开出让溪口地热探矿权等议题。5月29日，第五次县政府常务会议研究云霄县第二自来水厂规划用地拟选址等议题，审议红树林管理局提交的《全面提速提质推进福建漳江口红树林国家级自然保护区退养还湿实施方案》。6月24日，第六次县政府常务会议研究云霄抽水蓄能电站工程移民安置点选址等议题。7月31日，第七次县政府常务会议研究划拨云霄县种子管理站种子质量检验技术推广用房项目用地、收回云霄县社会福利中心项目部分土地使用权等议题，审议《云霄县实施乡村振兴战略规划（2018—2022年）》《云霄县人民政府所出资企业负责人经营业绩考核办法（试行）》《云霄县民宿管理指导意见（试行）》。8月12日，第八次县政府常务会议研究2019年云霄县下港片区棚户区国有土地上房屋征收与补偿安置实施方案。9月25日，第九次县政府常务会议研究建设云霄县足球训练中心等议题，审议县教育局提交的《云霄县中小学生课后服务工作实施方案（征求意见稿）》。10月31日，第十次县政府常务会议研究提高村（社区）干部基本报酬事项、调整列屿镇总体规划及海警云霄工作站用地选址等议题，审议云霄生态环境局提交的《云霄县畜禽养殖禁养区划定方案（送审稿）》。12月9日，第十一次县政府常务会议审议原划拨给县圣城集团公司31宗资产重新处置、云霄县向东渠精神教育实践基地用地选址、云霄县委党校（行政学校）新校区用地选址、建设综合档案馆等议题，审议县工信局提交的《“大抓工业、抓大工业”三年行动计划（2019—2021年）（送审稿）》、县文明办提交的《云霄县县城及周边区域禁止燃放烟花爆竹工作方案（送审稿）》、莆美镇提交的《莆美镇莆下棚户区改造建设征迁补偿与安置实施方案（送审稿）》。12月23日，第十二次县政府常务会议研究云霄县下港片区城市设计。

【县政府全体会议】 2019年1月3日，云霄县人民政府召开2019年第一次全体会议。2019年5月6日，云霄县人民政府召开2019年第二次全体会议。

【县政府专题会议】 2019年，召开政府专题会议20场次。会议专门研究全县安全生产、防范重特大生产安全事故工作、水源地保护、水流域综合整治、旅游集散服务，以及和县总工会联席会议等内容。

（施颖溢撰　罗煜阳审）

重大活动

【“春暖花开·欢乐采摘”集中采摘活动】 2019年2月16日，为期一个月的“春暖花开·欢乐采摘”集中采摘活动正式启动，轮转下河、东厦、火田、和平4个乡镇后，于3月15日闭幕。云霄县倾力打造大采摘、大旅游、大展销为一体的乡村振兴新格局，让游客漫步云霄、赏花品果，让名优农产打响名气、走出深山。在系列采摘活动带动下，云霄县不断整合全县农业资源，兴产业、活造血、忙脱贫，解锁更多文农旅融合的乡村振兴新模式，实现农业更强、农村更美、农民更富目标。

【“壮丽七十年·奋斗新时代”歌咏大会】 2019年9月25日晚，由云霄县委、县政府主办的“壮丽七十年·奋斗新时代”庆祝中华人民共和国成立70周年歌咏大会拉开序幕，由县各大口、各乡镇、开发区、教育系统组成的20支参演队伍齐聚县体育场。此次歌咏大会的举办，旨在全社会唱响共产党好、社会主义好、改革开放好、伟大祖国好、民族团结好的时代主旋律，激发爱国热情，弘扬报国之志，激励全县广大干部群众把智慧和力量凝聚到落实党的十九大决策部署上来，奋力当好富美新漳州建设先锋，以优异成绩献礼中华人民共和国成立70周年。

【漳州核电在云霄正式开工】

2019年10月16日，中核集团在福建漳州宣布华龙一号在此开工建设。华龙一号是中国具有完整自主知识产权的三代核电技术，满足全球最新核安全标准，是中国核电创新发展的重大标志性成果。漳州核电厂坐落在云霄县境内，规划建设6台百万千瓦级第三代核电机组，一期工程2台机组采用华龙一号技术。漳州核电是中核集团在福建省规划建设的一个大型清洁能源基地，促进福建省经济社会健康发展，造福当地百姓，探索建立核电发展新模式。

【环东山湾·“片仔癀”杯中国汽车拉力锦标赛】 2019年12月8日，2019环东山湾·“片仔癀”杯中国汽车拉力锦标赛云霄赛区在马铺乡正式开赛。本次汽车拉力赛途径东山县、诏安县、云霄县和常山华侨经济开发区，赛事总里程约782.64公里（包括125.44公里的比赛路段），设置7个赛段。其中，云霄区域设有2个赛段（峰头水库赛段约18.64公里，官乡赛段约16.12公里）。国内30支参赛车队、77辆赛车、154名车手参赛。赛后，2019环东山湾“片仔癀杯”中国汽车拉力锦标赛总成绩出炉。

【“e上云霄·互联网＋云霄味地标农产品展销会”】 2019年12月下旬，云霄县委、县政府主办的“e上云霄·互联网＋云霄味地标农产品展销会”持续进行。为期3天的展销会上，全县60多企业、商户通过举办线下线上展销会、对接会，开设视频直播，推介旅游路线等方式，实现资源共享、渠道共用、合作共赢。

【文化旅游新闻摄影采访活动】

2019年12月1日，2019形象中国·全国百家媒体聚焦花样漳州（第三季）文化旅游新闻摄影采访活动暨聚焦“漫步云霄”开镜仪式启动。来自全国各地百家媒体的社长、总编辑、新闻摄影专家以及云霄县相关乡镇、县直机关单位负责人、云霄摄影家协会代表等，齐聚将军山下，开启“漫步云霄”行摄之旅，助力挖掘云霄开漳圣王文化、完善旅游产业、撬动地方经济腾飞，擦亮云霄旅游品牌，持续发挥文农旅经济效益。

（蔡增钇撰　罗煜阳审）

办公室工作

【办文办会】 2019年处理中央、省、市下发公文1456件，起草审核各类文件351份，负责各类会务290场次。

（郑泽霖撰　林海树审）

【政务信息】 2019年，云霄县政府向市府办信息科报送信息297条，被采用180条；完成国务院办公厅和省政府办公厅约稿64篇，经市府办转报国办和省办54篇，被省办录用44篇，被国办录用24篇、获得国务院领导批示4篇，以总积分1583分位居漳州市县区第3名；直接向省政府办公厅信息处上报信息260篇，被采用33篇，其中《今日要讯》正刊采用11篇、《福建信息》采用22篇，国办采用1篇，以总积分110分位居漳州市县区第2名。

（方月赏、张小云撰　罗煜阳审）

【政务督查】　2019年初，对《政府工作报告》提出的目标、重点进行分解细化，组织实施23个项目，落实政府责任部门54个，评估指标81个。对县政府常务会、县长办公会议决定事项126项进行跟踪反馈，通报落实情况。参与发展工业、招商引资、重点项目、市政建设、农业农村、文化教育、机关效能建设等专项督查25次，推动县政府组织各项专题调研活动30次，为县政府决策提供依据。对县主要领导交办的工作进行督查。按县领导的工作要求会同有关科局，及时开展专项督查或跟踪督查15次，撰写督查情况通报15期。

（陈建添撰　吴志毅审）

【人大政协议案提案办理】　2019年，办理市政协委员提案1件，办理县人大代表建议57件，县政协委员提案86件，办结率100%，满意率100%。办结省、市、县领导批示件16件。

（陈建添撰　吴志毅审）

【政务信息公开】　2019年，县政府主动公开政府信息1419条。其中，机构职能类的信息246条，占比17.34%；政策、规范性文件类的信息158条，占比11.13%；规划计划类信息38条，占比2.68%；行政许可类信息229条，占比16.14%；重大建设项目信息86条，占比6.07%；为民办实事类信息72条，占比5.07%；民政扶贫救灾社会保障就业类信息30条，占比2.11%；国土资源城乡建设环保能源类信息18条，占比1.27%；科教文体卫生类信息37条，占比2.61%；安全生产、应急管理类信息138条，占比9.73%；其他367条，占比25.86%。

（何泽聪撰　罗煜阳审）

【政务系统运行】　2019年，云霄县新增OA使用单位4个，分别为云霄县污染防治攻坚战指挥部办公室、漳州市云霄医疗保障局、云霄县退役军人事务局、云霄县委振兴办。截至2019年12月，云霄县OA使用单位106个。配合市政府办电子政务科处理系统事故7次，其中4次为重大系统事故，确保OA系统安全运行。

（石伟斌撰　林海树审）

行政服务中心工作

【概况】　2019年，县行政服务中心进驻部门40个，进驻人员133名，进驻事项1073项，受理办结各类行政审批和公共服务事项申请56334件，其中即办件50672件，即办率89.95%。建设工程进场交易项目127宗，交易额196157.04万元，节约财政资金20030.58万元；政府采购项目26宗，交易额1859.3万元，节约财政资金230.86万元；产权交易项目5宗，成交额2585.22万元，增加财政收入74.42万元。

【制度管理】　2019年，中心研究制定实施《服务“大抓工业、抓大工业”创新举措》，从降门槛促招商、减流程压时限、推共享扩秒批、重承诺优审批、拓服务重融资、行善政重落实、强要数集成办七个方面，提出36条支持工业企业发展创新措施；研究制定《云霄县推进建设工程项目审批制度改革实施方案》，实现工程建设项目审批统一信息数据平台，统一审批管理体系，统一监管方式，有效压缩审批时限；修订完善《投诉处理工作规范》《工作人员服务规范》《窗口绩效考评及其工作人员考核办法》《电话回访制度》《一次性告知制度》《首问负责制度》等制度，推动政务服务规范化、高效化。

【便民服务】　2019年，中心深入推进“互联网+政务服务”，推动政务服务“一网通办”，减少群众办事跑动次数，共有929项服务事项实现“四级四同”；加强电子证照库建设，推动电子证照的共享和运用，实现电子证照“一次采集、一库管理、多方使用、即调即用”。累计实时生成电子证照40412张，82项常用证照可直接从电子证照库调取应用，申办人无须重复提交纸质材料；加强网上办事大厅云霄分厅建设，为企业群众提供统一身份认证、统一服务事项、统一办事入口等服务。通过大力推行审批服务网上办，实现从“群众跑腿”向“数据跑路”转变。福建网上办事大厅云霄分厅实现网上申报事项3407项，办结26370件，网上申报率47.2%。推进“四办”改革，组织各部门梳理编制“马上办、网上办、就近办、一次办”审批服务事项目录并对外公布，253项政务服务事项实现马上办，1083项实现网上办，14项实现就近办，1082项实现一次办。推动“一门办结”，以机构改革为契机，优化大厅功能布局，科学调整窗口设置，推动更多审批服务事项进驻大厅统一办理，企业和群众办事基本实现“进一扇门、办所有事”。拓宽服务渠道，协助推进“漳州通”App建设，不断完善服务功能，推动漳州通App上线运行，实现政务服务“掌上办”。3978项政务服务事项入驻平台办理，受理办结6595件。在政务服务大厅设置1个便民诉求台、2个评议箱、1个现场投诉电话，接受群众的投诉举报。

（何怡函撰　张复勇审）

机关效能建设

【效能督查】　2019年，县效能办开展督查54次，印发督查通报7份，点名通报17个单位41次，效能问责7人。纠正机关单位及其工作人员不作为、慢作为、乱作为等作风问题，改善服务质量，提高办事效率。

【效能投诉】　通过“12345”平台、效能投诉电话等，广泛受理有关机关效能问题的投诉举报。严格按照福建省办理机关效能投诉事项“路线图”的流程受理群众诉求，提高投诉办理质量。2019年，受理群众效能投诉7件，发出效能投诉督办单6单，办结率100%。

【绩效考评】　建立重点工作任务扣分清单、察访核验扣分清单、表彰评比项目加分清单，以及全县重点项目、重点工作月督查、机关作风明察暗访等跟踪检查机制，力促各级各部门按时序、高质量完成目标任务。加强市对县绩效指标日常监测，积极向上沟通，掌握指标进展动态，实行一月一通报制度，跟踪通报各项指标进展情况。2019年度漳州市对云霄县年终绩效考评荣获优秀等次。

【作风建设】　制定出台《云霄县效能办关于整治形式主义、官僚主义2019年工作实施方案》《云霄县效能办关于2019年纠治行政审批、行政执法过程中的“不正之风”工作实施方案》《云霄县效能办关于开展专项整治漠视侵害群众利益问题的工作方案》等文件，根据文件内容要求，不定期开展机关效能作风明察暗访，做到措施有力，执行到位，有效提升机关工作效能。

（朱育珍、方映珩撰　张非同审）

档案工作

【档案数据库建设】　2019年，县档案馆完成馆藏所有档案的文件级目录数据整理、录入工作，共计19.85万条。提高查阅速度，节约群众查阅时间。

【档案馆藏】　以卷保存的档案有11728卷，以件保存的档案有61227件，存有资料4856册。

【档案安全管理】　2019年，县档案馆建立规范档案管理制度。推进档案安全体系建设。做好第11号台风“白鹿”汛期档案安全工作，落实档案安全责任制，切实加强汛期检查；加强馆库、办公功能区和门岗楼道的监控系统建设，投入6500元专项资金，购置安装档案安全监控系统，实行手机远程监控，确保档案安全。

【档案信息资源开发利用】　2019年，县档案馆接待利用者415人次，提供档案576余卷（件），在编史修志、调节纠纷、历史研究、工作参考、社会稳定等各方面发挥作用。

【档案文化宣传与学术研究】

2019年，围绕“新中国的记忆”主题，以档案资源为依托，通过开展“新云霄的记忆”档案资料图片展、广播电视网络档案文化宣传、中国移动通信平台档案文化宣传、“新中国的记忆”征文活动、手机微信平台和张挂（贴）横幅标语等宣传活动，让公众近距离接触档案，增强公众档案意识、宣传档案工作价值，发挥档案工作“记录历史、传承文明、服务社会、造福人民”的作用。其中，在移动通信平台发布档案文化宣传标语短信20000条，资费1000元，短信发送对象1533人。积极征集档案故事，《同治圣旨》《奉旨边界》在《闽南日报》漳州新闻网和漳州市档案局共同推出的《漳州档案》栏目播出。

（吴信用撰　吴镇平审）

地方志工作

【《云霄名特产志》正式出版】

2019年5月，《云霄名特产志》由云南人民出版社正式出版，县委书记王金狮、县长张明东为该书作序。该书乡土特色突出，收录166个具有云霄本地特色的农林、名优水果水产、糕饼糖果蜜饯、茶饮风味小吃等名特产品，归集条目166条，约20万字。该书以不同时期的名特产展现云霄经济社会发展的历史轨迹，反映了从传统手工业到工业化的历史变迁。

【地方志资源开发利用】 2019年，云霄县地方志编纂委员会积极参与地标申请、向东渠精神培育、《向东渠》潮剧调研、向东渠纪念馆和向东渠主题公园建设，提供多方面的地情资料。

【地情资料宣传】 2019年，县方志委积极开展地情资料交换工作，与省新四军研究会、九仙传媒、全国各县区交换地情资料100多套。7月，向全县机关、乡镇（开发区）及有关单位赠送《云霄名特产志》。截至2019年底，《云霄名特产志》已赠送200余册。

【修志编鉴】 2019年，县方志委组织单位编辑人员，分成3个调研组，针对因机构改革出现单位重组问题，登记摸底全县124个单位的工作职能，调整《云霄年鉴（2019）》目录框架。组织派员参加省史志办举办的培训会4次，参与率达到单位人员的50%，提高年鉴编纂的综合能力。加大年鉴稿件的征稿力度。上半年，单位以政府办的名义发出《云霄年鉴（2019）》征稿通知，至2019年底，《云霄年鉴（2019）》基本征稿结束。

（张琳撰　黄志钦审）

重要会议

【政协第十三届云霄县委员会第四次会议】 2019年12月25日至27日召开。会议实有委员169名，出席委员164名，居住在云霄的市政协委员、部分政协离退休老领导和政协机关退休副科级以上干部及县直机关有关单位负责人列席会议。会议听取讨论中共云霄县委书记王金狮的讲话；审议并通过林达祥主席所作的工作报告和汤志远副主席所作的提案工作情况报告；通过《政协第十三届云霄县委员．会第四次会议决议》。会议期间，政协委员列席县十七届人大四次会议，听取并赞同县政府工作报告，协商讨论县法院、县检察院工作报告，以及国民经济和社会发展计划报告和财政预算及执行情况报告。

（施逸撰　王永城审）

【县政协常委会会议】 2019年，政协第十三届云霄县委员会召开5次常委会会议，即第十一次常委会会议至第十五次常委会会议。

第十一次常委会会议　3月25日召开，会议传达贯彻全国“两会”精神；协商通过《县政协专委会组成人员名单和委员活动联络组成员名单》；讨论通过《县政协2019年工作要点》、《2019年主要工作安排》、《2019年视察调研课题》和《2019年重点提案主席督办件》。

第十二次常委会会议　4月19日召开，会议通过有关人事任免。

第十三次常委会会议　6月25日召开，会议传达学习习近平总书记在“不忘初心、牢记使命”主题教育工作会议上的重要讲话精神；传达学习全国地方政协工作经验交流会精神；审议通过《关于我县旅游业发展情况的调研视察报告》；通过有关人事任免。

第十四次常委会会议　10月11日召开，会议传达学习习近平总书记在中央政协工作会议暨庆祝中国人民政治协商会议成立70周年大会上的重要讲话精神；听取县政府2019年上半年工作情况通报；审议通过《关于核电产业配套项目规划建设情况的专题调研报告》和《关于加强我县农村饮用水安全长效管理的调研视察报告》。

第十五次常委会会议　12月19日召开。会议听取县政府2019年工作情况通报；协商通过政协第十三届云霄县委员第四次会议有关事宜；讨论通过《政协第十三届云霄县委员会常务委员会工作报告》和《政协第十三届云霄县委员会常务委员会提案工作情况报告》；通过有关人事任免。

（施逸撰　王永城审）

主要工作与活动

【协商监督与参政议政】 2019年，县政协围绕县委、县政府重大决策部署和中心工作，通过全体会议开展全面协商。十三届三次会议期间，政协委员以大会发言、小组讨论等形式，围绕加快民营经济发展、发展农村电商助力乡村振兴、加强生态环境保护工作等事关全局工作的重要课题，坦诚建言、积极献策，为党委、政府科学决策提供依据和参考。县委、县政府领导到会听取大会发言，与政协委员充分交换意见，共商发展大计。同时县政协与县委、县政府共同制定年度协商工作计划，并与县政府召开联席会议，丰富协商内容，完善协商形式，实现政协所能与党委所思、政府所做、人民所盼、发展所需有效结合。

【委员视察调研】 2019年，县政协组织百名政协委员视察云霄部分重点项目，引导政协委员心往一块想、智往一起聚、力往一处使，共同致力于实现云霄转型升级发展的奋斗目标。围绕农村饮用水安全、全域旅游发展和核电产业配套项目规划建设，深入开展专题视察，广泛听取政协委员和社会各界的建议意见，形成有情况、有对策、有措施的视察报告，并提交政协常委会会议协商讨论后呈报县委、县政府。县委、县政府主要领导对农村饮用水安全、全域旅游发展、核电产业配套项目规划建设三个视察报告均作出批示。县委、县政府分管领导根据批示，召集相关部门研究并采纳视察报告建议意见，强力推进工作。按照农村饮用水安全视察报告提出“加快建设云霄县第二自来水厂及引水管道”的建议，火田镇、下河乡、云陵镇和县住建局加快推进该项目土地征迁及工程建设进度，县水利局加快铺设从火田镇溪口村岔管取水口至云霄第二自来水厂的引水管道。

县政协组织政协委员，专题调研向东渠红色文化品牌打造、林偕春文化挖掘及弘扬、县直机关事业单位办公用房使用管理、台资侨资企业发展、网格化管理、云霄旧制书院与学院现状及保护利用等。全年开展6个专题调研，并形成专题调研报告呈送县委、县政府，受到县委、县政府主要领导肯定和批示，促进相关工作。县委高度重视关于打造向东渠红色文化品牌的专题调研报告，采纳建议意见，召开县委常委会进行研究部署，制定下发《关于进一步弘扬向东渠精神的决定》，学习弘扬“向东渠精神”，实施一场“向东渠精神”研讨会、一次“向东渠精神”巡回宣讲活动、一批弘扬“向东渠精神”文集、一批弘扬“向东渠精神”主题歌曲、一次潮剧现代戏《向东渠》巡演活动、一座向东渠纪念馆、一组“向东渠精神”网上线上学习平台、一处实地教育教学基地、一次实地参观教育活动、一次学习成果汇报会等“十个一”工程。

（施逸撰　王永城审）

【提案办理】 2019年，县政协收到提案101件，提案经审查立案99件。从中筛选出5件重点提案，由主席、副主席领衔促办，并通过呈报县委县政府主要领导批示、推行县政府领导牵头督办制度和召开不同类型座谈会、协商推进会等形式，确保重点提案有效落实。县委王金狮书记、县政府张明东县长分别对《关于在乡镇修建骨灰寄存室的建议》重点提案作出批示，县政府出台《云霄县城乡公益性骨灰楼堂规划建设实施方案》，并确定火田、列屿、东厦、马铺等四个乡镇为首批建设单位，确保2020年9月建成并投入使用。此外，《关于统一规划漳州核电周边商业服务配套，全力提升以核促发展水平的建议》《关于加快农村公办幼儿园建设的建议》《关于解决云霄县中小学教师已评未聘问题的建议》《关于完善云霄动车站服务设施建设的建议》《关于限时间限地点禁止燃放烟花爆竹的建议》等提案都得到有效办理落实。截至2019年10月底，县政协立案的提案全部办理并答复。

（李梦华撰　王永城审）

【文史资料出版】 2019年，县政协编辑出版《云霄村社要览（综合卷）》和《巾帼英杰·弘扬魏妈精神文集（续集）》两辑文史资料。

（吴阿枞撰　王永城审）

【联谊活动】 2019年，县政协加强与工商联、各人民团体、社会各界人士联谊，发挥他们作用创造良好环境和有利条件。以庆祝人民政协成立70周年为契机，开展“五个一”活动，即举办一次书画展、召开一场政协理论研讨会、举办一场文艺晚会、出版一辑特刊《同心筑梦——云霄政协发展历程》、发动政协委员为贫困户办一件实事。政协领导主动走访各界人士，交流工作情况，听取各界人士意见和建议。邀请各界人士代表参加各种座谈会。这些重要活动不仅融洽各方面关系，而且激发爱国爱乡热情。

（林丽华撰　王永城审）

附：云霄县市政协委员名单

漳州市第十三届政协委员：

林达祥　王彩云
林进财　方智勇
汤重伟　高　健
方柏州　张武珍
高木香　何继雄
张纯华　李福元
释法众　张宏亮

重要会议

【县纪委十三届四次全会】 2019年1月25日上午，中共云霄县纪委十三届四次全会召开。会上，县长张明东传达中央纪委、省、市纪委全会精神。县委常委、县纪委书记、县监委主任蔡向东作工作报告，回顾2018年纪检监察工作，总结改革开放40年来全县纪检监察工作经验，部署2019年任务。县委书记王金狮强调，深刻领会中央和省市纪委全会精神，不断增强全面从严治党的坚定自觉；准确把握当前管党治党形势，进一步坚定全面从严治党的信心和决心；以永远在路上的韧劲和执着，推动全面从严治党取得新的战略性成果；压紧压实全面从严治党政治责任，切实发挥党员领导干部示范表率作用。

（郭钰培撰　陈文群审）

主要工作

【党风廉政教育】 2019年，组织党员干部参观警示教育基地105批次3694人次，上警示教育课534批次20653人次，组织任前廉政法规考试3批次47人次。组织纪检监察干部参观乌山革命纪念馆、七星山廉政教育基地、向东渠教育基地等，接受勤政廉政教育；深入挖掘县历史孝廉人物，开展“一镇一孝廉”活动，编写孝廉人物12人。其中，林偕春、蔡思充、张佐治、何子祥等四位孝廉人物在市纪委微信公众号刊登。另外，根据省纪委监委要求拍摄孝廉短视频《行不言，廉无声》。

（陈秋坤撰　陈文群审）

【党风政风监督】 压实“两个责任”。协助县委开展2019年度全面从严治党主体责任，严肃追究“两个责任”落实不到位问题，实施党内问责12起19人，其中科级及以上17人，切实以强有力的问责倒逼各级党员领导干部履职尽责。严防“四风”反弹。推进“1+X”常态化专项督查76批次，检查单位139个次，排查公务车辆115辆，暗访旅游景区17处，餐饮店（农家乐）、酒店、娱乐场所2家，查处违反中央八项规定精神问题48起83人，其中党纪政务处分27人。扎实推进形式主义、官僚主义集中整治，查处形式主义、官僚主义问题23起63人。惩治群众身边腐败。针对扶贫领域腐败和作风问题、民生领域突出问题、扫黑除恶、移风易俗4个方面，深化群众身边腐败和作风问题专项治理工作，查处发生在群众身边不正之风和腐败问题27起56人，党纪政务处分18人，切实以正风肃纪实际成效取信于民。

（黄明福撰　陈文群审）

【信访举报】2019年，全县纪检监察机关信访举报部门办理检控类初信、初访104件，办结79件，经初核拟立案9件，其他处理22件，经谈话函询其他处理3件。开展信访集体反馈评议3场，群众满意率均89%以上；开展信访公开反馈会4场，为5名受到不实反映的党员干部澄清正名。

（朱志燕撰　陈文群审）

【审查调查】 2019年，全县纪检监察机关立案117件（其中委机关立案47件、乡镇纪委监察组立案49件、派驻纪检组立案21件），涉及科级干部17人，一般干部31人，其他人员80人，经济大案7件，涉嫌犯罪移送司法机关处理1人。结案123件，给予党纪政务处分128人。运用监督执纪“四种形态”处理党员干部769人次，其中第一种形态634人次，第二种形态93人次，第三种形态23人次，第四种形态19人次。

（朱毅宗撰　陈文群审）

【机构与队伍建设】　2019年，完成派驻机构改革。印发《关于深化县纪委监委派驻机构改革的意见》和《中共云霄县纪委、云霄县监委派驻机构改革方案》，完善派驻监督工作机制，赋予派驻机构监察职能，提高派驻监督全覆盖质量。实现13个综合派驻纪检组干部的人事关系由县纪委监委收回统一管理。组织全县纪检监察巡察干部开展“大学习、大培训”活动，全年组织培训21期1539人次，开展闭卷测试3场，参加测试264人次。

（罗荣全撰　陈文群审）

【巡察工作】　2019年，全面落实巡察责任。县委高度重视巡察工作，及时调整由县委书记王金狮任组长的巡察工作领导小组，切实强化对巡察工作的领导。研究制定《关于对村（社区）开展巡察的实施办法（试行）》，制定出台县委巡察机构与纪委监委、县委组织部、审计局等部门工作协作机制，凝聚巡察监督合力。是年，督促被巡察单位党组织建章立制121个，推动形成以制度管人管事管物的长效机制。2019年，全县开展三轮五批次巡察，巡察16个单位和63个行政村，发现问题939个，完成整改733个，移交问题线索92条，立案45人，党纪政务处分45人。

（朱谊深撰　陈文群审）

军事

武装

【国防教育】 2019年云霄县人武部成立国防教育联席会议，建强师资队伍，定时开展国防教育工作相关活动，会同县委宣传部制定国防教育计划，突出抓好民兵预备役人员的国防教育，及时督促各级按要求抓好落实；搞活形式抓教育：协调相关部门在县城主要路口的电子屏幕开设国防教育宣传栏，定期播放宣传标语。把国防教育纳入县党校培训的必修课，每年至少集中安排1次国防教育讲座；定期组织过“军事日”活动，强化各级领导的国防观念和履职能力；结合民兵组织整顿、军事训练和执行急难险重任务，加强职能使命、战备形势等教育；结合征兵、军训等时机，把国防教育纳入学校教学、军训重要内容，组织32场次国防教育进校园（社区、村居）等活动；

【爱国教育】 组织人武部机关全体党员、各乡镇专武干部到乌山革命根据地、向东渠纪念馆、“献宝山”革命烈士陵园等红色教育基地开展爱国主义教育，瞻仰革命圣地、缅怀革命先烈、重温入党誓词，接受革命传统教育，使干部、职工的理想信念更加坚定。

【“双拥”共建】 2019年，人武部积极参加省级双拥模范县城创建工作，充分发挥民兵预备役的职能作用，以民兵为组织基础，建立乡镇（场、区）和村（社区）治安联防小分队，广泛参与护林、护村、护路、巡逻守卡、整体联动等活动。在元旦、春节、国庆等重要节假日，配合有关部门协助化解社会矛盾、消除不安全不稳定因素，维护社会和谐稳定。做好全县现役军人的走访慰问，确保把每个光荣牌、每份优待金、慰问品、每份立功喜报送到每个军人家庭。抓好精准扶贫在末端的落实，在春节、中秋等节日，采购粮油等物品、向民政申请资金等，对挂钩2个贫困村和9名贫困户进行走访慰问送温暖；各乡（镇）人武部也建立相应脱贫挂钩点，加大率兵脱贫致富工作比重，扎实有效地进行扶贫工作。

军事

【战备训练】 战备工作常态化，2019年人武部按照强军目标要求，严格日常战备制度，及时修订完成应急救灾方案，严格落实战备物资器材，保持良好战备状态。开展业务基础训练，组织人武部干部、文职人员积极参加军分区军事训练考核和“两实”训练，严格按计划开展训练，常态化抓实体能训练；组织1批次共3名乡镇武装部部长参加省军区组织的全省专武干部集训；组织1批次共7名专武干部参加军分区组织的集中培训。开展民兵分队训练。坚决贯彻习主席训令和军委军事工作会议精神，按照“四个立起来”要求抓训练工作。

【抢险救灾】 2019年来，民兵分队参与抢险救灾5次，出动民兵

90余人次，车辆机械5台次。特别是针对2019年8月份台风“白鹭”正面登陆，组织民兵应急分队全时全副武装在武装部待命，有效检验民兵队伍应急行动能力。

【征兵工作】 2019年新兵征集工作，根据省、市征兵办的指示精神，以《中华人民共和国兵役法》《征兵工作条例》，以及有关政策规定和征兵命令为依据，以保证兵员质量为核心，结合县实际，采取有力措施积极应对“当兵冷、征兵难”问题，围绕“五率”（报名率、上站率、合格率、择扰率、退兵率）量化考评要求，积极推进兵役征集工作。突出抓好贯彻落实市征兵工作会议精神，健全组织，加强领导，搞好宣传，廉洁征集，严把政审、体检、定兵关，为部队输送合格新兵，未发生退兵问题，完成上级赋予的新兵征集任务。

【基层规范化建设】 2019年，人武部主要领导先后5次深入基层武装部检查调研，现地指导帮带，年底完成基层武装部建设全面检查验收，全县10个乡镇（开发区）基层武装部整体建设有序推进，“三室一库”全部具备，“七有”标准基本配套完善。

（陈俩福、周丽华撰 吴南华审）

法治

政法委及综治

【概况】 2019年，中共云霄县委政法委坚持以习近平新时代中国特色社会主义思想为指导，认真贯彻落实习近平总书记对政法工作重要指示批示和中央、省委、市委政法工作会议精神，增强“四个意识”、坚定“四个自信”、做到“两个维护”，坚持党对政法工作的绝对领导，坚持以人民为中心的发展思想，坚持稳中求进工作总基调，加快推进社会治理现代化，深入推进平安云霄、法治云霄和过硬队伍、智能化建设，为建设宜居宜业宜游的新云霄创造安全、稳定、公正、优质的社会环境。平安建设（综治工作）考评进入全市先进，下半年省平安“三率”（安全感满意率、平安建设知晓率、平安建设参与率）调查中，执法工作满意率99.31%，排名全省第一。

【“平安云霄”建设】 进一步坚持和发展新时代“枫桥经验”和“漳州110”精神，强化责任担当，营造浓厚氛围，深入推进平安建设考评体系、立体化防控体系、矛盾纠纷多元化解体系建设，助推平安创建更到位、法治教育更深入、治安环境更优化。2019年，云霄县制定下发《平安建设（综治工作）考核办法》，成功举办“平安云霄”献礼新中国成立70周年文艺晚会。投资建成前端600个视频监控探头安装及基础设施建设，整合社会视频监控探头。将各乡镇假烟巡查队纳入城乡社区网格治理“2+N”模式，形成独具云霄特色的“两员四队”模式，在全县9个乡镇、1个开发区、195个村居全面铺开。完成171个警务室（警务工作站）建设使用和195名“一村一辅警（打假专员）”的招聘、培训、履职工作。选派政法干警到全县154所中小学校、公办幼儿园担任法制副校长，协助加强校园安全防范工作。全县排查化解各类矛盾纠纷328件，调解成功328，调解率、调处成功率100%。年度平安建设（综治工作）考评进入全市先进，下半年省平安“三率”执法工作满意率高达99.31%，排名全省第一。

（黄锦章撰　何加旺审）

【维护社会稳定】 围绕市委、市政府维稳工作部署，精心组织、多措并举，扎实推进打击暴力犯罪、打击黄赌毒盗抢骗、打击网络造谣传谣、依法化解信访积案、整治交通安全隐患、铲除消防安全隐患等“六大专项行动”，继续推行“重兵防范、精兵破案”和全面升级“云霄110”勤务警务模式，深入开展“破小案、保民生”等专项行动，全面排查打击各类违法犯罪活动，实现压发案、多破案，社会治安持续好转。2019年，全县立刑事案件1659起，破案612起，破案率36.89%；发生命案2起，破2起，破案率100%，并破获1起命案积案。破获毒品案件14起，抓获毒品犯罪嫌疑人15名，收缴各类毒品56.3克，查获吸毒人员93人次。立电信诈骗案件195起，破案44起，破案率22.6%，抓获电信诈骗犯罪嫌疑人36名。立涉假刑事案件337起，破156起，刑拘175人，逮捕72人，起诉146人；查处涉假行政案件178起，抓获违法犯罪嫌疑人 216 人，全县继续保持烟机、炒丝场“零查获”。查处交通违法行为 70465 起。法院受理各类案件 5310 件，办结 4823 件，结案率 90.82%；审结刑事案件 302 件 413 人、民商事案件 2944 件、非诉行政案件 133 件。检察机关批捕各类刑事犯罪 214 件 276 人，提起公诉 328 件 478 人。

（黄锦章撰　何加旺审）

【扫黑除恶专项斗争】　严格按照中央决策和省委省政府、市委市政府部署要求，扎实推进扫黑除恶专项斗争，全县打掉涉黑组织 1 个、涉恶集团 2 个、涉恶团伙 3 个，审结宣判恶势力犯罪集团 1 件 18 人和恶势力团伙案件 4 件 7 人，被漳州市扫黑除恶专项斗争领导小组评为 2018 年度先进单位。

（方亦斌撰　何加旺审）

【依法监督协调】　2019 年，云霄县委政法委组织力量开展案件评查活动，坚持客观公正原则，通过阅卷、走访、评议等方式，对执法办案的过程、结果、依据、效果进行评查，从选案到评查坚持高标准严要求，评查质量较高，获得上级部门的肯定。建立案件评查人才库，从政法机关法、检、公“三家”各推荐 3 名政治思想觉悟高、业务能力强的政法干警为县委政法委案件评查人才库成员，组织对赴省进京重点案件、群众重复访案件进行集中评查或政法机关交叉评查。2019 年，评查 15 起案件；依法登记涉法涉诉信访案件 12 件，办结 12 件，办结率 100%；办理审批县法院、检察院、公安局、司法局提出申请的国家司法救助案件 19 起 19 人，发放国家司法专项资金 40.2 万元，为缓解受害人的燃眉之急，稳定化解平息矛盾纠纷起到积极的作用。

（吴海金撰　何加旺核审）

公 安

【概况】　2019 年，云霄县公安机关在县委、县政府和上级公安机关的领导下，以中华人民共和国成立 70 周年大庆安保维稳工作为主线，做优风险防控、数据应用、警务勤务、正向激励“四大机制”，切实履行好维护国家政治安全和社会稳定的职责使命，当好护航全县经济社会实现高质量发展落实赶超的先锋队。2019 年，立刑事案件 1659 起，同比下降 1.96%；破案 620 起，同比上升 23%；破案率 37.4%，同比上升 7.6%。发生命案 2 起，破 2 起，破案率 100%，并破获 1 起命案积案。抓获各类犯罪嫌疑人 633 名；查处各类行政案件 963 起，查处违法人员 488 人。

【治安管理】　严格执行上级有关新中国成立 70 周年大庆安保等工作部署，坚持把维稳安保工作列为首要政治任务，从严从实从细加强社会安全管控，完成大庆安保工作，确保全县社会治安持续安定、稳定。

有针对性地加强和改进行业场所管理，落实主体责任，完善管理制度，对辖区物流寄递企业、（宾）旅馆业、危爆业、娱乐场所等重点行业开展滚动式、地毯式清查，全面收紧社会面管控，形成严打严防严管高压态势。2019 年，检查（宾）旅馆业 328 家次，危爆业 22 家次，娱乐场所 112 家次。

加强重点物品管控，摸排出生产、经营、储存使用易制爆危险化学品单位 1 家，查获违规存放烟花 2 件、爆竹 79 箱 8 片，收缴汽枪 1 支、火药枪 4 支、仿真枪 0 支、子弹 540 发、乳化炸药 1366 公斤、雷管 6030 枚、黑火药 0.25 公斤、管制刀具 0 把、弓弩 2 把，查处涉枪涉爆案件 1 起。

整治治安突出问题。立赌博刑事案件 20 起，破获 20 起；查处赌博行政案件 75 起，处罚 260 人。立涉黄刑事案件 14 起，破获 13 起；查处涉黄行政案件 10 起，处罚 13 人。

立涉假刑事案件 337 起，破 156 起，刑拘 175 人，取保 42 人，逮捕 72 人，起诉 146 人；查处涉假行政案件 178 起，抓获违法犯罪嫌疑人 216 人。

不断健全矛盾纠纷排查化解处置机制，全面提升矛盾纠纷调处能力和水平，化解各类矛盾纠纷 692 起次；化解信访件 89 件，其中涉警隐患 2 件，省厅、市局下发信访积案 13 件。查处非正常上访 3 起 4 人。

“雪亮工程”建设在县委、县政府主要领导重视和支持下投资 1700 多万元，围绕“全域覆盖、全网共享、全时可用、全程可控”的总目标，深化基础建设。

【打击刑事犯罪】　2019 年，云霄县立各类刑事案件1659起，破获各类刑事案件620起，破案率37.37%；立八大类案件41起，破39起，破案率95.12%。破获涉黑恶案件77起，抓获涉黑恶犯罪嫌疑人166人。立多发性侵财案件1106起，破案364起，破案率32.91%；立电信诈骗案件195起，破案44起，同比上升18.9%，破案率22.56%；抓获电信诈骗犯罪嫌疑人36名，同比上升74.1%。年内发生2起涉拐案件，涉拐案件处理打击数为0。抓获各类逃犯357人，其中抓获本地历年逃犯31人，外省市逃犯189人。

【监所管理】 2019年，监所开展规范执法管理夺标竞赛活动，落实安全管理制度，规范执法勤务，规范监所功能区域划分，监所监控、高压电网、信息系统和囚车等关系监所安全的设施配备齐全，武警监门哨上哨率100%。深化监管信息系统应用，保证系统数据及时、准确、完整，实现台账电子化，实现执法流程网上管理，逐步实现监所管理手段信息化推进监所医疗卫生建设规范化。按照《公安部关于进一步加强和改革公安监管工作的意见》要求，进一步配足监所警力，所内实行队建管理，按照专业分工，设立管教、巡控、综合保障等3个中队，科学调整警务部署，把更多的警力推向监区，推向管教、巡控等一线岗位，强化民警直接管理和面对面管控工作。建立和完善监所安全防范、预警、应急处理的长效机制，根据在押人员违法犯罪信息、动态表现、民警工作质量、制度落实情况，监所设施状况等信息的分析研判，对重点监管对象、重点部位、重点时段，提出事故预警，并采取措施，及时整改隐患。

【人口管理】 开展标准地址二维码管理工作，截至2019年12月31日，全县有总人口44.1万人，总户数10.7万户，清理核实地址212154条，停用不规范重复地址20780条，安装二维码门牌202369个，标注地址数204697个，访查房屋数189770个，采集实有人口信息171711人。

全面开展异地身份证受理工作，建立居民身份证异地受理、挂失申报和丢失招领制度。设立居民身份证异地受理点13个，设立户籍窗口居民身份证挂失、招领点13个，方便群众异地换领、补领居民身份证和就近办理居民身份证挂失申报、丢失招领。

积极推行居住证制度管理外来人口，投入25万元居住证专项经费，成立4个居住证受理窗口，办理全县流动人口的居住证制证业务。登记暂住人口33484人，受理居住证制证业务113笔，审核通过发证81张。

【出入境与往来港澳台管理】 在严格把关的基础上，进一步放宽出国（境）与往来港澳台条件，简化手续，为出国（境）与往来港澳台人员提供便利。2019年批准出国（境）与往来港澳台15560人次（其中：批准公民因私出国5815人次、往来港澳台地区9745人次），自助签注机受理530人次。努力实现“底数清、管得住、服务好”的综合工作目标，全面加大境外人员管理力度，狠抓基层派出所和涉外宾（旅）馆的住宿登记管理工作，指导做好境外人员临时住宿登记管理工作，确保境外人员纳入实有人口管理，在全县范围内开展清查“三非”外国人专项行动，深入KTV、工地、出租房屋等场所开展“三非”外国人清查，取得良好成效，查获“三非”人员69名，办理涉外案事件23起，遣送出境49名。深入开展“放管服”改革，围绕审批服务便民化的改革要求，积极推行周末办证、网上办证、自助办证、“政证快”等便民服务措施，4月1日落实“全国通办政策”。积极走访台商台资企业，与台商座谈，了解台胞工作生活情况和需求，推行台胞证社会化便利使用，为台湾居民办理业务23人次。

【道路交通管理】 2019年，云霄辖区发生一般以上道路交通事故65起，造成29人死亡、62人受伤，直接经济损失11520元，与上年同期相比，起数下降14.47%，死亡人数持平，受伤人数下降1.59%，直接经济损失下降71.02%，四项指数三降一持平，未发生一次死亡3人以上道路交通事故。

定期联合建设、交通、公路、农机、安监、城管等部门，会同各乡镇、开发区，深入开展隐患排查整治行动，排查辖区国省道、县乡主干道、景区道路、事故多发路段、长坡陡坡路段、临水临崖危险路段等重点路段的安全设施缺失，视线不良、路况不佳等事故“黑点”和隐患，及时推进隐患整治，2019年，投入资金340多万元完成9处列入省市为民办实事项目的隐患路段整治项目的整改工作。

加强源头管理，强化重点客货运企业、重点车辆、重点驾驶人“户籍化”精细管理和服务，严格排查企业安全管理制度、运输车辆及驾驶人安全隐患，及时监督、敦促落实整改。2019年，深入重点企业286家次，发文敦促企业落实逾期未年检、违反凌晨禁行规定、超速等行为整改工作14次。同时建立隐患车辆及驾驶人专门档案，逐一走访排查，见车见人，敦促车主及时办理相关业务。

积极开展安全宣传，以“文明交通行动计划”为载体，在充分利用电视、电台、报纸等新闻媒体宣传优势的基础上，拓展微信、微博、手机短信平台等新媒体宣传渠道，组织乡镇劝导队伍、文明交通志愿者，发送宣传短信55万多条，发送微信、户外大屏幕信息1000多条次，悬挂横幅标语426条次，举办交通安全讲座186课次，组织开展集中宣传活动22场次，形成强大的文明交通氛围。

加大交通秩序整治力度，成立执法小分队切实加强对重点时段、重点区域、重点道路、重点车辆、重点违法的巡查管控；早中晚高峰时段，对国道324线振云路口、国道324线动车站路口、九美桥下路口、将军大道金霞红绿灯路口、重点学校校园门口等易堵路口路段，常驻点执勤，疏导维护道路通行秩序。同时，扎实组织开展道路交通安全隐患综合整治大行动、工程运输（渣土车）专项整治、酒醉毒驾周末夜查整治行动、货运车辆通行秩序整治行动、“除隐患、防事故、保大庆”交通安全整治行动、“云剑”行动等各种道路交通安全专项整治行动以及逢五逢十和夜查集中行动，2019年，查处交通违法行为70465起。

【边防保卫】 以边防转改为契机，加快推动海防队伍转型升级和重塑重构，坚持实战导向，深化实战理念更新，推动能力素养提升，组织全员参加转改录警培训、警务实战技能训练，确保全警筑牢思想根基、适应岗位需求、提高素质本领。同时，围绕海防工作职责任务，创新工作举措，做实治安管控基础，牵头完成沿海防区勘查工作，持续开展沿海部位巡逻和监控视频巡查，初步建立“1+2+3”海防110工作机制，先后组织进行国省道交通严管联勤巡逻、“平安海域”、“净海”专项行动、打击走私、反偷渡、清理整治“三非”外国人、海上综合治理、“蓝天2019”等专项行动。严格落实出海船舶、人员信息备案制度，加强辖区内出海船舶、人员信息采集和动态监管。2019年，破刑事案件26起，查结行政案件161起，查获各类涉假案件32起，抓获公安机关在互联网上通缉的在逃人员20名；查处非法入境案1起、船舶案件2起，查获无合法手续成品油案2起58.59吨、非法加油点1处1.02吨。

【武警保卫】 武警云霄中队在2019年6月底解决目标单位会见室外围通道不封闭及AB门无立式辊闸门的硬隐患，积极协调县政府先后争取280万元“智慧磐石”工程建设经费，强力推进科技强勤建设。全年协助云霄县看守所完成10起武装押解勤务，累计出动兵力30人，押解68名监管羁押对象前往厦门同安监狱服刑，得到目标单位领导一致好评。

【禁毒工作】 深入开展“禁毒2019两打两控”暨“飓风肃毒2019”会战行动、涉麻制毒排查、堵源截流等专项行动。2019年，全县破获毒品案件14起，抓获毒品犯罪嫌疑人15名，查获吸毒人员93人次，缴获毒品56.3克。建立戒毒社区康复集中管理工作站1个，专职社工4名，至2019年底，全县被责令社区戒毒康复人员16名，戒毒社区康复执行率达到100%。严格各项审批程序，未发生企业易制毒化学品流失用于制造毒品的现象。同时，积极开展切合实际、行之有效的宣传教育，在云陵镇宝楼社区建立禁毒品牌社区，为全省第一个建立并投入使用的社区；在全县13所中小学校建立“林则徐”禁毒宣教室。通过开展中小学生禁毒书画、黑板报、征文比赛等形式，推动毒品预防教育进学校、进单位、进家庭、进场所、进社区、进农村，实现禁毒宣传全覆盖。

【网络安全管理】 逐步健全完善网络综合治理体系，不断强化网络安全保障，拓展网上警务工作，切实推进科技强警，不断提升实战能力，切实办理自侦、配侦等各类行政、刑事案件，全面掌握云霄县互联网网络动态，确保网络工作的安全稳定。

加强对网吧安全的管理，认真落实网吧上网实名登记制度，坚决查处未按规定登记上网及不制止吸烟等违法行为，2019年，处罚违规网吧5家，确保在平时实名登记率达95%以上，重大活动安保实战、决战阶段达100%。完善网吧“平安通”“过滤王”的建设，提高网络安全监察管理能力。全县网吧全部安装“平安通”视频监控系统和“过滤王”安全管理软件，并督促各网吧安装人脸识别系统，辖区10家网吧全部安装人脸识别系统。

加强网络安全执法检查，2019年检查涉网单位74家次，责令限期整改6家次，查处云霄县云顶温泉大酒店未按规定采取网络安全保护技术措施案，查处全省首例VPN违法案件，得到上级部门的肯定，督促云霄县教育局、云霄县人民检察院、中核国电漳州能源有限公司的信息系统进行安全等级保护备案，有力地推动互联网服务单位的信息安全建设。

打击涉网违法犯罪，利用网侦手段抓获各类网上逃犯。2019年，移送起诉涉网刑事案件3起，判刑9人。办理刑事案件18起，治安行政案件15起。自侦涉网案件18起，配侦涉网案件32起。利用网侦手段抓获各类网上逃犯11名（其中本地历年逃犯1名，本地上网逃犯2名），协助其他单位落地抓获网上逃犯12名。协助县局各办案单位侦破刑事案件107起，抓获73人。

【警务管理】 大胆探索创新警务辅助人员管理新模式，率先在全市实行岗位层级化、待遇差别化分级管理，有效拓展辅警职业发展空间；探索实施员额管理、职位管理等管辅举措，突出工作实绩考察，量化考核辅警队伍德、能、勤、绩、廉，实现用制度管人管事，提升辅警管理工作的制度化、规范化和法治化水平，营造“能者上”“庸者下”的良好生态。同时，稳步推进公安改革，2019年1月1日，揭牌成立云霄县公安局海防大队，完成35名边防干部转改人民警察的入编、职务确定、公务员登记、录警报批、职位职务职数设置等工作，原云霄县边防大队成建制转改至云霄县公安局。

（陈宝群、施周辉、张道洪、蔡雪捷撰 吴荣辉审）

检 察

【概况】 2019年，云霄县检察院在县委和上级检察院的正确领导下，坚持“讲政治、顾大局、谋发展、重自强”，认真履行各项检察职能，全力维护社会和谐稳定和公平正义，为建设宜居宜业宜游的新云霄提供有力的司法保障。全年获得国家级表彰1项，获得省级表彰1人次，在市级以上刊物发表理论调研文章36篇，其中国家级1篇，省级2篇，在市级征文活动中获奖1篇；发布宣传文章253篇，发布微信71期，信息获省市检察院采用33条。

【侦查监督】 依法打击各类刑事犯罪，批准（决定）逮捕各类刑事案件225件287人，不批准逮捕34件41人。加强对刑事侦查、审判和执行活动的监督，纠正侦查违法、监管违法10件，监督侦查机关立案11件、撤案1件。

【公诉工作】 全面履行公诉职能，全年受理审查起诉案件398件567人，提起公诉355件517人，不起诉20件35人，其中证据不足不起诉1件2人，情节轻微不起诉15件19人。追诉漏罪11起，追诉漏犯3人。依法提出抗诉3件，得到上级院的支持。

【扫黑除恶专项斗争】 深入推进扫黑除恶专项斗争，实行捕诉“一体化”机制，批捕黑恶势力犯罪案件6件9人，起诉5件36人。

【控告申诉检察】 受理来信来访218件（其中：来信153件、来访39件、来邮1件、来电25件），依法办理本院管辖案件200件，转其他有关部门办理18件。检察长及其他院领导参与接访值班67次，办理各级领导交办3件，办理国家司法救助案件4件4人，发放救助金8.7万元。

【民事行政检察】 办理各类民事、行政检察案件4件（其中：再审检察建议2件、民事执行监督1件、行政非诉执行1件），发出公益诉讼诉前检察建议17份。针对漳江、山美溪水资源受污染问题，联合生态环境部门开展“水清”专项行动，排查沿线企业22家，督促关停、处罚违法企业4家，关停不符合经营许可的农药销售点3处。针对云霄、常山部分自来水公司欠缴水资源费问题，建议行政主管部门按规定收取水资源费93.6万元。

【监所检察】 加强对刑事监管活动监督，依法保护在押人员合法权益，启动羁押必要性审查程序13件13人，发出1份检察建议书，获采纳；向县司法局发出6份《纠正违法通知书》，纠正社区服刑管理不到位6人。

【未成年刑事检察】 坚持从严打击侵害未成年人权益犯罪，批捕11人，起诉7人。对罪轻且有悔罪表现的未成年犯罪嫌疑人，不捕2人，不诉10人，帮教21人。认真落实“一号检察建议”，突出惩治性侵未成年人犯罪。实行院领导担任法治副校长制度，联合开展中学生校际模拟法庭进校园活动，举办“携手关爱、共护明天”检察开放日，多形式促进法治校园建设。

【生态资源检察】 认真履行生态检察“捕诉监防”职责，批捕生态领域犯罪案件1件1人，起诉7件9人。积极推行“专业化法律监督＋恢复性司法保护＋社会化综合治理”的生态检察模式，协调圆岭国有林场确定1000余亩山地作为异地生态修复示范基地，结合办案督促责任人修复林地50余亩。

（郑贤方、陈小燕、朱丽铭撰 张伟民审）

法 院

【概况】 2019年，云霄县人民法院受理各类案件5310件，办结4823件，结案率90.82%，员额法官人均办结155件。被县委、县政府荣记“集体三等功”，有3个集体、15名个人受到市级以上表彰。

【刑事审判】 审结刑事案件302件413人。纵深推进扫黑除恶专项斗争，审结社会关注的“涉恶”案件4件22人。对在全县范围内影响重大的“3·14”动车站涉恶犯罪集团强迫交易案公开宣判，以强迫交易罪判处张某某等18名被告人二年十个月至一年二个月不等有期徒刑，并处0.5万～2万元不等罚金。严厉打击危害公民生命财产安全、公共安全的犯罪案件，审结106件124人。依法打击扰乱市场经济秩序犯罪案件99件165人，其中“涉假”案件89件136人。加强少年审判工作，对5名未成年被告人适用非监禁刑。注重刑事附带民事案件调解工作，调撤刑事附带民事案件29件。

【民商审判】 坚持发展新时代“枫桥经验”，建立多元化解纠纷机制，审结民商事案件2944件，以调撤方式结案1384件。加强民生司法保障，妥善审结就业、医疗、住房等与民生关系密切领域的矛盾纠纷503件，维护群众合法权益。坚持劳资权益保障并重，完善劳动人事争议审裁衔接等机制，审结劳动争议案件125件。探索家事纠纷的专业化、社会化和人性化解决方式，修复家庭关系，促进社会和谐，审结婚姻家庭、继承等家事纠纷案件337件。支持生态保护，采用速裁方式调结10件涉红树林保护区“退养还湿”农业承包案件。落实“职业放贷人名录”制度，审结民间借贷案件871件，同比下降20%，有效遏制民间借贷纠纷高发态势。坚持金融创新与防范化解重大风险并重，审结金融借款、信用卡案件561件。

【行政审判】 坚持府院联动，监督行政机关依法行政，全年审查非诉行政案件133件。密切关注辖区行政案件在集中管辖法院的受理情况，协同做好行政纠纷化解工作，促使6起行政诉讼案件原告撤回起诉。

【执行工作】 全院执结案件1444件，同比上升29%。创新执行机制，制定《执行案件分段集约流程管理工作方案》，充分发挥执行指挥中心财产查控功能，加强对有财产可供执行和无财产可供执行案件的集约管理，实现执行各环节专业化、规范化。加大执行力度，开展“夏日风暴”“亮剑八闽”“涉民生”“涉金融”等专项执行行动，拘留53人，拍卖房产8处，扣押车辆4辆。以拒执罪移送公安机关立案侦查5件5人，判处3件3人。完善失信惩戒机制，通过失信惩戒系统发布失信被执行人名单1512例，借助有线电视、报纸、法院微信等媒体曝光失信被执行人181人次，为有关部门提供失信审查2000余人次。落实失信公职人员通报机制，开展失信公职人员案件专项清理行动，向25名失信公职人员所在单位及其人事主管部门发函通报，促使9名公职人员履行义务。

【司法为民】 全力推进诉讼服务

中心“升级版”建设，优化诉讼服务体系。在县委、县政府大力支持下，投入500万元建设独立诉讼服务中心并投入使用，新诉讼服务中心布局更加合理、功能更加齐全。完善司法便民工作机制，引入机器人导诉、文书自助填写平台和案件查询、诉讼指引等一体化自助服务终端，开通“12368”诉讼服务热线，为群众诉讼提供立案咨询、案件查询、材料收转等“一站式”多元司法服务。全年登记立案4705件，其中通过“微法院”跨域立案18件，当天立案率100%。落实司法救助措施，全年对11件经济困难案件当事人缓、减、免诉讼费1.08万元，为3名符合条件的特困刑事被害人、申请执行人发放救助金4.8万元。

【司法改革】 优化内设机构设置，推进综合配套改革。将原来15个机构精简为8个内设机构。全面落实司法责任制，加强审判团队建设，完善领导带头办案机制，院庭长承办案件4183件，占比86.73%。稳妥推进职务序列改革，完成员额法官、法官助理、书记员、司法警察职务套改。落实以审判为中心的刑事诉讼制度改革，完善庭前会议、非法证据排除、法庭调查三项规程，证人、鉴定人、侦查人员出庭作证4人次，为11名被告人指定法律援助律师，逐步实现刑事被告人辩护全覆盖。

【队伍建设】 强化党的政治建设，扎实开展“不忘初心、牢记使命”主题教育，认真查摆各方面存在的问题，细化整改内容，切实把全面从严治党、从严治院、从严管理的要求落到实处。加强基层党组织建设，完成支部换届选举。落实意识形态工作责任制，牢牢把握司法领域意识形态主导权、主动权。

强化司法能力建设，坚持需求导向，根据人员的岗位职责，组织干警参加各类业务培训和主题轮训84人次，有16篇调研文章被市级以上采用。

强化纪律作风建设，持之以恒正风肃纪反腐，认真学习贯彻党章党规、“两个准则”“四个条例”等，把铁规禁令转化为干警的行为规范和职业操守。坚持把纪律和规矩挺在前面，用足用好监督执纪“四种形态”，紧盯“关键少数”“关键岗位”，切实加强对法官的业内外监督。

【社会监督】 持续深化司法公开，全年公开裁判文书4251份，庭审直播398场。不断扩大司法参与，2019年新选任70名人民陪审员分别来自各行各业。完善人民陪审员参审机制，随机确定案件陪审员，陪审员参审普通程序案件708件，参审率达97%。主动接受各界监督，邀请参与调解、观摩庭审、见证执行30人次。

（方志伟撰 陈伯群审）

司法行政

【概况】 2019年是司法行政系统完成机构改革、开启新征程、推动新发展之年。司法局紧紧围绕县委县政府工作目标和上级司法行政系统工作部署，以推进公共法律服务体系建设为总抓手，以深化体制机制改革为动力，以全面从严治党为保证，积极作为、奋力争先，为宜居宜业宜游新云霄建设创造更加安全稳定的社会环境、公平正义的法治环境和优质高效的服务环境。

【法治宣传】 以“法治乡村”具体要求为指引，打造农村法治文化品牌。严格落实“谁执法谁普法”责任制，全县举办宪法讲座、学习会等72场次，“法律六进”活动291场次。深化法治乡村创建，全县“民主法治村（社区）”创建面达100%。

持续通过法治公园、走廊、广场等特色场所以及灯谜普法等形式，开展法治宣传教育活动，普法宣传载体多样化。将“三下乡”“法律六进”“宣传月”活动有机结合起来，做到法治宣传多样性和实效性。推进“互联网+普法宣传”工作，在普法微信公众号上推送“法治灯谜有奖竞猜”活动；挖掘村（社区）的民间文化资源，（社区）利用传统民间节日活动，加入法制宣传元素。云霄县灯谜老人张铁城，获得第三届“福建省十大法治人物”提名奖。2019年来，组织开展法治宣传教育活动41次，分送各种宣传材料5000多份，宪法1000多本。

【人民调解】 完善矛盾纠纷分析季度通报制度，深化公调、诉调、检调、访调对接，积极构建大调解格局。在派出所、法院（法庭）、信访局派驻调解室、调解员，派驻派出所调解室100%全覆盖。据统计，2019年排查调处各类矛盾纠纷达309件，其中，人民调解169

件，调处成功169件，调解率、调处成功率均为100%。

建立个人调解室，全县有“方国安调解室”“张顺龙调解室”两个金牌调解室，其中方国安被评为福建省人民调解先进个人，这对化解本地区重大复杂疑难社会矛盾纠纷、为当地党委政府排忧解难及创建“平安云霄”发挥积极作用。

全力做好2019年人民陪审员选任工作，由司法局牵头，联合县人民法院、县公安局研究制定《关于开展2019年度人民陪审员选任工作的实施方案》，并成立选任工作领导小组及下设办公室。2019年完成70名陪审员候选人的随机抽选、信息采集和初审工作，建立人民陪审员候选人信息库，收集陪审员候选人信息294条。

扎实推进人民调解与“110”非警务事项对接分流工作，于2019年7月1日正式启动对接分流机制，截至2019年底，“12348”法律服务平台接到3起市局平台流转的“110”非警务事项，其中2起调解成功，1起双方当事人自行协商，调解终结。

积极推进“两代表一委员”（党代表、人大代表、政协委员）调解室工作室的建设，依托下河乡调委会、云陵镇调委会，建立2个“两代表一委员”调解室工作室，吸收5名人大代表当调解员参与调解。

【社区矫正和安置帮教】 制定《社区矫正安全隐患大排查专项活动实施方案》，对在册的社区服刑人员开展“拉网式”“地毯式”全面排查。每逢重点时段和敏感时期，实行24小时值班值守工作制度和落实每日“零报告”制度，确保不发生社区服刑人员重大安全事故、不发生群体性事件，提高社区矫正维护安全稳定的能力。

2019年11月，云霄县检察院在司法局设立“社区矫正检察官办公室”，通过社区矫正信息互联互通平台，全面掌握社区服刑人员的基本情况，精准把握社区矫正管理动态，发现问题及时予以纠正，促进社区矫正工作依法、公正、有序进行，形成法律监督与社会监管的执法合力。

联合云霄县检察院设立“涉台社区矫正基地”，有效解决台籍人员在执行缓刑和社区矫正时却面临“在哪执行”“由谁监督”“怎么矫正”等问题。联合漳州监狱、云霄县检察院开展一系列刑罚执行一体化建设，保证刑罚执行一体化有效运转，提高社区服刑人员教育矫正质量。

切实加强对社区服刑人员的教育矫正和社会适应性帮扶工作，做实教育帮扶，促进社区服刑人员顺利回归并融入社会。每星期组织一次新入矫人员开展入矫教育，每月对即将解矫的对象进行解矫教育，利用“社矫在线”“学习强国”等手机App让矫正对象完成自学课时。做好社会适应性帮扶工作，对生活较困难的社区服刑人员，协调当地民政部门申请社会救助。2019年接受审前调查310起，累计接收社区服刑人员3106人，解除人员2541人。有在册人员523人，书面警告26人次，涉假人员占比67.92%。

组织开展刑满释放人员“大走访、大排查、大帮教”专项活动，对排查出的重点人员进行重点管控，落实专人进行“一对一”管理。全面落实重点刑释人员“必接必送”制度，做到刑满释放人员100%衔接到位。

健全刑满释放人员档案管理，每名刑满释放人员建立专门档案。积极与企业共同创建安置就业基地，培育安置基地，为刑满释放人员提供更多就业机会。2019年，在位于陈岱镇的漳州市龙威公司和位于列屿镇的漳州市华威电源科技有限公司成立安置帮教基地，为有就业需求的刑满释放人员提供劳动岗位和培训机会。

【法律援助】 健全法律援助工作制度，完善律师值班制度和办理法援案件奖励机制，在县公共法律服务中心、县人民法院、县人民检察院和县看守所设立援助律师值班。评选并表彰办理法援案件的先进单位1个，先进个人4名。2019年来，律师值班接待咨询72人次，其中30件转为法律援助案件办理。

建立健全法律援助便民服务站点，在全县各个乡（镇）、看守所、妇联、残联、检察院、法院、武装部等设立援助站，2019年建成法律援助站16个和“12348”法律服务热线。2019年受理法援案件204件（结案155件），受理咨询案件281件，办理公证法律帮助案件58件，认罪认罚法律帮助案件137件。

根据《福建省高级人民法院福建省司法厅印发关于在全省开展刑事案件律师辩护全覆盖试点工作的实施方案的通知》的要求，县司法局于2019年9月启动刑事律师辩护全覆盖试点工作，办理法律援助刑事案件50件，其中审判阶段19件，侦查阶段14件，审查起诉阶段17件。当事人直接申请12件。

加强“三大平台”业务融合，提升公共法律服务质量，全县基本建成县乡（镇）村三级公共法律服务中心、站、点实体平台。

【律师事务】 根据县委“大抓工业、抓大工业”的决策部署，制定出台《关于成立服务民营企业法律服务团的通知》《关于开展民营企业法治体检暨云霄县法律服务机构服务民营企业专项活动实施方案》，优化法治营商环境。全县5家律师事务所、1家法律服务所，31名法律服务人员参与民营企业法治体检暨“百家律所服务千家企业”活动，走访51家民营企业，梳理法律问题18条，提供法律意见45条，开展涉企法律宣传255次。

2019年，云霄县33名法律顾问在原来挂钩179个村（社区）的基础上，新增建发、渡头嘉园2个社区，实现全县181个村（社区）全覆盖。深入学习借鉴平和县霞寨镇“一村一法律顾问”经验做法，不断扩点扩面，建强乡镇“公共调解办公室”，拓展“一村一法律顾问”服务，定期派驻律师服务组提供各项法律服务。2019年来，法律顾问向挂点181个村（社区）提供服务562件。

【法制工作】 把机构改革作为2019年司法行政重要工作之一，蹄疾步稳推动落实各项改革任务，努力实现职能整合，确保工作不漏项、不拖延、不出错。在全面依法治县委员会的直接领导下，切实履行县委全面依法治县办职责，积极协助县委组织开展全面依法治县重大事项的研究，根据统一部署，牵头协调、指导推进、督促落实全面依法治县各项工作，组织召开全面依法治县委员会第一次会议，加强党对全面依法治县的集中统一领导，促进法治云霄建设迈入新阶段。

认真开展实施行政处罚法情况和推行行政执法“三项制度”工作情况调研，制定落实法治政府建设短板问题整改方案，受理行政应诉案件2起。按照《漳州市人民政府办公室关于做好生态环境保护规范性文件清理工作的通知》，组织有关单位对已经清理完成的规范性文件开展自查和清理“回头看”工作，清理涉及生态环境保护的规范性文件计13件，其中已废止1件，拟废止3件，继续有效9件。

（吴玮琼撰　汤毅民审）

群众团体

云霄县总工会

【组织建设】 2019年全县工会组织1646个，会员50657人。其中建会企业数1460家，会员34278人；机关建会186家，会员16379人。全年新建工会32家，其中非公企业工会21家；联合工会新覆盖81家；换届25家，其中非公企业5家，机关20家；新增会员1549人，其中非公企业1059人。执行《云霄县基层工会法人登记管理（暂行）办法》，2019年全县登记“工会法人资格”65家。

【劳模工作】 劳模推荐评选坚持由上而下布置工作，自下而上民主推荐，逐级审核的工作程序。2019年，获评省级“五一劳动奖章”1人。新建劳模工作室1家。全县8名市级以上劳模参加劳模读书班及疗休养活动。全年发放劳模“三金”（特殊困难帮扶金、低收入生活困难补助金、春节慰问金）、困难劳模慰问补助金、重阳节慰问金、体检补助金等33万元。

【维权工作】 建立职工群众来信来访信息通报、重大信访问题会审、定期（或不定期）互动研判、处理结果反馈、联合督查考评5项制度。职工维权热线“12351”24小时畅通。全年接待职工来访3人次。开展12·4全国法制宣传日活动，发放法律维权宣传资料1800多份，推动法律进乡镇、进社区、进企业。工会法律援助志愿者义务提供法律咨询40多人次。2019年全县新签工资集体协议、区域性工资集体协商和女职工专项协议46份。女工权益维护。举办维权和健康知识讲座，1752名女职工参加。参与安全生产事故调查处理2起，保障职工安全权益。

【技术革新服务】 举办职工技能提升培训班5期。开展“三抓三比、十项竞赛、百个项目大比拼”重点项目劳动竞赛活动，奖励参赛职工。组织5名职工参加漳州工匠选树工作。组织3家企业参加省“五小”（小革新、小发明、小创造、小设计、小建议）创新活动，获得1个二等奖，2个三等奖。

【劳动安全与劳动保护】 安全生产月活动发放资料1950余份，接待群众咨询90多人次。“安康杯”竞赛活动，全县275家企业、25141名职工参赛。推选企业参加省“安康杯”活动，其中漳州市烟草公司云霄分公司获省“安康杯”先进单位荣誉称号。

【关爱职工】 2019年“两节”送温暖活动慰问困难职工188人次，发放慰问金34.08万元；投入13.2万余元开展“关爱职工，夏送清凉”高温慰问活动。推进大病医疗互助活动，全县106个单位、7779人参加大病医疗互助。申请大病医疗互助金184人，获得互助金191377.88元。其中，大病补助10人，补助金28413.76元。女职工“关爱行动”。职工服务中心建档的困难女职工（包括女农民工46名）参加免费“两癌”检查，46名一线优秀女职工参加免费体检。

（汤进权、张雪萍撰　朱旭东审）

共青团云霄县委员会

【组织建设】 至2019年底，全

县基层团委33个，团总支12个，团支部393个，团干部363名。是年，结合各领域青年工作生活实际，通过开展各种类型的主题实践活动，重点推进“青年大学习”行动，成立“青年讲师团”，开设业余团校，开展青年代表宣讲、演讲比赛、主题征文等主题教育活动，建立健全“团建矩阵”融媒机制，推动“青年之家”“青年之声”“青年之友”等云平台与“青春云霄”微信公众号融合建设，提升团建品牌影响力。全年，全县建有11家“青年之家”，开展各具特色的服务项目和活动，搭建青年学习、交流、互动平台，更好地联系、服务、引导青年。

【青少年思想道德建设】 以纪念五四运动100周年、庆祝新中国成立70周年等重要节点为契机，深入开展“不忘初心跟党走”“礼赞新中国·青春心向党”“青年有信仰，奉献新时代”“青春心向党，建功新云霄”等主题教育活动202场，5350人次参与，发放预青宣传册、青春与法治同行倡议书、移风易俗倡议书、青少年法治知识笔记本、社工宣传册等材料累计5万余册。

【青年志愿者活动】 通过“志愿中国”服务平台规范青年志愿者注册与管理，组建共青团网宣员队伍65支，注册网络文明志愿者35018名，累计志愿服务时数29357.1小时。推广“共青团+社工+青年志愿者”模式，成立生态环保、政务礼仪、公益宣传、青春扶贫、应急救护等青年志愿服务团队，推动青年志愿服务常态化、专业化、阵地化、信息化发展。春运期间组织返乡大学生志愿者到动车站、汽车站等人流高峰场所服务，设立流动志愿服务岗制度，累计服务人数80000人次。云霄县好厝边志愿队被评为第十六届“福建青年五四奖章集体”，该志愿服务队负责人林炉生被共青团中央授予“全国向上向善好青年”称号。

【重点青少年群体关爱行动】 实施“向阳”社工项目，采用“社工+团干+社会组织+志愿者”联动模式，招募青少年事务社工118名，为全县农村1500名留守儿童提供精准帮扶、心理抚慰、学业辅导、亲情陪伴、兴趣拓展等志愿服务（该项目被列入福建省十七个重点青少年群体社会工作项目）。持续推进精准扶贫青春建功行动，开展“希望工程圆梦计划”“公益夏令营”“七彩课堂”等公益行动，全年资助24名贫困学生，资助9.5万元。2018年6月至2019年7月，老游击队员钟梅英老人捐赠“特殊团费”4.1万元资助困难大学生。钟梅英老人先进事迹被《中国青年报》报道后，人民网、光明日报等多家媒体进行转载和宣传。开展“同在蓝天下，携手共成长”关爱服刑人员未成年子女活动，累计入户18次，帮助3位服刑人员子女办理户口。

【青少年法治工作】 深化青少年维权平台建设，云霄县人民检察院未检科被确立为省级“青少年维权岗”，云陵镇金霞社区被确立为市级“双零社区”试点单位。成立云霄县“青春与法治同行”宣讲团，全年开展夏令营、开学第一课等校园法治宣讲活动128场。深入开展毒品预防教育“五个专项活动”，招募禁毒青年志愿者9824名，开展禁毒宣传“进家庭”9470户。将军山学校获评“全国毒品预防教育示范学校”。强化五类重点青少年群体摸底排查工作，2019年全县范围内未发生后果严重且社会影响恶劣的青少年犯罪。

【青年就业创业指导服务】 积极引导青年企业申报漳州市青年英才优秀创业项目，“互联网+邂逅花香茶叙”项目被评为“漳州市2019年度青年英才优秀创业项目”，获得15万元资金资助。深化“银团合作”，联合县农信联社、县人行等金融机构，建立云霄县金融青年产业扶贫示范基地，推出“普惠金融·青创卡”，加大对青年创业的金融支持力度。鼓励“返乡创业”，招募138名云霄籍在校大学生到机关单位开展暑期社会实践活动，组织50余名在外大学生赴重点项目参观学习。联合相关单位举办18场公务员、教师招考、就业职位报考专题公益讲座，帮助大学生、城镇待业青年和返乡农民工实现就业或再就业。

【少先队工作】 以纪念少先队建队70周年为契机，开展“争做新时代好队员”主题队日活动。组织少先队员观看庆祝中华人民共和国成立70周年大会、阅兵和群众游行电视转播，聆听习近平总书记在庆祝中华人民共和国成立70周年大会上的重要讲话。组织全县少先队大队集中开展“习爷爷教导记心中”国旗下讲话活动。联合县教育局、县妇联、县少工委举办“礼赞新中国，童心永向党”争做新时代好队员暨2019年庆“六一”少儿才艺（校外教育）展演活动，教育引导广大少先队员用实际行动把红色基因一代代传下去，增强少先队员使命感。开展少先队基本知识和标志礼仪教育，帮助少先队员学习理解红领巾的深刻含义，普及少先队标志礼仪规范，激发队员荣誉感。

【青年文明工作】 结合“青”字号品牌创建，强化典型示范。找准工作切入点，围绕县委县政府工作重点，深入开展省、市级青年文明号、共青团优质服务示范岗、青年安全生产示范岗争创活动，引领青年谋事创业勇担当。云霄县公安局城关派出所、中国联通云霄分公司云漳路营业厅等单位先后通过省级青年文明号创建考评。“云霄县工业项目服务保障队青年突击队”“漳州核电一号机组开工建设青年突击队”“云霄县供电公司青年突击队”等入选漳州市“大抓工业，抓大工业”青年突击队名单。

（陈晶、吴金生撰 方洪伟审）

云霄县妇女联合会

【组织建设】 2019年全县有9个乡镇1个经济开发区妇联，县直各大口机关妇委会9个，195个村（社区）妇联。全县90%以上的基层妇联组织成为班子协作好、阵地建设好、制度落实好、带领致富好、服务群众好、培育典型好的先进妇女组织。全县158个村37个社区全部创建“妇女之家”，设置9个县级“妇女微家”示范点，成立3个“四新”（新领域、新业态、新阶层、新群体）组织妇委会。

【云霄县妇女第十五次代表大会】

12月31日下午，召开云霄县妇女第十五次代表大会。大会选举产生云霄县妇联第十五届执行委员会。该届执行委员会委员33名，配备专职副主席2名，挂职副主席1名，兼职副主席1名。

【国际劳动妇女节活动】 县妇联举行“倾情礼赞新中国·巾帼奋进新时代”庆“三八”文艺演出。妇联干部、爱心人士、社区群众及演出人员共300多人参加。在云霄县妇女儿童活动中心举行云霄县女书画家协会成立大会暨“倾情礼赞新中国·巾帼奋进新时代”书画作品展。开展“巾帼暖人心·普法维权在身边 ”三八维权月法律志愿宣传活动。分发宣传资料2000余份，提供法律咨询500余人次。3月28日下午，在云霄职校开展“平安进校园，法制伴我行”志愿宣传教育活动，分发宣传材料1000余份。

【妇女儿童活动中心】 继续加强“漳江情深·巾帼圆梦”公共服务体系建设，围绕培育和践行社会主义核心价值观，举办妇女文化提高、农村实用技术、声乐素养、书画等培训，1450人次参加。以家长学校和亲子馆为平台，举办家庭教育公益讲堂3期、幸福婚姻讲堂2期，亲子主题活动9场，1000多名家长儿童受益。每周六晚，亲子国学班准时开讲，弘扬中华传统文化，促进家庭和谐幸福。

【妇女儿童权益维护】 全县各级妇女组织利用“三八”妇女维权周、“六一”国际儿童节、“12.4”法制宣传月，宣传妇女儿童权益保护法律法规。全年全县举办法律知识讲座6期，开展法律义务咨询活动13场次，受益群众5000多人次；接待来访35件，55人次，来信2件，来电25人次，信访处理率100%。

【巾帼建功】 围绕“巾帼心向党.建功新时代”主题，开展弘扬主旋律群众性宣传活动和新时代文明实践中心巾帼志愿服务活动。常态化推进寻找“最美家庭”、传承“好家风好家训”、好家风故事分享会等活动，深化家庭文明建设工作。推荐漳州绿州农业发展股份有限公司基地申报全国巾帼脱贫农业示范基地，基地负责人林婕被全国妇联授予全国巾帼建功标兵荣誉称号。云霄县税务局第一税务分局（办税服务厅）和云霄县人民检察院未成年人刑事检察科被授予省级“巾帼文明岗”。福建友福百草园农业开发有限公司被省妇联授予福建省重点巾帼示范基地。落实《漳州市妇联开展“乡村振兴巾帼行动”实施方案》，发挥妇女组织在实施乡村振兴中独特作用和妇女半边天作用，树立下河乡妇联、内龙村妇联、外龙村妇联等示范典型，因地制宜，发挥各种资源优势，创造性地开展工作。内龙村返乡青年林炉生发起“好厝边”计划，得到市妇联肯定与推广，制定《关于开展漳州市“好厝边”基层妇女组织助力乡村振兴计划的实施方案》。5月29日，漳州市妇联在云霄县召开全市基层妇女组织助力乡村振兴现场会。

（吴素霞、蔡敏芳、林丽敏撰 陈燕瑜审）

云霄县科学技术协会

【概况】 2019年，云霄县科协加强协调、形成合力，组织各成员单位和基层科协开展科技活动周、全国科普日、节能减排、环境保护、防灾减灾等科普宣传活动，被中国科协授予“全国科普日”活动优秀组织单位。落实福建省“基层科普行动计划”，培育一批优秀农村科普示范基地、科普示范社区。其中，和平乡东方村、东厦镇荷西村、埭洋村被评为2019年市级科普示范村，云霄县海峡两岸茶业交流协会被评为2019年市级示范农技协。2019年8月1日，云霄县被评选为第二批2016—2020年度福建省科普示范县。

【院士工作站建设】 建立健全院士工作站工作机制，从政策、经费、服务等方面支持工作站建设，引进中国工程院院士李天来、郑绵平等高端人才团队入驻漳州绿州农业发展股份有限公司、漳州唯冠新能源科技有限公司院士专家工作站。福建省6·18海交会上，两家企业院士专家工作站获省科协授牌，至2019年底，云霄县建立省级院士专家工作站7家。

【学会服务站建设】 联合组织部人才办，及时与省科协学会部联系对接，促成企业与省级学会（协会）达成合作协议，组建学会服务站。2019年，完成福建省沁之韵茶业有限公司、云霄县茶叶科学研究所、天泽业丰（漳州）电子科技有限公司、漳州市信茂科技有限公司、漳州市白石酿酒有限公司等5家学会服务站申报工作，其中天泽业丰（漳州）电子科技有限公司，漳州市白石酿酒有限公司获得省级学会服务站称号。

【基层科普】 20万元专项资金资助4个村的科普中国乡村e站、金霞社区工作室及海峡两岸茶业交流协会服务载体建设；35万元资助12个村完善科普宣传设施和云霄一中机器人工作室更新设备。举办科普宣传进社区进乡村10场次，发放科普挂图8期120套，科普宣传图书8500多册；在金霞社区举办“礼赞新时代，智慧新生活”科普宣传文艺会演，寓教于乐，提高社区群众科技常识和知识储备；在职校开展“礼赞共和国，追梦新时代”全国科技工作者日宣传活动，提高职校师生科学素养和科普意识；中秋节，举办科普常识灯谜竞猜活动。

【青少年科技教育】 指导云霄四中、五中学校创建校园科普示教育地，丰富科普宣传活动，加强校园科技教育。组织中、小学生参加国家、省、市青少年科技创新大赛，获得省级二、三等奖各四项、青少年机器人竞赛，获得省一等奖1个，二等奖1个，三等奖2个。与清华大学梦想学校团队联合举办“科学助力梦想”科技夏令营活动。

（吕淑莲撰 蓝锦辉审）

云霄县归国华侨联合会

【海外联谊】 热情接待到云霄寻根谒祖、参观考察、文化交流等活动的华人华侨。3月22日，燕翼宫开漳圣王文化（国际）交流会上，举行海外华人华侨开漳文化交流基地揭牌仪式，搭建海外联谊、文化交流新平台。2019年拜访、接待马来西亚、新加坡、菲律宾、澳大利亚等海外侨胞。

【公益活动】 慈善助力，爱心奖教奖学。1月16日下午，市侨联副主席携澳大利亚魏基成天籁列车义工黄兆邦在云霄特殊教育学校举行“澳洲魏基成天籁列车”助听器测试发放培训会，帮助11名特校听障儿童和1名贫困老年听力障碍者感受有声世界，提高生活质量。2019年爱国华人爱心捐赠10万元开展奖教奖学助学活动。

【侨益维护】 “侨法下乡”，宣传侨益。5月29日，到云霄经济开发区马山村开展侨法宣传活动，发放《福建省华侨权益保护条例》等涉侨宣传材料50多份。联系服务侨资企业。调查更新云霄现有的侨资企业名单，发出企业高层次人才需求情况表6份，调研了解侨企在发展中遇到的问题和企业高层次人才需求，规划好6家侨企的服务工作。

【基层组织建设】 “侨胞之家”建设。7月19日，省侨联基层建设部副部长一行到县侨联、县侨联民乐社和列屿镇侨联调研基层侨联“侨胞之家”建设。10月18日，市侨联主席一行到列屿镇侨联召开基层组织建设调研工作会，了解列屿镇侨情和基层侨联换届、经费及待遇等问题，要求基层侨联做好海外寻亲工作，加强与海外华人华侨联络联谊，深化海外人士的爱乡情、爱国情。

（林颖撰 高健审）

云霄县台湾同胞联谊会

【两岸联谊交流】 云霄县台联利用云台两地的历史文化渊源优势，发挥同乡联谊作用，以威惠庙和将军山陈政陵园等开漳圣王祖庙为主要窗口，做好联络联谊交流工作。2019年，接待岛内外寻根谒祖、探亲旅游、经贸考察台胞团体7批240多人次，许多台胞慷慨解囊捐赠支持公益事业。推荐在校台籍大学生参加两岸青年交流活动，组织撰写云台两地交流材料，做好对台宣传工作，树立云霄良好形象。

【台情调查研究】 2019年，继续在全县开展台情调查研究工作，完善台籍同胞档案资料；建立完善生活困难、重疾台胞档案，为做好台胞服务工作打下坚实基础。

【为台胞办实事】 2019年，云霄县台联帮助台胞争取困难补助、大病慰问资金近2万元，帮助台胞特困家庭争取上级部门助学专项资金2000元。推荐台籍学生参加全国、省台联举办的夏令营活动。实地走访台资企业，协调解决台商在发展中遇到的实际困难，协助做好后招商工作。

（方汉林撰 黄泽民审）

云霄县工商联

【参政议政】 围绕县委、县政府提出的建设宜居宜业宜游新云霄和“大抓工业、抓大工业”中心工作，以及非公有制经济人士普遍关心的热点、难点问题，开展调查研究，通过提案、大会发言、调研报告等方式参政议政。引导工商联界别人大代表和政协委员认真履行职责，抓住热点、难点问题认真撰写议案和提案，建言献策，推动全县经济和社会发展。2019年12月县“两会”期间，工商界别人士提交提案、议案45件，其中《关于加大力度推广云霄地理标志产品的建议》列入县政协重点督办件。

【助力经济发展】 组织民营企业参与点对点、产业链、专业化招商引资活动。先后走访厦门、泉州、福州、北京、深圳等异地商会，利用异地商会人脉资源和年会平台开展招商推介活动，助力招商引资工作。联合检察院、税务局、人行、银监办等五部门出台服务保障民营经济发展意见。联合司法局开展民营企业法治体检暨“法律服务团服务民营企业”专项活动，促成律所与民营企业“一对一”挂钩帮扶。

【社会公益】 持续推进“同心121”工程，继续引导非公有制经济组织和非公有制经济人士以“志愿服务+扶贫”等社会扶贫模式，深入开展“百企帮百村”活动。2019年总商会和各异地商会会员通过各种形式和途径捐赠财物近200万元，用于慰问、帮扶贫困户和贫困学生。其中，“同心121”工程慰问90户8.62万元；助学396人65.46万元。

（施得强撰 张仕旺审）

云霄县文学艺术界联合会

【概况】 县文联有作家协会、书法家协会、美术家协会、音乐家协会、舞蹈家协会、摄影家协会、戏剧家协会、影视家协会、民间艺术家协会、收藏家协会、楹联灯谜艺术家协会、花卉盆景艺术协会、酒类收藏协会、观赏石协会等14个协会。2019年，发展国家级会员7人、省级4人；主办、协办各类文艺活动140多场次。全县文艺工作者获奖或入选国家级、省级、市级文艺展览、赛事270多人次。

【文艺活动】 2019年，文联参

与承办庆祝中华人民共和国成立70周年歌咏大会、云霄县第八届青少年书画大赛。书法家协会到云陵、莆美、马铺、下河等地开展义务书写春联活动；举办庆元宵书法作品展；参加“庆祝中华人民共和国70华诞”暨“黄道周书法奖” 第二届老年大学学员书法大赛、“水乡韵 •闽南情”漳州书画摄影艺术精品陈列展、“与祖国同行——漳州庆祝中华人民共和国70华诞书画摄影作品展”。美术家协会开展“送培送教下乡”“名师送教下乡”等活动；参加黄道周文化书画作品展。摄影家协会完成原创MV《今天是你的生日，我的中国》拍摄及“2019形象中国•全国百家媒体聚焦花样漳州”（第三季）走进云霄新闻摄影采访，承办“我爱非遗”“献礼祖国70华诞•安全你我他”“壮丽七十年•奋斗新时代”主题摄影展。戏剧家协会编排《春满云霄》《开漳古郡声名扬》《锣鼓迎春》《四海同歌追盛德》《圣王颂》《渠水长流》《向东》等剧目，以及《懒汉娶妻》《歹人不通做》《拆迁》等小品节目，进行多场次宣传展演；开展非遗进农村进社区公益演出50场。舞蹈家协会全年参加文艺下乡演出活动15场，参与公益活动2场，到下河乡外龙小学开展“舞蹈带给你”公益活动。楹联灯谜协会举办“伟大改革、辉煌成就”“庆新春、传喜讯”“红心永向党，建功新时代”“共和国70载，家山美，日月新”“壮丽七十年，奋斗新时代”等专题灯谜晚会。收藏家协会组织“庆元宵、迎国庆”会员精品展览，展出书画、陶瓷、杂件等藏品180件；首次以民藏和官方博物馆联合办展模式举办“让文物回家”“紫砂情浓系桑梓——周福茂先生捐赠紫砂壶特展”等活动。

【采风交流】 书法家协会参加“庆祝新中国成立70周年——漳州市百名书画家描绘富美新漳州采风写生展览”、祥云墨韵—广州白云 •福建云霄两地书法联展。作家协会组织“茶王黄观音”“潮州古城文化”采风活动。美术家协会11位作者作品参加漳州市第十三届全国美展中国画选评、省美协“全国第十三届美展”漳州作品观摩会；前往列屿、火田等乡镇进行写生采风创作，参加第九届固闽台书画摄影艺术交流展、庆祝中华人民共和国成立70周年“人杰湘潭•地灵云霄”美术作品联展、“漳州市百名书画家描绘富美新漳州采风写生活动”及古田会议、井冈山等地“重走红色路”写生采风创作活动。音乐家协会“音乐走村”活动走进24个村。戏剧家协会潮剧《穆桂英》参加2019汕头潮剧艺术周优秀剧目展。楹联灯谜协会组织马铺乡村——百草园采风活动。民间文艺家协会开展携手百村行活动十二期，深入竹港溪门十三村调研，调查研究白石革命老区茶文化历史，考察调研峒屿后安郑成功军事堡垒。摄影家协会组织会员赴龙岩古田、江西井冈山参加“不忘初心 •重走红色路”写生采风行活动。收藏家协会组织会员赴湖南长沙参加全国性古玩交流活动，赴台湾参加“国际青瓷研讨会”暨学术交流，赴北京参加“庆祝国庆不忘先烈丰功伟绩，关爱遗属鼎立春风温暖工程”公益活动，参加龙岩市博物馆“上古之光”民间文物捐赠仪式。舞蹈家协会邀请上海金星歌舞团赵玲老师进行傣族舞蹈教学教研活动，30名基层舞协会员参加。观赏石协会参加“海峡两岸赏石文化交流展”。

【创作成果】 作家协会编撰、出版《漳江文学》第34、35期，出版《圣地茶香》《白石茶香浓》《庆祝建国七十周年》专辑；唐淑婷出版个人作品集《在一首诗里弹响你》；汤毓贤出版个人作品集《开漳圣王传》，编辑出版《燕翼宫开漳文化丛书》，发表《开拓南中国海的开漳圣王信仰》论文；蔡泗明、陈财顺、林娟、唐淑婷多篇诗作见刊。周莹洁散文《医人医国梦》2019年5月获福建中医药大学“中国梦主题征文比赛”二等奖；方章雄被闽南日报社评为“优秀通讯员”荣誉称号。书法家协会吴伟义书法作品入选首届“中国书法大厦杯”书法大奖赛。音乐家协会创作庆祝中华人民共和国成立70周年艺术歌曲《唱响云霄》、旅游歌曲《漫步云霄》、闽南歌曲《厝内安吉》，并拍摄MV。方锐栩获漳州市“水仙花”杯青年歌手赛三等奖。美术家协会吴华林、方慧生、胡杰辉作品入选省美协主办的全国第十三届美展福建省中国画、油画作品选拔展，蔡雪莹作品《追梦》入选第二届“邮驿路，运河情”全国美术作品展，方惠仁国画作品入选2019年首届“大美观音山”全国山水画作品展，陈贵生作品获第二届泾上丹青“全国中国画作品展”入会资格。摄影家协会吴晓达、吴叶青、陈伟伟、方惠莉、吴绍明、吴晨淮作品见刊《海峡摄影》；吴建云、李金文作品见刊《婚礼》，周先丽作品获“你好，世界”全球旅行摄影大赛第17期佳作奖，谢勤杰作品获第七届“爱海洋爱厦门”摄影大赛优秀奖、首届全国海洋滩涂摄影大展入围作品、入选中国农工民主党福建省委员会庆祝新中国成立70周年书画摄影展。戏剧家协会创作编排的大型潮剧现代戏《向东渠》获第七届福建艺术节六个奖项，剧目《金刀会》入选首届福建省民间职业剧团优秀剧目展并赴晋江展演；创作编排的大型潮州大锣鼓器乐合奏曲《向东颂》获漳州市九龙江杯器乐比赛第一名。林淑玲、何佳敏在福建省戏剧家协会举办的福建省第十四届水仙花戏剧比赛获个人表演二等奖。民间艺术家协会整理、出版《云霄民间文学》第六卷，蔡伟明获《中国民间传说大系·福建卷》编辑组先进个人奖。收藏家协会汤育智编写的《宋瓷新典--汝窑卷》《陶瓷撷英》两本书相继出版。舞蹈家协会方泽斌原创舞蹈《年华》入选漳州市首届水仙花杯原创舞蹈比赛。赵玲、林璐指导的舞蹈作品《水》获2019《我和我的祖国》漳州市九龙江杯群众文艺展演舞蹈类第三名。影视家协会拍摄《开漳圣王信俗》《全省科技先进县》《利剑出鞘扫黑恶》等专题片。影视作品《我爱你，中国》在“学习强国·百灵”播出、《平安云霄》MV被“学习强国”录用展播、快闪《我爱你，中国》被全国妇联官网采用，《林偕春》在省纪检委电教平台展播。

（高婧、何建新撰　何明坤审）

云霄县残疾人联合会

【概况】　全县各类残疾人约1.14万人，约占全县总人口2.53%，其中农村残疾人1.01万人，重度残疾人5828人，已脱贫精准扶贫残疾人对象1260人。

【残疾人证】　规范残疾人证核发管理，组织残疾人证核查注销工作，采取增加残疾评定医生和残疾等级评定相结合等工作方法，有序推进三代证换发工作，完成新证换发任务。完成全县约1.14万名持证残疾人基本服务状况和需求信息数据动态更新，为残疾人提供便捷高效信息化服务。

【扶残助残】　多次组织助残志愿者到特教学校、贫困残疾人家庭开展助残、慰问活动，两节期间慰问贫困残疾人249人次12.45万元。全面落实残疾人“两项补贴”制度，补助10590人次残疾人。落实残疾人最低生活保障各项政策，纳入低保残疾人2711人，纳入特困242人；为2440名重度残疾人购买新农合补充意外伤害保险。落实扶残助学政策，发放扶残助学补助253人次40.1万元，适学残疾学生义务教育入学率100%。落实“助残工程”项目，完成为民办实事项目“居家托养”240人次48万元、“扶持残疾人就业创业”76人次38万元（其中建档立卡贫困户57户）。持续推进“一户多残”补贴制度，惠及211户，发放残疾人死亡抚恤金139人13.9万元。补助10户贫困残疾人家庭无障碍改造5.5万元。

【康复服务】　全面实施残疾人精准康复服务行动，继续落实残疾儿童康复训练补助，残疾人基本型辅具适配补贴、残疾儿童人工耳蜗救助等普惠性制度，为152名残疾儿童提供康复救助补贴114万元，为109名残疾人提供辅具适配13.19万元，为5133名残疾人提供康复服务。规范残疾人康复服务，持续加大民办康复机构和项目监管力度。

【残疾人就业】　落实残保金企业年审工作和超比例安排残疾人等“1+6”扶持政策。核定按比例安排残疾人就业企业11家，就业残疾人41人，奖励超比例安排残疾人就业4.83万元，发放残疾人自主就业创业社会保险补贴86人次30.44万元。在县实验小学旧址承办“云霄县2019年新春招聘会”，向残疾人和企业宣传残疾人就业相关扶持政策，促进残疾人就业。

【文化体育】　举办“爱耳日”“全国助残日”“世界自闭症日”“残疾预防日”“残疾人健身周”等活动，营造扶残助残良好氛围。完善漳州市残疾人体育训练基地（云霄县少体校）建设，承办市残疾人体育后备人才集训营，积极推荐优秀运动员参加全国第十届残疾人运动会等赛事。

（张惜美撰　吴宏畴审）

云霄县红十字会

【博爱送万家】 开展“9·9”公益日“爱·过年”一起捐活动，为“红十字博爱送万家”活动筹集资金，基层组织、团体会员及志愿队324人次参与。春节前夕，自筹资金4.04万元慰问特困户101户，每户400元。接收省红会40份、市红会50份博爱物资，慰问困难户90户。

【人道救助】 “大病救助”关爱贫困患者。开展本级大病救助工作，2019年救助大病及特殊困难群众23人次4.6万元。帮助特殊病患困难家庭向上级红十字会申请救助。为24名少儿贫困患者申请2019年“福建省红十字会福万通少儿大病救助基金”，每人1万元；协助患者申请3例小天使基金和5例天使阳光基金。帮助3例患者获得“爱心助先心”基金共1.5万元的费用减免、1例患者获得地中海贫血爱心基金1万元的费用减免。“红十字助学”关爱贫困学子。2018—2019学年，发放红十字博爱工程基金“红十字助学”款1.7万元，资助17名品学兼优贫困学生每人1000元。

【应急救护】 深入企业开展急救员培训班2期，65名员工通过理论考试及心肺复苏、止血、包扎实操考试，获得红十字急救员证。在社区、中小学开展应急救护知识普及讲座9场，946名群众受益。

【“三献”工作】 12月19—20日，联合县卫计局组织基层红十字会、团体会员单位在人民公园开展无偿献血活动、造血干细胞宣传活动，199名会员成功献血，累计献血量5.77万毫升，其中登记捐献造血干细胞志愿者8人。5月26日，云霄县首例“渐冻人”在县中医院完成眼角膜无偿捐献。

（黄文娟撰　李晓杰审）

云霄县慈善总会

【慈善宣传】 2019年，云霄县慈善总会坚持县、乡、村三位一体工作格局，定期或不定期召开理事会和慈善工作联席会，报告慈善工作情况，提出具体工作要求，推动工作平稳开展。利用慈善网络平台，及时发布善款募集和各项救助活动情况，公布救助对象名单，不断提升慈善工作透明度，接受社会各界监督。

【资金募捐】 坚持自愿与担当相结合原则募集善款，采取四个同步做法：一是定向捐赠与非定向捐赠同步；二是定向捐赠与冠名捐赠同步；三是县总会募捐与乡、村（社区）募捐同步；四是社会募捐与单位募捐同步。通过这些措施，既尊重捐赠者意愿，又使善款募集趋向社会化、常态化，取得一定成效。截至2019年12月底，到位善款510.43万元。

【慈善救助】 完善报批程序和资金拨付手续，坚持原则性与灵活性、突出重点和顾及一般相结合，确保资金使用安全性和实效性。全年开展各项救助4481人次，拨付救助资金385.03万元（含定向）。

【节日慰问活动】 春节期间开展“慈善情暖千家”活动，慰问重病、困难单亲家庭以及乡镇、开发区确认符合慰问条件的其他类型特殊对象1372名，每户600元，发放慰问金82.32万元；“重阳节”期间，慰问2234名高龄老人，每人200元，发放慰问金44.68万元；“金秋助学”活动期间，资助299名品学兼优、家庭贫困的学生94.10万元。

（方添城撰　张志和审）

云霄县计划生育协会

【宣传教育】 举办纪念中国计划生育协会成立39周年系列活动，开展人口文化宣传教育。5月29日上午，县计生协会联合县委宣传部、卫健局等单位在云霄经济开发区马山村举行纪念中国计生协会成立39周年暨“红五月人口文化宣传服务”系列活动。此次活动义诊120多人次，指导群众科学种养30多人次，提供群众法律援助、计生政策和健康咨询100多人次，发放叶酸200盒、各种宣传材料和宣传品近4500份。29日晚上，县委宣传部牵头，县计生协会、卫健局等单位在马山村联合举办“共奋进建新功，喜庆新中国成立70周年”文艺晚会。演出现场，慰问云霄经济开发区计生二女户、独生子女户在读毕业班优秀学生20名8000元，开发区计生协会为25名女组长发放《0～3岁儿童早期发展指导——育儿宝典》。5月30日晚，县计生协会、卫健局联合在云陵镇云平路举办《展现计生协新作为，喜迎建国七十周年》专题灯谜晚会，宣传人口文化知识。

【生殖健康】 2019年，先后设立云霄和平中学（和平乡）、云霄五中（下河乡）、云霄四中（东厦镇）3个云霄县青春健康教育基地，举办青春健康主题活动8次，800多人中学生参加，在青少年学生中传播生殖健康、心理建设、生命安全等知识。县、乡计生协会组织健康讲座和义诊咨询服务52场次，服务人数5076人次，诊断病例1424例，在群众中普及生殖健康知识，倡导健康文明的生活方式。

【优生优育】 成立儿童早期发展项目指导中心，指导全县婴幼儿照护服务项目示范点科学、规范、有序开展工作。成立专家指导组，聘请5位婴幼儿养育医务专家，指导儿童早期发展项目工作。5月16日，云霄县计生协会联合县卫健局，在县妇幼保健院"云霄县儿童早期发展项目指导中心"启动仪式上举办知识讲座、赠送《育儿宝典》。6月21日，省计生协会陈奎副会长到指导中心检查指导，并举办儿童早期发展知识专题讲座，各乡镇专职副会长、秘书长以及部分乡镇女小组长，县专家指导组全体成员，县妇幼院孕妇学校部分准妈妈学员以及医务人员等100多人参加活动。10月，邀请县专家指导组深入各乡镇巡回开展儿童早期发展知识讲座，培训女小组长近千人次，发放《育儿宝典》1000本，推进儿童早期发展项目。

【关怀服务】 2019年春节期间送温暖行动慰问计生特殊家庭、计生手术并发症等计生困难家庭590户，发放慰问品、慰问金折合人民币33.9万元；慰问留守儿童、留守老人、流动人口118户5.9万元。金秋助学活动资助计生二女户、独女户家庭大学生18名5.5万元。其中省级助学3人，每人5000元；市级助学5人，每人4000元；县级助学10人，每人2000元。安居工程，省市县三级计生协会补助东厦镇船场村失独家庭周喜生建新房6万元。幸福工程，发放幸福工程款223万元，帮扶101户计生困难母亲发展生产，实现增产增收。计生意外险，宣传发动计生户9703户，投保金额110万元，保障计生群众生命财产安全。帮扶计生特殊家庭，投入资金5.28万元，帮助44户失独家庭走出困境。法律援助活动开展法律咨询服务2场，服务群众180多人次；县法律援助站累计为5户计生家庭提供法律援助。

（吴秀娟撰　汤慧云审）

关心下一代工作委员会

【思想教育】 会同县教育局在全县中、小学生中开展"腾飞中国·辉煌70年"主题教育活动。以县关工委正副主任和报告员为主阵容，以不离校报告员为辅助，采用分组分批在各中、小学宣讲28场次，8400多名学生参加。各中、小学利用校园广播、宣传橱窗、班级黑板报等平台，大力营造教育氛围，10800多人次青少年学生参与。

【奖学助学】 全县发放奖学助学金27万元。其中，发放初中、小学生奖学、助学金400人15万元；云霄一中，二中，陈岱中心校3所小学和中心幼儿园发放华侨陈东平奖学助学奖教金10万元；省关工委"福光助学金"资助贫困高中在校学生2万元。全县各级关工委发动亲帮亲、邻帮邻，开展民间互助、结对帮扶活动，筹集60余万元，资助900多名贫困学生。

【关爱帮扶】 建立农村留守儿童心理健康辅导队伍。聘请基层学校6名专职心理老师为辅导员，并颁发聘书。举办心理健康辅导培训班，由县关工委报告团副团长、国家二级心理咨询师罗金全同志作专题业务指导，研讨交流农村留守儿童现状，编印《云霄县农村留守儿童心理辅导讲义及课件》。开展农村留守儿童心理健康辅导。2019年先后在5所中学举办辅导讲座5场，近千名学生参加，促进农村留守儿童健康成长。

（蔡惠清撰　何天全审）

城乡建设与管理

规划与建设

【城区建设】 2019年云霄县计划实施民生基础设施补短板项目（九大工程和农村人居环境整治）122个，项目总投资73.17亿元，年度计划完成投资33.82亿元，其中城乡民生基础设施建设33.35亿元、农村人居环境整治0.47亿元。

全县计划实施37个交通畅通工程项目，其中续建项目4个，新建项目33个，计划新开工33个，年度计划完工26个。项目总投资29.04亿元，年度计划完成投资15.96亿元。

计划实施9个水环境治理工程项目，其中续建项目1个，新建项目8个，计划新开工8个，年度计划完工8个。项目总投资8.17亿元，年度计划完成投资4.17亿元。

全县计划实施12个供水安全工程项目，其中续建项目3个，新建项目9个，计划新开工9个，年度计划完工12个。项目总投资1.51亿元，年度计划完成投资1.35亿元。

全县计划实施15个防洪防涝工程项目，其中续建项目1个，新建项目14个，计划新开工14个，年度计划完工15个。项目总投资0.98亿元，年度计划完成投资0.98亿元。

全县计划实施7个城乡洁净工程项目，其中无续建项目，新建项目7个，计划新开工7个，年度计划完工7个。项目总投资0.33亿元，年度计划完成投资0.33亿元。

全县计划实施4个管网建设工程项目，其中续建项目1个，新建项目3个，计划新开工3个，年度计划完工2个。项目总投资0.62亿元，年度计划完成投资0.32亿元。

全县计划实施13个景观提升工程项目，其中续建项目2个，新建项目11个，计划新开工11个，年度计划完工10个。项目总投资6.5亿元，年度计划完成投资4亿元。

全县计划实施15个配套服务工程项目，其中续建项目11个，新建项目4个，计划新开工4个，年度计划完工13个。项目总投资25.4亿元，年度计划完成投资6.18亿元。

实施1个智慧城市工程项目，即城区地下综合管线、路灯普查及信息管理系统建设项目。该项目总投资450万元，拟对县城中心城区23.15平方公里地下综合管线即路灯（含供电线路）、电力、燃气、通讯管线（电信、移动、联通、监控、军用、广播电视等）及其他管线进行普查，并建立综合管理信息系统。项目普查总长度约1200公里，其中路灯（含供电线路）约300公里，其他管线900公里。

全县计划实施9个农村人居环境建设项目，其中新建项目9个，计划新开工9个，年度计划完工7个。项目总投资5.61亿元，年度计划完成投资4.71亿元。

（蔡祥伟撰　柳启生审）

【主要建设项目】 和田路（开漳大道至世坂路段）绿道工程址在开漳大道至世坂路段。建设道路两侧绿道总长3.6公里，宽4米。新建累计完成投资1100万元，县交通局建设，于2019年2月开工，2019年12月完工。

在建金霞路北段白改黑改造工程址在云陵镇。改造道路长3.4公里，宽24～26米，以及建设综合管线等。路基施工，部分路面沥青施工，新建当年累计完成投资7690万元，在建，云霄县兴云建设发展有限公司建设，2019年4月开工。

在建云漳大桥拓宽工程址在云陵镇。云漳大桥，桥长140米，宽12米，新建，当年累计完成投资4200万元，在建，已完成主桥下部结构，云霄县兴云建设发展有限公司建设，2019年1月开工。

在建莆政路提升改造工程址在云陵镇、莆美镇、云陵工业开发区。建设道路长6.4公里，宽28米，以及绿化提升、路灯改造，综合管线等路基防护、综合管线、搅拌桩、高架桥桩基、箱涵、挡土墙及下穿通道施工。续建在建，2019年累计完成投资23500万元，在建，云霄县房地产综合开发公司建设，2018年6月开工。

云霄南湖湿地生态园园区绿道工程（二期）址在莆美镇。建设道路两侧绿道长总8公里，宽3～10米。新建，累计完成投资2600万元，云霄县兴云建设发展有限公司建设，2019年3月开工，2019年10月完工。

云霄经济开发区污水主管网工程（一号泵站） 新建1号污水提升泵站（远期规模3.0万立方米每天，近期规模0.7万立方米每天）、2号污水提升泵站（远期规模4.50万立方米每天，近期规模1.0万立方米每天）、光电产业园至1号污水泵站污水重力主干管（DN400管长1104米，DN500管长2044米）；1号污水提升泵站至2号污水提升泵站间的污水压力管（DN600管长4453米）、云陵工业开发区污水主管（DN600共1001米）；2号污水提升泵站至列屿镇段的污水压力管（DN700管长4926米）；列屿镇至云霄经济开发区污水厂的污水重力管（DN1000管长2057米，DN1200管长1508米）。新建，2019年累计完成投资10200万元，云陵工业开发区管委会建设，2019年1月开工，2019年12月完工。

将军山公园环湖路绿道提升改造工程址在莆美镇将军山公园。建设两侧绿道总长3.2公里，宽度2.2～2.5米。新建，累计完成投资630万元，云霄县兴云建设发展有限公司建设，2019年3月开工，2019年10月完工。

提标改造城区江滨路、五板桥、高洋3处云霄县城区垃圾中转站，2019年累计完成投资660万元，云霄县城市管理局建设2019年3月开工，2019年12月完工。

云陵镇风吹岭水厂东侧公共停车场，新增公共停车位泊位25个。新建，2019年累计完成投资215万元，云霄县住房和城乡建设局2019年6月开工，2019年12月完工。

云霄县风吹岭水厂提升改造水厂6千吨、2万吨设施制水工艺、加药及自控系统，制水工艺及自动化生产设备提升改造，2019年累计完成投资440万元，云霄县住房和城乡建设局2019年5月开工，2019年12月完工。

云霄峰头水源工程向东渠渠身加固总长18.34千米；从古雷区域引水工程预留的火田镇溪口村岔管至云霄县自来水厂，管线全长6.487千米，采用管径1.2米，设计引水规模10万吨/天。新建，2019年累计完成投资9700万元，云霄县水利局建设，2018年2月开工，2019年12月完工。

（蔡祥伟撰　柳启生审）

【旧城改造】 城市棚户区改造与旧城改造工作相结合，顺利实施楼仔脚片区、渡头片区、复兴路东段片区、威惠庙片区、复兴东（旧实验小学）片区等五个旧城片区的改造建设，尚有下港片区处于征收签约中。

楼仔脚片区改造项目是云霄县第一个就地分层安置的旧城改造建设项目，2012年4月，云霄县用25天的时间完成该片区房屋征收工作，涉及征收土地面积22.2亩、征收房屋建筑面积2.9万平方米、动迁199户893人。该片区改造后建设安置房4幢375套（户），总建筑面积41240平方米，总投资2.5亿元，项目已竣工，现已完成回迁安置工作。

改造后的渡头片区建设十幢十五至十八层的安置房960套、149868平方米，总投资5.86亿元。配套建设江滨公园、幼儿园、农贸市场、大型停车场、周边道路等共用设施，供排水、道路、绿化等配套设施将更加完善。该项目完成回迁安置工作。

改造后的复兴路东段片区建设7幢15～18层的商住楼816套，总建筑面积12.5万平方米，总投资7.47亿元，配套建设大型商场、停车场等，建成交通便捷、配套完善、环境优美、宜居宜业的新城区。该项目竣工，并完成回迁安置工作。

威惠庙片区项目征迁占地面积约2.7万平方米，征迁房屋总建筑面积约8万平方米，涉及征迁群众及单位303户，项目计划总投资2.6亿元。易地安置房建设选址于云糖路西侧，建设安置房144套；就地建成安置房220套，被征收户即将回迁安置。

复兴东（旧实验小学）片区建设地点位于云霄县复兴路东段（旧实验小学）片区，涉及征迁范围总占地面积约36000.18平方米，其中一期46亩，涉及征迁户数约250户，计划总投资2.8亿元。异地安置房选址于威惠庙片区，建成安置房220套，被征收户即将回迁安置。

下港片区建设地点位于云霄县下港片区，项目涉及云陵镇下港社区、塘坪社区、大园社区、塘坪村四个社区征迁总占地面积约17万平方米，征迁户数约1200户，2019年10月，仅用61天时间完成签约户数1016户。安置房项目总用地面积106774.12平方米，总建筑面积455812.49平方米，其中地上建筑面积384111.75平方米，地下建筑面积71700.74平方米。主要建设文化商业街、商住楼、幼儿园、社区服务站、地下停车场、批发市场、零售商店、物业管理、社区管理用房等。可建安置房2200套及其配套设施。

【安置房建设项目】 莆美镇演武亭村民安置房建设项目总用地面积约4.11万平方米，建筑面积约14.69万平方米，总投资约7.1亿元，主要建设767套安置房及商业、农超市场、地下停车场、物业管理、社区管理用房等配套设施。

莆下村民安置房建设项目总用地面积约6.9万平方米，建筑面积约21.53万平方米，总投资约9亿元，主要建设安置房1098套及物业管理房、地下停车场、道路、绿化等配套设施。

（张文龙撰 柳启生审）

【村镇建设】 2019年云霄县10个美丽乡村建设任务，东厦镇湖坵村、浯田村，火田镇圆峰村、陈岱镇大山顶村、白礁村，下河乡石屏村、马铺乡枧河村、宝石村，和平乡西安村、安吉村，其中和平乡安吉村为省级美丽乡村示范村。2019年，10个美丽乡村累计拆除房前屋后临时搭盖18010平方米；完成整治95栋，整治建筑面积6971平方米；新建污水管网10600米；硬化村道长度12731米，面积35250平方米；新增绿化面积7920平方米；杆线整治69处。累计完成投资3380万元，占年度计划的104.3%。

（汤金泉撰 柳启生审）

【水环境治理工程】 2019年，全县计划实施9个项目，其中续建项目1个，新建项目8个，计划新开工8个，年度计划完工8个。项目总投资8.17亿元，年度计划完成投资4.17亿元。城市污水治理方面，其中污水管网新建改造，市下达任务15公里，累计完成11.3公里。旧城关北部片区污水工程—后汤小学周边管道工程开工建设，完成DN500毫米管网铺设500米；向北溪污水管道工程项目前期工作正在加快推进；云霄经济开发区污水主管网和干管工程2个项目开工建设。污水处理设施建设方面，下坂村污水一体化处理站工程已完工并处于运行阶段，设备日处理污水量400吨，极大地改善下坂村及周边生活污水排放标准。

村庄污水处理建设方面，至2019年底，云霄县9个乡镇和1个开发区基本完成污水治理任务，为进一步提升污水治理水平，云霄县将人口集聚、生态敏感位置的所有村庄生活污水治理全部纳入县污水处理设施及配套管网PPP项目。该项目拟建设206个污水处理站，1098.106公里污水管网，采用多级接触氧化工艺收集处理274个自然村生活污水，以实现尾水排放达到一级B以上的标准。该PPP项目由北京桑德环境工程有限公司中标，开工建设云陵镇、东厦镇、火田镇、下河乡、和平乡、马铺乡等6个乡镇下辖行政村的污水治理子项目，项目累计完成投资2.7亿元。

城区黑臭水体治理方面，2019年云霄县重点整治山美溪即南湖周边9个村黑臭水体，截至2019年12月底，莆美镇四莆（4个村）污水管道工程项目完工，敷设污水管道DN300～DN500毫米总长4558米。

【供水安全工程】 2019年，全县计划实施12个项目，其中续建项目3个，新建项目9个，计划新开工9个，年度计划完工12个。项目总投资1.51亿元，年度计划完成投资1.35亿元。供水管网新建改造方面，市下达任务15公里，累计完成13.6公里，包括新建8.3公里，改造5.3公里；其中云霄经济开发区农村饮水安全巩固提升工程项目完工，该项目从杜塘水库取水口新增球墨铸铁管至七星水厂，新增DN1000毫米引水管20米，DN800毫米引水管198米，DN600毫米引水管2111米，建设供水管网全长2.329公里；云霄县峰头水源工程敷设管道4公里（包括完成跨漳江管桥的桩基施工），并完成渠道c1、c2标段护坡防渗7公里和砼路面3公里；和田路（开漳大道至世坂路段）供水管网工程、莆政路提升改造供水管网工程2个项目完工，新建改造供水管网4.6公里。农村饮用水安全方面，东厦镇农村饮水安全巩固提升工程项目完工，完成白塔村、埭洋村、东崎村供水管网入户安装8公里。水源地保护方面，万里生态水系火田溪2公里河道整治完成。老旧水厂改造提升方面，云霄县风吹岭水厂提升改造项目已完工，主要改造水厂0.6万吨、2.4万吨制水设施、加药及自控系统。

【防洪防涝工程】 全县计划实施15个项目，其中续建项目1个，新建项目14个，计划新开工14个，年度计划完工15个。项目总投资0.98亿元，年度计划完成投资0.98亿元。雨水管网新建改造方面，市下达任务15公里，累计完成14.6公里。截至10月底，除火田镇凤竹水库道路改线雨水管道工程还未完工之外，其余6个项目均已完工。防洪设施建设建设方面，项目共计8个。截至10月底，除蔗港溪万里生态水系工程还未完工之外，其中7个项目均已完工。

（蔡祥伟撰　柳启生审）

市政公用事业

【城市道路】 全县实施37个交通畅通工程项目，其中续建项目4个，新建项目33个，计划新开工33个，年度计划完工26个。项目总投资29.04亿元，年度计划完成投资15.96亿元。

市政道路和管线基础设施配套提升，市下达任务为13公里，完成投资9.64亿元，深入实施云漳大桥拓宽、莆政路、国道G324线云霄城关段、金霞路北段、和田路（开漳大道至世坂路段）、将军山公园环湖路、云霄经济开发区食品工业园基础设施建设工程（一号路）、树洞横一路、莆美镇龙湖路等21个项目道路、桥梁及配套管网新建改造。城市桥梁建设方面，云漳大桥拓宽工程在进行桥面铺设。

城区宝溪路路灯建设工程、溪福路路灯改造工程2个项目，项目道路总长0.89公里，安装LED路灯52盏。

云霄县火车站公交接驳站楼项目建成；云霄汽车站、云霄公交站2个项目均开工建设；县生态示范路建设工程（国火线、东演线、新三线）、县农村公路安全生命防护工程、将军大道英济小学门口红绿灯工程项目完工。

城市公共停车场建设，市下达任务新增200个公共停车泊位，云霄县计划完成201个。其中风吹岭水厂东侧公共停车场项目新增公共停车泊位25个；南湖湿地生态园公共停车场部分新增公共停车泊位125个；东方明珠公共停车场项目建公共停车泊位51个。

完成将军山步道景观绿道、南湖湿地生态园绿道工程（二期）、和田路（开漳大道至世坂路段）绿道、将军山公园环湖路绿道项目建设，新增绿道16.4公里。2019年县城区道路总长187.4公里，道路总面积398.64万平方米，人均城市道路面积16.42平方米。

【道路改造主要项目】 云霄县莆政路提升改造工程建设地点：云陵镇、莆美镇、云霄经济开发区。建设道路长6.4公里，宽28米，以及绿化提升、路灯改造，综合管线等。

云霄县将军山公园环湖路景观提升改造工程　改造道路总长1.62公里，路宽7～5米。主要建设内容有道路、排水、强弱电、绿化工程等。其中沥青混凝土路面工程8473.16平方米，火烧板人行道1916.37平方米，铁艺栏杆71米，树穴16个。排水盲沟138米，DN300毫米PVC雨水管141.40米，高密度聚乙烯排水管390米，排水沟2554.55米，污水检查井13座。种植铁线蕨238.43平方米。管道预留1215.50米，手孔井53座。

云霄经济开发区回乡创业园道路工程（树洞横二路）东起益树大道，西至规划东辅路，全长为393米，道路红线宽度为16米，双向两车道布置，城市支路。

云陵工业开发区食品工业园基础设施建设工程（一号路）东起在建马山大道，全长为470.138米，道路红线宽度为16米，双向两车道布置，城市支路。

云霄县金霞路北段路面改造工程址在云陵镇。改造道路长3.4公里，宽24～26米，以及建设综合管线等。

云霄县丽江别墅西侧道路改造工程址在云陵镇。建设道路长350米，宽13米，以及建设综合管线等。

云漳大桥拓宽工程址在云陵镇。云漳大桥，桥长140米，宽12米。

和田路（开漳大道至世坂路段）道路建设工程起点位于火田镇郭浦村，终点位于下河乡世坂村沿线经过火田镇郭埔村、西林村、下楼村、下河乡上窑村、世坂村。建设道路长1.8公里，宽24米，以及综合管线等。

将军大道英济小学门口红绿灯工程位于主要村、学校路口人车流密集、车速过快，需在原有限速中心隔离栏、标志标线的基础上增设红绿灯，提高道路安全通行水平。

国道G324线云霄城关段改建工程项目总长6.4公里，按一级公路标准建设，路基宽度26～32米，双向六车道沥青砼路面。

将军大道拓宽改造工程址在云陵镇，建设道路长1.8公里，道路拓宽至40米，以及路面“白改黑”绿化改造提升，路灯改造，综合管线等。

云霄县莆美镇龙湖路建设工程建设道路总长5.807公里，其中主线路基宽度5米，路面宽4米，两侧土路肩各0.5米；支线路基宽度4米，路面宽3米，两侧土路肩各0.5米涵洞及安保防护工程等。

南湖湿地生态园园区绿道工程（二期）址在莆美镇。建设道路两侧绿道长总8公里，宽3～10米。

（蔡祥伟撰　柳启生审）

【园林绿化】 2019年，云霄县投资2.937亿元，重点实施将军山公园环湖路绿道提升改造工程建设两侧绿道总长3.2公里，宽度2.2～2.5米，将军山步道景观提升绿道工程（一期）建设登山步道两侧绿道总长1.6公里，宽度0.5米。南湖湿地生态园园区绿道工程（二期）建设道路两侧绿道长总8公里，宽3～10米。和田路（开漳大道至世坂路段）绿道工程建设道路两侧绿道总长3.6公里，宽4米。市政主干道行道树补植补种行道树52棵，修剪各类树木1200余棵。云霄南湖湿地生态园（二期）新建公园面积约47公顷，配套景观绿化及河道整治、湿地建设等，其中建设湿地面积约20公顷，绿地花海面积约13公顷。云霄党建文化广场，在云陵客运站南侧。项目总用地面积8259.48平方米，配套公交站亭1个，以及绿化、排水、照明等工程。新建北边道路，路长为126.92米，宽为12米；西边道路长126.92米，两侧各一条2.5米宽人行道，中间宽度7米沥青道路，面积为895.13平方米。

云霄县城有公园10个，公园绿地面积338.36公顷，人均公园绿地面积达13.94平方米。建成区绿地面积931.34公顷，建成区绿化覆盖面积1002.19公顷，建成区绿地率39.43%，建成区绿化覆盖率42.43%。2019年，将军山公园投入10万元新增体育健身器械运动场，配套运动器材10套，解决群众健身需求。投入6万多元，新增路灯20盏，全部更新LED路灯107盏及东大门夜景维护工程，解决群众晚间公园游玩照明不足的情况。投入6万多元，完善公园排水系统，新增排水管120米，解决水塘排水不畅问题。

（蔡祥伟、方毅群、何文辉撰　柳启生审）

【污水处理】 2019年，县城区污水处理厂污水处理总量达1220.38万吨，结合县城区路网建设和污水处理厂二期扩建，新增铺设污水管网15公里，分别为莆美四莆、金霞路北段、后汤村周边、云霄县南湖周边二期等污水管道工程。加强排水管沟渠清淤工作，完成排水管沟渠清淤6.2公里。组织人员清理县城主干道两侧排水口，避免垃圾和砂土堵塞排水口，确保排水畅通。加强县城排水基础设施维护工作，修复市政雨水、污水井盖255处，补装雨污井安全防坠网30张，确保群众出行安全。

（黄沛强撰　柳启生审）

【污水处理二期工程建设】 县城区污水处理厂二期扩建工程，新增2.5万吨/日处理规模，总规模达到5.0万吨/日，设计采用卡鲁赛尔氧化沟工艺，项目用地位于污水厂东侧，占地24000.12平方米，项目总投资3767万元，于2018年6月底完成一级A提标改造，出水稳定达到一级A排放标准。2018年9月开始商业运行。

（黄沛强撰　柳启生审）

【城市供水】　2019年实施风吹岭水厂提升改造、5个老旧小区二次供水设施改造、市政供水管网及二次供水在线监测系统建设等公共配套、为民办实事项目；完成新建和田路（开漳大道至世坂段）、云霄经济开发区回乡创业园道路、将军大道（金霞段）等道路供水管道12.39公里，改造莆政路、金霞路北段、丽江别墅两侧、国道G324线云霄城关段等道路供水管道21公里；成立县第二水厂建设指挥部，完成县第二自来水厂建设工程各项前期工作，全力推进重点项目建设进度。截至2019年底，云霄县城市供水总量1817.43万吨，供水总户数64050户，服务水压合格率达97%以上，水质综合合格率达98.5%以上。

（黄沛强撰　柳启生审）

建筑业

【建筑工程招标投标】　2019年云霄公共资源交易中心监管工程项目公开招标107项，公开邀请招标12项，共计119项（其中施工招标110项，监理招标5项，勘察设计招标4项）。公开招标项目（工程量清单计价）全部进入福建省公共资源交易系统房建和市政工程子系统进行电子交易，实施网上招标，投标人通过网络申请投标，取消现场报名，并网上下载资格审查文件及招标文件。对省内施工企业工程项目的中标信息，合同信息、人员变更信息进行备案、全面反映真实的招投标项目合同管理相关主要基本信息，提高招投标市场的诚信度，防止弄虚作假，净化招投标市场，使招投标工作更加透明。接受投诉事件2起，在规定时间内作出处理。

（方澄清撰　柳启生审）

【建筑工程监督管理】　2019年办理建设工程质量安全监督登记49件，建筑面积538930.78平方米，市政工程总长度44693.45米；全年组织开展197次“双随机”，发出整改通知书197份。引导工程项目争先创优，“云霄县半山御园二标段16～18号楼住宅工程”获福建省“闽江杯”优质工程奖和福建省建筑施工安全生产标准化优良项目；2019年度县住建局监管的“云霄县江辉路威惠庙片区棚户区改造项目”“云霄县莆美镇演武亭村村民安置房建设项目”“云霄县复兴路东段（旧实验小学）片区改造建设项目”“漳江口湿地生态系统野外科研基地”申报创建省标化工地和省优良项目。

（杨顺利撰　柳启生审）

【漳州市建筑安全文明施工标准化暨施工扬尘防治现场观摩会】

2019年6月28日，全市建筑安全文明施工标准化暨施工扬尘防治现场观摩会在云霄县“复兴路东段（旧实验小学）片区改造建设项目”举办，市住建局各相关科室、各县住建局同行、全市二级以上（含二级）企业代表以及云霄县各在建工地项目经理、技术负责人、总监共计800多人参加观摩活动。

（杨顺利撰　柳启生审）

房地产业

【房地产建设情况】　2019年度全县房地产企业新增4家，共计37家。房地产开发项目在建工程9个，建筑面积约122.13万平方米，新开工面积约20万平方米。

建发“半山御园”项目总建筑面积26.15万平方米，分两期建设。第二期项目由福建兆福房地产有限公司开发、福建省泷澄建设集团有限公司承建，建设商住楼676套，层高98米，于2019年12月竣工交付使用。

华天福满家园项目建设商住楼745套，层高53.8米，总建筑面积11.6866万平方米。于2019年1月18日办理预售许可证并开盘预售。

圣城一号项目建设商住楼314套，层高54米，总建筑面积5.69万平方米，于2019年11月26日办理预售许可证并开盘预（销）售。

亚琦·云霄万贸中心项目于2019年7月19日由漳州亚琦置业有限公司开发，福建省沅冶建设工程有限公司、福建省胜鸿建设发展有限公司、福建国荣建设工程有限公司和福建省翔成建筑有限公司4家共同承建。该项目分三期建设，其中多层商铺2178套，层高14.7米，高层区域1500套，层高102.2米，总建筑面积约为45.71

万平方米。其中多层商铺区域于2019年7月19日办理预售许可证并开盘销售。

（张文龙撰 柳启生审）

【房地产市场】 2019年1—12月，批准商品房预售面积28.98万平方米，商品住房预售套数1078套。云霄县新建商品房销售2494套，面积25.03万平方米，同比增长-30.58%。二手房交易1741套，面积22.11万平方米，同比增长-10.99%。

（张文龙撰 柳启生审）

【直营公房经营管理】 2019年租金总收入158.27万元，其中直管公房租金收入1.40万元，公租房（廉租房）租金收入156.87万元。

（张文龙撰 柳启生审）

【住房保障】 2019年漳州市住房保障工作目标分解云霄县为国有垦区危旧房屋改造新开工26套（户）、年度基本建成23套，城市棚户区新开工780套，年度发放租赁补贴100户。是年，云霄县和平农场新开工垦区危旧房改造26套（户），总投资423万元，年度计划投资423万元，该项目为农户分散自建，于2018年11月陆续开工，2019年11月底完成竣工验收，具体由农业部门负责。

云霄县莆美镇演武亭村村民安置房建设项目新开工780套，建筑面积148435.50平方米，总投资71000万元，该项目于2018年11月提前开工，2019年完成桩基检测及4号、6号、7号楼地下室砖胎模施工，1号、3号楼土方开挖完成80%，基坑支护总体完成60%。2019年，云霄县计划发放租赁补贴100户，于2019年7月1—31日启动受理申请，受理151户，经审核符合条件133户，核准133户，并于12月10日发放补助资金170424元。

（张文龙撰 柳启生审）

城市综合管理

【城市管理执法】 治理占道经营，开展车载经营整治数量635起，专项整治38次；其他占道经营整治13500余起，专项整治4300余次。在云漳北路、渡头嘉园设置摊贩疏导点，疏导流动摊贩数量2000余个；整治农贸市场提升改造周边市容环境6300余起，开展整治860次。整治车辆违停，下发整改通知书近2000份，拍照取证违停车辆近7800辆次，开展大型拖车行动清理各类僵尸车78辆，取证违停车辆21000余单。监管户外广告，拆除户外广告90余面，拆除面积4000多平方米，其中大型高炮立柱广告5座，大型楼顶墙体广告26面；清理各类违规墙体喷绘小广告200多起；审批店招广告320家，登记备案户外广告1家。

【市容环卫保洁】 2019年，累计收集处理总量12000余吨，签约商户总数400余家，投放生活垃圾分类设施300余个；新建县城区公厕11座，其中通过验收并投入使用公厕10座，投资额425.2万元。分别为将军山公园公厕2座，南湖公园公厕3座、元光路公厕、汽车站公厕、体育场公厕、高塘村公厕、双溪口村（2019年6月新增）各1座，将军山公园公厕1座正在建设中。提升改造江滨、高洋、五板桥三座垃圾中转站，其中：江滨保洁中心改造总投入资金109万元，内容包括保洁中心内部改造装修、保洁设备更新、建筑外墙粉刷等，保洁设备由原先的卷压式改为垂直式，10月投入使用。五板桥保洁中心改造总投入资金214万元，改造内容包括建筑部分重新建造，保洁设备由原先的卷压式改为水平式；高洋保洁中心着手土建施工招投标工作，即将开始土建部分施工，设备采购完成，费用为109万元。垃圾填埋库区完成二、三期工程建设并投入使用，新增20万立方米库容，现总库容量为55万立方米，覆膜面积3万平方米，雨污分流效果明显。增设3个反应桶进行加料处理，投入使用后，渗滤液日处理量提高到100吨。

【信访案件处理】 2019年，受理各类来信来访及网络媒体类投诉案件63481件，受理、立案、派遣60580件，处置60528件，按期结案59842件，按期结案率达98.87%；受理一般程序案件66件，其中市容类案件10件、规划综合类案件56件。

【市场管理】 整治各市场内乱占通道摆卖、乱停放车辆、乱搭遮阴棚、乱堆放杂物、乱丢垃圾等不文明行为。投建农残检测室，购置农残检测设备，严格查验农贸市场肉类品质合格证、检疫合格证以及溯源，落实进货查验制度和索证索票制度，实施活禽宰杀与销售隔离，为食品安全提供有力保障；西市场提升改造工程基本完成并逐一分行业对摊位正式招租。中心组织按行业分区逐一提升改造，并及时组织市场摊位招标、安排经营户入摊经营。

【园林绿化】 及时补种城区绿化缺损部位，2019 年累计补种绿植树木近 1000 棵，面积 2000 多平方米；调整国道两侧 3 万多平方米绿化带，修剪主次干道花卉树木 8000 余棵，移种灌木绿植约 6000 平方米，移除存在安全隐患的大王椰 700 余棵；对将军大道全线的 1000 多棵行道树及人民公园、市民公园等处的绿植进行白蚁除杀；对陈政路进行除红椿虫害；加装市民公园、人民公园监控，维修市民公园公用设施，改造人民公园溢水装置，提升景观效果；更换公园内文明宣传标语，增设公益广告牌 80 处。

【“两违”综合治理】 “百路千村”“两违”综合治理环境提升行动开展以来，累计拆除“两违”建筑 196 宗合计 186936 平方米，拆除铁皮搭盖 942 宗合计 92414 平方米，拆除围占圈地 201832 平方米，拆除违规广告 11910 平方米，处理垃圾 4368 车，污水 1436 处，杂物废料 2283 处，裸房沟渠 222 处。录入省“两违”信息系统 66.45 万平方米，完成市下达目标任务的 110.75%。

“百路千村”整治路段 9 条（云陵镇江滨路、莆美镇溪福路、莆美镇绥阳东路、莆美镇绥阳东路补充段、火田镇开漳大道、列屿镇疏港路、和平乡商泮线、和平乡建火线、云霄经济开发区彩龙大道），涉及村庄 52 个，完成整治公里数约 115.11 公里。其中，莆美镇溪福路、莆美镇绥阳东路、莆美镇绥阳东路（补充段）、火田镇开漳大道、云霄经济开发区彩龙大道通过市级验收。开展智能平台建设，漳州市“两违”App 管控平台案件数 136 宗，核查 120 宗，结案 50 宗。其中市督办件 50 宗，核查 47 宗，结案 19 宗。

【工程运输车辆管控】 2019 年，开展联合执法 89 次，出动执法人员 356 人次，依法查扣违规渣土车辆 86 部，强制切割并恢复原状的车辆 51 部，责成交警部门对多次违规车辆驾驶员扣分 24 份，罚款总额为 9700 元。

（林昕撰　高仲教审）

资源与环境

国土资源

【基本农田保护】 至2019年底，云霄县耕地保有量15043.50公顷（225652.5亩），不低于土地利用总体规划确定的14844.33公顷（222665亩），基本农田保护面积13543.6公顷（203154亩），超市政府下达的13543.33公顷（203150亩）保护任务。

【土地开发整理】 2019年度云霄县合计验收新增耕地34.7158公顷（520.737亩），其中：水田13.397公顷（200.954亩），包括县级土地开发项目13个、旧村复垦项目1个、土地整理项目1个，超额完成市政府下达的目标任务。获市政府授予耕地保护先进单位。

【建设用地报批】 2019年全县上报并获省政府批准11个批次农用地转用与土地征收，总面积110.2744公顷（1654.116亩）。

【国有土地使用权出让】 2019年，云霄县供应各类项目用地31宗，供应土地总面积76.7396274公顷（1151.1亩），收取土地出让金41435.6416万元。其中挂牌出让14宗，规划用地面积48.014179公顷（720.21亩），土地出让金为22209万元；协议出让3宗，规划用地面积1.1496444公顷（17.24亩），土地出让金3175.927万元；划拨供应5宗，规划用地总面积27.575804公顷（413.64亩），划拨价款8580.4124万元；因抵押、补办不动产权证补缴违约金5宗，补缴违约金275.00365万元；超计容面积2宗，补缴违约金232.9585万元；改变土地用2宗，补缴土地出让金6962.34万元。

【地质灾害防治】 2019年，立足做好“防大灾、抗大灾”的准备，全面排查、核实辖区内的地质灾害点和高陡边坡点，确定地质灾害点28处，高陡边坡点302处；编制完成《2019年云霄县地质灾害防治方案》；按照“三在前”原则，组织地质灾害应急演练；完善地质灾害群测群防网络。进一步规范汛期地质灾害24小时值班制度，明确值班人员职责要求。实施地灾点和高陡边坡点的工程治理工作，落实市级地灾治理项目3处，受益群众5户 23 人、学生 266人。做好地质灾害搬迁重建工作，共搬迁受地质灾害威胁群众31户111人。至2019年，云霄县连续13年实现地灾“零伤亡”，被市自然局授予先进单位称号。

【地籍管理】 加快农村宅基地和集体建设用地使用权确权登记发证，完成云霄县村镇地籍调查。有序开展第三次全国国土调查，初步成果通过自然资源部核查。深入开展农村地籍与房屋调查，云陵镇、列屿镇、陈岱镇、东厦镇、和平乡、下河乡6个乡镇调查成果通过漳州市自然资源局验收。

【矿产资源与管理】 完成云霄县第三轮矿产资源总体规划。严格矿业权审批，着力减少矿山开发数量。至2019年底，全县持证矿山4家，其中，地热2家、采石场2家；加强矿山监督检查，实施矿山储量动态监测，严格落实矿业权公示制度；坚持资源开发与矿山环境保护相结合，按照“谁开采谁恢复，谁受益谁治理”的原则，全面实行矿山“边开采、边治理”制度。严厉打击非法违法采矿行为，推进矿山生态环境整治专项行动，完成复绿治理任务矿山10个。开展矿山生态环境恢复治理保证金退还，至2019年底，完成县级办证矿山的生态恢复治理保证金退还。

【执法检查】 落实《国土资源动态巡查责任制》，发挥监察大队、国土资源所、村级协管员三级巡查网络的作用，强化动态巡查工作，加强部门联合执法，加大国土资源违法案件的查处力度。全县及时发现制止各类土地违法行为210起，全部完成立案查处。继续开展年度“卫片”执法检查，按照《土地矿产“卫片”执法检查工作规范》的要求，对图斑涉及地块进行划分，逐宗核查地类、规划和审批情况。全县共有图斑309个，面积168.507公顷（2527.6亩），其中新增建设用地219个，含30个违法用地，实地伪变化90个，依法对30个违法图斑立案查处。

【国土资源税费征管】 自然资源部门不再受委托承担代征代收相关税收，由纳税人直接向税务部门申请、缴交。自然资源行政事业性收费严格按照文件规定执行。2019年共收取证书工本费6960元，不动产登记费1215150元。严格实行“收支两条线”管理制度，收取资金全额缴入县财政。

（方陈永撰　吴锦辉审）

海洋资源

【概况】 全县共拥有1枚中国驰名商标——“竹塔泥蚶”、4枚福建省著名商标和14枚地理标志证明商标，“列屿巴非蛤”“东厦青蟹”“东厦缢蛏”等特色海产品多次在央视节目播出，“列屿巴非蛤”获评“第三批福建十大渔业品牌”，陈岱镇礁美村获评“漳州市十大美丽渔村”。

【渔业生产】 全县共有在册管理渔船312艘（捕捞渔船257艘、捕捞辅助船14艘、养殖渔船41艘），大中型（船长12米以上）渔船61艘，2019年全县海水捕捞水产品产量6808吨，淡水捕捞水产品产量924吨。全县水产养殖面积7495公顷（海水养殖6196公顷、淡水养殖1299公顷），主要养殖泥蚶、巴非蛤、青蟹、对虾、石斑鱼、牡蛎等品种。2019年海水养殖水产品产量239074吨，淡水养殖水产品产量13570吨，渔业捕捞、养殖总产量260376吨，同比增长4.28%，渔业总产值25.7亿元，同比增长7.59%，占全县农业总产值60%以上。

【设施建设】 总投资670万元的云霄县海洋防灾减灾预警预报高清互动示范村建设项目覆盖全县3个沿海乡镇15个行政村5000户，渔民群众打开互动电视即可实时收看海洋与渔业最新内容资讯及防灾减灾预警信息，及时了解每日海况气象，提前做好海上预警预报，从而高效规避风险和损失。2019年全县累计建设养殖池、育苗池等各类设施渔业项目50000平方米，补助资金900万元。其中：福建海能渔业有限公司实施普通工厂化养殖项目，建设养殖池40000平方米，补助资金600万元；云霄丽山水产养殖场实施市级水产良种场标准项目，建设育苗池3500平方米，补助资金75万元；云霄县永明水产养殖农业专业合作社实施市级水产良种场标准项目，建设育苗池2000平方米，补助资金75万元。福建省宝森水产科技有限公司实施省级水产良种场标准项目，建设育苗池4500平方米，补助资金150万元。

【海洋与渔政执法】 组织开展福建海洋“蓝剑”联合执法、“中国渔政亮剑2019”、清理整治长袖定置网等专项执法行动，持之以恒强化伏季休渔监管力度。2019年检查各类用海项目156个次，渔业案件立案7宗，办结7宗，罚款0.36万元；申请人民法院强制执行案件3宗，法院已裁定依法准予强制执行；清退整治超规划养殖用海79宗（保护区67宗、围海养殖工程7宗、其他5宗），面积77.67公顷。组织开展海上行动55次，港口行动335次，出动执法船舶56艘次，检查港口677趟次，执法人员1511人次，检查渔船417艘次，排查限期整改的隐患131项，整改131项，整改率100%；立案7宗，办结7宗，罚款0.36万元；清理定置网142槽（长袖26槽，立桩116槽），清除网具8405米、竹竿／木桩6864支，清海面积515.7亩；依法组织拆解大中型涉渔“三无”船舶3艘，从事非法电鱼作业乡镇船舶3艘。完成496名渔工保险，签收保费58.03万元，渔船互保54艘，签收保费64.1536万元；监督拆解渔船2艘，其中渔船更新改造拆解2艘。

【海域滩涂使用】 2019年办理水域滩涂养殖证100宗，面积1708.16公顷。截至2019年，云霄县现存水域滩涂养殖使用权证共154宗，面积2056.91公顷。

【安全生产】 2019年开展渔业安全进村入户宣传71场次，登船宣传332艘次，组织举办渔业从业人员任职培训暨渔业安全生产警示教育2期，培训船东船长及渔业从业人员143名，累计向渔民群众发放海洋与渔业法律法规、禁止到敏感海域作业等宣传资料4773份利用预警平台、短信平台、微信群等载体发送各类宣传信息12万余条，渔港LED气象显示屏每天12小时滚动显示警示标语。10月29日，在列屿山前渔港组织举办“2019年云霄县渔业安全生产应急演练”，提高云霄县渔业应急指挥机构和应急救援队伍的应急处置能力；通过现场海上消防安全知识及海上自救互救的演练、宣传，提高渔民群众安全防范意识和遇险自救互救能力。2019年，全县未发生渔业水上安全事故及渔船赴敏感海域作业被抓扣事件，渔业安全生产形势继续保持平稳，2019年6月云霄县海洋与渔业局被福建省海洋与渔业局表彰为“完成2018年度渔业安全生产目标责任优秀单位”。

【海洋环境保护与管理】 2019年，在云霄县海区开展2期增殖放流活动，放流长毛对虾虾苗6818万尾、西施舌苗种38万粒，总值45万元，丰富本地的渔业资源，改善水域生态环境；组织编制《2018—2030云霄县养殖水域滩涂规划》，围绕中央生态环保督察、国家海洋督察、国家自然保护区绿盾行动、国家级漳江口红树林保护区“退养还湿”和全县海水超规划养殖整治工作反馈问题和要求，加大力度及时抓好整改，2019年全县排查清退超规划养殖79宗，面积77.6745公顷，切实巩固海水超规划养殖整治成果，确保不返养；联合乡镇及各相关单位持续加大牛蛙养殖的巡查、排查和清理整治力度，全年清理整治牛蛙养殖场126场，整治面积183亩，牛蛙养殖污染得到较好遏制。

【水产品质量安全】 2019年，积极配合农业农村部、省局、市局对云霄县水产品进行监督抽查56批次；检查养殖场和育苗场46家次，完成水产品质量快速检测112批次，检测合格率均100%；举办水产养殖技术与水产品质量安全培训班2期，发放水产品质量安全宣传资料330份，培训养殖户110人，注册开通水产品质量安全“一品一码”全程追溯系统36家；向养殖户发送水产技术、科普知识、服务等信息2500多条。2019年，云霄县无水产品质量安全事故发生。

【推进科技创新】 2019年，扶持培育福建海能渔业有限公司、云霄县权平专业合作社等企业创建河豚、对虾省级种业创新基地及福建省水产技术推广总站石斑鱼千亿产业链合作单位；配合县委人才办引进中国海洋大学麦康森院士团队在福建粤海饲料有限公司创建院士工作站，协助海能、丽山、宝森等企业与厦门大学、集美大学、厦门海洋职业技术学院及福建省水产研究所等建立协作关系，积极推进涉海企业产学研结合步伐；积极指导培育佳洲岛“红树林之梦”精品民宿，创建水乡渔村。

（黄晓雄撰 许勇审）

环境保护

【行政事务管理】 2019年办理环境保护行政许可36件（其中：环境影响报告书3件；环境影响报告表29件，排污许可证核发4件），公共服务事项办理94件（其中：环保设施竣工验收9件，应急预案备案14件，环境影响登记表备案71件），合计130件。

【污水处理】 2019年度，县城污水处理厂二期2.5万吨污水处理工程及一级A提标改造工程相继投入使用，完善城镇污水管网建设，扩大污水收纳范围，提高污水处理负荷率和污水进水浓度。开展排污权储备，将关停企业2.85吨/年的氮氧化物排污权纳入政府储备。

【空气质量检测】 2019年，县城区空气优良天数比例为99.7%，高于近三年平均值；6项污染物指标均能达到国家二级标准，其中细颗粒物（PM2.5）浓度为20微克每立方米，同比下降23.08%，臭氧日最大八小时均值第90百分位数为124微克每立方米，同比下降15.07%。是年，云霄县共有8个水质自动监测站，其中2019年建成

7个（含4个大型水质自动监测站及3个水质自动监测站）。

【饮用水源地环境监测】 2019年，完成县城饮用水源监测12次，漳江3个省控断面及全县6个小流域断面全年6次监测，峰头水库全年3个水期监测，对漳江及山美溪流域开展水质跟踪监测，对云霄县重点污染源开展不定期监督监测。新建峰头水库安厚溪平和—云霄交界断面水质自动监测站（下城水质自动监测站）、云霄县风吹岭自来水厂车圩溪水源保护区水质自动监测站（石碑水质自动监测站），补充完善云霄县风吹岭自来水厂峰头水库水源保护区水质自动监测站和杜塘水库水源地水质自动监测站仪器设备。云霄高塘渡口水质自动监测站及县城2个空气自动监测站稳定运行。截至2019年6月底，云霄县辖区2个县级集中式饮用水源保护区（4个水源地）排查出环境问题7个，全部完成整改。开展饮用水源地保护，云霄县集中式饮用水源地环境状况评估县级饮用水源现场勘界定标工作。

【企业环境治理】 根据《云霄县“散乱污”企业（场所）综合整治工作方案》，加大散乱污整治力度，对全县28家散乱污实施关停、搬迁和整治。组织监测执法力量开展测管协同的“黑烟”整治行动，对铁路沿线周边的涉水涉气企业开展“测管协同”环境监测执法检查，重点推进沿线黑烟污染行为整治。督促辖区工业企业加大废气治理力度。县政府制定《云霄县打赢蓝天保卫战三年行动计划》《云霄县开展颗粒物污染专项治理实施方案》《云霄县轻微污染天气应对处置措施》等方案，推进施工工地、道路扬尘专项整治，做好轻微污染天气响应，及铁路沿线生态环境整治。依托项目治理有序推进大气污染精准治理减排。隆盛合板厂、漳州铸嘉建材有限公司、福建佰嘉木业有限公司3家胶合板生产企业通过建设VOCs废气治理工程，进一步减少挥发性有机物排放。

【“绿盈乡村”创建】 2019年，全县创建54个“绿盈乡村”，其中高级版6个、初级版48个。围绕“山更好、水更清、林更优、田更洁、天更蓝、海更净、业更兴、村更美”等八个方面目标，努力探索并形成具有特色的乡村生态振兴经验模式，为进一步发挥先进典型的示范引领作用，云霄县和平乡棪树村等6个乡村生态振兴典型示范村申报福建省乡村生态振兴样板村。通过对照“绿盈乡村”建设指标，谋划7个乡村生态振兴项目总投资13.64亿元，其中2019年度计划投资5.20亿元，实际完成投资61970万元，完成年度投资的119.17%。

【环境监管】 2019年，持续开展环保大练兵和清水蓝天环保专项行动，查处环境违法行为处罚案件15件，其中1件移送法院强制执行。处罚金额451050元，下达整改通知书38起，查封13起，出动1050人次，涉及刑事案件1起，移送公安机关办理，实施省级挂牌督办1起。开展工业污染排查整治工作，重点开展VOCs行业、砖瓦行业、石板材行业，汽车维修和散乱污等环保专项检查，其中5家VOCs板材行业污染防治设施配套整改到位，设施正常运行；5家在产企业全部配套硝硫除尘设施，其余6家砖瓦企业全部责令停止生产，1家拆除，同时对1家机砖厂给予行政处罚。石板材整治逐步推进，取缔石板材企业2家，查封1家石板材企业，并要求整改，确保石板材生产废水零排放，粉尘、噪声污染有效改善。汽车维修污染排查逐步推进，完成近20家企业排查整治工作。加大散乱污整治力度，对全县28家散乱污实施关停、搬迁和整治。开展固废专项执法检查，对全县14家医疗机构进行检查，均按要求设置警示标识，危废仓库硬化、地板防渗、分类堆放、专人管理、出入库台账完善，均未发现违法行为。对全县申报登记12家产生危废的单位，开展不定期的检查，督促企业遵纪守法，及时做好清理转移。2019年危险废物产生量552.06吨，委外处置利用量539.79吨，自行利用处置量30吨，危废处置利用率为103%。

【垂改及机构改革】 根据《中共漳州市委办公室 漳州市人民政府办公室关于印发〈漳州市环保机构监测监察执法垂直管理制度改革工作方案〉的通知》（漳委办〔2018〕11号）文件要求，云霄县环境保护局更名为漳州市云霄环境保护局；根据《中共漳州市委办公室漳州市人民政府办公室关于印发〈漳州市市级机构改革实施方案〉的通知》（漳委办〔2018〕24号）文件要求，漳州市云霄环境保护局更名为漳州市云霄生态环境局。

（张艺娜撰 方福清审）

农业与农村工作

综　述

【概况】　2019年云霄县完成农林牧渔总产值63.49亿元，比2018年增长3.6%，增幅位居全市第八；农村居民人均可支配收入18388元，比2018年增长9.4%，增幅位居全市第四；2019年6月省级扶贫开发工作重点县顺利实现脱贫摘帽，实现全域脱贫；农业农村工作在全省农业系统绩效考评连续三年获得优秀档次。

（吴杨斌撰　方荣顺审）

【种植业】　2019年完成粮食总产量4.88万吨，比2018年增长0.8%；水果总产量27.5万吨，比2018年增长2.0%；蔬菜总产量17.6万吨，比2018年增长21.2%。

（吴杨斌撰　柳福寿审）

【畜牧业】　2019年生猪出栏17.034万头，比2018年减少24.72%；牛出栏4250头，比2018年增加10.1%；家禽出栏321.38万只（羽），比2018年增加43.65%。

（方秀艺撰　林文革审）

【渔业】　2019年全县渔业捕捞、养殖总产量260376吨。同比增长4.28%，渔业总产值25.7亿元，同比增长7.59%，占全县大农业总产值60%以上。全县水产养殖面积7495公顷，主要养殖泥蚶、巴非蛤、青蟹、对虾、石斑鱼、牡蛎等品种。

（黄晓雄撰　许勇审）

【林业】　2019年，市下达植树造林总任务815.64公顷（含园岭林场9.6公顷），全县实际完成986.65公顷，完成率120.9%。森林经营任务3333.5公顷，全县实际完成3436.37公顷，完成率103%。云霄县下河乡仙石村、和平乡内洞村、莆美镇树洞村、陈岱镇后江村4个村庄被福建省绿化委、省林业局授予“福建省森林村庄”称号。

（朱建章编　张泗川审）

扶　贫

【产业扶贫】　全县1468家农业经营主体和4个“一村一品”专业乡镇、40个专业村示范带动贫困户实现稳定脱贫。补助建档立卡贫困户发展种、养、加工等项目，累计发放中央、省级财政专项资金1373万元，解决2612户贫困户发展所需要的资金或物资困难。

【就业扶贫】　加强公共就业服务，拓宽就业渠道，提升贫困户稳定脱贫水平。开展“就业节”“就业援助月活动”“春风行动”及支持林下经济项目带动等专项活动，增加贫困户务工收入。开发公益性岗位，提供建档立卡贫困户公益性岗位166个；开展贫困劳动力培训、巾帼培训等工程，提升贫困户就业技能。

【教育扶贫】　落实教育扶贫政策，完善全学段资助服务体系。2019年资助建档立卡贫困家庭学生1140人次107.4万元；免除普通高中、职业教育各类学杂费322人次33.6万元。建立控辍保学月报制度，做好动态监控，确保不因贫困而辍学。实施雨露计划，补助

230 名接受中、高职等职业教育和技工院校教育的建档立卡贫困学生 69 万元。

【健康扶贫】 县财政全额支付建档立卡贫困户“新农合”费用，推行“扶贫宝”和“关爱女性特定疾病保险”，防止贫困户“因病返贫”；落实家庭医生签约服务，组建 143 个家庭医生服务团队，320 名家庭医生（含乡医）签约服务建档立卡人员，签约率 100%。落实医疗叠加保险政策。两道精准扶贫医疗补助政策、医保风险金、医疗费用兜底补助分别补助 31828 人次 134.21 万元，29743 人次 698.46 万元，1109 人次 38.15 万元。

【生态扶贫】 落实生态补偿扶贫，2019 年发放 1037 户贫困户补偿金 10.33 万元。实施生态旅游扶贫，加快推进内洞村、下河村、桥头村 3 个国家级乡村旅游扶贫重点村的旅游规划编制。

【科技扶贫】 30 位助理工程师、工程师、高级工程师挂钩帮扶 30 个贫困村，灵活开展种养技术培训，解决农户发展生产存在的问题，帮助农户拓宽销售渠道，助推农户脱贫。

【党建＋扶贫】 发挥村两委干部、驻村第一书记、挂钩帮扶干部、驻点金融助理、党员扶贫先锋队等基层扶贫队伍作用，用好财政、林业、发改等部门扶持政策，继续实施“村财增收三年规划”，通过引导村财股份合作和设立专项扶持资金等方式，158 个行政村的集体经济年经营性收入全部超过 5 万元。

【住房安全】 开展住房安全认定，推广简便易行的危房鉴定程序和方法，通过逐户排查，完成全县建档立卡贫困户住房安全认定；实施修建工程，补助 2018 年申报、2019 年验收通过的房屋修建工程 264 户 592 万元，确保贫困户住上安全房。

【低保兜底】 落实低保兜底工作，对已脱贫且符合低保标准的家庭，全部进行低保兜底。强化医疗费用兜底，补助 1109 人次 38.15 万元。实施养老保险兜底，县财政全额支付符合条件的建档立卡贫困户养老保险参保费用。

（李聪林、方艺豪撰　林加添审）

农村工作

【农业精品园区建设】 下河杨桃生态观光园位于下河乡下河村，是云霄县首批启动建设的十个农业大观园之一。园区计划总投资 1.5 亿元，规划建设规模 33.3 公顷，按二期规划建设。建成古驿站、儿童游乐园、岛内主干道 600 米、观光步道 2700 米、观景平台 15 处、星光大道、瞭望台、游客中心、旅游公厕、霞美庙观光步道等，完成古城墙、古杨桃树群园区提升工程，基本形成杨桃生态观光园旅游主线。该园突出“电商＋”“品牌＋”发展理念和“一二三产”融合发展模式，打造集绿色采摘、农业观光、农事体验、休闲娱乐、历史文化观光、生态保护、科普教育、杨桃产品展示等功能为一体的农文旅生态观光园。下河杨桃电商助力精准扶贫入选“改革开放四十周年福建影响力”案例和《全国脱贫攻坚典型案例选编》。

（林来金撰　柳福寿审）

【农业产业化经营】 2019 年新型农业经营主体 1923 家，比 2018 年增长 14.9%，其中，农林牧渔业企业 299 家，农民专业合作社 321 家，家庭农场 1303 家。培育 1 家省级农业产业化联合体。深化“生态＋现代农业＋乡村游”发展模式。累计投资 13.5 亿元打造农业十大观园，举办“春暖云霄·快乐采摘”主题系列活动，2019 年农村旅游接待游客超过 50 万人次。代表福建省参加全国“中国美丽乡村休闲旅游推介”，百草园休闲农业项目获福建省农村创业创新大赛“成长组”二等奖。

（谢镇城撰　方荣顺审）

【农村经营管理】 土地确权。2019 年 10 个乡（镇），138 个村，1599 个村民小组，60413 户农户完成确权，完善合同 60413 份，确权登记面积 8417.74 公顷，地块 220228 个，138 个村完成颁证，颁发证书 60413 本，完成率 100%。产权制度改革。至 2019 年底，完成 158 个村集体经济股份制改革和 158 个村集体经济组织赋码登记。家庭农场和合作社。2019 年培育家庭农场示范场省级 6 家、市级 7 家、县级 17 家及 1 个省级农民合作社示范社。开展乡镇三个中心业务知识培训。

（罗金顺撰 张建杉审）

【农村土地承包管理】 国土二调耕地面积11898.83公顷，家庭承包经营农户75322户，承包合同面积9972.46公顷。2019年，全县138个村完善二轮延包合同签订，面积8417.74公顷，17个村申请免于确权完善，4个村申请暂缓完善。

（罗金顺撰 张建杉审）

【农民负担监管】 完善农民负担监管机制，开展涉农乱收费专项治理，维护农民合法权益。开展“一事一议”财政奖补工作。全县124个村开展“一事一议”工作，省财政奖补1837万元，县级配套460万元，用于村内道路硬化、村内自来水管道铺设、路灯、小型水利、家园清洁、文化活动中心等公益事业建设项目。加强“一事一议，筹资筹劳”方案审核、专项检查和专项审计，推动“一事一议”项目规范组织实施。

（罗金顺撰 张建杉审）

【农民专业合作社】 全县发展各类农民专业合作社321家，比上年增加10家。按产业划分，粮食类16家，水果类107家，蔬菜类56家，畜牧类25家，渔业26家，林业46家，其他45家。入社成员7885人，带动农户4.48万户，占全县农户总数的48.41%。2011—2019年全县农民专业合作社被评为国家级示范社1家、省级示范社18家、市级示范社21家、县级示范社67家，还有4家专业合作社被评为省级规范社。

（罗金顺撰 张建杉审）

【家庭农场】 全县成立各类家庭农场1303家，比上年增加344家。其中，粮食类6家，水果类479家，蔬菜类203家，畜牧类198家，渔业66家，林业75家，其他276家，带动周边2465位农民就业。被评为省级示范场12家、市级示范场30家、县级示范场84家。

（罗金顺撰 张建杉审）

【一村一品】 全县有列屿镇贝类、和平乡枇杷、东厦镇锯缘青蟹及马铺乡淮山等4个“一村一品”专业镇。专业村44个，涉及水果、蔬菜、水产养殖、林产品、畜禽养殖、茶叶、生猪养殖等7个产业。2019年培育和平乡棪树村枇杷、下河乡下河村杨桃、马铺乡乌螺村蜜柚、火田镇水头村青枣、东厦镇船场村番茄蔬菜、马铺乡磜头村巴戟天中药材等6个产业优势特色村。

（张玮玲撰 柳福寿审）

【高标准农田建设】 全年投入2706.94万元建设高标准农田。主要建设区域含火田镇、东厦镇、下河乡、和平乡等4个乡镇6个项目区883公顷。通过本轮高标准农田建设，新增和改善灌溉达标面积441公顷，新增和改善排水达标面积387公顷，新增耕地面积4.4公顷，灌溉保障率达到90%以上，道路通达率达到90%，项目区年直接受益农户5685户，项目区直接受益农民年纯收入增加总额379.7万元。

（张民生撰 汤晋生审）

林 业

【造林育林】 1月11日，全市林地“占补平衡”（延长）试点工作会议在云霄县召开，云霄县作为试点单位作典型发言。3月11日，县主要领导带领班子成员率县直有关单位干部职工260余人在云霄经济开发区马山大道开展全民义务植树活动。2019年，市下达植树造林总任务815.6公顷（含园岭林场9.6公顷），全县实际完成986.6公顷，完成率为120.9%（其中：人工造林更新953.1公顷、“三沿一环”森林景观3.3公顷、珍贵用材树种造林27.5公顷、村庄绿化2.7公顷）。森林经营任务3333.3公顷，全县实际完成3436.2公顷，完成率为103.1%（其中：森林抚育完成1900.9公顷，封山育林完成1535.3公顷）。12月18日，云霄县下河乡仙石村、和平乡内洞村、莆美镇树洞村、陈岱镇后江村4个村庄被福建省绿化委、省林业局授予“福建省森林村庄”称号。

（汤文海撰 张泗川审）

【森林灾害防控】 坚持“预防为主、科学扑救、以人为本、积极消灭”的森林防火方针，落实责任制、防火宣传、野外火源管理及隐患排查等方面工作，及时更新维护一批扑火物资，新增78名建档立卡贫困户作为森林防火护林员，提升森林火灾防控能力，有力保障森林防火工作顺利开展。2019年，全县没有发生森林火灾，森林火灾发生率、受害率、控制率、案件查处率全面实现控制目标。全面监测松材线虫病疫情，开展春秋两季松材线虫病疫情普查，生态公益林护林员加强对松枯死木日常监测，落实月巡查报送制度。采用挂设松墨天牛诱捕器、施放白僵菌、喷洒噻虫啉等方式综合防治松墨天牛。严格按有关技术规程及时间节点伐除清理病死、枯死松树，年清除完成率100%，全面完成疫情防控任务。

（朱建章撰　张泗川审）

【科技选林】　推广林业造林技术，筛选卷荚相思、沉香、红椎等一批合适云霄发展的优良树种，推广不炼山造林技术和桉树近自然种植技术。开展桉树树种替换研究。推进卷荚相思与降香黄檀混交科技试验项目研究，为提高林地综合效益和森林资源价值提供科学的依据。茶园套种沉香、香樟、桂花、罗汉松、樱花等名贵树木，使老茶园成为生态型茶园，提高茶叶的品质。

（黄泽辉撰　张泗川审）

【野生动植物保护】　联合森林公安分局开展“绿卫2019”森林执法专项行动，严厉打击破坏森林资源和野生动物资源的违法犯罪行为。开展“世界湿地日”“世界野生动植物日”“爱鸟周”“保护野生动物宣传月”等主题宣传活动，重点宣传新修订的《中华人民共和国野生动物保护法》《福建省湿地保护条例》，出动宣传车20车次，发放宣传手册2500份、张贴标语130余处、发送短信4万多条。开展野生动物野外救护，在辖区内救护并放生蛇24条、绿鬣蜥2只，鸟类40余只。

（陈绿青撰　张泗川审）

水　利

【防汛工作】　县防汛办开展汛前安全大检查，参检人员572人次，检查工程129处（座）（其中，检查水库93座、堤防工程18处78.21公里、水闸7座、引水工程3处8公里、其他工程8处），并对检查过程中存在隐患的工程限期整改，做到消灭死角、不留隐患。抢险队伍建设。在县有线电视台公布县城区和小（一）型水库以上防洪、蓄水工程防汛负责人。落实全县自然村（居）防汛联络人657人和防汛铜锣长658人，应急抢险队伍232支4353人。

【台风、暴雨防范】　2019年全县降雨量比往年平均降雨量少近三成，雨季降雨未造成灾害，年底偏旱。2019年，县防指启动防台风、暴雨洪涝应急响应11次，发送传真51份、预警短信26.88万条，及时报告反馈，成功防抗影响全县台风3次，暴雨8次。8月23日至8月26日第11号台风“白鹿”影响期间，由于登陆地在邻县东山，对全县有明显大风、暴雨过程以及地质灾害风险，县防指及时启动防台风II级应急响应。市、县防指多次点对点指导防台部署工作，提前布置防线：渔船归港靠岸（包括326艘乡镇渔船、255艘出海渔船、渔排上人员187人），引导撤离危险区域群众903人，关闭滨海景区景点3处，在建工程停工24处；协防部队、消防、武警、海防、蓝天救援队合计305人，县组建防台风应急抢险队17队241人，以及各乡镇、村应急抢险队伍随时可出动救援，抗台风防暴雨防汛工作取得零伤亡的胜利。

【防旱抗旱减灾】　2019年10月至12月，全县遭遇不同程度旱情，给农耕生产造成一定的影响。全县农作物受旱面积约787公顷，其中无抗旱条件作物299公顷，轻旱488公顷。旱情发生时，县委县政府高度重视，各乡镇及时投入人力物力做好抗旱工作，山地作物，采取节水滴灌、用锄下的杂草覆盖保墒及剪去长枝减少蒸腾失水等抗旱措施；水田耕地，漳江灌区、向东灌区等采用抽水灌溉方式抗旱；气象部门根据天气态势，及时进行人工增雨，发射增雨炮弹四发，特别是12月中旬的增雨工作有效缓解全县旱情。

【军警民防汛联合演练】　5月22日下午，云霄县防汛抗旱指挥部组织县防指各成员单位在漳江云陵段举行2019年军警民防汛联合演练，县人武部、水利局、边防大队、武警中队、水利局、卫计局、广电新闻中心和各乡镇（开发区）人民政府等防指成员单位领导，乡镇防汛应急救援队伍及蓝天救援队等共200余人参加演练，提高应急抢险队伍防洪抗台抢险救灾专业技能水平和实战能力。

（汤继城撰 朱炎昭审）

【流域综合治理】 2019年，县城饮用水源水质达标率100%；漳江省控断面监测点水质达标率100%；山美溪小流域水质由年初的Ⅴ类提升至Ⅳ类水质，漳江西溪和火田溪水质稳定达到Ⅲ类标准。1—12月，国控漳江高塘断面监测点水质均值达国家Ⅲ类考核要求，辖区主要湖库峰头水库、杜塘水库达到Ⅲ类水质要求（总氮不计考核）。出台《2019年度河湖长制工作任务清单》《2019年云霄县河湖长制工作要求》，编制全县92座小型水库以上“一湖一档一策”实施方案。2019年落实县级河长制工作经费50万元，河道专管员县级配套资金218万元。投入69.5万元，漳江国控断面、5条省控小流域监测断面及峰头、杜塘水库重要水源地建设8个视频监控系统和中心智慧河湖可视化管理平台系统，进行实时监控。在漳江主干流、山美溪、西溪等河流设置3名县级河长的基础上，增设1名副县长担任火田溪流域河长，推进全县流域综合治理。全县聘用河道专管员132名，其中建档贫困户1人。建立完善巡河管河制度，2019年，县乡级河湖长巡河湖3036人次，整改落实2371个涉河涉水问题；河道专管员巡河43848人次，整改落实4579个涉河涉水问题。建立县乡村民间护河队155支，开展特色护河行动202次，护河座谈会11次。结合“3·22”世界水日、“中国水周”、“6·5”世界环境日在人民公园、南湖湿地公园等处开展宣传活动，在南湖湿地公园开展“保护湿地，共建生态云霄”志愿者服务活动。结合移动短信区域大数据，在南湖湿地公园、国省控交界断面、城关区域，发送主题短信（“绿水青山就是金山银山理念”，打好漳江流域山水林田湖草污染防治攻坚战，保护漳江母亲河，全面维护良好水生态环境）120万多条。重要水源地、城防堤等处设置警示标志18处，重要地段悬挂标语12幅，出动宣传彩车3辆、发放宣传资料6000余份，向群众赠送印有宣传标识和标语的纸杯2万多个。县河长办联合县效能办、生态环境局、海洋与渔业局联合全县生态环境督察6次，县河长办组织巡查80多次，发现问题59个，发出督办单5件，办结5件。行政与司法联动，县人民法院、检察院、公安局全部派驻县河长办开展督办及办案。2019年，出动人员1050人次，查处环境违法行为处罚案件15件，其中移送法院强制执行一件，处罚金额45万余元；下达整改通知书38起，查封13起，1起涉及刑事案件移送公安机关办理，实施省级挂牌督办1起。

（汤龙波撰 陈政通审）

【云霄县峰头水源工程】 云霄县峰头水源工程为国家烟草行业水源工程援建项目，工程的实施对云霄、东山、常山两县一区的供水安全、农业灌溉及区域经济发展具有重大意义。2019年10月17日到位第二笔援建资金2902.74万元。根据项目建设任务、向东渠现有的供水情况及施工图设计等情况，工程分成三个标段进行管控实施。2019年底，三个标段施工中标价7518.63万元，完成4100万元，占工程量54.5%。第一标段为溪口村至自来水厂引水管道工程，建设长度6.403千米，中标价3307.69万元，2019年底，铺设管道5.8公里（包括完成跨漳江管桥的施工）。实际完成任务90%，工程投资约2914万元。第二标段为向东渠加固工程C1标（大垅土地岭隧洞出口段至宝树渡槽段），建设长度9.696千米，中标价2308.13万元。2019年底，完成渠道扫青7.1公里、渠道护坡防渗5.8公里、挡土墙180米及2座管理房施工。实际完成任务45%，工程投资约1100万元。第三标段为向东渠加固工程C2标（宝树渡槽至马山岭门段），建设长度8644米，中标价1902.81万元，2019年底，完成渠道清淤及渠顶道路平整6公里、清除现有素砼抹面6公里及砌筑花池4公里、渠道护坡防渗6公里、砼路面4.5公里、溢流堰盖板涵5座、灌水口4座。实际完成任务73%，工程投资约1400万元。

（林智彬撰 朱炎昭审）

【农村饮水】 2019年火田镇及马铺乡农村饮水补缺补漏工程等两个为民办实事项目，总投资440万元。其中，市级补助资金176万元，县级财政配套资金264万元。主要解决马铺乡枧河新村、泮坑新村、火田镇瑞堂村、白石村、岳坑村、政和社区的饮水安全问题，受益人口8470人。2019年，全县农村饮水工程维修养护26处，总投资96万元，工程覆盖服务人口7.38万人，涉及云霄经济开发区、列屿镇、下河乡、火田镇、马铺乡等5个镇。

（郑复炉、陈永文撰　朱炎昭审）

【小型水库除险加固】 实施省级资金补助项目，即鞍坪、凉亭、大塘、下坑林4座小（二）型水库除险加固工程。累计投入资金710万元，完成水库大坝单管高压旋喷防渗墙处理，大坝迎水坡及背水坡的护坡维护，坝顶路面硬化及防浪墙的修建，溢洪道和输水涵洞维修加固，新建或修缮管理房和防汛抢险通道。发挥水库灌溉、养殖等综合效益，保障辖区内生产及生活用水需求。

（蔡琳生撰　吴文革审）

【水政执法】 2019年，县河长办、县水利局自行摸排的四乱问题以及市水利局委托第三方暗访的四乱问题共计39宗（其中，乱建问题20宗、乱占问题4宗、乱堆问题15宗），全部整改完成。拆除非法洗砂场9处（其中，火田镇5处、东厦镇2处、开发区1处、碗窑水库1处）；对碗窑水库库区范围内非法洗砂进行立案，处罚3万元，销毁采砂设备4台。

（张胜撰　吴文革审）

【东厦镇蔗港溪安全生态水系建设项目】 项目位于云霄县东厦镇境内蔗港溪流域，实施长度6.38千米，分为三段进行设计：项目区蔗港溪干流段安全生态水系河道全长4.14千米；蔗港溪支流段安全生态水系河道全长1.69千米；蔗港溪干支流连接段安全生态水系河道全长0.55千米。工程总投资848.91万元，计划2020年完工，至2019年底完成项目进度75%。

（汤扬明撰　吴文革审）

【节水型社会达标建设】 2019年9月开始节水型社会达标建设。至2019年底，总投资255万元，完成整体建设工作，包括：节水型载体建设、节水器具改造、节水器具调查、节水意识调查、节水宣传、高效节水灌溉工程、节水型社会达标建设工作影视片拍摄制作、申报材料收集分析与汇编等工作。各项指标自评均达到考核要求，具备申报县域节水型社会达标建设条件，向省厅提交申报资料并申请验收。

（汤扬明撰　吴文革审）

【水土保持】 完成水土流失综合治理任务。其中，重点乡镇水土流失治理项目1个、面上小流域水土流失治理项目5个，水土流失综合治理面积3.33平方千米，争取省级补助资金200万元。依法完成8个生产建设项目水土保持方案审批及“全国水土保持信息管理系统”的信息录入工作。依法征收水土保持补偿费70.03975万元；跟踪检查2018年度以来审批的项目；开展水土保持“六进”宣传活动；协助省水土保持监测站开展2019年（云霄县）区域水土流失动态监测遥感解译成果外业复核工作。

（陈鹏飞撰　黄友坤审）

峰头水库管理

【单位名称变更】 根据《中共漳州市委机构编制委员会办公室关于市直部分处级事业单位更名的通知》（漳编办〔2019〕47号）文件要求，“漳州市峰头水库管理局”变更为“漳州市峰头水库运行中心”。

【经济收入】 通过合理安排，科学调度，有序安排左、右电站发电，保障安全与效益。全年收入1330万元，缴纳增值税及附加税59万元。其中，发电收入623万元（售电量1876万千瓦时），水费收入556万元，鱼池租金1万元，上级财政拨补150万元。

【水环境综合整治】 开展宣传。在水库周边村庄和进入库区的主要路口，设置“峰头水库饮用水源一级保护区”标示牌20个、警示牌32个，倡导保护水资源人人有责，禁止库区内采砂、捕鱼、游泳、乱扔垃圾等行为。打击非法捕捞。开展库面日常巡逻，多次与县海洋与渔业局开展联合执法行动，严厉打击违法捕鱼行为。2019年没收违禁渔网12张共1000多米。6月，联合县海洋与渔业局在马铺乡峰头村举行峰头水库运行中心集中销毁违禁渔具现场会，集中销毁峰头水库水域查处收缴的违规违禁渔具。销毁围网、刺网等违规违禁渔具100多张，网长7000多米。库面常态化保洁。督促打捞清洁队伍，及时打捞清理库区水浮芦、生活垃圾等漂浮物。全程管理清理垃圾的安放、运输、安全处置等工作，避免二次污染。督促上游做好河道垃圾清理工作，减少河道垃圾进入水库。定期检测水质。增加水质监测频度，与第三方签订水质监测服务，每个月监测 1～3 次。加强与市、县环保局、水利局等有关部门联系互通信息，及时掌握水质变化情况。藻类防控。针对水库污染源总氮指标超标情况，探索水质提升藻类防控措施。与闽南师大、中国科学院水生态研究院、中国环境研究院环境技术工程有限公司、南京大学、厦门大学水质治理科研部门探讨水质综合治理方案。

【水源地安全保障达标建设】 2019 年向上级争取 1300 万元，开展峰头水库水源地水质治理建设项目。其中，中央水利发展资金 500 万元，省级水利发展资金 300 万元，市财政局水库水源地治理建设专项补助资金 500 万元。4 月 12 日，漳州市水利局审查批复峰头水库水源地隔离围网工程实施方案，5 月 24 日漳州市水利局审查批复峰头水库水源地安全保障达标建设项目实施方案，项目概算总投资 1425.68 万元。通过招标确定漳州市水利水电勘测设计有限公司进行项目勘察、施工方案编制、施工图设计。2019 年底完成隔离围网工程项目 11.3 公里的安装，水库水源地安全保障达标建设 4 个项目（水工及生态修复、安全监控、水质治理、巡逻船及浮动码头）正在全面推进。

【安全生产管理】 2019 年，建立《防汛工作责任追究制度实施细则》，开展大坝变形安全监测，收集、整理、分析大坝运行参数。4 月、5 月分别完成大坝启闭机室内防水涂料、启闭机组防腐油漆控制箱及廊道集水井抽水动力柜升级改造工作。全年组织安全生产大检查 24 次，排查发现一般安全隐患 20 项，整改率及合格率达 100%；5 月 15 日开展 2019 年度汛期防汛调度运用计划桌面推演和防汛抢险应急预案演练，演练达到预定效果。

【水资源调度】 雨情及供水情况。2019 年水库流域平均降雨 1604 毫米，累计来水量 22709 万立方米；最高库水位 68.14 米（时间：2019 年 6 月 5 日 7 点 55 分）；最低库水位 60.90 米（时间：2019 年 12 月 29 日 11 点 46 分）。全年累计去水量 25070 万立方米，其中发电用水 19800 万立方米，云霄、东山向东渠供水 5270 万立方米（其中东山向东渠供水 199 天 4696 万立方米，云霄城关供水 265 天 574 立方米）。

【防汛备汛】 汛期启动、提升、调整、终止防台风和暴雨应急响应 24 次，累计 35 天。汛期实行 24 小时值班，巡查设备、管理防汛储备物资。防汛物资登记造册，明确管理人员。定期检查防汛物资并及时补充，保证有足量的防汛抢险物资。汛期逢 1 日上报旬水库巡查检查记录统计；汛期逢周二非汛期逢 1 日定时对闸门启闭系统和备用柴油机组（50 千瓦、100 千瓦）进行试运行及日常维护并作好记录。

【古雷区域引水工程】 2012 年 3 月漳州市启动古雷区域引水工程建设工作，解决古雷港经济开发区生产生活用水需求。2019 年 12 月 12 日古雷区域引水工程第四标段（院前—古雷水厂管道）土建及管道安装通过验收。

（柳坤林、沈文华撰　谢少泽、陈泽民审）

畜牧业

【家畜饲养】 全县保留可养区生猪规模养殖场 279 家，生猪存栏 10.12 万头；肉牛年存栏 50 头以上 6 家，存栏 3134 头；肉羊年存栏 500 只以上 2 家，存栏 2344 只；肉兔养殖年存栏 10000 只以上 1 家，存栏 13120 只。云霄县鸿兴养殖专业合作社、漳州市康弘农牧有限公司参加 2019 年福建省优质农产品标准化示范基地的示范创建活动并通过验收，示范带动全县畜牧业朝着标准化、规模化、生态化养殖模式方向发展。

（林建民撰　林文革审）

【家禽饲养】 家禽饲养以肉鸡、蛋鸡、水禽养殖为主。肉鸡规模化养殖主要在陈岱镇、火田镇。肉鸡年出栏 5 万羽以上 2 家，年出栏 19.93 万羽；蛋鸡规模化养殖主要集中在火田镇，蛋鸡存栏 2 万羽以上 2 家，存栏 12.3 万羽；水禽养殖主要分布在东厦、火田、陈岱等乡镇，肉鸭年出栏 1 万羽以上 57

家，年出栏145.8万羽；蛋鸭年存栏1000羽以上16家，年存栏1.8万羽。

（林建民撰　林文革审）

【动物免疫】 2019年全县组织供应强制免疫疫苗：高致病性禽流感疫苗234.2万毫升、猪口蹄疫疫苗31.35万毫升、牛羊口蹄疫疫苗3.825万毫升、小反刍兽疫0.14万头份；规模养殖场自购报备使用鸡新城疫灭活疫苗135万毫升。全县全年免疫高致病性禽流感疫苗212.737万羽；免疫猪口蹄疫26.366万头，免疫牛、羊口蹄疫疫苗0.9133万头，免疫小反刍兽疫0.2244万头；100%完成春、秋两季应免畜禽强制免疫任务，全县各强制免疫病种免疫抗体合格率均超过国家规定70%以上，全年无发生区域性重大动物疫情，通过漳州市政府组织的动物疫病防控工作绩效延伸考核。

（周汉强撰　林文革审）

【动物疾病防控】 县动物疫控中心实验室承担全县动物疫病诊断、监测与检测任务，全年完成检测畜禽血样4693份。其中，检测禽流感（H5）血样1632份，检测禽流感（H7）血样1312份，检测鸡新城疫血样100份，猪口蹄疫血样342份，检测猪A型口蹄疫222份，检测猪瘟121份，高致病性猪蓝耳病81份，检测牛羊O型口蹄疫217份，羊小反刍兽疫46份，流调采样市场禽类病原学监测H5、H7禽流感各50份，流调猪场猪口蹄疫3ABC检测120份，流调监测布鲁氏菌病400份。超额完成省、市、县下达的年度免疫抗体检测与流行病学调查监测任务。

（周汉强撰　林文革审）

【养殖污染治理】 云霄县天洋农业科技有限公司病死畜禽无害化处理（厂）中心，址在下河乡曲溪村，占地面积4000平方米，总投资1020万元，建设有无害化处理车间1000平方米，有机肥车间1200平方米，配套安装6台套病死畜禽无害化处理设备，配备3辆专用运输车，日处理病死畜禽达18吨，年生产有机肥6000吨。该处理中心生产运营促进生猪生态养殖的循环利用，做到减量化、生态化、资源化利用。

（林建民撰　林文革审）

【执法监督】 规范养殖场和屠宰场的监管，落实企业主体责任，确保肉品质量和公共卫生安全。全年出动监管人员1156人次，监督检查养殖场568场次。养殖环节检测“瘦肉精”尿样612批次，监测结果全部为阴性。全县产地检疫生猪83813头，屠宰检疫猪65946头，无害化处理场处理病死猪16595头。屠宰环节监测“瘦肉精”2430批次，监测结果全部为阴性。配合公安局、食品安全监督局开展联合执法扫雷行动。开展执法行动65次，出动执法人员182人次。办理12起违法调运生猪案件和1起乱抛乱弃病死猪案件。无害化处理318头生猪、305.71公斤猪肉产品，罚款169108元。13起案件全部办理完成，有效打击动物卫生监督领域的违法行为，奠定防控非洲猪瘟工作基础。

（张志刚撰　林文革审）

种植业

【粮食生产】 2019年全年粮食作物播种面积0.71万公顷，总产量4.88万吨，其中稻谷播种面积0.62万公顷，产量4.2万吨。建设产能区0.39万公顷，建设优质稻示范0.25万公顷，重点推广适栽高档优质稻品种，推广水稻工厂化基质育秧、叠盘暗出苗、绿色增产技术、配方施肥、病虫害专业化统防统治、水稻耕种收机械化等水稻技术，重点扶持适度规模经营，开展水稻增产模式攻关与推广。开展机收再生稻栽培示范，再生季平均亩产253.6公斤，实现“一茬双收”，做好稳粮技术储备。开展水稻生产功能区划定工作，全县划定水稻生产功能区0.53万公顷。高标准农田建设集中投向水稻生产功能区，改善稻田基础设施，着力落实好“藏粮于地、藏粮于技”战略。2019年，全县耕地地力保护补贴69660户1.18万公顷1095.5万元，并录入扶贫（惠民）资金在线监管系统。水稻种植保险实现全覆盖。

（林炳洪撰　柳福寿审）

【水果生产】 云霄是中国枇杷之乡，“云霄枇杷”获中国“驰名商标”“地理标志保护产品”等荣誉称号。全县水果总面积10884.93公顷，产量275326吨，产值131276.09万元。

（张玮玲撰　柳福寿审）

【蔬菜生产】 全县蔬菜种植面积

8667.67公顷，产量175744吨，产值71108.64万元，其中设施蔬菜种植面积470.47公顷。蔬菜产业成为助农增收的一大支柱产业。大力推广蕹菜籽繁种，全县每年繁种面积近200公顷，产量近300吨，主要种植云霄柳叶白梗蕹菜和半青白品种。引进推广蔬菜新品种和新技术。引进哈密瓜（“东方蜜一号”“金尊一号”）、甜瓜（“丰雷”“久红瑞”）、“闽研3号”苦瓜、“福茄5号”长茄、小番茄（“夏日之光”“太空黄钻”“红钻”等）、大番茄（“倍盈”“思倍德”）等优良品种；推广基质栽培、测土配方施肥、滴灌喷灌等节水灌溉、水肥一体化、嫁接育苗、病虫害绿色防控（黄板、蓝板、性诱剂、诱虫灯、防虫网、生物农药防治等）等先进技术。

（张玮玲撰　柳福寿审）

【茶叶生产】 2019年全县茶园总面积551公顷，总产量1474吨，主要种植黄观音、铁观音、金观音、黄玫瑰等品种。加工产品以乌龙茶为主。全县登记在册的茶叶企业865家。通过SC（QS）认证23家，年销售茶叶5000吨。全县注册商标98个，有机食品1个，绿色食品标志1个，福建省著名商标2个，漳州市知名商标7个。市级龙头企业3家，县级龙头企业1家。2019年4月15—16日举办云霄县首届茶叶加工技能大赛，6月9日举办“云霄县第三届茶叶评选赛”；组织茶企在东南花都、厦门、石家庄、北京等地举办茶叶展5场。2019年获得第十六届“闽茶杯”（春季和秋季）评审赛金奖、第十六届上海国际茶业交易（春季）博览会“中国优质好茶”评选银奖，在中国茶叶学会举办的2019年全国茶叶品质评价活动中取得最高级（五星级）评价；第九届上海国际茶叶交易（秋季）博览会上“云霄黄观音”被评为消费者最喜爱的茶叶品牌。

（蔡捷英撰　柳福寿审）

【食用菌生产】 食用菌生产以金针菇为主，少量生产秀珍菇和蘑菇。全县食用菌总产量17536吨，总产值12112.36万元。其中，金针菇生产面积8.67公顷，年产量13218.9吨，年产值6604.31万元；秀珍菇生产面积1.33公顷，年产量326.1吨，年产值508.05万元；蘑菇栽培面积24.63公顷，产量3991吨，产值约5000万元。全县规模化金针菇生产工厂3家，分别是港荣泰（福建）生物科技有限公司、福建港舜泰生物科技有限公司和福建港恒泰生物科技有限公司（2019年福建省优质农产品国际标准化示范基地）。秀珍菇工厂仅福建天金生物科技有限公司1家。

（张玮玲撰　柳福寿审）

【淮山生产】 全县淮山面积467公顷，产量1.6万吨，产值0.8亿元，有淮山片、淮山粉、淮山面线、淮山粿、紫淮山粉、紫淮山片、淮山馒头等加工产品。

（陈天佑撰　柳福寿审）

【新技术推广】 推广农作物新品种，重点示范推广米质达部颁优质二等以上及在省优质稻品种评比中获奖的高档优质稻。建立高档优质稻品种百亩示范片，示范“晶两优1377”“甬优1540”“荃优822”“晶两优534”“晶两优1212”“和两优713”“野香优676”“晶优1068”“荃优212”“隆晶优534”“隆晶优华占”等高档优质稻品种。全县农作物良种覆盖率达98.7%，水稻优质率达80.3%。推广豆科绿肥种植，大力推广农作物商品有机肥施用、农作物秸秆还田、测土配方施肥和施肥一体化等技术，减少农作物化肥施用量。全县化肥使用总量（折纯）控制在1.52万吨以下，比2018年减少3%以上。示范推广“配方肥+”“水溶肥+水肥一体化”“配方肥（生物有机肥）+土壤调理剂”等化肥减量增效技术模式，加快肥料新产品、施肥新机具、实用新技术推广应用，力争到2020年化肥利用率达到40%以上。

（张民生撰　汤晋生审）

【病虫害防治】 2019年主要农作物病虫鼠害发生面积3.66万公顷次，防治面积3.27万公顷次。其中：水稻全年发生面积0.9万公顷次，防治面积0.83万公顷次，挽回损失6470.01吨，实际损失1065.77吨；果树全年发生面积1.1万公顷次，防治面积0.85万公顷次，挽回损失9871.47吨，实际损失4280.97吨；蔬菜等经济作物全年发生面积0.56万公顷次，防治面积0.5万公顷次，挽回损失8244.30吨，实际损失1518.35吨；农田鼠害全年发生面积1.03万公顷次，防治面积1.02万公顷次，挽回损失302

吨，实际损失 70 吨。

（张明真撰　方荣顺审）

【农业执法】全面启动农资平台监管，完成进驻平台的 92 家农资企业终端安装，指定专人负责，实行线上定期、不定期巡查，及时督促农资企业上传购销数据，录入农药品种 5472 个、肥料 242 个、种子 55 个、兽药 381 个。加强农资监管。出动执法人员 386 人次，检查农资经营店 90 家，立案查处 4 起，调解质量纠纷 2 起，挽回农民经济损失 6 万多元。

（张伟滨撰　柳福寿审）

【农产品质量安全监管】　加强监测，把好农产品上市关。全年完成农产品农兽残检测速测单样 3620 份。猪肉瘦肉精快检 239 份，牲畜尿样瘦肉精检测均阴性；实验室定量检测 82 个单样，县级例行监测抽检 22 个样品，合格率均达国家标准水平。2019 年，全县纳入省级农产品质量安全可追溯平台管理的生产主体 228 家，已获绿色食品认证的 8 家主体被纳入国家级农产品质量安全可追溯平台监管。上网巡查生产记录信息录入情况 1447 次，督促各主体做好农产品生产全程信息录入工作，实现源头赋码。全年办理“无公害产品”换证续展 16 个，新增绿色食品注册产品 6 个。加快标准化建设，2019 年创建 6 个省级优质农产品标准化示范基地。其中，果树示范基地 1 个，茶叶示范基地 1 个，食用菌示范基地 2 个，畜禽示范基地 2 个。

（张明理撰　柳福寿审）

农业机械

【概况】　根据《中共云霄县委办公室、云霄县人民政府办公室关于印发〈云霄县县级机构改革实施方案〉的通知》（云委办〔2018〕19 号）精神，云霄县农业机械管理站行政职能划归云霄县农业农村局，单位更名为云霄县农业机械站。截至 2019 年统计年报数字，农业机械总动力 17.36 万千瓦。年内，在册大型拖拉机 77 台、耕整地机械 547 台、水稻插秧机 349 台、联合收割机 8 台、农用水泵 7058 台、节水灌溉机械 761 台套、机动植保机械 11248 台套。

【农业机械化】　2019 年，全县农作物耕种收机械化综合水平超过 68%。特色小型农作物机械化、设施种植机械化、养殖设施机械化，农产品加工含茶叶、水果、地瓜等机械化进一步提高。重点农时重点作物耕、种、收、保全程机械化得到重大进展，防灾，抗灾、减灾能力进一步增强。新型农机服务组织发展迅速，农机化服务产业化进程加快。2019 年，耕、种、收、运输、加工、修理、中介、营销等领域农机化服务队、农户超万个（户），外地收割机进入县域作业 200 多台次。

【新技术应用】　推广应用“农机直通车·全国农机化信息服务平台”及手机 App，帮助机手找活干、帮助农民找机用。农机大户、农机合作社及种植大户通过平台发布信息，供需双方开展订单服务，促进联合收割机有序流动。推进“互联网 + 农机服务”建设，作业机具配套安装北斗卫星定位导航和作业监测装备，应用“大数据”技术实现“三夏”机械化生产的现代化管理。全县基本实现工厂化育秧供给，实现耕种收三大关键生产环节机械化。农民对机械化收割水稻适应性与需求大幅度提高，特色农机具推广、设施农业设备、水产养殖机械、茶叶机械、畜牧业养殖机械、植保机械拥有量与使用量大幅提高，其中，成套猪苗繁育设备、成套工厂化育秧设备、水肥一体化滴灌、微灌、塑料大棚等大型农机具农业设施得到推广和应用。

【农机政策扶持】　依据《2018—2020 年云霄县农业机械购置补贴实施意见》，在全县购机集中地开展受理申请、登记、审核等“一站式”及手机 App 申请办理补贴等服务，为全县农民购置补贴提供便捷、优势、高效服务。2019 年，发放购机补贴 90.4 万元，受益农户 130 多户。

【农机安全生产】　建立部门联合执法机制，加强与应急、交通、交警信息沟通、联合执法，开展农机安全生产的热点、难点问题与对策研究。采用展板、横幅、宣传小册等形式开展安全生产宣传，依托机手培训、机车年检、驾驶证换发、农机修理点整顿、农民购机等平台进行安全生产宣传、教育、培训。联合交警、交通、乡镇等相关部门深入田间、乡村道路开展安全检查，发现问题及时告知并纠正，

2019年无农机重特大事故。

（何江云撰 汤光辉审）

水稻原种场

【基地建设】 2019年3月，完成蔬菜种子种苗生产和繁育基地建设并通过市级专家验收。项目新建：田间作业区主干道硬化120.1米，田间机耕路硬化长82.7米，田间排灌水渠352.7米，田间管理人员生产生活设施（钢结构管理房）68.2平方米；平整3块田块，面积1.19公顷。早季继续实施漳州市农业局耕地（水稻土）质量监测基地建设项目，完成水稻土送验任务，为因地配方施肥提供科学依据。

【试验示范】 与福州纯酶生物科技有限公司签订试验协议，共同在试验基地开展台湾产氨基酸王纳米有机质液态肥试验，初步掌握该有机肥在改良土壤、提高耕地肥力方面的试验数据，为以后全县贫瘠地块改良土壤肥力提供科学依据和试验平台，积累经验和技术；2019年早季试验、示范天优华占和中浙优5号两个水稻新品种；早季试验、示范“莆花3号”花生新品种0.1公顷；与省农科院亚热带农业研究所合作，试验、示范4个黄花菜新品种；与福建省农业科学院亚热带农业研究所合作实施粮食作物优质、高产、抗逆育种及关键技术研究项目（项目编号：2015NZ002-3），规范化种植示范优质木豆、木薯新品种7个1.34公顷，积累木豆、木薯新品种规范化种植技术及生产经验，提供粮食生产丰富多样的种质资源。

（吴永春撰 吴庆华审）

园岭国有林场

【概况】 云霄园岭国有林场通过机构改革，转变经营模式，从以采伐为主逐步过渡到以管护为主，提高森林生态效益。2019年，收入1429.99万元，完成计划126%，其中木材销售收入645.46万元，占总收入45.1%。全年支出1230万元，占计划89%，其中营林投资401万元，占32.6%。

【营林生产与管理】 2019年种植桉树速丰林9.6公顷，100%完成造林任务；封山育林602公顷；实施精品林项目24.9公顷；珍贵树种补植68.9公顷；中幼林抚育671.9公顷，其中施肥458.5公顷。通过林地租赁，扩大林地面积147.3公顷。病虫害防治133.3公顷。

【木材生产与销售】 2019年木材生产任务6692立方米，计划销售收入503.53万元。其中，主伐37.66公顷，出材4429立方米；间伐87.53公顷，出材2263立方米。实际办理采伐证28个小班，面积140.93公顷，出材7065立方米。全年木材实际销售7065立方米，完成计划105%；收入645.46万元，完成计划128%。

【科研试验】 联合林业科研单位合作创建科研试验项目，开展引种优良树种和营造珍贵乡土树种等试验。2019年研究与示范大果紫檀造林技术1公顷，引种试验火炬松0.3公顷，不同海拔高度交趾黄檀和桉树混交试验林0.2公顷，不同株行距台湾相思、大果紫檀等混交试验林1.3公顷。

【护林防火】 联合云霄县林业局开展护林防火宣传，出动宣传车3次，发放宣传材料500份，挂宣传横幅10条。防火路维护128.1公里，其中防火林带维护74.6公里，设立1个防火物资储备库，提高林场防火能力。与云霄县林业局联合组建25人的专业扑火队，由林场在岗人员组成半专业扑火队3个，结合防火、防假、防毒、防“两违”等工作，开展日常巡护。重要节假日及防火橙色预警期间，加强防火值班，每日上报防火情况。2019年没有发生火灾、制假、制毒贩毒、林地被占、林木被盗、“两违”等现象，林区安全稳定。

（方教育撰 何德镇审）

工业与新能源

综　述

【概况】　2019年，云霄县以光电、食品加工、新能源为主导产业，积极打造标准化工业示范园区，营造一流营商环境，在基础设施建设、技术创新等方面给予政策倾斜，实行工业项目和企业向园区集中。规模工业企业136家，实现规模以上工业总产值266.15亿元，同比增长10.5%，实现规模工业增加值75.8亿元，同比增长10.3%，其中产值亿元以上企业91家，产值5亿元以上企业6家。以核电项目为龙头，全县累计完成工业投资154.02亿元，排名全市各县（市）区第一，占固定资产投资比重为70.0%；全县纳税工业企业369家，缴纳工业税收24431.14万元，同比增收1907.29万元，增长8.47%。纳税100万元以上工业企业51家，其中纳税1000万元以上的工业企业6家；全县工业用电3.12亿千瓦时，同比增长15.23%，较好地匹配规模工业的增长。

【工业园区建设】　2019年，大力推进云翔产业园建设，园区是云霄和厦门翔安山海协作共建产业园区，位于沈海高速公路东西两侧，规划面积2800亩，计划总投资100亿元，以东、西两侧为界，分两期开发建设，东侧一期面积1450亩，西侧二期1350亩。园区以沈海高速、324国道、高铁为支撑，以益树大道和东辅路为依托，形成一纵六横的交通路网，内有益树大道、树洞一至四路及奥克兰路、瓦窑路、疏港路，区内配套建设排洪渠、高压电力开闭所、污水处理厂泵站、垃圾处理站及给水、污水、燃气管道。

【云翔产业园】　2019年，电工设备产业园（含奥克兰）、利众诚、鸿鹭壹、银凯物流、移民创业园、农得利、坤翔蛟等7个项目落户园区，总用地量980.42亩。奥克兰光电科技、银凯物流、利众诚食品加工、移民创业园等4个项目开工建设。其中厦门市翔安区协助招商企业2家，分别是鸿鹭壹机械加工、坤翔蛟电力设备等2个项目。翔安区支持产业园区建设资金574万元（2016年100万元、2017年240万元、2018年117万元、2019年117万元），2019年扶持资金117万元全部到位，并都用于园区基础设施项目建设。园区主干道益树大道建成投用，横一路、横二路竣工投用，横三路开工建设，污水开闭所工程建成投用。

【电工设备产业园】　项目规划用地面积600亩，计划总投资50亿元。园区以福建省奥克兰光电科技有限公司为龙头，投资建设配套设施，招引电工设备上下游相关工业企业，从原材料到总装，形成完整产业链。园区主要有电力变压器、箱式变压站、电抗器、变（调）频器、感应器、逆变器、整流器、驱动器、LED节能照明等产品。福建省奥克兰光电科技有限公司计划总投资6亿元，2018年3月开工建设，2019年试投产，主要从事LED应用照明产品以及电力变压器研发、生产和销售。

【规模工业发展】　2019年，云霄规模工业实现总产值266.15亿元，同比增长10.5%，比全市水平高2个百分点；实现规模工业增加值76.42亿元，同比增长10.2%，比全市水平高2个百分点。内资企业投资较快增长，港澳台商投资及外商投资企业低位运行。全县136家规模工业企业中，内资企业118家，实现产值239.91亿元，占全县规模工业产值比重90%，同比增长12.63%，高于规模工业增速2个百分点。内资企业是本地工业经济的主力军，直接影响工业经济增长。亿元规模企业产值突破200亿元，达245.63亿元，占规模工业产值比重92.3%，同比增长18%。产值超亿元企业91家，其中产值5亿元以上的企业6家，产值2亿～5亿元企业50家，产值1亿～2亿元企业35家。

【主要工业企业及主要产品】

漳州华锐锂能新能源科技有限公司：成立于2008年，主要生产锂电池、铅蓄电池、太阳能光伏及LED应用照明等产品。

海峡彩亮（漳州）光电有限公司：成立于2010年，主要生产室内外单色、双色、全彩系列LED显示屏等产品。

福建云星电子有限公司：成立于2008年，主要生产应用于LED照明灯具、电子镇流器的铝电解电容器以及电子行业的SMD铝电解电容器元器件等产品。

云霄互惠光电科技有限公司：成立于2012年，主要生产超高压电容器、手机摄像头、蜂鸣器等产品。

漳州华威电源科技有限公司：成立于2007年，主要生产摩托车启动电池、电动车电池、汽车电池、储能电池及配套塑料五金制品等产品。

振牌（福建）海洋生物科技有限公司：成立于2013年，主要生产卡拉胶、琼脂、软糖胶、果冻胶、肉制品胶、颗粒饮料稳定剂、冰淇淋稳定剂等产品。

漳州鲜品冷冻食品有限公司：成立于2001年，主要加工冷冻虾类、鱼类、蟹类、贝类等水产品。

福建粤海饲料有限公司：成立于于2012年，主要生产大黄鱼膨化配合饲料、对虾配合饲料、海水鱼配合饲料、淡水鱼配合饲料、蛙配合饲料等。

漳州拓奇实业有限公司：成立于2012年，主要生产户外防水运动服、自行车及摩托车雨衣、反光安全雨服、农林牧渔及工业雨服等防水防雨装备产品。

云霄瑞顿户外安全运动用品有限公司：成立于2017年，主要从事运动休闲服、专业防护服、民用防水防风雨衣等产品研发生产，产品主要出口美国、欧洲、日本等。

福建豪锦化妆品有限公司：成立于2010年，主要生产洗涤类、护发美发类、护肤清洁类、香水类等产品。

福建新顺兴装饰材料有限公司：成立于2014年，主要生产新型环保家具装饰板、人造板、地板、家具、木门等产品。

漳州中福新材料有限公司：成立于2016年，通过回收利用临近周边区域的木材原料、加工厂下脚料，主要生产各种型号薄型纤维板。

漳州宙士新材料科技限公司：成立于2018年，现有450名职员，专业生产网球拍、羽毛球拍、匹克拍、壁球拍等专项运动器材，与BABOLAT百保力（法国）、YONEX优尼克斯（日本）、HEAD海德（奥地利）、GEARBOX传动（美国）等国际一线知名品牌合作开发生产产品。

（张剑宇撰　林爱群审）

主导产业

【概况】　2019年，云霄落实“大抓工业、抓大工业”战略，实施“2+2”产业培育计划，巩固发展光电和新能源产业，壮大建材、食品加工产业，加强工业园区建设，打造电工设备产业园及富佳宝食品科技园两大产业集聚园，建成开发区污水处理厂的主管网及干管网工程，顺利实现工业园区污水厂通水运行，推动云翔产业园落地项目奥克兰、利众诚等加快建成。同时，制定出台精准服务企业专项行动方案，首创“工业110”服务机制，累计为38家企业解决44个遗留难题，2019年全县共兑现工业政策奖励1200万元，完成技改投资55亿元，同比增长28%，实现工业投资147亿元，同比增长61.5%。

【光电产业】　云霄从2008年开始发展光电产业，在LED显示屏，电解电容、LED驱动、变压器、镇流器等光电器件的制造上有较好的产业基础，在电子器件加工上积累一定的劳动力基础。2019年，全县规模以上光电产业企业45家，产值100.8亿元。华杰彩亮广电公司在单色、双色、全彩LED显示屏行业技术和产量领先。云星电子公司照明电解电容产量位居全国同行业第二。

【食品产业】 食品产业是云霄传统产业。改革开放初期，云霄拥有初具规模的国营糖厂、罐头厂、制茶农场等食品加工国营企业，积累丰富食品加工技术经验。国营经济改制让云霄食品产业进入低谷，但丰富果蔬、水产资源有利于重振食品产业。特别是集创新研发、检测认证、加工包装、冷链物流等为一体的富佳宝食品工业园即将建成。2019年全县规模以上食品企业18家，产值25亿元。富佳宝食品工业园位于云霄经济开发区，计划总投资30亿元，规划用地面积468亩，由食品加工园区和配套产业园区构成，其中食品加工园区用地345亩，建设1座4万吨级综合冻库和8栋标准化厂房以及1栋产品研发中心等附属配套设施，主要从事各类海产品、肉类制品、面类制品、粮油制品的研发、生产、销售；配套产业园区用地128亩，集包装、物流、建材、商品混凝土、置业等配套产业，为食品园区提供配套支持。项目于2018年7月开工，建成后将成为福建省具有较高标准的食品产业园区，年产值超20亿元，年纳税超5000万元。

【建材产业】 以中福新材料项目为重点的建材产业初具规模。2019年规模以上建材产业企业18家，实现产值35.6亿元，占规模工业总产值13.4%。中福新材料薄型纤维板生产项目位于列屿镇，计划总投资5亿元，用地面积140亩，建设年产15万立方米薄型纤维板生产线，项目建成达产后可实现年产值超5亿元，年纳税超1000万元，新增就业岗位200多个。该项目于2017年3月开工建设，2019年完成投资4亿元。项目于2018年10月首板成功下线，2019年实现大部分规格产品量产。

（张剑宇撰　林爱群审）

电力工业

【光伏电站】 截至2019年底，云霄县境内并网分布式光伏发电项目70个，装机容量8256.32千瓦，同比增长13.01%，其中并网10千伏电压1个，为漳州国电投光伏电站发电项目，装机容量6000千瓦；其余均为低压光伏发电项目，装机容量2256.32千瓦。在建项目2个，装机容量3437.28千瓦，均为低压光伏发电项目。2019年全县光伏上网电量860.80万千瓦时，其中漳州国电投光伏电站上网电量681.69万千瓦时，为光伏发电的主要电源点。

【风力电站】 截至2019年底，云霄县境内现有风力发电厂2座，装机容量49.5兆瓦，分别为青径风电场19.5兆瓦，曾江风电场30兆瓦。无新增风力发电并网项目。2019年青径、曾江风电场全年上网电量分别达3251万千瓦时、7775万千瓦时，同比分别增长2.1%、12.83%。

【电网建设】 主电网建设有力推进。编制云霄县2019年至2023年配电网滚动规划和“十三五”中低压配电网滚动规划。6月12日，110千伏列屿变电站二期扩建工程投产送电，新建1台5万千伏安主变压器、2回35千伏和12回10千伏供电线路。10月12日，110千伏竹港输变电工程投产送电，新建1台5万千伏安主变压器、12回10千伏供电线路。两个项目投运有效满足了临港、竹港（梧园）工业区发展用电需求。积极配合推进闽粤联网工程项目核准前期工作；全力配合完成漳州核电项目前期配套供电和抽水蓄能电站供电线路建设工程。

配电网建设有序加快。全年完成6个批次65个配电网建设项目，新建及改造10千伏线路72.3公里，新增配变56台容量18630千伏安，新建及改造0.4千伏线路123.5公里。配电网优质工程建设取得良好成效，“10千伏开漳I、II线新建工程”获评省电力公司2019年度配电网十佳优质工程。推进省政府挂牌云霄县18个贫困村电网建设改造，5个村配网达到脱贫标准，完成5个村配电台区改造。

【入网电站】 云霄县现有水电站23座，合计装机容量29430千瓦，其中发电上网电压等级为35千伏的有6座，装机容量19050千瓦。

目前实际运行23座、在运机组47台，实际运行容量29430千瓦。由于云霄县小水电资源已基本开发完毕，是年梁一电站及坪水三级电站进行增容改造，总体装机容量较上一年度有所增加，详见下表：

2019年云霄县在运水电站装机情况表

表5　　单位：千瓦

序号	名称	法人代表	所在流域	通讯地址	装机容量	备注
1	峰头左岸水电站	蔡英明	漳江中游	马铺乡峰头电站	5000×1	上网电压等级35千伏
	峰头右岸水电站		漳江中游		4000×1	
2	恒志水电站	张志伟	下河乡上河村	下河乡上河村恒志水电站	1000×2	上网电压等级35千伏
3	甘竹电站	陈奕安	乌山“仙人造桥”处	和平农场甘树埔甘竹水电站	1600×2	上网电压等级35千伏
4	梁一电站	周信辉	胶东脚	东厦镇梁山一级水电站	850×2	上网电压等级35千伏
5	梁山水力发电站	吴添峰	荷步蔗港溪	福建省梁山水力发电站	630×2	上网电压等级35千伏
6	梁二技改电站	周素钦	荷步蔗港溪	梁二技改电站	500×1	—
7	坪水三级电站	林吴辉	下洋坑溪	和平农场洋坑村边坪水三级电站	630×2	—
8	坪水四级电站		下洋坑溪		200×3	—
9	杜塘电站	吴绿旺	白银溪	莆美镇马山村杜塘电站	400×1+200×1	—
10	石对坑一级电站	何坤水	西溪	和平农场石对坑二级电站	630×3	上网电压等级35千伏
11	石对坑二级电站		西溪		400×2+630	—
12	梅林电站	张建勇	蛇地支流河口	下河乡梅林村梅林三级电站	500×2	—
13	下庵电站	何永进	漳江	马铺乡杨美村下庵电站	400×1	—
14	车圩水力发电站	汤细木	梅林溪	下河乡车圩屯坑自然村车圩电站	200×1	—
15	观音亭水电站	何坤水	漳江	马铺乡杨美村观音亭水电站	200×1	—
16	乌螺电站	何金财	杨美溪	马铺乡乌螺村乌螺水电站	75×1	—
17	乌螺技改电站		马铺乡桥头村	马铺乡乌螺村乌螺水电站	200×1	—
18	枧河电站	何荣新	枧河村后溪	马铺乡枧河村枧河电站	100×1+75×1	—
19	枧河二级电站		枧河电站下游750米处	马铺乡枧河村枧河电站	200×1	—
20	高车水电站	何荣新	枧河村后溪	马铺乡桥头村高车电站	160×1+200×1	—
21	割阵坪技改电站	何坤水	车圩溪	马铺乡西洋村割陈坪电站	100*1+200*1	—

续表 5

序号	名称	法人代表	所在流域	通讯地址	装机容量	备注
22	峰三电站	杨龙辉	漳江	火田镇峰三电站	250×4	—
23	凤竹一、二、三级电站	陈云东	漳江	火田镇高田凤竹	500*2+400*1+320*1+160*1	—

【供电规模和用电结构】 供电规模　截至2019年底，云霄境内共有220千伏变电站1座，容量24万千伏安；110千伏及以下变电站11座，容量44.23万千伏安，其中：110千伏变电站6座39.45万千伏安、35千伏变电站6座4.78万千伏安。现有线路114条1475.46公里，其中：110千伏线路7条114.37公里，35千伏线路14条133.22公里，10千伏线路93条1227.87公里。公用配变1223台、专用配变853台。

用电结构　2019年，云霄县全社会用电量10.45亿千瓦时，同比增长10.88%。其中第一产业用电量：0.68亿千瓦时，占6.46%；第二产业用电量：3.62亿千瓦时，占34.62%；第三产业用电量1.66亿千瓦时，占15.86%；居民生活用电量4.50亿千瓦时，占43.06%。实现售电量9.88亿千瓦时；综合线损率5.21%。其中，大工业用电2.43亿千瓦时，占售电比重24.60%，其他用电类别均实现不同幅度增长。

【供电服务】 全力优化电力营商环境，提请政府出台《云霄县进一步优化电力接入提升营商环境实施方案》。成立业扩联合服务中心，推行客户用电报装“四省”服务，实现业扩在途平均时长高压30.52个工作日、低压2.3个工作日。全面免除低压用电办理收费，执行160千瓦及以下小微企业低压接入，降低客户办电费用。完成两轮一般工商业电价调降，累计向客户让利737万元。有序推进电力市场化交易，累计11户大用户注册实施售电市场交易，有效降低企业用电成本。

（陈建东、吴基灵撰　蔡靖昭审）

二轻工业

【关心基层困难职工】 2019年“两节”期间，云霄县二轻联社多方筹集资金，深入基层积极开展各种形式慰问活动，关心基层困难职工及挂钩村困难群众的节日生活，累计慰问特困党员、职工、群众195人次，发放慰问金71850元。帮助15家倒闭企业办理最低工资标准支付劳动报酬报备。加大力度推进福建省无力参保县及以上集体所有制企业退休人员老年生活保障金发放申报工作。梳理、核对以前漏报及近两年达到退休年龄无力参保对象的档案材料，完成12名退休职工老年生活保障金申报工作。

【安全生产检查】 定期组织开展安全生产大检查，坚持企业自查、行业检查、政府督查，全面排查整治事故隐患，摸清全系统安全风险，全力隐患、找问题、补短板、堵漏洞，确保全系统安全生产形势持续稳定。2019年6月，安全生产月活动期间，联社召开专题会议，认真部署动员，确保组织到位、责任到位、经费到位。成立“安全生产月”活动组织机构，制定方案，精心组织，务求实效。把“安全生产月”活动纳入全年安全生产重点工作，与业务工作同谋划、同部署、同检查、同考核、同落实。

新能源项目

【核电项目】 漳州核电项目规划建设6台百万千瓦级核电机组，总投资约1100亿元，一期工程建设2台华龙一号机组，首台机组计划于2024年投运发电；截至2019年12月底，开展7～8号机组总平面设计及论证大纲编制工作。厂址位于福建省漳州市云霄县列屿镇刺仔尾，介于厦门和汕头2个经济特区之间，处于厦漳泉最大的负荷中心。

2019年1月30日，漳州核电项目一期工程核准申请通过国务院常务会议审议，4月取得核准文件。2019年10月9日，国家核安全局颁发漳州核电1、2号机组建造许可证。2019年10月16日1号机组核岛基础浇筑第一罐混凝土（FCD）。2019年7月，公司生产准备处维修管理科获得中国设备管理协会颁发的《基于“准确性、完整性和合理性”的华龙一号运行备件标准化审查方法研究与应用》创新成果二等奖荣誉称号。

【抽蓄项目】 云霄抽蓄项目位于云霄县火田镇平水洋，站点距漳州核电站约31公里。项目规划建设6台30万千瓦可逆式水轮发电机组，总装机容量180万千瓦。云霄抽蓄项目是国家水电发展规划、可再生能源发展“十三五”规划重点开工项目，是国家能源局确定的福建电网2025年新建抽蓄电站推荐站点，是福建省重点项目。2018年6月，中核集团与福建省发改委联合向国家能源局申请将“漳州核蓄一体化开发运营”列为国家“十三五”示范工程。

【风电项目】 青径风电场总装机容量为1.95万千瓦，2013年4月30日首台机组并网发电，是中核集团在闽首个建成发电的风电场，也是中核集团首个通过竣工验收的风电场。青径风电场投运以来，连续保持盈利，经济、技术、安全各项指标处于漳州地区风电场领先水平。

（林健撰　王稳安审）

电商与商贸服务

电子商务

【概况】 2019年，云霄全县电商企业278家，电商从业总人数5783人。先后成立以县委书记为组长的电商发展领导小组和以县长为组长的电子商务进农村工作领导小组，设立电商办并组建光电电商协会党支部全面开展工作。成立三支电商扶贫志愿队，通过四大电商平台助力脱贫攻坚。是年，《云霄县打造电商助力精准扶贫生态圈——四轮驱动 两翼齐飞》做法入选国务院扶贫办“2019年全国电商精准扶贫50佳典型案例”，成为全省唯一入选的县级案例和全国22个县级案例之一。

【电商平台建设】 壮大农村电商。全县有81位农村淘宝合伙人，合伙人招募淘帮手200多人，通过农村淘宝将枇杷、下河杨桃等产品销往全国。2019年枇杷通过电商销售150多万公斤，创收4000多万元，其中萱宝、支点、汇鲜锋等农产品电商供应链企业日销枇杷5000多公斤，为群众增收和脱贫攻坚发挥重要作用。

完善县乡村三级电商物流配送体系。云霄与田丰供应链及菜鸟物流合作，设立农产品仓储配送中心和县域电商云仓储中心，重点解决从县到乡镇到村“最初一公里”物流瓶颈问题，成为全省首个实现行政村物流全覆盖的省级扶贫开发工作重点县。全年快递收件量410.79万件，同比增长34.53%，派件量1697.43万件，同比增长30.1%。

建立电商公共服务中心。电商公共服务中心通过运营电商园，致力于打造“政企共建”服务新模式，开设线上特色馆，完善溯源系统，打造“e上云霄”公共品牌。创建“主体培育、孵化支撑、平台建设、营销推广”四大体系，为品牌企业、零售商、网创人员、在校大学生、创业青年等提供最优质的电商服务，培育1000多名电商人才。

成立电商协会党支部。 电商协会党支部发挥党建工作在电商助力扶贫和乡村振兴中的引领作用，引导企业在物流快递、摄影美工、代运营等方面提供优质服务，整合社会各方面资源为贫困户送就业、送物资，拓宽农民增收渠道。参与漳州市“一户一店一码”电商扶贫试点，在有赞商城建设扶贫馆，为贫困户提供开店辅导、链接制作等，帮扶贫困户学会用手机卖农产品，培育贫困户造血功能。

【金融下乡】 2019年，云霄推动金融下乡，以助农取款服务点为平台，打造融“金融知识培训点”“贷款零售服务宣传点”“需求信息登记点”“小额便捷支付点”“小面额人民币物流配送点”“农村‘云闪付’支付平台”等六项功能为一体的“五点一平台”农村金融服务模式。推动保险下乡，实现“一村一金融”服务目标，做活农村金融，全省首创小面额人民币物流配送点。云霄农信联社设立小额支付便民点158个（其中普惠金融综合服务点2个），覆盖全县155个行政村。全年交易62.25万笔，交易金额12045.79万元。年发放宣传材料0.85万份，满足广大人民群众对于金融服务需求，实现金融服务不出村。

【农产品检测】 农产品检测中心围绕现代农业、农村电商等，建设农产品质量安全系列检测能力，重点开展农产品高值化利用技术研究、产品标准和检测技术研究等，突出质量检测、科研转化、标准与认证、人才建设等四大功能，为区域经济发展提供有效助力。

【电商扶贫】 2019年，云霄通过电商扶贫到村、项目扶贫到站、平台扶贫到家、创业扶贫到点等形式，帮助贫困户创收。其中“一户一店一码”模式在下河村、峰头村等8个村启动，122位贫困户接受辅导并开办微小店。创新开展政银校企合作，助力脱贫攻坚和乡村振兴。

电商扶贫到村。探索并推广“互联网+合作社+贫困户”电商扶贫模式。下河乡组织贫困户成立雨润种植农民专业合作社，和平乡明煌农民合作社联合贫困户推出“互联网+认养+乡村游”模式，实现农户增收、合作社增效、客户游购乐“三赢”。

项目扶贫到站。联合农村淘宝开启省内首个“生态农产，扶贫专柜”项目，在县城、乡镇服务站点设立20个农户土货资源收购站，收购果蔬、鸡蛋、农家蜂蜜、水产品等，再借助电商村级服务站点和菜鸟二段物流，并设立保鲜专柜，供应到各个社区站、镇区服务站，切实做到精准扶贫到家。

平台扶贫到家。将每个贫困户信息录入系统，形成大数据，依托青年电商促进会开设的线上有赞扶贫馆，开展“一户一店一码”精准扶贫。青年电商促进会在“有赞扶贫馆”后台为贫困户开设和微店，一个微店一个二维码，产品及二维码链接统一在该平台发布。借助后台大数据，既及时了解贫困户生产情况及产品供求信息，又让电商企业和贫困户准确掌握交易数据，便于在资金上精准扶助到户。

创业扶贫到点。马铺乡峰头村以返乡大学生方丽洪为代表的创业先锋，依托青马农商农产品集散中心，成立漳州和丰电子商务有限公司。组建团队创立“几分田”“峰头羊桃”等农产品品牌，与当地贫困户形成产销直供模式。

（张晨晖撰　郭玲审）

招商引资

【对外经济贸易】 2019年全县新批项目2个，合同利用外资15326万元；验资到资完成3580万元，完成年度计划（2.2亿元）的16.27%。全县2019年外贸出口完成7.01亿元，完成年度计划（16.5亿元）的42.48%。生产型企业出口同比2018年增加19.18%。云霄县主要出口产品有食品、化妆品、服装、高新技术产品等。其中2019年食品出口额2.27亿元，占全县出口额的32.38%；化妆品出口额为1.7亿元，占全县出口额的24.25%；高新技术产品出口额为1.42亿元，占全县出口额的20.26%；服装出口额为1.1亿元，占全县出口额的15.69%。

（方玲撰　沈立东审）

【项目引进】 2019年，全县签约项目53个，民企项目50个，央国企项目2个，外企项目1个，计划总投资80.72亿元。其中，工业项目46个，计划总投资58.96亿元；农业项目3个，计划总投资5亿元；服务业项目4个，计划总投资16.76亿元。年内，落地项目44个，计划总投资65.96亿元。全年，云霄县党政一把手带队外出招商11场次，县分管招商领导带队外出招商16场次，各乡镇（开发区）党政主要负责人外出招商112场次。举办集中签约4场次。报市竞赛办参与“三抓三比”竞赛项目42个，计划总投资82.51亿元。其中，工业项目35个，计划总投资43.75亿元；服务业项目7个，计划总投资38.76亿元。年内，落地项目36个，计划总投资65.51亿元。

（张权超撰　方建林审）

商　贸

【副食品供应保障】 2019年，省商务厅核定2家重点省级副食品调控基地，补助资金58.8万元，保障市场副食品供应稳定。

【市场生猪储备管理】 2019年，为保障市场猪肉供应，制定出台《云霄县县级生猪储备管理办法》，认真筛选本县具有较强实力的8家无公害养殖场做为我县生猪储备基地，共计储备生猪7500头。县工信局成立生猪储备基地保供小组，通过鼓励受影响较小的原储备基地扩产养殖，以及积极引导其他规模养殖基地纳入储备名录，有效保障生猪储备数量。通过调研形成《关于云霄县生猪应急储备基地的情况报告》，报县委、县政府领导研究决策。

【加油站（点）监管】 2019年，对辖区内16家加油站进行年检，顺利完成中国石油大埔西、东厦两家加油站及4家民营加油站的双层罐改造工作。配合云霄县蓝天保卫战污染源排查工作，强化储油库、加油站和油罐车污染排放的监督管理，确保油气污染治理工作顺利进行。

【市场体系建设】 2019年，组织申报市场体系新建项目2个，向上争取省级市场体系建设资金96.5万元，有力支持县域商务流通领域市场服务体系建设。

【企业产品展销】 2019年度，积极鼓励云霄企业参加各类展会，补助2018年度自行外出参展的7家企业11.8万元。为贯彻落实市政府关于支持食品产业做大做强八条措施精神，突出展示县域名优食品，举办“2019云霄味”迎春年货展销会，补助27家参展企业共计8.7万元。

（方杨烨撰　方艺斌审）

供销合作

【农产品流通】 县供销合作联合社培育农产品流通主体。2019年新发展云霄县荷青蔬菜专业合作社、云霄县大茂山茶叶农民专业合作社、云霄县正天农民专业合作社、云霄县和田青果蔬专业合作社、云霄县明龙种植专业合作社、云霄县禾土果蔬专业合作社（供销社参股）、云霄县悦农农业专业合作社联合社、云霄县银农农业专业合作社联合社等8家农民专业合作社。

【生产资料经营】 县供销合作联合社以服务“三农“为宗旨，确保农村生产、生活资料供应。重点抓好农资化肥供应。根据漳州市发改委下达的化肥冬储任务，分解冬储任务指标。截至3月底，全县供销系统完成化肥冬储任务25554吨，其中优质肥（氮肥、尿素）13572吨，小化肥（碳铵、磷肥）11982吨，超额完成2018—2019年度市发改委下达的化肥冬储任务，为广大农民提供质优价廉农资商品，保障优质农资供应，确保春耕生产顺利开展。

【农村流通网络体系建设】 县供销合作联合社推进“新网工程”“惠农工程”建设，进一步完善农村流通网络体系。2019年投入项目建设资金118.5万元，其中：自筹项目建设资金35万元，申请省市级“新网工程”和“惠农工程”项目补助资金83.5万元。年内，实施“新网工程”项目1个，云霄县莆美农资配送中心获得补助40万元；“惠农工程”项目3个，马铺综合服务社获得补助25万元；云霄县莆美供销社旧办公楼升级改造项目获得补助15万元；云霄县城关供销社云陵庄稼医院升级改造项目获得补助3.5万元。

【农资市场管理】 县供销合作联合社严把农资商品质量关，确保各经营网点从正规渠道购进农资商品。严格执行产品质量责任制，杜绝假冒伪劣、过期失效农资商品流入供销系统经营网点。配合相关执法部门加强农资商品监管力度，组织专门人员深入各农资中心、经营网点进行农资质量、价格抽查，确保为广大农民提供质优价廉农资商品。

（方慧撰　陈莉珊审）

粮食流通

【粮食收购】 2019年，云霄开展粮食市场调研，早抓粮食收购工作。2019年完成4723吨储备粮轮出任务，减少粮食风险基金支出。落实“粮食收购最低保护价”政策，优质服务售粮农户，保质保量完成年度夏粮收购任务，确保完成储备粮轮入。

【粮食储备】 2019年，云霄加强监管储备粮入库、储存、出库质量，加大科学保粮新技术推广应用力度，推行、富氮低氧、低温准低温、惰性粉等新储粮技术应用，提升储粮品质，减少损耗。实行“一品一码”质量追溯，加强检测储存粮食质量，确保储粮安全。是年，经全国政策性粮食大清查和省市春秋两季大检查，云霄储备粮均符合“一符四无”储粮要求。

【粮食市场供应保障】 2019年，云霄进一步贯彻落实粮食安全省长责任制，加强监管县域内粮食市场。完善应急网络建设，扶持26家应急供应网点、1家加工企业、1家应急配送企业，及时拨付扶持资金，确保应急体系在应急时能够有序高效运行。严格落实军粮供应政策，保质保量完成军供任务。

物资供应

【概况】 2019年，云霄物资总公司积极推进安全生产诚信体系建设，杜绝发生火灾爆炸事故；杜绝发生民用爆炸物品仓库被盗、被抢事故；杜绝发生违法购销安全事故；杜绝发生民爆物品运输交通事故；杜绝发生人员重伤以上事故；实现轻伤事故和职业病危害为零。

【安全生产】 2019年，云霄物资总公司贯彻“安全第一、预防为主、综合治理”的安全管理方针，强化“一岗双责”，落实企业安全生产主体责任，继续提升企业安全生产标准化水平，增强安全防范治理能力。重点做好民爆物品储存库出租安全管理工作，实现无火灾和无爆炸事故、无被盗和无丢失事故、无人员伤害事故。

（卞伟毅撰 周建宗审）

烟草专卖

【概况】 2019年，云霄烟草专卖局（分公司）坚持“五保”（保税利、保销量、保状态、保规范、保稳定）卷烟经营指导思想，以“五要素”（市场价格、社会库存、订足率、订足面、商业库存）工作法为核心，以“两服务、一巩固”定位，推动卷烟非烟经营一体化发展。全年销售卷烟同比增长1.81%，税利同比增长7.78%。获云霄县2019年度绩效考评优秀单位、先进基层党组织、五星级党组织、一类平安单位。

【营销管理】 企业经营发展 坚持目标导向，持续推动企业经营发展，关注市场变化情况及外来人员增加的市场需求空缺，注重省产烟与省外烟之间协调增长，省外烟占总量33.82%。全年，完成非烟任务116.24%，发展287个联营客户。

品牌培育 开展营销活动53场，持续提升省产烟高端竞争力，重点培育七匹狼（古田红军灰）。借助“红色革命文化”精神属性，开展7个主题活动，塑造品牌价值，活动期间七匹狼（古田红军灰）香烟销售66.66箱，同比增长50.12%。

终端网络建设 提高客户能力，持续提质夯实网建基础。深化“五纵六横”（纵向五层分为终端达标店、终端形象店、终端示范店、终端体验店、终端旗舰店，横向六类分为旅游、婚庆、休闲、工程、商务、属地）终端生态网络，建成现代终端455户，占零售户总数17.12%，终端结构逐步优化。

互助小组建设 推行“1611”（以客户盈利为1个中心，注重组长、组员、观念、价格、沟通、奖惩六大基础，搭建1个交流互助平台，执行1套奖惩机制）自律互助小组建设机制，建成自律互助小组156个，覆盖率90.38%。持续发力帮扶客户，倾斜客户物资、服务等资源，完成16个中小户一对一帮扶工作。提升客户宣讲成效，利用多种线上工具开展现场互动、宣讲成效评估及优秀团队评选，客户宣讲面达到自律互助小组客户数42.27%。

【专卖打假】 云霄市场监督管理局成立打假领导小组，组建相对固定打假队伍，在全县范围内开展打击假冒卷烟活动。出台《云霄县2019年卷烟打假综合绩效考核办法（暂行）》，修改《关于打击制售假冒卷烟举报工作规定》，出台《涉案假烟价格预评估管理办法》《关于进一步规范涉烟刑事案件移送工作的指导意见》。全年，县烟草专卖局立案移送723起（其中案值50万元以上案件移送35起），查处6起涉假案件，查获涉假车辆10辆、假烟213.26万支；自查涉假窝点70个，查获成品烟637.24件、半成品烟624.52件、烟丝3.53吨。全年，云霄市场监督管理局组织人员960余人次，出动车辆286车次，开展卷烟打假巡查，单独或联合烟草部门查获各类卷烟折算成品烟后306.54件（50条/件），烟丝70包（25公斤/包），商标标识8000张。

【市场管理】 加强排查真烟大户，深入调查分析，摸排调查大户及其下线客户分布情况并建档，取消大户经营资格3户，更新大户名单12户。从10月开始，组织开展为期3个月的卷烟市场专项整治行动，查处大要案3起，一般案件30起。全年，查办真烟一般案件115起，大要案7起，查获非、私卷烟4361条，涉案金额124.61万元，破获国标网络案件4起。移交4条线索给公安部门侦查，独立侦办案件28件，其中2件案件移送公安部门追刑，行政处罚33.01万元。

（高洋撰　林伟革审）

整顿市场秩序

【概况】 截至12月底，全县继续保持烟机、炒丝场“零查获”。查获假烟11110.53件（其中省查2941.94件，省队与各级联合查1790.62件，县自查6377.97件）；查获烟丝12754.17包（其中省查2441.25包，省队与各级联合查5528.25包，县自查4784.67包），查获数量和制假规模持续保持下降趋势。

【组织领导】 全县打假工作在国家、省市烟草部门和上级党委政府的重视支持下，县委、县政府持续高度重视打假工作，坚持党委主导、政府主抓、党政同责，年初第一场全县性大会就是打假工作会议，县委常委扩大会、县政府常务会、专题会多次研究部署打假工作，要求全县各级各部门要紧紧围绕“成功转型、实现根治”工作目标，以“属地管理、守土有责”为根基，以“防扩散、防回流、防反弹”为重点，认真贯彻“堵疏结合、以打促疏”的打假策略，自加压力、狠抓落实；成立3个打假工作队对应指挥云陵、莆美、火田等3个重点整治乡镇的打假工作，奋力提升重点整治乡镇的打假整体成效；将卷烟打假纳入扫黑除恶专项斗争的重要内容，持续严防、严查、严打、严处，不断推动卷烟打假综合治理工作向纵深开展。

【自查自打】 全县各级各部门进一步提高政治站位，不断增强打假的自觉性和主动性，始终把加强卷烟打假工作当作政治任务来抓，强化使命担当，严格责任落实，把打假工作扛在肩上，放在心上，落实到行动上，立足自打自查，全县集结16支“尖刀力量”的打假突击队，充分发挥县公安局、打假办、市场监督管理局、烟草局等职能部门及乡镇打假队的主力军作用，祭出打假重拳，扎实开展2019年卷烟打假“夏季风暴”暨“百日破案追逃”严打整治专项行动和秋冬季卷烟打假严打整治专项行动，在全县范围内加大卷烟打假工作力度，巩固打假工作成效，进一步彰显了县委县政府“除假务尽”的信心和决心；招聘195名“一村一警务助理（打假专员）”充实打假力量，不断延伸打假触角，以村民小组、楼盘小区等基层阵地为依托，加强对野外炒丝、夜间包烟、寄递物流运输假烟、民宅藏假和废旧厂房、闲置工棚、旧窝点等屡有查获的突出环节和重点部位定期组织人员重点巡查，保持“露头就打”的高压态势，实施精准打击，做到发现一起，捣毁一起，取得显著工作成效，从源头上彻底铲除滋生制假售假的土壤。

【科技防控】 县委、县政府进一步加大科技打假力度，开展新一轮“雪亮工程”建设，并入公安局“110”指挥系统，从涉假人员、物品、车辆等入手，摸清制假动向，实现及时预警快速打击；充分发挥城乡社区网格治理“2+N”模式暨“社区（乡村）110”作用，强化制假人员和车辆等可疑信息的搜集研判，提高快速反应能力，增强打击的针对性和有效性；强化科技+数据打假，认真分析研判本地外出务工回流人员，特别是有制假刑事前科且无正当职业的人员，逐步建立完善涉外省市制假人员信息数据库，强化社区矫正职能，加强涉假涉刑人员动态跟踪管理；购置13台无人机，增强无人机侦查力度，突破空间、地域限制，有效提升打假工作效率，通过空中巡、路面堵、重点查，健全覆盖各个层面的立体打假网络，做到点上露头就打、面上防控挤压、路上查封堵截，全力压缩制假生存空间。

【案件查办】 不断完善政法机关和打假办、烟草局等部门的涉假案件会商研判机制，在破案追逃专项行动中，由县委政法委牵头，抽调政法委、检察院、公安局、打假办等15名精干力量，集中攻坚，全面提升案件查办力度，进一步推进涉假案件经营，努力达到“查处一个案件，摧毁一个网络”。2019年来共立涉假刑事案件337起（省打假移送案件235起，县自查102起，破案条件较好的175起），破获156起，涉案价值50万元以上立40起，破获24起；抓获网上涉假逃犯230人，抓获涉假刑事人员210人，其中刑拘175人，逮捕72人，监视居住88人，起诉146人，判刑88起162人；办结涉假行政案件178起处罚216人，其中移交68起76人，自查110起140人，通过破大案、惩主犯，体现出云霄县对制售假烟违法行为依法严惩的力度有增无减，极大地震慑了涉假违法犯罪活动。

（吴绍明撰　高志宽审）

广告业

【概况】　截至2019年底，云霄广告企业65家，注册资本8109万元，雇用人员331人；个体广告工商户20户，资金数额664.5万元，从业人员184人。

2019年云霄县主要广告企业一览表

表6

内资主体清单			
登记名称	登记类型	法定代表人\负责人	成立日期
漳州市巴凌广告传媒有限公司	内资公司	刘真华	2019-01-09
漳州市云图广告设计有限公司	内资公司	方文腾	2019-01-16
漳州云霄晨轩广告有限公司	内资公司	施煜俊	2019-02-20
漳州市荣尚广告传媒有限公司	内资公司	何舒为	2019-03-08
漳州这佳广告有限公司	内资公司	方保寿	2019-05-09
漳州市融霄广告传媒有限公司	内资公司	陈雄	2019-05-13
漳州献核广告有限公司	内资公司	张献海	2019-05-16
漳州市格维广告传媒有限公司	内资公司	石伟奇	2019-07-04
漳州市汉杰广告传媒有限公司	内资公司	蔡汉杰	2019-08-06
漳州市华莫广告传媒有限公司	内资公司	朱晓华	2019-08-15
漳州市延穹广告传媒有限公司	内资公司	罗延琼	2019-09-24
漳州市效文广告传媒有限公司	内资公司	吴晓文	2019-09-29
漳州市领航广告传媒有限公司	内资公司	张秀妹	2019-10-09
漳州市彩乐广告传媒有限公司	内资公司	方建彬	2019-10-11
漳州市隆腾广告有限公司	内资公司	汤福城	2019-10-23
漳州赢吉广告有限公司	内资公司	方吉泰	2019-10-23
漳州市儒能广告有限公司	内资公司	张阿向	2019-12-10
云霄县云雪广告服务部	个人经营	吴米雪	2019-02-21
云霄县金丽广告经营部	个人经营	张惠华	2019-03-14

续表 6

个体主体清单			
名称	组成形式	经营者	开业日期
云霄县艺彩广告喷绘服务部	个人经营	李丽琴	2019-08-12
云霄县金财来广告经营部	个人经营	吴金寿	2019-08-14
云霄县明坤广告经营部	个人经营	张小明	2019-08-26

（黄宽林撰　蔡炎煌审）

餐饮业

【云霄饿了么简介】　“饿了么”是中国专业的餐饮 020 平台，由拉扎斯网络科技（上海）有限公司开发运营。2017 年 6 月入驻云霄，截止 2019 年 12 月，当地网络餐饮经营户 438 户加盟。作为中国餐饮业数字化领跑者，“饿了么”秉承激情、极致、创新之信仰，以建立全面完善的数字化餐饮生态系统为使命，为用户提供便捷服务极致体验，为餐厅提供一体化运营解决方案，在线外卖、新零售、即时配送和餐饮供应链等业务，推进整个餐饮行业的数字化发展进程。

【云霄美团外卖简介】　美团外卖是美团旗下的在线外卖平台，覆盖全国 300 余个城市。2017 年 1 月入驻云霄，2019 年覆盖云霄商家近 500 家，市场占有率超过 60%。美团有六大品类：美食、超市、甜点饮品、鲜果、鲜花蛋糕等。“只有你想不到，没有我们送不了”，美团一直致力于让消费者的生活变得更简单，同时帮助合作商家的外卖交易额达到最大程度提升，达成合作双赢。

【云霄麦当劳简介】　云霄麦当劳隶属于漳州市迈威尔餐饮管理有限公司，政通路店于 2017 年 12 月 1 日开业，有 98 个座位，2019 年营业额 900 万元。

（方杨烨撰　方艺斌审）

交通运输

【客运服务】 2019年，全县有客运企业6家，车辆114辆（其中：普通客运班车72辆、旅游包车42辆），驾驶员110人，核定座位数3769座；有客运站场6家，客运班线41条（其中：省级5条、市际3条、县际16条、县内17条）。

2019年，城乡道路客运一体化发展水平自评评价分级为AAAAA。推出边远山区“帮邦行网约”客运，推进“四好农路”建设，实现全县158行政村村村通客车，方便群众出行。按照“一站多能”的建设思路，在原有农村客运站的基础上改建，建成和平乡综合运输服务站、马铺乡综合运输服务站并投入使用。

进一步规范客运站营运客车安全例行检查及出站检查工作，要求客运站严格落实安全管理责任；强化开展客运企业质量信誉考核工作，要求客运企业定期开展道路客运专项应急演练和安全隐患排查工作，进一步提升客运驾驶员安全意识，规范驾驶行为，确保乘客生命财产安全；严格落实农客油补、车补政策，按规定进行公示并发放补助资金；结合每月日常安全例检和节假日安全检查，及时发现安全隐患和不足之处，防范于未然；要求企业加强车辆动态监控平台日常管理工作，实现所有客运车辆北斗终端全部安装，覆盖率100%。

【公交车、出租车服务】 2019年，全县公交车运营企业有长顺公共交通有限公司1家，有公交车25部，公交线路13条，公交和客车共通过158个建制村，通客车率100%；出租车营运企业有长顺公共交通有限公司、中联出租车有限公司、顺冲出租车有限公司3家，共有出租车42部。

为进一步提高公交和出租车服务水平，县运管所重视环境保护，推行绿色出行。云霄县长顺公共交通有限公司报废原线上运行的15部传统能源公交车，并将已购买的新能源（纯电动）公交车辆办理新车上牌相关手续，替换原线上运行的传统能源公交车辆；设置机构配置人员进行管理，定期召开经营企业会议，规范企业经营，加强文明服务；落实油补政策，按规定公示上墙并发放油补资金；按照创建文明县城和文明行业要求，规范出租车运营管理，严格落实2个月定期召回检查制度，保持车容车况良好；严格要求运营车辆设施配备齐全，计价器和北斗终端正常运转，随时掌握车辆动态；在全县范围内重新拟定、规划、优化公交站牌和线路，扩大城区群众公交出行范围，公交车内设置驾驶安全防护栏，确保司机驾驶和乘客乘车安全；结合每月例行检查和节假日检查，及时发现安全隐患和不足之处，防范于未然。

【货运服务】 2019年，普通货运企业数28家，车辆数758辆，吨位数5836.866吨，危险品货运企业数3家，车辆数20辆，吨位数124.939吨。

对全县许可货运企业开展质量信誉考核，3家危险品运输企业AA级，20家普通货物运输企业AA级。日常管理中加大对货物运输车辆档案的检查监督，使之做到按时维护、年审；要求企业建立安全生产管理体系，确保车辆运输安全。按照国家和省规定的条件、权限、程序审查运输许可并做好营运证件的办理和审验工作，对许可证到期未申请换发证或审核不合格未换证的运输企业，及时发出停业整改通知书，限其整改。加强对监控系统的使用管理工作，对在册总质量12吨以上货车全部按要求安装北斗终端监控系统；严格执行交通运输部取消总质量4.5吨及以下普通货运车辆道路运输证和驾驶员从业资格证，大大降低物流企业运输成本，提高各物流企业竞争力；加强监督企业开展安全教育情况，切实增强驾驶员的安全意识，以保障货物运输安全。加强农村物流网络建设，建立完善县、乡、村三级物流配送机制，解决从乡镇到村“最初一公里”“最后一公里”物流瓶颈问题，畅通农产品进城和工业品下乡的双向流通渠道。

【客运站场建设】 新云霄汽车站，总投资2995.25万元，总建筑面积7082.3平方米，2019年完成主站房、维修车间封顶，完成投资1100万元，累计完成投资1919万元。

云霄公交首末站，总投资1839.74万元，总建筑面积2648.24平方米，完成土地报批、杆线迁改，2019年完成投资300万元，累计完成投资1342万元。

【交通行政执法】 加强行业监管和行政执法工作，形成对非法营运的高压打击态势，确实保护合法经营者的正当权益，促进全县运输市场健康稳定发展。全年出动执法人员5000人次、执法车辆1192辆次，交通执法巡查公路里程11600公里。其中路政管理出动37次，开展保护公路宣传24次，查处路政违法案件14件，纠正制止违章行为496起，查处货车违法超限行为268起；拆除非公路标志298面，拆除违章建筑42处640平方米，清除堆积物271处5002平方米，查处滴、洒、漏车辆污染公路34起；检查客运、货运及危货企业630家次，发出整改通知书75份，并督促一一整改到位；严厉打击未经许可、非法从事客运“黑车”69部，出租车不打表4部，不按核定站点停靠并上下旅客1部。

【行业管理】 加快货运物流与城乡客运一体化建设，按照“便民惠民，高效快捷”的原则，统筹规划货运物流与城乡客运发展。引导基层乡镇新建、改造乡镇综合运输服务站，推动“多站合一、一站多能”，确保农产品进城和工业品下乡的双向流通网络渠道畅通；积极引导物流企业进入乡村二级物流网络节点。云霄县田丰、华通两家物流企业开通覆盖全县10个乡镇158个乡村村级物流服务点，发挥物流快递业的资源优势；加快农村客运班线公交化改造，不断延伸扩展运营线路，推进城乡交通一体化。形成以县区为中心，各乡镇为结点，辐射广大城乡接合部的道路运输综合网络系统，满足城乡居民出行的要求。

【路长制工作】 建立健全制度机制，把“四好农村路”创建工作纳入政府绩效考评内容，有力地推进“四好农村路”工作。有序推进路长制工作，进一步建立健全“路长主导、部门联合、分级负责、社会参与”的路长管理机制，以党建引领“四好农村”路创建，把“党建+四好农路”建设工作延伸到农村公路管养一线，率先在全市成立中共和平乡路长办支部委员会，在农村公路管养一线竖起一面旗帜。2019年9月份，省交通运输厅、农业农村厅、扶贫办联合公布第三批“四好农村路”省级示范县名单，云霄县榜上有名。

【部署落实】 2019年，云霄县交通运输局根据上级有关部门要求制定《云霄县交通运输局关于印发做好非洲猪瘟防控工作方案的通知》《云霄县交通运输局关于开展全县交通运输系统安全隐患综合整治大行动的通知》《云霄县交通运输局关于印发2019年云霄县道路内河水路运输春运工作方案的通知》《云霄县交通运输局关于明确全县加强公交车行驶安全和桥梁防护工作任务的通知》《云霄县交通运输局关于组织开展安全生产隐患排查治理专项行动的通知》《云霄县交通运输局关于做好清明节期间和近期恶劣天气安全防范工作的通知》《云霄县交通运输局关于认真贯彻落实习近平总书记重要指示精神开展安全隐患大排查暨“五一”安全检查活动的通知》《云霄县交通运输局关于印发〈危化品道路（水路）运输事故应急预案〉的通知》《云霄县交通运输局关于加强“五一”假期和汛期交通运输行业安全生产工作的通知》《关于进一步落实全县交通运输企业安全生产主体责任和行业监管责任的意见》《云霄县交通运输局关于印发2019年度安全生产工作要点》《云霄县交通运输局关于贯彻落实〈云霄县开展危险化学品等重点行业领域安全生产专项执法检查实施方案〉的实施意见》《云霄县交通运输局关于印发危险货物隐患排查整治专项行动方案的通知》《关于制定交通运输行业公路、水路安全风险分级管控与隐患排查治理双重预防机制实施方案通知》《云霄县交通运输局关于印发云霄县交通运输系统“防风险保平安迎大庆”消防安全专项行动方案的通知》《云霄县交通运输局关于开展2019年“安全生产月”活动的通知》《云霄县交通运输局关于推进全县公路水路行业安全生产领域改革发展细化实施意见》《云霄县交通运输局关于调整防抗雨雾霜冻等灾害专项预案》《关于调整云霄县交通运输行业突发性公共事件应急处置方案》《云霄县交通运输局关于做好中秋、国庆期间交通运输安全生产、综治维稳工作的通知》《云霄县交通运输局推进城市安全发展的实施方案》《云霄县交通运输局关于开展2019年客运车辆交通安全集中专项整治行动的通知》《云霄县交通运输局关于加强2019年今冬明春火灾防控工作的通知》《云霄县交通运输局关于印发2019年公路水路安全联防工作实施方案的通知》《关于印发〈云霄县交通运输系统公共安全领域突出问题大排查大化解大整治攻坚行动方案〉的通知》《云霄县交通运输局关于印发开展整治“黑车”非法营运和出租汽车客运秩序专项执法行动实施方案的通知》《云霄县交通运输局关于组织开展综治平安集中宣传活动的通知》《云霄县交通运输局关于印发〈2019年云霄县交通运输系统综治平安建设工作要点〉的通知》。全面部署、组织落实好“平安交通”“安全生产月”“全国交通安全日”“综治维稳”“扫黄打非”和“扫黑除恶”专项斗争等各项工作，落实“党政同责、一岗双责”和企业主体责任，消除安全生产隐患。

【安全生产】 加强对安全生产工作的领导，及时调整安全生产领导小组，签订《安全生产和消防安全目标管理责任书》《社会管理综合治理责任书》；建立和完善各项安全管理制度，明确安全生产的责任主体和监管职责；深入贯彻落实上级部门扫黑除恶专项斗争政策和精神，2019年摸排线索142家，上报县扫黑办1条疑似涉黑涉恶线索。

开展安全生产大检查，2019年组织6258人次开展20多次行业安全和维稳工作检查，排查出安全隐患36项，下发整改通知书13份，限期整改22项，现场整改14项，全部整改完毕，整改率100%，确保全年运输行业安全生产无事故；深入开展包括“平安春运”“爱路护路宣传月”“安全生产月”“扫黑除恶”专项斗争等系列活动，发出安全生产、综治维稳、“扫黑除恶”专项斗争方面的宣传材料8500余份，发送短信32万余条。2019年度，云霄县交通运输局荣获全县安全生产工作评比先进单位。

【防御自然灾害】 落实交通防汛工作要求，做好防御暴雨洪灾各项工作。认真落实《防汛抗灾及突发事件应急预案》，严格执行24小时值班，领导带班和AB角值班制度，做好信息传递；汛期期间，各部门、各股室一律取消休假，各司其职、各尽其责；组织人员加强临水、傍山、边坡及危桥等水毁易发路段路基、防护设施的巡查和排险、加固，发现问题及时修复。

【长运公司】 2019年，公司客运站年完成客运量44.04万人次，周转量3008万人/公里。云霄县长顺公共交通有限公司年公交车完成客运量47.83万人次，运行145万公里。随着动车班次的增加、非法运营车辆及网约车的影响，公司的客车、公交车客运量继续明显下滑，企业经济效益受到极大影响。

位于云陵镇下坂村（国道324线与云漳北路交界处）新云霄汽车站截至2019年12月，累计完成投资1187万元，占年度计划的118.7%；云霄县公交站，2019年9月完成部分场地土方回填；2019年11月新购置的15部新能源纯电动公交车，12月4日投入运营；新开通K6（云霄长途汽车站至动车站）公交线路。

（邱惠娟撰 方育庆审）

【水运能力】 2019年，全县有渡口6道，航线5条，渡船7艘，渡工16人。渡口分别为坑口、青美、龙镜、衫脚、峰头、马铺，其中青美、峰头、马铺三个渡口全面改造验收完毕；马铺乡峰头库区水路渡运航线：马铺—坑口、马铺—青美、马铺—龙镜、马铺—衫脚、马铺—峰头。全年水上交通客运量2.1万人、旅客周转量102.004万人公里。

【航运监管】 加强对渡口渡船的安全生产检查和监管。对全县6个渡口、7艘渡船逐一安检，重点排查消防救生设备的保养、配备情况，严禁夜间航行、超载及危险品运输和客货混载，发放宣传材料1100多份；坚持每个月对马铺乡所有渡口渡船、渡工进行安全检查和安全培训，全年出动执法车辆24辆次，检查渡船及内河乡镇船舶155艘次，纠正违章违规渡运9起。开展全县内河乡镇船舶安全生产和违法违规专项整治行动，全年拆除17艘存在严重安全隐患的水泥船。

【渡口管理】 因马铺乡库区道路交通便利，渡口渡船使用功能减弱，峰头水库是饮用水水源地一级保护区，根据《中华人民共和国水污染防治法》第六十五条规定：禁止在饮用水水源地一级保护区内从事网箱养殖、旅游、游泳、垂钓或者其他可能污染饮用水水源水体的活动，报云霄县人民政府申请撤销马铺六道渡口，经云霄县人民政府批复同意于2019年8月19日撤渡，并按规定做好相关工作，督促所有内河乡镇船舶配备污油收纳桶和卫生桶，防治水污染，保护水环境。

【驾驶员培训】 依据《机动车驾驶员培训管理规定》《福建省道路运输质量信誉考核办法（试行）》及有关规定，对全县7所驾校进行机动车驾驶员培训机构质量信誉考核工作。全县有AA级驾校6所，AAA级驾校1所。每到一所驾校，利用照相机和录像机以及精确计量的工具，进行现场查看、丈量、核对等程序，同时督促各驾训机构根据规定家里健全驾培机构的相关档案。认真对辖区驾校对驾培业户的经营资格（许可证、准教证、教练车证等证照是否齐全有效）、经营行为（是否按照交通部颁发的教学计划和教学大纲，并使用交通部统编教材组织教学）进行检查。建立学员投诉制度，充分发挥“8539170”投诉举报电话和“12328”全国交通服务监管电话在驾培市场监管中的作用。2019年，全县各驾校审核签发培训记录8187人次，其中小车7908人次，大车279人次，摩托车918人次。

【车辆维修】 截至2019年底，云霄县有一、二、三类维修企业92家。维修企业审批根据国家规定修改为备案。

加强道路运输车辆技术管理，保持车辆技术状况良好，保障运输安全，发挥车辆效能，促进节能减排。坚持分类管理、预防为主、安全高效、节能环保的原则对道路运输车辆在保证符合规定的技术条件下，按要求对道路运输车辆进行维护、修理、检测。

（陈进林、汤一帆撰　蔡志鹏审）

公路建设

【漳江湾特大桥及连接线工程】

该项目路线起于漳浦县沙西镇埔里村，顺接纵一线漳州沿海大通道漳浦段，向南新建漳江湾特大桥跨越漳江湾出海口，终于云霄县东厦镇郊洋村，路线全长6.3公里，总造价11.35亿元。其中，云霄段路线长3.58公里，总造价6亿元，按一级公路技术标准设计，设计速度80公里/时，路基宽度32米，双向6车道，沥青混凝土路面，包括路基、路面、桥涵、交通安　全设施、绿化及景观工程等。该工程2016年4月份开工建设，于2019年5月完成主体工程，经过4个多月试运行，于2019年9月26日正式通车。该大桥贯通漳州沿海大通道漳浦段和云霄段，对推动云霄县的经济增长融合发展具有重要意义。

【和田路（开漳大道至世坂村路段）道路建设工程】 本项目起点位于火田镇郭浦村（开漳大道与和田路交接处），终点位于下河乡世坂村，建设里程长1.8公里，按公路二级兼城市次干道路标准建设，路基宽度24米，双向四车道，路面为沥青混凝土，工程总造价1亿元。工程于2017年4月开工建设，2018年12月底完成主体建设，该工程于2019年9月26日正式通车。

【国道G324线云霄城关段改建工程】 该项目路线起点位于漳江大

桥桥头，沿旧G324线，途经云霄县云陵镇、莆美镇及云霄经济开发区，终点位于厦深铁路桥桥头，里程6.419公里。项目按一级公路标准兼城市道路功能设计，设计速度60公里/时，双向六车道，沥青混凝土路面。项目总投资为2.86亿元，采用PPP建设模式。工程于2019年5月份正式开工，10月1日完成漳江大桥下匝道通车，大大缓解绥阳路通往县城的交通压力。2019年完成投资6000万元，预计2020年计划完成投资20000万元，完成绥阳路跨线桥、七星山跨线桥、彩龙大道下穿通道，全线基本贯通，预计2021年建成通车。

【国道324线（火田段、云陵段）道路安全隐患整治工程】 本项目建设分为云陵段、火田段，本次道路安全隐患整治工程2段路线长度合计约为2.7公里，道路路面红线为23米，采用沥青混凝土路面。主要建设内容包括路基工程、路面工程、涵洞工程、交叉工程、公路设施及预埋管线工程、绿化及环境保护工程等。项目总投资为9648万元，截至12月底，火田段、云陵段路基路面工程基本完成。本项目预计2020年5月建成通车。

【国道G357线陈岱镇至常山开发区路面改造工程】 本项目起点位于东山县八尺门大桥北侧桥头，经陈岱镇、常山华侨经济开发区常山管区，终于国道G324线交叉口。项目总长8.5公里，其中6.1公里位于云霄县陈岱镇境内，2.4公里位于漳州常山华侨经济开发区境内。项目设计时速60公里/时，二级公路技术标准，路基宽度23米，主要建设内容为沥青砼路面，交叉口23处，小桥3座，涵洞26道，交通安全设施及环保绿化设施等。项目概算总金额为1.4亿元。2019年完成设计、施工监理上网招投标，预计2020年5月正式开工，并于当年年底建成通车。

【云霄至平和（闽粤界）高速公路】 本项目起于云霄县东厦镇浯田，终点位于平和县九峰镇赤石附近，接广东大埔至潮州港高速公路漳州支线（简称“大漳支线”），主线里程97.8公里（其中新建里程78公里，与沈海复线共线里程19.8公里）。按双向4车道高速公路标准建设，起点至沈海复线段设计速度100公里/时，路基宽度26.0米；沈海复线至终点段设计速度80公里/时，路基宽度24.5米。本项目初设批复概算69.16亿元，项目总工期3年。

云平高速云霄段全长29.1公里，经过东厦、火田、下河、马铺4个乡镇，涉及17个行政村和1个镇办农场，项目总征地面积3163.567亩，预计2020年元月建成通车。

【危桥改造】 危桥改造项目7座，总投资887万元。其中6座属双曲拱危桥加固改造，投资700万元；另外一座和平乡西安村小西安桥投资187万元。7座桥梁全部改建完毕并投入使用。

【农村公路建管养】 实施行政村通达公路提级及路网改造，助力精准扶贫，计划完成农村公路15公里，投资1700万元。截至2019年12月底，实际完成17公里共6个项目建设，完成投资3000万元，占年度计划任务的176.47%，超额完成年度任务。

实施农村公路安全生命防护工程，计划投资357万元，对2条县道和8条乡道共44.3公里长路段进行安保设施配套建设，工程于2019年7—9月相继完成招投标，年内建成投用。

推进养护生态示范路建设工程，投资700万创建农村公路生态示范路，对部分农村公路进行优化提升，进一步完善优化乌山旅游、百草园、龙镜水上渔乡观光园等观光观景路线。

公路养护

【小修养护】 制订《小修养护管理办法及考核实施细则》，抓好水泥砼路面清灌缝及裂缝封闭，桥梁隧道养护，涵洞进出口整治，排水系统疏通清理，绿化树病虫害防治和修剪，路面坑槽修补，“滴洒漏”清除等，落实日常养护和预防性养护工作，提升公路养护管理水平。2019年完成国省干线道路清灌缝及裂缝封闭21.1公里，修补路面坑槽4000平方米，清理水沟淤积物2500米/40公里，修剪草皮、绿化树60200平方米/40公里。

【养护工程】 加快推进公路养护工程，完成国道324线云霄（云陵、火田）路段隐患点整治工程，总里程2.74公里，投入资金1.008亿元；完成省道508线剑石岩隧道1号隧道洞壁立面涂装工程，投入资金48万元；完成云霄大埔桥、七里铺桥、莆美桥伸缩缝修复工程，投入资金10万元；完成G357线车头中桥护栏修复工程，投入资金5万元；完成下河服务站设施改造提升及厕所新建工程，投入资金34.7万元。

【路政管理】 做好公路路产路权的相关登记管理工作，紧抓巡查，强化路面动态管控。落实与交通综合执法协作机制，合力提升辖区公路“颜值”；加强工程施工路段管控，确保公路通行顺畅；加强路政宣传力度，有效推进“情满旅途”春运活动和“规范执法 护路为民”路政宣传月活动，营造良好的爱路护路氛围。2019年度办理协议式管理案件7起，办理路产损坏赔偿案件1起，收取赔（补）偿费80344元；上路巡查221天次、256车次、1142人次，纠正、制止各类违章399起，开展联合整治行动24次，清理堆积物50处615平方米。

【安全生产】 开展桥梁和在建工程安全检查和隐患排查，扎实抓好路面障碍清除、施工现场、防火防盗、机车使用管理、隐患路段整治等方面的安全生产工作；以开展“安全生产月”、“12·2”交通宣传日和平安综治宣传活动为契机，组织志愿者进村入户、深入车站、走进班站进行宣传，取得良好效果。2019年，累计下发安全生产文件23份，转发有关安全生产文件20份，组织开展安全生产宣传活动6次；召开安全生产工作会议12次，召开安全生产工作学习会议12次，组织12人次参与县政府安委会牵头有关部门联合举办的安全宣传咨询日活动，开展公路安全隐患排查218次。

（方进树、张雪琴撰 郑祥辉审）

铁 路

【运行班次】 2019年停靠云霄动车站的旅客列车简明时刻表61车次，较上一年52车次增加9车次。上行31车次，分别是诏安—厦门3车次，梅州西—宜昌东1车次，梅州西—厦门1车次，深圳北—扬州1车次，深圳北—南平市1车次，深圳北—厦门北1车次，深圳北—福鼎1车次，深圳北—上海虹桥2车次，深圳北—南京1车次，深圳北—厦门4车次，深圳北—福州南7车次，诏安—福州南2车次，诏安—福州1车次，广州东—厦门1车次，深圳北—龙岩1车次，深圳北—上饶1车次，深圳北—莆田1车次，深圳北—福州1车次。

下行30车次，分别是厦门—深圳北8车次，厦门—广州东1车次，莆田—深圳北1车次，厦门—诏安3车次，福州南—深圳东5车次，龙岩—深圳北1车次，厦门—深圳北1车次，南昌西—深圳北1车次，厦门—香港西九龙1车次，福鼎—深圳北1车次，上海虹桥—深圳北2车次，南京南—深圳北2车次，扬州—深圳北1车次，汉口—梅州南1车次，南平市—深圳北1车次。

【客运量】 客流量较上年有较大增加，2018年上车旅客1472305人次，日均上车4034人次；2019年上车旅客总数1624275人次，日均上车4450人次，最高峰时上车旅客日约17000人次，2019年全年到达旅客1707835人次，日均4679人次。

【便民举措】 停靠车次由2013年最初的13车次增加到2019年的61车次，缓解云霄站的旅客购票难、乘车难的情况。云霄县政府出资一千多万元，为铁路盖起一幢三层大楼，该大楼具食宿、健身、办公及贵宾歇息等功能，改善铁路工作生活条件。投180万元改造进站口和候车大厅，增2台人脸识别系统，增设1个检票口，2台闸机，大大方便旅客入站。拆除候车厅设施设备、扩大客容率，由原来600座位，扩大到2000座位，方便旅客候车。

通信

邮 政

【概述】 2019年，中国邮政云霄县分公司有从业人员155人，设有职能部室（含工会）4个，客户部门4个，邮政支局所13个，邮储网点6个，实现业务总收入3143万元。获全市邮政“营销争先”劳动竞赛第一名，获市分公司经营管理一等奖。

【主要业务】 报刊业务截至2019年12月31日，累计完成报刊订阅流转额1116.37万元。积极推进“进社区”“进校园”等活动，实现订阅教育杂志社《学生周报》36842份、党报党刊12006份。

函件业务。以数据库为载体向客户推荐全县镇、村、居委会等名址，提供专业投递网络，方便客户。累计收寄函件52.37万份（其中，收36.17万份、寄16.2万份）。

集邮业务。以校园市场为开发重点，以青少年为发展目标，与邮协合作，重点抓好新邮预订、生肖邮品和年册销售，通过微信营销，线上线下齐发展，取得良好成效。2019年集邮邮票发行票数29.99万枚，集邮品册数1616册（内含邮票9.23万枚）。

【现代金融业务】 截至2019年12月31日，代理金融期末余额11.45亿元，全年累计保费销售2327万元，基金、理财（含净值型理财）月日均保有量本年净增2673.25万元，中邮证券新增有效户51户。

【现代快递物流业务】 截至2019年12月31日，出口快递包裹364096件、标快8685件；进口快递包裹903271件、标快138412件。

【农村电商】 推进邮政电商扶贫活动，拓展批销大客户，2019年邮掌柜经营批销额约133万元，邮乐小店零售额约6万元。依托“邮乐网”电商平台优势，打造线上线下融合、农产品进城与工业品下乡双向流通格局，全年发生邮乐小店零售总额15.7万，批销总额196万（其中自营批销收入62.3万元）。

【便民服务】 2019年全县行政村100%直接通邮，通邮投递频次、邮政网点营业时间均达到国家普服标准。重点发展邮乐购站点，全年累计站点268个。全县所有网点100%开办代开税票、代收税款业务，为居民提供便捷服务，全年实现代理业务32万笔，累计金额4508.54万元。邮政网点便民服务站总数135个，便民服务站现已开通：电力、移动、电信、联通缴费、信用卡还款、银行卡转账、账户充值等业务。

（吴丹撰　方智法审）

电 信

【概况】 2019年中国电信云霄分公司移动天翼用户10.3万户，

宽带用户 6.1 万户，高清 ITV 用户 4.6 万户，主营收入及基础业务预算完成创新高。是年完成县社会治安高清视频监控建设项目、县人民法院诉讼服务中心建设项目、云霄县教育局校门口监控项目、云霄地震办地震云二期项目。

【基础设施建设】 2019 年完成主干及基站配套光缆一期工程等 10 个工程项目以及 2018 年度 13 个跨年工程的建设；于 11 月底提前完成 2018 年七期 LTE 基站工程 32 个基站的查勘设计、建设开通，其中包含 3 个覆盖高速公路在内的基站建设开通。

【网络安全维护保障】 圆满完成国庆 70 周年通信保障任务。配合县政府完成国道 324 线及莆政路改造工程通信线缆迁改的第一次改造任务，及时跟踪衔接工程施工进度，及时保障通信线路安全。安排对全县所有机房蓄电池进行容量放电测试、更换 2 组蓄电池，杜绝电源安全隐患；安排老旧电缆改为光缆接入，完成退铜 77525 公斤；割接改造高洋母局高低压电源，提升通信电源可靠性；完成 100GOTN 设备开通调测工作，优化 OTNOLP 保护，提升网络健状性。

【网络建设】 2019 年云霄电信加快全县基础通信设施建设，先后建成天翼 4G、光宽带、物联网、云网融合 4 张精品网，实现 1000M 引领、200M 主流、100M 普及的智能光宽带精品网络。信号基本完成全县各乡镇主要行政村、城关及国道、省道的 LTE 覆盖以及部分公寓小区的地下室及电梯室分覆盖。全年新增 FTTH 端口 4576 个，现 FTTH 光端口达 115538 个，光端口占比 99%，覆盖所有自然村以上，全年完成固定资产投资 5000 万元。

（张晓丹撰 汤权水审）

移动通信

【概况】 2019 年云霄移动分公司认真落实省市公司及政府工作要求，大力推进“数字云霄”建设，进一步促进聚焦垂直市场、大数据、人工智能等领域产业合作共赢，推动全县信息化发展水平持续提升，提升社会服务能力。全年运营收入 2.01 亿元，移动客户规模达 26.63 万户。

【数字云霄】 服务政务 推进“互联网＋政务服务”工作，承建的云霄县委、县政府建设政务在政务部门内全面推行公文电子化网络化流转，推进电子公文应用。承建县防讯视频会议系统传输线路，为省、市、县、乡镇搭建联网视频会议系统公共平台。持续推进国库支付传输线路建设，配合推进政府、医疗、教育、旅游、住建等整体行业的数字化应用。

服务综治 承建云霄县委政法委员会涉案财物管理中心信息系统建设项目，累计发送安全及打假宣传短信 400 万条，提高地方综治数字化水平。

服务民生 承建云霄县社保局便民信息化服务网点网络服务项目，为第一期 68 个行政村提供 100M 宽带接入服务，为云霄便民服务信息网点提供基础网络服务。

服务教育 承建云霄县教育系统云桌面集成项目，涉及全县所有公办学校。保障教育机构利用云计算、大数据等新技术，创新基础教育信息化建设和管理模式，建立健全面向基础教育的网络安全防护技术和管理体系，提高基础教育管理信息化水平。

服务旅游 承建云霄旅游短信平台、漳江口红树林国家级自然保护区城市名片项目，让游客快速便捷了解云霄各景点资源信息，2019 年累计发送旅游短信 800 万条。

【网络建设】 基站建设 2019 年完成 151 个 4G 基站建设，累计开通 4G 基站超过 906 个。加强云霄城区深度覆盖，基本完成行政村以及主要自然村的 4G 网络覆盖。重点对云霄高铁、高速、国道省道、风景区以及大型住宅小区、商业楼 4G 网络覆盖进行补强，为广大 4G 用户提供高速、稳定、即时、便利的基础通信平台。

宽带建设 2019 年完成 184 个宽带项目建设，新增宽带端口数 1.31 万个，实现所有行政村光宽带接入，累计宽带端口超过 11 万个，增强云霄县光纤宽带网络的覆盖水平。

（陈灿辉、王伟聪、曾晓婷撰 吴庆福、洪维新审）

联　通

【概述】 2019年，中国联合网络通信有限公司云霄县分公司下设三大网格（政企网格、建维网格和社区网格），自有营业厅1家，各类综合用户超过7万户，是县重点骨干通信运营企业之一。是年，云霄联通营业厅获福建省青年文明号荣誉称号。

【拓展业务】 至2019年底成功拓展包括公安局“雪亮工程”、地震预警系统、全县150所公立学校安全监控、峰头水库、公安局等保在内的多个重大项目，公司主营收入稳步增长，客户服务能力持续增强。2019年云霄联通不断加快移动宽带互联网建设步伐，加大技术、业务、应用和产品创新力度。是年，4G基站数量新增121个，3G基站数量23个，截至2019年底云霄联通3G基站总数量累计347，4G基站总数量累计436个，全县行政村信号覆盖率达99%。为加快网络建设，节约基站建设投资成本，2019年云霄联通部署新建5G基站，与中国电信共建5G基站。

（赵颖撰　纪勇强审）

广电网络建设

【网络建设】 2019年工程建设情况：云霄分公司工程项目建设立项17个，投入167.86万元，铺设光缆35.89公里，完成东厦镇机房至佳洲村主干光缆工程8.73公里，云漳路道路改造光缆改迁工程3.21公里、常山开发区内山管区主干光缆工程19.9公里、陈岱镇后江机房至下曾村主干光缆工程4.05公里，完成12个村的双向网改及新区入网，覆盖用户数7339户。双向覆盖率77%。

（方欣撰　许建松审）

经济管理

发展计划管理

【2019 年国民经济和社会发展年度计划】 地区生产总值完成 225.4 亿元，增长 7.1%，完成年度计划 105.8%；全社会固定资产投资（不含农户投资）完成 220.1 亿元，增长 20.5%，完成年度计划 107.6%；规模以上工业总产值完成 266.2 亿元，增长 10.5%，完成年度计划 102%。其中规模以上工业增加值完成 76.4 亿元，增长 10.2%，完成年度计划 106.1%；社会消费品零售总额完成81.9亿元，增长 12%，完成年度计划 100.7%；外贸出口总值完成 6.5 亿元，增长 -60.1%，完成年度计划 39.4%；实际利用外资（验资口径）完成 3580 万元，增长 -82.4%，完成年度计划 16.3%；一般公共预算总收入完成 9.9 亿元，增长 0.1%，完成年度计划 93.5%。其中地方一般公共预算总收入完成6.8亿元，增长 2%，完成年度计划 97.2%；城镇居民人均可支配收入达 34686 元，增长 6.9%，完成年度计划 98.6%；农村居民人均可支配收入达 18388 元，增长 9.4%，完成年度计划 99.9%。

【重点项目建设】 2019 年，云霄县安排县级重点项目 237 个，总投资 1314.69 亿元，年度计划投资 225.17 亿元。1—12 月累计完成 228.61 亿元，完成年度计划的 101.53%。计划新开工项目 90 个，开工 68 个。计划竣工、投产项目 125 个，竣工 122 个。

市级在建重点项目 51 个，总投资 877.65 亿元，年度计划投资 76.77 亿元。1—12 月累计完成 88.98 亿元，完成年度计划的 115.9%。计划新开工项目 15 个，开工 7 个。计划建成项目 15 个，建成 16 个。

省级以上在建重点项目 13 个，总投资 48.17 亿元，年度计划投资 17.6 亿元。1—12 月累计完成 18.89 亿元，完成年度计划的 107.33%。计划新开工项目 1 个， 已开工。计划建成 4 个，建成 3 个。

【项目招投标管理】 简化公开招标方式核准程序、规范评标行为、创新中标候选人推荐制度、优化中标公示时间，进一步优化招投标程序，加强和规范工程项目招标投标管理。2019 年，全县建设工程招投标项目 154 个，总投资预算 21.35 亿元，中标价 19.32 亿元，节约资金 2.03 亿元，节约率 9.51%。

【项目审批与服务】 积极推行“一口受理、一网通办”将涉及县发改局审批和公共服务事项全部入驻“福建省网上办事大厅”。开展企业投资备案项目“一趟不用跑”，重大项目特殊环节“模拟审批”，促进项目早落地、早开工。全面推动市场准入负面清单制度。创新审批方式，把“行政审批”向“行政服务”延伸，充分利用“互联网 + 政务服务”。2019 年，县发改局驻行政服务中心窗口受理政府性投资审批 179 件，企业投资备案 162 件，其中外资备案 6 件。按时办结率 100%，实际办理时间比承诺时间提前 55.45%。

（戴志君、刘聪辉、朱泽冠、方文生、阮贵彪撰　林榕庆审）

统　计

【统计基层基础建设】 云霄县统计局高度重视统计基层基础工作。统计基层基础是开展统计工作的基石和源头，是统计服务决策、服务基层、服务发展的重要支撑。

强化统计规范化建设，健全完善基层工作制度，严格按照联网直报企业“六有三专”（有统计机构、有统计人员、有统计台账、有统计制度、有统计网络、有统计设备和专人、专户、专线）的要求，全力推进企业统计基础建设。全面推行“四上”企业“一企一档”和投资项目“一项目一档案”制度，进一步规范企业统计。同时，加强乡镇统计站规范化建设，全县10个乡镇（开发区）统计站基本实现“五有”，即有独立办公地点、有专（兼）职统计人员、有经费、有制度、有网络。

强化统计法治意识，加大统计执法力度，充分利用第四次全国经济普查、“12·4”全国法制宣传日等活动，进一步加强统计法律法规的宣传；严格执行统计法律法规，加强统计执法检查和惩戒力度，切实防控统计风险。2019年，常规检查“四上”企业108家，发现违法行为6家，其中立案5起，结案5起，计罚款16000元。

强化统计业务培训，提高统计人员素质，利用QQ群、微信群等沟通平台，畅通信息共享渠道。多方式加强对基层统计人员的培训，创新方式方法，将普查、年报培训与实践有机结合，采用试点、参与抽查检查与经常性培训相结合的方式，不断提升基层统计人员业务素质。2019年，县统计局对400多名统计从业人员进行轮训，并重点对300多家“四上”企业统计人员开展专业培训。

【统计年报和定期报表工作】

严格按照国家统计制度方法要求，注重加强对各专业数据的审核、验收和检查工作，进一步强化统计法制意识与业务能力双提升，高标准地完成投资、工业、贸易、农业、服务业、能源、科技、劳动工资、房地产、建筑业、住户调查、粮食产量面积调查、畜禽调查、“四下”企业调查等各项常规统计专业2018年年报和2019年月季度定报数据上报工作。2019年全县“四上”企业联网直报率达100%。

【统计分析服务】 紧盯全年目标任务，优化经济预警动态监测，全面提升统计服务水平。紧紧围绕县域经济社会的热点、难点和重点，深入基层、深入群众、深入企业调查研究，提高统计分析质量，从统计角度做出定量和定性分析，撰写专题分析报告，形成具有统计特色的系列分析资料。

增强统计分析时效性，做到月有快报、季有分析、年有统计年鉴。从年初开始，就时时跟踪分析整体经济运行情况，及时形成材料提交县委县政府作为决策参考，努力提高主要经济指标预见性，全方位服务经济社会发展。

【城乡住户调查】 2019年，在全县15个样本点开展城乡住户调查工作。云霄县城调队组织业务人员深入调查户，开展入户回访和记账检查指导工作，并逐月做好数据的录入、审核、上报工作。云霄县2019年居民人均可支配收入25295元，增长8.7%，居民人均生活消费支出17278元，增长8.6%，其中：城镇居民人均可支配收入34686元，增长6.9%，城镇居民人均生活消费支出24413元，增长8.5%；农村居民人均可支配收入18388元，增长9.4%，农村居民人均生活消费支出12249元，增长8.6%。

【第四次全国经济普查】 第四次全国经济普查是2019年统计工作的重中之重，云霄县统计局高度重视，提前谋划部署，遵循“政府统一领导、部门分工协作、各方共同参与”的原则，统筹安排，紧紧围绕普查数据质量，各项普查工作有序开展。

县经普办成立五个业务组，分别挂钩两个乡镇进行业务联系，加强组织领导；开展形式多样的宣传活动，持续扩大声势和影响，不断提高经普知晓率和关注度；在普查的各个阶段，县经普办五个业务组均深入基层进行业务指导，查遗补漏；加强部门分工协作，各成员单位按照职责分工，全力配合普查工作。

经过全县9个乡镇及1个开发区普查机构、469名普查工作者近9个月的辛勤工作，经济普查各项工作按照上级要求的时间节点，保质保量地完成一系列工作。

（方建德、吴镇阳、张帆撰　吴文禄审）

审 计

【概况】 2019年，云霄县审计局完成审计项目19个，其中审计14个，专项审计调查5个。查出主要问题金额1478.25万元，其中违规金额159.87万元、管理不规范金额1318.37万元；审计发现非金额计量问题34个；出具审计报告和专项审计调查报告21篇。审计处理处罚金额189.89万元，其中应上缴财政156.15万元、应减少财政拨款或补贴3.72万元、应归还原渠道资金0.92万元、应调账处理金额29.09万元。审计提出建议32条。

2019年度，云霄县审计局党组被云霄县委县政府评为意识形态工作优秀党组，云霄县审计局被评为效能、脱贫攻坚工作、安全生产工作优秀单位，云霄县审计局党支部被云霄县委评为先进基层党组织。

【国家重大政策措施落实情况跟踪审计】 重点开展电商助力精准扶贫、精准扶贫和乡村振兴、地方债务等审计调查。通过审计，推动政策措施落地生根、发挥实效。

【预算执行情况审计】 按照"高质量"发展、生态环境"高颜值"和经济发展"高素质"协同共进的要求，根据福建省审计厅统一部署安排，上下级联动，重点审计云霄县财政局、农业农村局、水利局等单位。通过加强预算执行审计，进一步促进财政资金规范、高效使用，保障全县社会经济稳定健康发展。

【经济责任审计】 按照党政同责、同责同审的要求，围绕服务权力健康运行，重点开展将军山公园管理委员会、粮食购销有限公司等单位领导干部经济责任审计，统筹推进云霄县交通局领导干部经济责任审计和自然资源资产任中审计，促进相关部门建立完善自然资源保护制度体系，促进县经济与生态共同发展。

【民生审计】 聚焦教育医疗、环境保护、食品药品安全等重要领域，针对民生问题开展专项审计调查。重点开展薄弱校改造资金"最后一公里"专项督查、世行贷款医改项目审计、黑臭水体治理情况专项审计调查、云霄县南湖湿地生态园工程跟踪审计等民生审计。通过审计，进一步提高专项资金使用绩效，进一步保障党和政府重点部署的民生项目切实落实到位。

（张琳、江煜撰　林长镇审）

安全生产监督

【概况】 2019年，云霄县应急局认真贯彻落实习近平总书记关于应急管理、安全生产、防灾减灾救灾等方面的重要论述，贯彻落实上级党委和政府关于安全生产的重大决策部署，不断完善"党政同责、一岗双责"的安全生产责任体系，突出抓好重点行业领域监管，加强基层基础能力建设，积极推进应急管理体系和能力现代化，促进云霄县安全生产形势总体平稳向好。

【责任落实】 2019年，县委、县政府高度重视安全生产工作，县委常委会、县政府常务会和专题会议多次组织学习习近平总书记、李克强总理以及省、市领导关于安全生产的重要指示批示精神，研究解决安全生产重大事项。2019年4月1日县委常委会和3月29日县政府第三次常务会上，分别传达学习习近平总书记、李克强总理关于江苏省响水县"3·21"特别重大事故的重要批示指示，研究云霄县危险化学品行业安全生产工作，县委、县政府主要领导均提出贯彻落实意见。2019年9月30日，县安办、应急局当天转发《关于认真贯彻落实习近平总书记重要指示精神进一步加强国庆期间安全防范的通知》，要求按照市领导批示，切实扛起政治责任，加强国庆期间安全防范。县委王金狮书记亲自主持召开县委常委会学习贯彻《地方党政领导干部安全生产责任制规定》，安全生产工作调整由常务副县长分管，各乡镇（开发区）调整由副书记和副乡（镇）长共同分管，县安委会各成员单位也调整由党政实职领导分管。县政府印发《县政府领导成员安全生产责任分工》和《云霄县政府领导成员安全生产责任清单》。县委县政府重新成立安全生产委员会，由县委书记和县长共同担任安委会主任，县政府其他分管领导任副主任，县级实现安委会"双主任"，各乡镇（开发区）实现"双主任、双分管"。县安委办组织各乡镇（开发区）党政分管领导、安监站长进行《规定》专题培训。

【工作部署与落实】 按时召开季度防范重特大安全事故工作会议，传达贯彻上级有关安全生产工作部署，落实安全生产各项任务。2019年1月，云霄县部署安全隐患综合整治大行动；市政府组织对云霄县安全生产目标责任及消防工作进行考核督查。2019年2月，市应急局党组书记蓝良木对云霄县应急管理工作进行调研；市应急局总工程师带队对云霄县安全隐患综合整治大行动及复工复产进行专项督查。2019年3月，云霄县召开无物业小区消防设施维修改造和既有住宅小区增设电动车智能充电桩工作部署会；组织召开全县第一季度防范重特大生产安全事故工作会议，第一季度消防工作联席会。2019年4月，县委书记王金狮带队到南湖生态园调研“五一”前安全生产工作；市应急局总工程师带领专项督导检查组到云霄县检查指导重点行业领域安全生产工作；云霄县迅速贯彻落实“防风险保平安迎大庆”消防安全执法检查专项行动视频会议精神，开展为期1个月安全生产专项执法检查；部署2019乡镇船舶和大中型“三无”船舶专项整治行动。2019年5月，云霄县全面部署2019年“安全生产月”活动；举办2019年军警民防洪抗台救灾联合演练；举行“5·12”全国防灾减灾日科普宣传活动。2019年6月，县委书记王金狮带队检查指导防汛备汛工作；组织召开第二季度防范重特大生产安全事故暨重点工作推进会；举办安全生产月咨询日活动、专题晚会、主题摄影展、危化品及全民安全应急知识竞赛等活动。2019年7月，市巡查组到云霄开展为期10天的安全生产巡查；云霄县开展道路交通安全大整治“百日行动”，举办“安康杯”竞赛活动。2019年8月，云霄县部署开展危险化品领域安全整治专项行动；开展工贸行业有限空间作业专项整治行动。2019年9月，市委常委、常务副市长张慧德到云霄调研矿山整治工作；县长张明东带队开展国庆节前安全生产大检查；常务副县长方伟仪带队检查“两节”期间安全生产工作；开展第一轮“防风险、除隐患、护大庆”行动；召开第三季度防范重特大生产安全事故会议；组织召开乡镇长、村“两委”消防安全培训视频会。2019年10月，云霄县印发《云霄县救灾物资调运暂行办法》；召开高层建筑消防安全责任人、管理人集中警示约谈会；开展国道324线道路安全隐患整治；举办渔业安全生产应急演练。2019年11月，云霄县开展“119”宣传月系列活动；开设《安全连万家》专题栏目；落实自然灾害公众责任保险工作。2019年12月，市考评组对云霄县安全生产目标责任和消防工作进行考评；县委召开常委会传达学习贯彻习近平总书记为国家综合性消防救援队伍授旗训词精神座谈会精神；县委书记王金狮带队调研金霞路北段改造提升项目安全工作；常务副县长方伟仪带领有关部门对全县元旦、春节“两节”期间前安全生产工作进行督导检查；云霄县召开落实铁路沿线安全隐患整改工作部署会。

【基层安全生产建设】 各乡镇（开发区）、各有关部门在原先取得成效的基础上，明确专门机构和工作人员，安排必要的专项经费，全部配备一辆小型消防救援车辆和消防救援装备，持续加强基层安全生产网格化建设。各乡镇继续加大镇、村安全生产培训，确保规范化“866”工程提升，全县安全基层基础稳固。投入84万元建成云霄县安全生产培训考试中心，设有多媒体教室、计算机考室以及相应的办公场所，同省、市联网运行，成为全省安全生产指定考试点，满足从业人员上岗培训考试需求，并辐射周边县、区，服务广大企业安全培训。截至2019年底，该中心举办电工、主要负责人、安全员等各类培训班100余场次，培训4000余人。出台《云霄县安全生产专项资金管理办法》，2019年安排安全生产专项经费30万元，安全生产应急专项经费40万元。建立政府购买安全生产专业技术制度，聘请安全生产法律顾问，邀请安全专家为企业把脉、提供专业培训等多项服务。

【隐患排查与专项整治】 采取调研、走访、专家会诊等各种形式认真开展安全生产隐患排查治理专项行动，属地领导带头深入一线检查指导，集中排查治理各类事故隐患和问题。县安办、应急局聘请省安全生产专家对中福木业、四季纺织、鸿益饲料、新顺鑫等粉尘涉爆工贸企业进行专项行动专家查隐患。县安办制定下发《关于深入开展有限空间作业专项整治的通知》，全面推进有限空间作业专项整治。云霄县还及时组织城管、住建等部门，开展瓶装液化石油天然气安全专项治理。组织对安全生产工作不力的有关工贸企业主要负责人进行约谈，组织高层建筑、博物馆、文物建筑保护单位、危险化学品等消防安全责任人、管理人集中警示约谈。同时，不断深化危化品综合治理，道路交通安全综合整治、消防火灾综合治理，建筑施工、特种设备、旅游、渔业生产等重点行业领域整治。截至 2019 年底，全县组织调研、执法检查排查单位和场所 4142 家，发现隐患 2182 项，完成整改 2050 项，限期整改 482 家，罚款 141.11 万元，停产停业 4 家，关闭取缔 5 家。

2019 年 11 月 26 日，县政府张明东县长召开全县第四季度防范重特大生产安全事故会议，对开展安全生产集中整治工作进行重点部署，要求抓紧制定出台整治方案，迅速开展整治活动，并将集中整治开展情况纳入年度安全生产考核的重要内容。2019 年 12 月 17 日，县安委会第一时间印发《全县安全生产集中整治工作实施方案》，严格按照项目化、表单化、清单化、责任化管理，建立问题清单、责任清单、销号清单，切实找准问题和短板，定准对策措施，倒排时间表，做到“闭环”管理，督促各乡镇（开发区）、县直各单位全面推进整治行动。2019 年 12 月 24 日，县委常委、县政府副县长方伟仪带队对全县元旦、春节前夕安全生产工作进行督导检查，深入基层第一线开展集中整治工作。各乡镇（开发区）、县直各部门均按照行动部署，全力推进集中整治行动开展。

【企业标准化】 要求各乡镇（开发区）、县直有关部门均创建两家安全生产标准化标杆企业，通过以点带面、设立标杆企业、专家服务、奖励扶持等方式，有效推动企业落实安全生产主体责任。县直有关部门将企业标准化工作作为执法检查重点，认真落实安全标准化创建提升工作各项要求。

【安全生产领域改革发展】 在全市率先出台《中共云霄县委 云霄县人民政府关于推进安全生产领域改革发展的实施意见》（以下简称“实施意见”），县安委办组织专项督查组，对“实施意见”的落实情况进行专项督查，并作为年度安全生产目标责任考核和重点工作督查内容。同时，汇总全县安全生产领域改革发展重点任务及成果化清单进展情况，力促云霄县“实施意见”落实到位。截至 2019 年底，各项改革发展任务都按照时间节点完成，并上报市安委办。县安办牵头制定完善考评办法、巡查制度、公开通报制度等安全生产各项制度。将安全生产纳入县委工作计划、县政府工作报告及县委、县政府督查、督办内容，纳入全县主要经济指标及年度绩效、精神文明、综治平安等各项考核，作为领导干部政绩考核的重要内容。严格落实省安全生产诚信体系和安全生产不良记录“黑名单”制度。严格事故调查处理法定程序，事故调查遵循应急、公安、工会、监察等部门等共同参与，督促事故整改措施和责任追究全部落实到位，并全部完成事故整改评估。严格实施安全生产审核，在评优评先过程中，保留安全生产“一票否决”。

【宣教培训】 发挥安全宣传攻势。安全生产月期间，云霄县发送 8 万条宣传短信，制作宣传横幅 600 条，在县电视台滚动播放为期 1 个月的安全警示教育片；举办安全生产月咨询日活动，展示展板 200 余块，发放安全宣传资料 5000 余份，围裙、扇子等各类宣传物品 2000 余份，接待群众咨询 6000 余人次。

开展安全科普培训。开展危化品及全民安全应急知识竞赛，有 11326 人参加竞赛；开展水上安全救护和防灾减灾应急管理宣传教育活动，联合县红十字会、地震办、彩虹公益、七彩虹志愿总队等部门及社会力量，有 5000 多名师生参与学习培训；召开乡镇长、村“两委”消防安全培训视频会。

突出特色宣传活动。在县电视台开通《安全连万家》电视栏目，通过小动漫的形式，向全县群众传播安全常识；举办安全生产月专题晚会，以“防风险、除隐患、遏事故”为主题的安全生产月专题晚会在县人民会堂精彩开演；举办献礼祖国 70 华诞‘安全你我他’主题摄影展，从近 300 幅（组）投稿作品中精心挑选出 54 幅（组）作品；举办“防风险，除隐患，遏事故”专题灯谜晚会，通过一条条谜面宣传安全生产政策法规。

【应急管理】 积极开展指挥信息网和政务外网“两网贯通”专项行动，第一时间完成通网任务，落实应急指挥视频调度24小时在线开机保障。根据《应急指挥中心县（市、区）建设任务书》，初步选定应急指挥中心配置，并将应急终端延伸至各乡镇（开发区）应急基层第一线，预算500万元建设经费，招聘8名应急值班值守人员。

强化救灾保障，通过公开招标方式为全县购买自然灾害公众责任保险60万元，购买农村房屋叠加保险17万元；规范下达中央自然灾害救灾资金38万元，并监督资金使用，录入在线监管；对全县227个避灾点进行调研指导，规范救灾物资配备。县安办牵头，举办全县救灾和物资保障业务培训班，对10个乡镇（开发区）分管领导、业务员进行培训。

2019年，全县开展地震避险、车辆伤害事故、消防安全、防踩踏、危化品泄露等应急演练28场，参演人员4000余人，强化实战演练，有效提高预案的可操作性。

严肃工作纪律，强化值勤备守、应急救援，加强安全生产调度，确保安全生产信息畅通。2019年，抢救被困人员29人次，抢救财产价值50余万元；成功处置“7·16”隧道车辆事故、“8·2”集体跳楼事件、“12·9”德润康厂房火灾事故。

【消防工作】 完成“两节、两会”“一带一路峰会”“国庆70周年”等各类消防安保任务，有效检验队伍应急处置各项能力，经济建设保驾护航作用显著提升。推动政府落实消防安全责任制，广泛宣传《地方党政领导干部安全生产责任制规定》和《消防安全责任制实施办法》，安排6万余元专项资金强化技防水平，在全县“九小”场所、中小学校、幼儿园等安装简易喷淋头701个，独立烟感746个。加强排查整治火灾隐患，检查单位725家次，发现火灾隐患或违法行为732处，督促整改火灾隐患或违法行为736处，辖区内未发生较大或亡人火灾事故。完善社会消防安全管理，要求所有网格管理全部责任到人，全县63家消防安全重点单位每月评估备案，每月安排监督员深入辖区派出所实地指导民警开展消防检查。强化消防宣传教育，以“119消防安全宣传月”活动为重点，紧扣“防范火灾风险 建设美好家园”主题，广泛开展各类宣传活动。强化队伍实战能力，扎实推进全员岗位练兵活动；大力开展“六熟悉”训练，极大增强辖区联动部门应急联动协同作战能力。

【道路安全综合整治】 2019年，云霄县道安工作紧紧围绕新中国70周年大庆安保和县委县政府“大抓工业、抓大工业”中心工作，严格按照上级有关道安工作部署要求，进一步强化组织领导、源头监管、隐患治理、安全宣传等工作，积极构筑“党政同责、一岗双责、齐抓共管”大交管格局，有效促进道路交通安全形势持续稳定好转。2019年，云霄县查处现场交通违法行为70465起，与去年同期比，查处量上升7.15%，其中五类十项严重交通违法行为为27302起，排名全市第一。以农村交通安全劝导站建设为抓手，建成火田镇下楼村和莆美镇中柱村交通安全劝导站，强力推动农村道路交通安全监管工作。加强隐患排查治理工作，投入338万元完成9处省市党委政府为民办实事交通安全隐患整改；投入98万元，完成将军大道路口红绿灯建设，在原有限速、中心隔离护栏、标志标线规范设置的基础上增设红绿灯，确保群众交通安全。推进落实农村交叉路口100%落实交通安全设施“六有工程”（有减速坎、警示牌、路中隔离、监控和路灯照明、安全标语或其他提示设施）。建设改造农村公路15公里，实施农村公路生命防护工程5公里，建成和平乡综合运输服务站、马铺乡综合运输服务站并投入使用。综合运输服务站的建成加快农产品运输周转，支撑城乡经济协调发展，让人民群众出行更满意，让农村运输更便利。

（石凯明撰 张镇贤审）

质量技术监督

【特种设备安全监察】 2019年，特种设备零事故，全年特种设备安全形势较好。云霄县及常山华侨经济开发区有特种设备使用单位335家，在册各类特种设备2134台，其中气瓶充装单位3家，学校、医院、商场等特种设备重点使用单位共40家。注册登记各类特种设备233台，注销42台。重点开展“特种设备安全隐患排查治理专项行动”“‘安全生产月’及应急演练活动”“危险化学品相关特种设备安全隐患大排查大整治专项行动”“涉氨压力管道整改跟踪”“大型游乐设施安全检查”“压力管道隐患整治”“瓶装液化石油气安全专项治理”等专项行动。全年出动执法人员688人次，检查特种设备使用单位189家次，发现安全隐患41个，发出安全监察指令书40份；立案8起，罚没款入库17.2万元。指导电梯应急演练2场，压力管道应急演练2场。

（杨宏坚撰　罗坤辉审）

【质量管理】　结合云霄特点，指导企业培育有云霄地方特色的拳头产品，大力开展质量兴县工作，促进云霄产品质量进一步提升。开展重点工业产品质量安全专项整治工作，加强儿童和学生用品质量安全监管，进一步加强日用塑料品、儿童玩具、一次性使用卫生用品质量安全监督检查，特别是加强对婴幼儿纸尿裤、奶瓶、服装、台灯、座椅、文具等13类儿童用品的生产企业及流通环节抽查。联合多部门开展质量月活动，对全县工业产品生产许可获证企业“双随机一公开”抽查，加强危险化学品及其包装物生产企业的检查，服务企业质量提升。指导企业开展质量提升行动，推荐3家企业福建省政府质量奖三年滚动培育计划。

（林华雄撰　陈明辉审）

【计量监督与管理】　开展2019年重点领域计量专项监督工作，重点对社会公用计量法定检测机构，如机动车检测机构等进行检查，对电表、水表、医疗卫生机构列入强检的医疗器具、加油站（点）加油机等计量准确度进行监督抽检。开展2019年诚信计量活动，对全县农贸市场用于结算的计量器具进行免费检定，并进行监督抽检，对贵重金属售卖店、眼镜制配场所、定量包装产品进行计量监督抽查。全年对98家单位的1098台（件）强检计量器具进行审核备案，检定加油机491台、压力表1302台、血压计198台、电子血压计260台、砝码6吨、电子天平77台、电子称（含集贸市场）2628台、温度校准73台套、定量称16台。

（林华雄撰　陈明辉审）

【标准化工作】　认真开展企业标准“领跑者”系列活动，指导、帮助漳州市华威电源科技有限公司参与行业标准制修订。开展世界标准日活动，推动云霄县企业采用国内外先进标准，提升产品质量，增强云霄县产品竞争力。

（林华雄撰　陈明辉审）

【认证认可工作】　对云霄县检验检测机构进行检查，加大认证认可执法力度，指导企业通过认证认可，提升企业产品质量和管理水平，深入企业开展认证宣传活动，对相关企业进行产品认证监督检查。指导企业加强实验室建设，让实验室在企业生产中提升产品质量、节能减排、增效等发挥更大作用。

（林华雄撰　陈明辉审）

工商行政管理

【商事制度改革】　2019年，围绕商事制度改革，深化“放管服”，纵深推进“56证合一”、“注册登记全程电子化”、“证照分离”、个体工商户简易登记等“简政放权”改革，减少行政审批，降低准入门槛，持续优化营商环境，带动县域经济发展提升。全年云霄县新增企业916户，同比增长52.6%；新增个体工商户3934户，同比增长23.8%。在《国务院办公厅关于对2019年落实有关重大政策措施真抓实干成效明显地方予以督查激励的通报》中，云霄县作为全省唯一县（区）受到国务院办公厅的通报表扬，入选“深化商事制度改革成效显著、落实事中事后监管等相关政策措施社会反映好的地方”这一项目。

减少办事环节，实行“一窗式”办理，联合相关部门推行“一窗受理、一站服务”“同城通办”“银行网点代理申请登记注册”等改革举措，实行“一窗受理、并行办理”流程，将名称预先核准与企业设立登记压缩为一个环节，实行企业名称登记与企业设立登记一次申请、同步受理；精简材料，严格按照法律法规要求，实行企业登记信息“一次采集、一档管理、共享共用”；压缩办事时限，企业设立登记即办，当场核准、当场办结、立等可取，将新开办企业设立开办登记时间压缩在1个工作日以内。

全面推行全程电子化企业登记，推广使用电子营业执照，实行企业登记“网上申报、网上受理、网上审核”，网上审核通过以后，申办人只需到登记窗口一次性提交登记材料即可领取营业执照，实现企业登记“最多跑一次”。2019年实现企业自主网上登记33家，核发电子营业执照901份。积极推进电子营业执照跨区域跨部门跨领域应用，努力实现企业“一照走天下”推行企业简易注销登记，简化企业注销环节，缓解企业退市难题。把登报公告改为在网上通过国家企业信用信息公示系统进行公告，取消清算组登报公告，企业注销流程更简便，注销时限更短。2019年，县市场监督管理局受理简易注销申请185户，节约登报费9.25万元，每户企业减少提交材料8份，减少奔波次数1次。简易注销的实施为企业带来便利，消除了顾虑。

全面实施“证照分离”“双告知”制度改革，对第一批106项涉及企业行政审批事项，分别按照直接取消审批、审批改为备案、实行告知承诺、优化准入服务4种方式着力“减证照、压许可”。通过系统后台数据传输，将新办企业的有关数据推送到各个部门，告知相关主管部门该企业的信息，提醒主管部门为这些企业的许可和审批做好准备，并提醒主管部门对企业开展监管。同时，告知企业应当到哪个部门进行相应的申请，导向性、提示性更强，为企业节约时间。双告知实行以来，共推送信息14500余条。

（柳文兴撰　蔡炎煌审）

【流通领域商品质量监管】 加强流通领域商品质量抽检工作。部署组织对辖区流通领域的商品进行抽查检验，并委托第三方检测机构作为商品质量抽检的承检机构。对流通领域的电器产品（含电线电缆、家用电器）等多种商品进行多批次的监督抽检，共发现不合格产品（含电线电缆、家用电器）10批次，对3户经营不合格电缆及家用电器产品的经营户立案查处。进一步加强云霄县流通领域商品质量监督管理，保护消费者合法权益。

（汤升振撰　杨志强审）

【消费者权益保护】 2019年，“12315”消费者申诉举报服务台认真贯彻落实省、市局工作部署，履行商品质量监管职责，切实保护广大消费者合法权益，在做好消费维权工作的基础上，在“力度、深度、广度”三个方面着力和延伸，务实推进，开拓创新。2019年，受理申诉举报306件（其中申诉256件，举报50件），为消费者挽回经济损失65.2万元。

在处理申诉中，发现经营者或相关主体有违反法律法规或者规章行为的直接进行分流；对于不能确定是否构成“12315诉转案”条件，需要进一步探讨的线索，通过平台分流至各业务股室进行探讨，根据各股室提出的处理建议进行处理。该办法既制定流转程序，也明确各单位职责，使得案源线索在系统内部转起来，有效解决线索遗漏和案件指导问题，促进“12315”系统数据的运用和成果转化。

新一轮机构改革职能配置的调整后，“12315”服务台增加“承担流通领域商品质量监督管理工作，按分工查处假冒产品等违法行为”的消保职能。云霄县市场监督管理局积极适应职能的转变，改变以文件转文件的形式做法，在读透文件精神的基础上加强事前摸底和查阅相关资料，从业务指导、服务基层两方面入手，多方位、有针对性地推动流通领域商品质量监督管理工作的落实，履行好消保职责。强化数据分析运用，充分运用12315消费者申诉举报网络平台，及时将数据采集、汇总和分析，为研究消费维权新情况和有针对性地强化市场监管提供数据支撑。为保障数据有科学性和应用价值，按照消费问题类型、行业类别、被诉主体等项目，对消费者申诉数据进行分类汇总、同比分析，排序比对，进而找出消费热点和变化趋势。

重在规范，将消费维权的视角拓展至行业整体规范监管。利用“12315”申诉举报线索，推动案件查办工作，提高办案效能，实现“社会关注的焦点，群众投诉的热点，市场监管的难点”的有效结合。把从根本上维护更广大消费者的合法权益作为出发点和立脚点，抓住重点领域和类型，集中攻关，重点突破，排查行业性“潜规则”问题，致力于规范行业经营行为。在对侵害消费者权益违法行为进行行政处罚后，立足长远，重在规范，将执法办案的视角从单一个案拓展至系列案件及行业整体规范监管，提示行业经营者开展自查，规范经营行为，提高服务质量，促进全县相关行业健康发展，切实维护消费者的合法权益。

（朱福生撰　方联安审）

【打击非法经营活动】 2019年，云霄县市场监督管理局办理行政执法案件211起（其中，吊销案件

88起），罚没款计283.74万元。

开展打击冒牌卷烟违法活动专项行动。2019年，云霄县市场监督管理局组织286车次，出动人员960余人次进行卷烟打假巡查，单独或联合烟草部门共查获各类卷烟折算成品烟后合计306.54件（50条／件），烟丝70包（25公斤／包），商标标识8000张。移交4条线索给公安部门侦查，独立侦办案件28件，其中2件案件移送公安部门追刑，行政处罚33.01万元。

积极开展打击走私贩私集中整治工作，加强对无合法来源的商品的查处。2019年，云霄县市场监督管理局立案查处无合法来源商品案件13起，没收无合法来源手续成品油1260公斤，罚没款计4.47万元。

组织对辖区流通领域的商品进行抽查检验，并委托第三方检测机构作为商品质量抽检的承检机构。对流通领域的电器产品（含电线电缆、家用电器）等多种商品进行多批次的监督抽检，发现不合格产品（含电线电缆、家用电器）10批次，对3户经营不合格电缆及家用电器产品的经营户立案查处。

（汤开振撰　杨志强审）

【商标与地理标志认定】 重视地标培育注册工作。2019年，云霄县成功注册7枚地标："佳州岛贴沙鱼""火田金樱酒""向北米粉""马铺甜茶""火田生姜""马铺风柜斗草""火田金柑"。截至2019年，云霄县有34枚地理标志证明商标，还有4枚"礤头脐橙""礁美海瓜子""陈岱东方蚰""陈岱长寿菜"正在审理中。

积极培育和引导地标注册，指导七个较成规模的地标注册人做好地标规范使用工作，签订地标使用合同，发放地标使用证书，规范使用地标标志，通过市局创建的"智慧地标网"，统一录入系统，对于保护云霄县地标产品和维权起到很好的作用。

加强商标品牌创建和推广，更好地发挥地标的品牌作用和价值，为云霄经济发展服务。利用云霄地标数量上的优势，认真撰写《云霄地标馆、地标驿站创建方案》，拟计划创建云霄地标馆和3个云霄地标驿站（云霄枇杷园地标驿站、下河杨桃园地标驿站、马铺百草园地标驿站）。补全材料继续申报"下河杨桃"认定为全国驰名商标，现国家商标评审委员会受理。协助云霄县枇杷协会、云霄县水产养殖协会和云霄县马铺乡农村经济服务中心3个单位组织材料申报认定为省工商局推广示范的优秀地理标志商标注册人。积极组织云霄县地标产品"下河杨桃""马铺淮山"参加地理标志系列展会活动，其中参加第二届地理标志产品国际博览会的有"云霄县盈漳果蔬农民专业合作社"（参展产品：下河杨桃）、"漳州何氏农业开发有限公司"（参展产品：马铺淮山）；参加2019粤港澳大湾区知识产权交易博览会的有"云霄县盈漳果蔬农民专业合作社"（参展产品：下河杨桃）。

（黄宽林撰　蔡炎煌审）

【广告管理】 认真指导云霄县两家上规模广告企业"漳州壹嘉广告传媒有限公司"和"福建鹭光广告传媒有限公司"按时按质申报统计报表，为云霄县绩效考评打好基础。

加大广告发布公益广告的监测和检查力度，有计划有步骤地指导、督促广告媒介单位发布公益广告，收集汇总辖区广告媒介单位发布的公益广告情况、图片及报表上报市局。

积极开展互联网广告及各类虚假违法广告整治。2019年，立案互联网广告案件2起，其中一起"张惠龙涉嫌发布虚假广告案"结案，罚款480元，违法主体"云霄县昌逸食品商行"在淘宝网中开设的"爱尚无糖"网店中购买饼干，广告宣传"低脂"；另一起"王玉芳（云霄县故乡味食品商行）涉嫌广告违法案"，当事人经营的阿里巴巴店铺上销售的铁观音茶网页宣传页面宣传"具有保健功能"等内容。2019年，立案虚假违法广告案件9起，罚没款0.76万元，案值0.16万元。

（黄宽林撰　蔡炎煌审）

【合同管理】 积极开展公用事业类、旅游类、汽车消费类合同格式条款专项整治工作，对关乎民生的重点行业加强监管，约谈旅游类的企业5家，汽车消费行业类的企业7家，强化企业自律，合法经营，严查企业利用不公平格式条款危害社会公共利益、侵害消费者权益。

（林茵撰　杨志强审）

食品药品监督管理

【概况】 截至2019年12月，辖区内有药品批发企业1家、医疗器械生产企业2家、药品零售企业83家、医疗器械经营企业84家、县级医疗机构3家、私立医院3家、乡镇卫生院9所、村卫生室242所、个体诊所33家。

云霄县药械流通监管工作在县委、县政府的领导和省药品监督管理局、市市场监督管理局的业务指导下，围绕“强监管、控风险、保安全”这一主线，强化日常监管，坚持风险管控；突出重点治理，严厉打击违法违规行为；持续创新监管方式方法，实行“双随机一公开检查”；强化宣传教育，普及《中华人民共和国疫苗管理法》及新修订的《中华人民共和国药品管理法》等法规，以用药安全为主线，有序地推进各项工作，并取得较好的成效，保证群众用药用械安全有效、有力促进全县医药产业健康有序发展。

（张育勤撰　方深泉审）

【药品市场监管】 开展药械经营使用单位风险分级管理。根据2018年度的监督检查情况得出“管控水平”的分值，综合药械经营使用“品种业态”“规模大小”，质量抽查“质量状况”及违法违规查处情况得出“违法违规”分值，完成对全县83家药品经营企业、90家医疗器械经营企业、229家医疗机构风险等级评定工作。

开展“双随机一公开”检查工作。根据药械经营风险分级评定结果，按风险等级高低将402家主体编成6个主体板块，通过随机抽查被检查企业，随机抽查相对应检查人员进行“双随机检查”，全年出动执法人员804人次，检查市场主体402家，确保做到对不同风险等级市场主体实施差别化监管检查，有效杜绝监督检查随意性。

按标准依规范推进行政许可工作，2019年度审查新开办药品经营企业14家、三类医疗器械经营企业2家、备案医疗器械经营企业15家，保障云霄县药品市场供应稳定。

创新监测体制机制，提高药械安全监测水平。继续将ADR、MDR监测工作纳为县级公立医院院长年薪制、乡镇卫生院年度绩效考评项目，更好地落实医疗机构药械安全监测第一责任人的主体意识。2019年收集、审核、评价ADR303例，完成辖区任务数117%；其中新的严重病例134例，完成辖区任务数172%；严重病例27例，完成辖区任务数150%；MDR病例78例，完成辖区任务数130%，其中严重病例15例，完成辖区任务数150%。

（张育勤撰　方深泉审）

【基本药物制度实施】 按照国家局《关于加强基本药物质量监督管理的规定》，严格基本药物和药品集中采购配送监管，把基本药物质量监管作为安全监管的重点来抓，确保基本药物质量安全。结合全县医药联合体建设，规范医药联合体内部基本药物配送流程；帮促医保定点店实施新版GSP跟踪检查，取证两年的医保定点店全部通过认证跟踪检查，保留药品经营资格，保证医保网点覆盖；在所有零售药店设置基药专柜，确保质优价廉基药供应；开展基药质量抽检工作，完成监督性抽样72批次，有效地保证基本药品质量安全。

（张育勤撰　方深泉审）

【农村药品市场建设】 加强农村药品市场建设，引导拟开办的药品零售企业入驻城乡接合部新区及农村地区，保障新区及农村地区药品供应。结合落实中央依法治国办有关药品监管执法司法督察反馈意见，按照边整治、边规范的思路，针对药品储存环境条件、设施设备、分区分类要求、检查养护制度落实等四大方面内容开展监督检查，着力促进乡镇医疗机构规范药房建设，确保所使用的药品质量安全。

（张育勤撰　方深泉审）

【药品专项检查整治】 按照“排查、整治、规范”的工作思路，针对重点环节、重点品种、重点业态全力以赴抓好安全隐患排查及整治工作，先后开展中药饮片质量集中整治、执业药师“挂证”行为专项整治、疫苗流通专项治理工作、医疗机构药品分类管理专项检查、药品GSP跟踪检查、无菌和植入性医疗器械监督检查、眼视光治疗仪和清网行动等专项治理工作，出动执法人员657人次，检查涉药械单位322家次，办理涉药械案件35起，罚没款9.62万元。

（张育勤撰　方深泉审）

【法律法规宣传】 通过多种形式

宣传，普及法律法规及用药安全知识。“12315”“12331”等主题日、“文化科技三下乡”期间，通过发放宣传材料、展示真假药品实物、接受群众咨询，利用药品经营企业店前LED屏幕，大力开展药械法律法规及用药用械安全知识宣传；召开医疗器械网络销售、药械经营企业负责人会议，解读《互联网药品交易服务审批暂行规定》《医疗器械网络销售监督管理办法》等法律法规，约谈“饿了么”第三方平台云霄负责人，宣传药械网络销售有关法律法规，更好地规范辖区药械网络销售行为；药品科技活动周期间，开展药品安全科普惠民进社区、进农村，进学校、进机关，进医院“五进”活动，张贴用药安全知识海报，发放安全用药科普宣传单，与卫健部门协作在农村开展免费义诊、赠送药品医疗器械、接受群众用药咨询；开展用药安全月宣传暨新修订《中华人民共和国药品管理法》宣贯工作，向辖区涉药单位发放新修订《中华人民共和国药品管理法》单行本200多本，宣传折页300多份、宣传小册子300多本，通过县电视台、主要街道LED显示屏滚动播放宣传口号，努力营造人人知新药品法、守新药品法、用新药品法的浓厚氛围。

（张育勤撰　方深泉审）

【保健食品监管】 国家高度重视食品安全工作，习近平总书记多次就食品安全工作做出重要批示指示；中共十九大报告中明确提出，要实施食品安全战略，让人民吃得放心。

强化重点问题检查，规范食品经营。以食品、保健食品生产企业及经营单位和实体店、进口单位以及第三方平台提供者和相关方为整治对象，重点排查是否存在未经许可生产、经营、进口食品和保健食品；是否存在食品和保健食品标签标识虚假宣传预防、治疗疾病，未经批准声称功能；没有实体店经营资格的企业，在网络等平台上销售食品、保健食品；利用网络、电视购物、直销、电话等方式违法营销宣传、欺诈销售食品、保健食品；利用会议、健康讲座、专家义诊、免费体检试用产品、赠送礼物等方式违法营销宣传、欺诈销售食品、保健食品等违法行为。

加强日常监督检查，全面排查与突出重点兼顾。遵循风险管理原则，结合日常监管在第一时间内对辖区展开拉网式排查，摸清底数，在检查食品销售者资质、从业人员健康管理、一般规定执行、禁止性规定执行等情况的基础上，重点检查不具备经营资质、产品标签标识、宣传材料未经批准声称保健功能、宣称具有疾病预防或治疗功能、含有虚假宣传功效等违法行为。

广泛宣传，营造人人关注的良好氛围。结合质量安全月活动，统一印制《食品保健食品安全消费手册》和理性选购保健食品等宣传资料2000余份，充分利用政府和行业组织等开设的网站专栏、公众号、微博等平台，采用视频、图片、文字等通俗易懂的形式，采用宣讲会、互动活动、海报发放等方式组织开展宣传。积极开展保健食品科普知识进社区、进学校宣传活动，正面宣传保健食品相关法律法规，宣传正确选购食品、保健食品相关知识，提高群众对保健食品的辨识和认知能力，进一步营造人人关注食品、保健食品欺诈和虚假宣传的良好氛围。同时重点宣传违法、失信企业的查处情况，以案说法，震慑违法犯罪分子；积极解答社会咨询，积极回应社会关切，积极反馈社会诉求，构建食品安全社会共治新局面。

（张欣欣撰　罗坤辉审）

【食品生产企业生产监管】 突出重点目标、强化专项整治、强化重点企业风险防控，建立食品生产安全形势分析制度，排查生产领域食品安全风险。加强风险评估研判，按照食品类别开展食品安全风险基础调查和动态排查，定期分析全县食品生产安全状况，建立风险清单、措施清单和责任清单。将4类企业列为重点监管对象（监督抽检多次不合格食品生产企业，日常监督检查、飞行检查、体系检查被发现存在问题较多企业，被投诉举报、媒体曝光企业，高风险食品生产企业），落实省局食品经营风险分级工作意见要求，按照风险等级评定，明确检查频次，实施风险分级管理与“双随机一公开”双轨合一的监管机制。坚持问题导向，分级建立风险清单，围绕防范风险、排查风险、治理风险、化解风险，突出重点，深入开展流通环节食品安全风险排查整治。强化重点问题专项整治。加强风险隐患排查，制定重点问题清单，开展重点产品专项整治，严格落实防范措施。重点整治超范围使用添加剂、超限量使用添加剂、使用非食品原料、掺杂掺假、微生物超标、塑化剂污染、标签标示及虚假宣传等问题，加强肉制品、婴幼儿辅助食品、蜂产品、食用植物油、白酒、糕点、固体饮料、压片糖果、代用茶、食用盐等重点产品的质量监管，以生产日期、保质期等的标注为抓手，规范标签标识管理，严防食品中“塑化剂”风险。

（张欣欣撰　罗坤辉审）

【食品安全监管】 加强市场销售食用农产品质量安全监管。规范一批农贸市场，按照漳州市市场监督管理局等部门《关于印发食品安全“一品一码”全过程追溯体系建设资金补助考评细则的通知》的要求创建一个示范农贸市场；对食用农产品集中交易市场组织开展专项检查，跟踪落实整改情况，严格查处问题市场开办者和经营者，坚持问题导向，严格问题处理，查清产品来源及问题原因，严厉查处非法添加及农兽药残留超标违法行为；加大部门协作力度，及时通报发现问题，提请相关部门加强源头监管，加强与公安部门配合，查处典型违法犯罪行为。

加强校园周边销售食品安全监管。对校园周边食品销售者实施全覆盖检查；突出重点，检查食杂店是否超范围经营散装面包等，是否现制现售食品，检查冷加工糕点、冷冻饮品的经营条件是否符合要求，“五毛食品”等重点食品的感官性状、标签标识是否符合规定，并根据检查情况进行针对性的抽检监测。

加强冷藏冷冻食品安全监管。深入排查，建立涉及冷库的销售者名单，同时开展专项检查，督促冷藏冷冻食品经营者严格履行主体责任，落实进货查验记录制度。加强冷库猪肉、禽肉、牛肉，羊肉等动物检疫合格证明文件的检查，保障食品安全。

强化重点产品质量监管。督促企业加强原辅料采购管控和生产过程质量管控，鼓励大型企业推行HACCP体系，进一步加强标签标识培训，规范标签标识管理，推动企业提升质量安全管理水平确保产品质量安全。

开展肉制品质量安全提升行动，推动肉制品企业提升质量安全管理水平。结合调味品国家食品安全标准实施，开展调味品质量安全提升行动，规范调味品标签标识，推动提升调味品产品品质。

（张欣欣撰　罗坤辉审）

【开展食品安全检查】 落实主体责任，强化监督检查，开展食品安全管理人员考核。督促指导企业严格按照《中华人民共和国食品安全法》等法律规章要求，建立从业人员管理制度，加强对食品安全管理人员的培训和考核。组织开展企业食品安全管理人员监督抽查考核工作，监督抽考企业覆盖率达到100%，抽考合格率达到100%。开展食品生产经营安全自查报告。按照《中华人民共和国食品安全法》等法律规章要求，督促指导企业建立完善食品安全自查制度，定期对食品安全状况进行检查评价，及时报告属地监管部门食品安全风险，落实企业主体责任，加大不合格食品召回工作监督力度，提高公开召回比例和实效。企业年度自查报告率达到100%。加强对企业自查情况的抽查督查工作，将自查满分的企业作为重点监督抽查对象，确保制度落实到位，整改落实到位。督促食品销售者建立食品安全自查制度，对照主体责任清单，定期对食品安全状况进行检查评价，及时整改发现问题；有发生食品安全事故潜在风险的，立即停止食品经营活动，并向所在地市场监管部门报告。

（张欣欣撰　罗坤辉审）

【加强食品生产经营全过程监管】

突出监管重点，加强食品生产经营全过程监管。加强日常监督检查，督促企业持续保持生产经营许可条件，严格按照法律法规、食品安全标准组织生产经营，加强从原料进厂到车间生产、贮存、检验、交付的全过程控制，切实保证食品生产安全。对肉制品、蜂蜜、食用油、白酒、淀粉制品等食品生产企业实施重点检查，对群众投诉举报、监督抽检不合格、其它线索表明可能存在质量安全隐患，以及有严重不守信记录的食品生产企业实施专项检查。加强“一品一码”追溯体系建设。督促食品生产企业建立健全食品安全可追溯体系，加大对新取证食品生产企业的培训力度，持续强化“一品一码”追溯体系应用，推进“一品一码”追溯体系二期建设，试点推进“一证通”工作，推动追溯体系建设提质、扩面、增效，确保产品来源可查、去向可追、风险可控、责任可究。加强专项监督检查，及时收集省、市局每月进展情况通报，不断增加追溯数据上传数量和上传批次覆盖率，确保完成省对市，市对县的年度考核工作。加强与农业、海渔部门对接，特别要落实商场超市、重点农贸市场食用农产品产地准出市场准入的衔接，2019年每个乡镇至少建立一个可追溯示范链点。通过抓两头、促中间，层层倒逼，以点联线，以线拓面，纵向打通追溯链条，横向增加覆盖面，逐步提升追溯主体覆盖面。发挥数据驱动作用，挖掘数据价值，强化分析应用，建立起以数据为核心的食品安全现代化治理新模式，营造政府、企业、消费者多方共赢的工作格局。加强食品生产加工小作坊监管。推进小作坊食品安全提升行动，做好小作坊普查建档、目录建立、核准准入、监督检查、抽检监测、品牌创建、信用体系建设等工作，实现小作坊普查建档率达到100%。持续开展食品小作坊专项整治，通过打击整治、规范提升，促进小作坊规范发展。建立“互联网+小作坊”智慧监管首批示范工程，将2016—2018年3家小作坊示范点纳入监管平台，使小作坊生产加工全过程台账数据完整，加工可视，打造“阳光作坊”监管。

（张欣欣撰　罗坤辉审）

价格管理

【专项检查】 根据不低于5%的工作要求，组织开展小微企业收费优惠减免政策落实情况专项抽查。抽查3家银行（建行、农行、润发村建银行），2家行政事业性收费单位（县住房和城乡建设局、县自然资源局）。

开展转供电环节电价专项检查，检查自2018年4月1日以来福建省6次降低一般工商业电价政策执行情况。重点抽查云霄县供电公司、云霄万星商业管理有限公司和云霄动车站的一般工商业电价在时间节点和降低额度的执行情况。

根据工作方案要求，开展云霄县医疗服务价格重点治理专项检查。对全县所有12家公办医疗机构进行全面检查，重点检查2018年1月1日至2019年6月30日期间的医疗服务价格和收费行为。

（陈建云撰　杨志强审）

【价格监督检查】 加强重要节点市场价格监管。在元旦、春节、中秋和国庆等节假日期间，确保重要节点、重要商品市场价格基本稳定。严厉打击不明码标价、价格欺诈、哄抬价格等违法行为，切实维护节假日市场价格秩序。

加强群众反映集中领域的价格监管。紧紧围绕百姓关心、群众生活最密切、举报投诉较集中的医疗、教育、水电气安装、电商等领域价格行为，开展重点分析，实施重点监管，妥善回应社会关切，切实为广大人民群众生活营造美好的价格环境。

加强案件查处力度。全年立案查处价格（收费）违法案件12件。查出违法收费金额98万多元，罚款99万多元，实际经济制裁197万多元。至2019年12月底入库39万多元。

（陈建云撰　杨志强审）

财政·税务

财　政

【概述】　2019年全县一般公共预算总收入完成9.91亿元，占预算100%，比上年增长0.06%。其中：上划中央收入3.14亿元，比上年下降3.9%；地方一般公共预算收入6.77亿元，占预算107.4%，增长2%。一般公共预算支出26.44亿元，占预算105.78%，比上年同期增加3534万元，增长1.4%。

【服务县域经济】　2019年县财政局着力支持县域经济发展，完善财税部门收入协调工作机制。优化投资结构，统筹各类财政性资金，发挥财政资金的拉动作用，支持重点项目建设，服务好核电、抽水蓄能等国家重点项目建设，以项目促税收。2019年争取地方政府债券7.38亿元，保障重点项目建设资金需求，促进经济健康持续发展，为提高财政收入奠定基础。落实减税降费政策，减税11000万元，核电企业退税6500万元，降低企业负担，提高企业市场竞争力；以“政银企”融资对接会为契机，推出创新方式的“金融超市”，为企业提供优质、个性化的金融服务；落实好财政奖补政策，充分发挥财政资金引导作用，引导企业做大做强特色、优势产业，提升企业科技创新、技术改造，推进产业集群化发展。

【重点领域支出】　2019年坚持绩效优先，不断提高重点领域和关键环节的保障强度。是年，民生支出216393万元，占一般公共预算支出的比重为81.8%；通过补短板提升社会事业发展水平，增进人民福祉，增加财政对教育、就业、社会保障、医疗卫生等民生重点领域的投入力度，其中：教育领域投入70165万元，占一般公共预算支出的26.5%；社会保障投入32702万元，占一般公共预算支出的12.4%；医疗领域投入20272万元，占一般公共预算支出的7.7%。

【扶贫基金管理】　2019年积极向上争取和整合资金39487万元，重点用于补齐乡村基础设施、支持特色产业、村级集体经济创收和帮扶贫困户等，确保巩固脱贫成效。是年，确保全县扶贫在线监管系统处于良好运行状态，在线公开扶贫惠民17个项目；“福建扶贫”App公开7300万元，惠及8057户，提供查询服务5.56万人次；加强“1+X”扶贫惠民资金专项检查，通过在线监管和日常督查，保证扶贫资金落实到位。

【预算管理】　加强预算绩效管理，压实预算单位支出主体责任，促进各部门抓好预算执行管理。在确保债务风险可控、预警指标处于安全区域的前提下，争取地方政府债券7.38亿元，用于脱贫攻坚、农村公路、生态建设、乡村振兴、改善民生、土地收储和棚户区改造等。采取有效措施降低不良贷款率，不良贷款率控制在1%以下，守住不发生区域性金融风险底线。积极推进各项改革任务的落实，规范资金使用制度，提高资金使用效益。

（陈启彬、罗棋龙撰　陈健雄审）

税　务

【税费收入】　2019年，县税务局组织各项收入151703万元，同比29143万元，增长23.78%。其中：组织税收收入86748万元。全年办理出口退税5700万元，比增598万元，增长11.73%；免抵调库3270万元，比增1026万元，增长45.71%。，助推县经济实现高质量发展。

【主要税种收入】　2019年增值税收入32708万元（其中直接收入29438万元，免抵调库3270万元）；消费税收入789万元；营业税收入131万元；企业所得税收入18301万元；个人所得税收入5440万元；资源税收入192万元；城市维护建设税收入1456万元，房产税收入1672万元；印花税收入1947万元；城镇土地使用税收入1426万元；土地增值税收入11614万元；车船税收入1323万元；车辆购置购置税收入969万元；耕地占用税收入1689万元；契税收入7026万元；环境保护税收入65万元。

【重点税源管征】　做好降低增值税税率工作，督促做好开票系统的升级工作，2019年4月1日前全县一般纳税人开票系统升级率达100%。积极做好留抵退税工作，主动向云霄党委、政府汇报，做好与财政部门的沟通协调，确保县财政局增量留抵退税工作顺利开展提供保障。中核国电漳州能源有限公司退税6501万元，有力支持地方核电事业的发展。

规范建筑业企业所得税管理，引导核定征收纳税人向查账征收方式过渡，帮扶建安企业规范健康发展。以年度汇算清缴为抓手。抓好应汇算户2516户全部完成汇算清缴工作并通过风险审核，申报准确率100%，汇算入库企业所得税税收4248.83万元，同比增收591.49万元，增幅16.17%。

做好财行税各税种管理。全年入库车船税1323.4万元，增收127.44万元。跟踪重大建设项目合同，全年入库印花税1946.73万元，同比增长162.81%。加强土地增值税清算，2019年完成11个项目清算审核工作，入库税收11613.68万元。

【纳税服务】　2019年持续打造“网上税务局为主、自助终端办税为辅、实体办税厅兜底”的纳税服务架构，为纳税人全面提供线上线下无缝对接、24小时不间断的办税服务。加大自助办税投入，办税厅16台自助办税终端机投入使用，有效弥补8小时以外及节假日的服务盲点，成为传统办税服务厅的延伸和补充，全年通过自助机办理发票领用户次占70%左右，方便纳税人和缴费人。预先建立“应急办税通道”，安排4名党员干部专门负责应急办理税费工作，及时为群众服务。加强电子税务局和窗口前台受理服务，及时受理、传递纳税人缴费人申请的延期申报、延期缴纳、税费政策减免、退税抵税等业务。2019年9月，国家税务总局公布纳税人满意度专项调查，财政局在全国区县纳税人满意度调查排名为第74名，列全省第二名。

（林峰撰　方进勇审）

金融·保险

综　述

【金融运行】　截至2019年12月末，全县金融机构本外币各项存款余额160亿元，同比增加5.23亿元，增长3.38%；本外币各项贷款余额118.57亿元，同比增加16.69亿元，增长16.38%。

【货币管理】　2019年，云霄县人民银行做好辖内现金供应工作，推进硬币自循环和人民币流通“网格化”管理工作。联合市场监督局进行仿人民币图案的巡查，销毁仿人民币图案1200张。积极做好反假货币工作，全年收缴假人民币684张，金额60985元。加强反假货币宣传，通过微信平台开展有奖知识竞答活动宣传反假货币，累计6200人次参加此次活动。

【信贷工作】　2019年，云霄县人民银行认真执行稳健货币政策，推动金融服务实体经济。加大小微企业金融支持力度，年末全县人民币小微企业贷款余额30.04亿元，比年初增加3.95亿元，增长15.12%。持续推进农村普惠金融发展，作为人民银行福州中心支行再贷款业务重点联系行，发挥扶贫再贷款政策效应，2019年累计发放给县农信社扶贫再贷款4260万元，助力脱贫攻坚。

【反洗钱工作】　2019年，云霄县人民银行强化反洗钱监管，加强可疑交易的分析、跟踪和报告。加强与房地产等特定非行业主管部门的协调合作，建立反洗钱监管协作机制。落实扫黑除恶专项斗争职责，配合推动1起“组织领导参加黑社会性质组织”案的立案工作。

【外汇业务】　2019年，云霄县人民银行加强外汇管理政策宣传，向涉外企业传导政策改革红利，做好业务指导。落实各项贸易投资便利化措施，降低涉外企业“脚底成本”，提高企业资金使用效率，扶持辖区实体经济发展。

【国库】　2019年，云霄县人民银行联合税务部门召开“小微企业普惠性退库业务”专题会，签订《落实减税降费政策协作备忘录》，推进国库为民确保减税降费政策落地生根。精简退税流程，开辟退税绿色通道，2019年办理小微企业退税2096笔，金额44万元。

【征信管理】　2019年办理个人信用报告查询12829份、企业信用报告查询150份。加强企业征信系统、个人征信系统建设，开展征信窗口服务标准化建设。

（汤银东撰　汤亮云审）

银行业监管

【概况】　2019年末，辖区共有银行业机构8家、银行业网点40个、离行式自助银行19家，实现辖区标准银行网点全覆盖和122个行政村便民服务点全覆盖。是年，辖区银行业总体稳健运行。截至12月末，辖区各项存款余额156.26亿元，比年初增加5.30亿元，增长3.51%；各项贷款余额118.42亿元，比年初增加14.89

亿元，增长14.39%。各项贷款占资产的67.08%，比上年同期提高10.5个百分点。

【服务实体经济】 截至2019年12月末，小微企业贷款30.05亿元，同比增长9.63%，比年初增加4.94亿元，增速15.14%；涉农贷款62.92亿元，同比增长20.36%，比年初增加10.1亿元，增速19.11%。辖区各银行业金融机构完成“三个不低于”“一个高于、两个百分百”和涉农贷款“一增二降”目标。加大民企服务力度，推动政银企融资对接，引导8家银行业机构向81位企业家代表推介特色金融产品，促进金融资源精准对接。通过下放审批权限、提高授信效率、降低融资成本，引导银行多措并举支持民营经济发展。引导辖内各银行业机构调整普惠金融激励考核政策。指导机构改进信贷管理、优化产品和强化服务，提升信贷投放的精准度和有效性。

【金融助力脱贫攻坚】 截至2019年12月末，为全县3199户立卡贫困户精准建档，实现贫困户建档覆盖面100%；发放扶贫贴息贷款1024户、金额3481.75万元，有贷款余额的贫困户337户、贷款余额1083.4万元。

【普惠金融工作】 提升金融知识宣教效果，督导“金融知识进万家”宣传活动月宣传开展情况。联合县银行业协会，组织辖内银行业、保险业机构开展户外集中宣传活动。推动普惠金融“百千万”工程。督导辖内法人机构成立普惠金融“百千万”工程工作领导小组，制定工作方案，按照方案进度设立“普惠金融学校”“普惠金融工作站”，派驻“普惠金融助理”。

【金融风险防控】 2019年，持续推进信用风险防控，开展“银行机构信贷管理专项检查”，摸清风险底数，加强风险攻坚，督促辖区银行业机构将60天以上逾期贷款纳入不良，资产分类准确性进一步提高，云霄农联社2019年处置不良贷款1884万元，不良贷款率下降0.11个百分点。

强化流动性风险防控，督导辖区两家法人机构健全流动性应急处置预案，实现低风险资产业务占比达90%以上，各项流动性指标符合监管要求。对4家机构开展现场督导，指导各机构开展督查和“上查下”23次。督促机构整改2018年发现的66个问题，涉及业务49笔，金额7417万元；整改2019年发现的38个问题，涉及业务35笔，金额5151万元。强化问责，开展两次整改问责“回头看”督导工作，发现问题10个，要求相关机构落实整改问责，并对法人机构高管及重要岗位员工开展应知应会测试。强化教育，督导机构结合“合规建设三强化”工作，强化合规教育，厚植合规文化。

推进社会金融风险整治，组织各机构深入开展扫黑除恶专项斗争、防范非法集资教育宣传活动，配合开展“套路贷”专项整治、打击治理电信网络违法犯罪。强化与地方法院合作，引入流动法庭到银行网点，简化不良贷款诉讼流程，加大对逃废债务的震慑作用。落实辖区职业放贷人贷款排查工作。严控案件风险，组织辖区2家法人机构开展“农村中小银行案件风险严控年”活动。

【法人机构监管】 2019年，开展银行机构信贷管理专项检查，对信贷管理体制机制、信贷经营行为、绩效考评管理及贷款方面发现的问题提出监管意见。开展2019年股东股权专项治理排查，发现股东资质、关联交易、参会履职方面问题3个。开展农村中小银行机构专项安全检查。对云霄联社公司治理、新增大额不良贷款和新发放大额贷款开展巡查，发出《风险提示单》1份，涉及问题5个，涉及金额3065万元，责成机构内部处罚14人，处罚金额1.07万元。持续推进信用风险防控，督促法人机构加强新授信客户额度控制，严控贷款集中度，防止产生新增大额贷款风险，提高表内外不良贷款清收率和不良贷款处置质量，按期完成“年内60天以上贷款要全部纳入不良考核”的监管要求。

（张淑珍撰　张江林审）

中国银行云霄支行

【概况】 2019年，中国银行股份有限公司云霄支行在职正式员工56人，平均年龄约43.25岁，其中，大学及以上学历27人、大专29人。支行党总支部下辖4个党支部，在岗党员28人。2019年，云霄中行党总支荣获漳州分行“先进基层党组织”荣誉称号。

【经营情况】 截止 2019 年末，云霄中行实现本外币一般性存款余额 19.23 亿元，其中个人储蓄存款本外币合计 13.71 亿元，公司存款 5.52 亿元。贷款余额 12.84 亿元，其中个人贷款全年投放 2.65 亿元，较上年新增 1.42 亿元。贷款不良率仅 0.018%，其中公司不良为零，零售贷款不良余额 31 万元，资产质量总体良好。

【支持地方建设】 2019 年缴纳税款合计 1378 万元（含房产税、营业税及附加、个人所得税等），为云霄县财政税收增加收入。投放民生信贷近 5000 万元，其中云霄县颐圆殡仪服务有限公司授信 919 万元；云霄长业水务有限公司授信 2074 万元；漳州立人学校 2000 万元。通过“银医通”“微医疗”项目，实现与县医院、县中医院的全面合作，对接项目涉及持社保卡就诊的客户，一卡多用，推广社保卡。通过 “智慧法院”项目，开立诉讼费专用账户，深化与县法院的合作。承担云霄县 44 万名群众（含常山）的社会保障卡业务。加快金保工程发展，重视农村金融服务点建设，改善农村金融服务环境，方便群众金融服务需求，加大下乡宣传金融知识及残破币、小票兑换等金融服务。

【助力脱贫攻坚】 配合上级行通过金融扶贫和助困扶贫等多种方式，先后资助双学路、幸福院、水利公园文化活动中心及美丽乡村项目建设，扶持返乡大学生创业电商平台的建设运作，通过中国银行“惠享生活”“公益中行”等线上平台，推广当地农产品，为精准扶贫工作做出贡献。

（吴艳蓉撰　吴文通审）

工商银行云霄支行

【存款业务】 2019 年各项人民币存款 14.95 亿元，比上年增加 0.88 亿元。其中，居民存款余额 11.65 亿元，比上年初增加 1.71 亿元。

【贷款业务】 2019 年个人贷款总额达 9.47 亿元，比上年增加 5.14 亿元。与中核国电漳州能源有限公司签订固定资产借款合同，借款额度 60 亿元，主要用于 1 号、2 号机组项目建设，核电项目营销取得重大进展。

【金融业务】 多维度拓展线上金融业务，加快互联网金融推进力度。云霄支行重点营销推介云闪付、融 e 联、e 生活、手机银行、产品二维码等产品，借助产品功能作用全力营销推介线上贷款、理财产品、保险、信用卡、第三方绑卡、汇款转账等线上金融业务；对营业网点智能银行进行升级改造，方便群众办理各项业务；实现收入 414.4 万元。

（方耀东撰　陈锡海审）

农业银行云霄支行

【基本概况】 2019 年末，云霄农行设有综合管理部、运营管理部、个人金融部、公司业务部、信贷与风险管理部（计划财会中心）5 个部门。设立支行 5 个网点。其中，县城区支行营业厅 1 个、城关支行、莆美支行、将军山支行 3 个二级支行、常山经济开发区（省级开发区）二级支行 1 个。

【存款业务】 截至 2019 年末，全行本外币各项存款余额 27.51 亿元，比年初增加 6635 万元。其中个人存款余额 20.47 亿元，比年初增加 1.18 亿元；对公存款余额 7.04 亿元，比年初减 5161 万元。

【贷款业务】 截至 2019 年末，各项贷款余额 24.13 亿元，比年初增加 4.49 亿元，增长 23.49%。其中：对公贷款余额 8.96 亿元，比年初增加 1.95 亿元，增长 27.81%；个人贷款余额 15.17 亿元，比年初净增 2.64 亿元，增长 21.07%。

【不良贷款管控】 截至 2019 年末，全行不良贷款余额 618 万元，贷款不良率 0.26%，提前实现农业银行云霄支行不良贷款处置三年规划和向地方县委县政府承诺的不良贷款管控目标。

【普惠金融】 2019 年，实现全县乡镇、行政村、农业特色产业“快农贷”全覆盖。截至 12 月末，“快农贷”贷款余额 1.72 亿元，“快农贷”业务促进农民增收创收，振兴乡村经济发展。

（林泽波撰　高一明审）

建设银行云霄支行

【概况】 主营存款、贷款及资金结算等金融服务，辖内2个营业网点，4个离行式自助银行网点。支行内设机构包括行长室、办公室、客户部、营业部、将军山支行，在职员工43人，在职党员16人。

【存贷款及效益】 截至2019年末，一般性存款余额227789万元（企业存款65604万元、储蓄存款162185万元），当年减少300万元。本外币各项贷款余额192531万元，其中公司类贷款53615万元，个人类贷款138916万元，当年新增-15642万元；五级分类不良贷款余额1847万元，贷款不良率1.11%。实现帐面经营利润5894万元，其中中间业务收入3109万元。

【支持地方建设】 2019年，建设银行云霄支行营销抵押快贷、云税贷、结算云贷、账户云贷等多种小微企业信用类信贷品种；重点发展小企业抵押快贷业务，小微企业抵押快贷当年户数新增及授信总额均居全市第一位，支持小微企业和地方经济发展。截至12月末，支行普惠金融各项信贷指标22207万元，其中小微企业快贷授信客户280户，授信总额度21341万元，信贷余额15446万元，比年初新增7672万元。

（方毅勇撰　林坤喜审）

云霄县农村信用社

【概况】 云霄县农村信用合作联社现有8个职能科室，17个网点，遍布全县9个乡镇和常山开发区；共有离行式自助银行5间，ATM及CRS自助设备54台，遍布全县所有乡镇；布设小额支付便民点158个，实现全县行政村全覆盖；现有在职员工192人，其中正式员工175人，派遣工17人，是云霄县营业网点最多、从业人员最多、城乡分布最广的金融机构。存、贷款余额和市场占有率连续多年居全县各金融机构之首。

【存款业务】 2019年末，云霄县农村信用合作联社各项存款44.87亿元，先后开办“迎新春”存款、“金猪存钱罐”“幸福晚年”3项特色存款产品。3月初首推靠档计息的大额存单，9月再次推出按月付息的大额存单，存款余额比年初增加2.62亿元，增幅6.20%，

【贷款业务】 2019年末，云霄县农村信用合作联社各项贷款31.93亿元，比年初增加3.40亿元，增幅11.93%。其中涉农贷款余额31亿元，比年初增加2.98亿元，增幅10.65%，小微企业贷款余额9.98亿元。

【中间业务】 2019年末，云霄县农村信用合作联社充分拓宽中间业务，增强中间业务种类的多样性。在已开办代理21类中间业务的基础上，新增网点图书借阅业务、智慧商超、校园一卡通等中间业务，全省农信系统排名并列第二，漳州农信系统第一。

（蔡巧芳撰　杨江亮审）

邮政储蓄银行云霄支行

【概况】 2019年末，邮政储蓄银行云霄支行各项贷款余额11.36亿元，其中小额贷款余额5.22亿元、消费贷款44106万元。2019年累计新增贷款2.07亿元。

【信用贷款工作】 截止2019年末，邮政储蓄银行云霄支行建设信用村30个，2019年创建信用村7个，信用户评定户数超过1000户，贷款授信近3亿元，贷款结余1.14亿元，信用村数量、新增新贷规模和服务农户数提前完成目标值。

【支持实体经济发展】 截至2019年12月末，小企业法人贷款余额17199万元。做“深”合作服务平台，积极推进政银合作，主动对接财政局、经信委、税务局、工商联等部门，加强走访，本年贷款余额对比年初新增1883万元。

（吴婉真撰　沈春才审）

海峡银行云霄支行

【概况】 2019年末，海峡银行云霄支行本外币存款余额为50862万元，比年初减少8296万元，减

幅14.02%；本外币贷款余额42110万元，比年初增加6507万元，增幅18.28%。

【存款业务】 2019年末，海峡银行云霄支行时点公司存款36374万元，较年初减少12202万元，减幅25.12%；现日均存款32424万元较年初减少6638万元，减幅16.99%。

【贷款业务】 2019年末，海峡银行云霄支行贷款余额16402万元，较年初增加3075万元。累计办理银行承兑汇票73笔，合计票面金额20634万元；额度项下流贷发放16笔，合计金额16115万元；

【贸金业务】 2019年，累计结汇笔数29笔，合计金额282.64万美元。

【零售业务】 截至2019年末，时点存款14488万元，较年初增长1906万元，较年初增加15.16%，日均存款13920万元，较年初增长1361万元，增加10.83%。理财销售1222笔，总金额22209.4万元，其中稳健系列53笔697.4万元；海盈系列21笔1196万元；优选系列1148笔20316万元。2019年累计开卡1664张。笔数103笔，总金额283.6万元；个人现金管理服务：笔数87笔，总金额1280.6万元。截至2019年末，贷款为25708万元，较年初增加3432万元，全年新增发放个人经营性贷款3711万元。

（方芳云撰　方卓强审）

润发村镇银行

【存贷款业务】 截至2019年末，各项存款余额为29553.55万元，比年初减少247.23万元，各项贷款余额为26104.72万元，比年初增加986.47万元。全年实现利润959.35万元，2019年缴纳税款253.37万元（含企业所得税、营业税及附加、个人所得税、增值税等）。

【支持地方建设】 截至2019年末，发放农户贷款23370.47万元，累计发放79962.9万元。发放小微企业贷款9989.11万元，累计发放28870.5万元，有效地支持地方经济发展。

（张丽蓉、郭易琳撰　郑日审）

人寿保险云霄支公司

【概况】 2019年，中国人寿保险股份有限公司云霄县支公司实现股份公司总保费7532.9万元，全年赔款支出440.51万元。

（陈亚细撰　蔡建智审）

人民财产保险云霄支公司

【概况】 中国人民财产保险股份有限公司云霄支公司是中国人民财产保险股份有限公司在云霄县的分支机构。支公司设有经理室、综合部、理赔分部、常山营销服务部、车险管理部、非车管理部、三农团队、非车团队、车商团队等部门及团队。公司主要经营机动车辆保险、财产损失保险、责任保险、信用保险、货物运输保险、意外伤害保险、短期健康保险等非寿险业务；承保全县校园方责任保险、农村住房保险、医院医疗责任保险、渔工责任保险、渔船保险、自然灾害公众责任保险、森林保险、水稻保险、母猪保险等政策性保险项目。

【业务发展】 2019年，实现保费收入5747.53万元，赔款支出2961.77万元，实现利润283.58万元，缴纳各项地方税收680.35万元。

（吴雯撰　何永方审）

平安人寿股份有限公司云霄营销服务部

【业务发展】 2019年，平安人寿股份有限公司云霄营销服务部（云霄）保费1386.7万元，办理理赔案件402件，理赔金额502.16万元，标准案件2日结案率95%；云霄第一营销服务部（云霄区拓）保费581.2万元，办理理赔案件214件，理赔金额195.3万元，标准案件2日结案率97.6。

（林元钦撰　赖志光审）

兴业证券云霄营业部

【概况】 兴业证券云霄营业部主要经营范围为证券经纪；证券投资咨询；与证券交易、证券投资活动有关的财务顾问；证券承销与保荐业务项目的推介和承揽；融资融券；证券投资基金代销；为期货公司提供中间介绍业务；代销金融产品。

【业务发展】 2019年，兴业证券云霄营业部实现营业收入899.10万元，利润总额519.35万元；截至2019年末，兴业证券云霄营业部客户的托管A股总市值为30.55亿元，累计销售各类产品11182.52万元。2019年期间新增普通客户账户数2451户，全年各类证券交易金额213.55亿元。

（潘丽容撰　陈顺斌审）

中华联合财产保险云霄营销服务部

【概况】 中华联合财产保险股份有限公司漳州中心支公司云霄营销服务部业务经营范围覆盖国内非寿险市场的所有领域，开办的险种有机动车辆保险、企业财产保险、公众责任保险、家庭财产保险、雇主责任保险、人身意外伤害保险及特约保险等200多个险种。

【业务发展】 2019年，中华联合财产保险股份有限公司漳州中心支公司云霄营销服务部实现签单保费375.71万元。赔款支出196.07万元。

（吴丽群撰　龚建田审）

教育·科技

教育工作

【师资力量建设】 2019年，云霄招聘新教师94人，其中采用“政府购买服务”方式招聘非正式编制教师，小学和幼儿园各10名。交流教师94人次，校级领导交流56人次。集中开展中小学师德师风建设主题教育月活动，加大师德师风监管和惩治力度。多形式开展师德教育活动，涌现出全国教育系统先进教育工作者吴云等一批优秀教师和先进典型。强化教师教研培训，开辟网络教研新渠道，广泛开展网络教研活动。组建首批17个名师工作室，选拔3名中小学校长参加漳州市“品牌学校卓越校长”培训。1名教师被评为首批市级优秀名师，2名教师被评为市级研究型名师，20名教师被确认为市级学科带头人。出台《关于妥善解决辞退代课教师问题的实施方案》，给符合养老补助条件的辞退代课教师发放养老补助金。按每人每月（幼儿园300元、小学400元、中学500元）的标准发放班主任补贴，落实教师追加绩效工资700万元，提高乡村教师生活补助标准（每月提高到人均500元）等，多渠道提高教师待遇，充分调动广大教师工作积极性。

【考试招生】 2019年，云霄加大投入，建成7所标准化考点、考场，实现全省联网、全程监控、实时录像，并配置空调。全年组织实施各类教育考试7场次，考生累计2万余人次。全县普通高考报名考生2312人，中考报名考生9483人。实现“公正考试、平安考试、诚信考试”目标。

【德育工作】 2019年，云霄认真落实教育部《中小学德育工作指南》等文件要求，充分利用各类德育载体，围绕校园文化建设，积极开展各类主题教育活动，实现常规育德、生活育德、心理育德、文化育德。深入实施思政课“六大行动”，即“一年一会”思政课研讨行动、“八个相统一”精品思政课题研究行动、思政课堂教学比武行动、思政课教师社会实践基地建设研修行动、思政课名优教师培训培养行动、思政课程教学优质资源开发推广行动。成功举办全县“校园阅读”现场交流观摩、首届中学生校际模拟法庭进校园、“我和我的祖国”学生合唱比赛、中学生篮球联赛、青少年校园足球联赛等活动。组织学生参加教育部关工委开展的第二十一届全国青少年新时代好少年“我为祖国点赞”主题教育征文比赛活动，荣获一等奖3人、二等奖7人、三等奖11人；组织学生参加第七届“魅力之光”杯全国核电科普知识竞赛，52位学生入围全国赛，云霄一中、元光中学、火田中学、竹港中学荣获优秀组织奖。开展首届云霄县赛区学生国家安全知识竞赛活动，组队参加市赛并获得优胜奖。县实验幼儿园被评为全国足球特色幼儿园，参加全市幼儿体质健康足球嘉年华活动并荣获团体一等奖。

【学生资助】 2019年，云霄严格落实各项资助政策，及时发放各级各类资助资金1361.35万元，受助学生14956人次。其中，发放学前教育政府助学金54.85万元，受助学生573人次；发放义务教育营养餐补助381.2万元，受助学生7624人次；发放困难寄宿生生活补助73.2万元，受助学生1915人次；发放高中阶段国家助学金128.38万元，受助学生1092人次；高中免学费43.76万元，受助人数547人次；发放中职助学金43.76万元；受助学生215人次；中职免学费612.6万元，受助学生2917人次；发放福建省富闽教育助学基金6.5万元，受助学生20人次；发放漳州市扶贫开发协会扶贫助学基金17.1万元，受助学生53人次。开展大学生生源地信用助学贷款工作，发放助学贷款1631.857万元，受助学生2269人。

【教学基础设施建设】 2019年，云霄新建成洲渡幼儿园、荷步小学、礁美幼儿园、陈岱幼儿园、莆美幼儿园、双溪口幼儿园、后汤小学等7所学校。2019年投入9095万元，新建、改建中小学、幼儿园建设项目10个，新增校舍建设面积30645平方米，其中云霄一中实验楼、马铺坑湖小学教学楼、火田后埔幼儿园、东厦船场幼儿园、列屿紫阳幼儿园、马铺第二幼儿园、云霄机关幼儿园改造等7个项目如期完工，火田中学教学楼、英济学校综合楼、马铺乌石坑小学教学楼等3个项目按进度开工建设。加大基础教育装备配备力度，投入900多万元，为学校购置实验仪器、音体美器材等设备。其中，投入400万元采购空调，实现全县所有学校教师办公室配备空调；投入资金85万元，建设城区小学标准化考场；投入65万元，建设云霄一中口语标准化考场；投入380万元，为各学校配备1000台办公电脑等。

【校园安全】 2019年，云霄印发《云霄县学校安全工作“党政同责、一岗双责”规定》，推动安全责任落实到岗到人，95%学校达到“两项创建”标准。排查100多所学校周边设施，检查85家学校食堂、周边餐饮店、文具店和经营单位，累计发放各类宣传单5000余份。积极组织开展各类安全、法治宣传教育活动，组织全县师生参加全国中小学生安全知识网络竞赛活动。开通云霄县学校安全教育平台，积极组织师生通过平台开展教育活动，参与率99%。加强家校联系，积极向学生家长宣传安全知识，提醒家长关注学生安全。开展学校维稳工作，重大事件及重要节点期间，实行学校维稳情况每日“零报告”制度。强化校园网络舆情监控，畅通维稳信息渠道。开展校园反邪教警示教育活动，定期部署开展学校防范非法宗教、境外机构渗透排查整治工作，增强师生自觉远离邪教意识和能力。协调开展无证民办幼儿园清理整顿和校外寄托机构规范管理工作。

【学前教育】 2019年，云霄幼儿园131所，其中公办27所、集体办3所、民办101所，小学附设班36个。在园幼儿15478人，其中公办园7314人、民办园8164人。是年，深入实施“第三期学前教育三年行动计划”，大力推进公办幼儿园项目建设，落实城镇小区配套幼儿园建设，多渠道扩充学前教育资源。新建、改扩建幼儿园3所，在公办幼儿园就读幼儿占比提高至47%。建立政府购买普惠性民办园服务机制，补助低收费、普惠性民办园，发放补贴资金103万元，推进普惠性民办幼儿园公益普惠发展，在普惠性幼儿园就读幼儿占比提高至95%。创建7所县级示范性幼儿园，开展传帮带服务，推进园际交流、对口帮扶和结对共建，促进均衡发展，提高保教水平。

【小学教育】 2019年，云霄小学112所（个）（其中完全小学70所、教学点42个），小学在校生28818人。是年，贯彻落实《关于统筹推进县域内城乡义务教育一体化改革发展的实施意见》，着力推进乡村小规模学校办学标准建设与评估工作。推进实施“十百千万”优质小学教育资源“孵化”工程，首期选派2名“种子校长”、4名“种子名师”参与“孵化”工程。积极推进新一轮义务教育学校管理标准化创建工作，陈岱竹港小学、东厦荷步小学、东厦佳洲小学、火田西林小学、莆美后汤小学、莆美马山小学、下河孙坑小学、云陵下坂小学、云霄英济学校等9所学校获福建省第二批“义务教育管理标准化学校”称号。组织评选小学语文、数学、英语等三个学科“十佳优秀教师”。开展小学质量抽查活动，在全市小学毕业班教育教学质量监测中，云霄在全市小学毕业班教育教学质量监测中成绩名列前茅，各项评比名次均靠前。

【中学教育】 2010年，云霄中学学校16所，其中初级中学9所、九年一贯制学校2所、完全中学3所、高级中学1所、十二年一贯制学校1所。初中在校生15165人，高中在校生6775人。是年，深入实施初中“壮腰”工程，出台《云霄县中小学生课后服务工作实施方案》，解决家长后顾之忧。初中教育质量呈现逐步均衡发展的态势，各学校各学科齐头并进。中考单科及格率55.05%，彻底消除英语科及格率低于15%的现象。2019年，云霄再次被评为漳州市初中教育教学质量先进县，7所学校获得市初中教育教学先进校称号，2所学校获得市初中教育教学达标校称号，3所学校继续获市初中教育教学信得过学校称号。推进普通高中多样化发展，积极落实选课走班制度，推进高考综合改革。2019年，高考成绩稳步提升，本科上线率58.3%，再次被评为漳州市高中教育教学质量达标县。积极开展义务教育管理标准化学校创建，云霄二中、云霄四中被确定为省级义务教育管理标准化学校，云霄一中被确定为福建省首批示范性普通高中建设学校，云霄四中、云霄二中顺利通过三级达标评估，云霄立人学校、云霄元光中学顺利通过二级达标复评。

【特殊教育】 2019年，云霄特殊教育学校设有复式教学班6个，在校生98人（其中送教学生31人），在编教师18人，兼职送教教师37人。是年，学校充分发挥云霄县特殊教育资源中心功能作用，排查核实残疾儿童送教上门对象，列出清单，积极开展送教上门服务工作的培训与指导。课题《特教语文教学对学生表达能力培养实践研究》，被确定为2019年度漳州市基础教育课程教学研究重点课题，并获省普教室立项。

【职业成人教育】 云霄职业技术学校设有学前教育（保育员）、汽车运用与维修、光电仪器制造与维修、电子商务、市场营销、高星级饭店运营与管理、戏曲表演（潮剧）、家政服务与管理、护理、助产、药剂等11个专业。是年，学前教育专业首次与漳州城市职业技术学院合作办学，开展“3+2”五年制大专教育。2019年，学校招生928人，659名中职学生毕业，在校生2524人。认真贯彻落实省市关于加快现代职业教育改革意见，加大投入完善设备，完成省级规范化考点建设；积极探索人才培养模式改革试点，与漳州城市职业技术学院合作办学，首次筛选50名优秀民办幼儿园老师参加漳州城市职业技术学院实施的学前教育专业“二元制”人才培养模式改革试点项目学习。学生参加漳州市职校学生技能联赛暨闽西南协同发展区中职学生技能联赛并获三等奖1个、优秀奖11个，参加福建省职业院校技能大赛并获中职组优秀奖10个。

云霄唯美职业技术学校于2019年6月11日经县教育局批复同意设立，办学性质为全日制民办中等职业技术学校。

云霄电大工作站2019年招收新生281人，毕业生226人，在校生540人。2019年被福建广播电视大学授予先进集体称号。

云霄县老年大学2019年学员538人，学会14个，会员761人，开设课程22门，14个班级14个。实行“两轮驱动”即课堂教学与专业学会活动相结合，实行“三课一体”即必修课、选修课、实践课统一安排。采取多种形式“开门办学”，通过“走出去，请进来”开展实践活动，提高老年人参与学习活动的参与率。

【民办教育】 2019年，云霄民办学校56所，其中民办中等职业学校1所，民办初中校1所，民办十二年一贯制学校1所，民办幼儿园53所。在教育部门办理办学许可证的民办校外培训机构10所。组织检查和抽查全县民办中小学（幼儿园）和校外培训机构在依法办学、办学条件、常规管理及安全管理等方面情况。向社会公布年检“合格”学校，要求年检“不合格”学校限期整改。开展无证教育机构专项治理工作，强化依法办学意识。9—12月，全县开展无证民办幼儿园和教育培训机构摸底筛查和全面治理工作，清理整顿未经批准、非法开展各种教育教学活动的无证民办园和教育培训机构。指导具备办理证照条件的民办学校和校外培训机构，依法依规办理相关证照。是年，新设立民办中等职业学校1所，云霄县唯美职业技术学校；新设立民办幼儿园11所，云霄县大风车幼儿园、云霄县金色童年幼儿园、云霄县泰景幼儿园、云霄县红星幼儿园、云霄县艾乐幼儿园、云霄县火田镇菜埔新苗幼儿园、云霄县列屿镇向日葵幼儿园、云霄县列屿镇城外起航幼儿园、云霄县东厦镇荷步小荷幼儿园、云霄县小红帽幼儿园、云霄县爱恩幼儿园；新设立校外培训机构3所，云霄县仁才培训学校有限公司、云霄县育贤培训学校有限公司、云霄县立才培训学校。依法依规责令不符合办理证照条件的民办学校和校外培训机构停止办学。

（赖锦添撰　张增智审）

地　震

【地震监测】 2019年，云霄实现地震测报信息化。通过微机联网和手机短信，及时接收省地震监测中心发布的福建省及附近海域地震活动信息，及时了解云霄及周边地区地震活动情况。是年，3个动物宏观观测点始终保持连续无间断观测良好状态；加强云霄强震台与烈度速报台日常维护管理，确保仪器正常运行；按地震监测工作规范，做好烈度速报台、强震台日常维护、检查；做好地震动物宏观观测点数字统计和管理；建设地震预警信息发布终端，召开全县地震预警信息发布终端建设协调会，召集各有关部门共同细化方案，组织地震信息预警终端建设选址、实施工作，并加强预警终端建成后的监督、管理。全年完成223处地震预警信息发布终端建设任务，有效提升云霄地震监测预报能力。

【地震应急】 应急救援队伍建设。云霄有两支地震应急专业救援队。依托县消防大队，建立地震应急专业救援队，配有相应地震应急救援装备。依托县武装部民兵，建立应急救援队，配备相应浅层地震应急救援装备。此外组建民间救援志愿队云霄蓝天救援队，县地震办拨付5万元救援工作经费。

建设地震科普体验馆。选址云霄元光中学建设地震科普体验馆。项目分两期建设，总预算资金82万元，县地震办从体验馆功能区划、展示内容、设备配置等业务上提供指导，并筹集资金补助项目。2019年项目第二期完成，填补云霄地震科普体验空白。

防震减灾应急疏散演练。在云霄县各中小学、幼儿园、社区、机关、企业开展地震应急疏散演练100余场，发放宣传册2万余册。疏散演练达到预期效果，进一步普及安全知识，增强公众安全意识，让公众真正掌握在灾害中能够迅速逃生、自救、互救的基本方法，提高公众抵御灾害和应对紧急突发事件能力。

【避难场所建设】 2019年，云霄加强地震应急避难场所日常维护与管理。全县有地震应急避难场所16处，分别位于将军山公园、人民公园、元光中学、元光小学、下坂公园、云霄第一中学分校、阳霞小学、新体育场、梅山小学、火田中心小学、云霄第三中学、陈岱中心小学、东厦镇荷步小学、云霄第五中学、和平乡东方小学、云陵工业开发区第一学校。各避难场所责任单位专人负责避难场所日常管理工作，保障救灾物资和设施安全，并配合相关部门做好测评工作。

【防震减灾宣传】 2019年5月期间，云霄地震办联合中小学、幼儿园、社区、机关、企业举办防震减灾科普知识宣传和地震应急疏散演练活动，向全县党政机关、企事业单位推送防震减灾宣传短信2万条。7月28日，县地震办组织泰景社区工作人员及志愿者开展防震减灾知识进家庭宣传活动，提高群众对防震减灾工作的关注度，增强社区居民的自主减灾意识。

【台网建设】 至2019年底，福建省防震减灾“十一五”重点建设项目两处台站分布在云霄。强震台位于县城元光小学校园内，烈度速报台位于距云霄县城15公里的火田镇水头村水库旁。

（陈晓逸撰　陈婉琼审）

文　化

【概况】　2019年，云霄县围绕年初工作目标任务，大力推进全县文化体育旅游事业协调发展。年初完成云霄县文化体育和旅游局机构改革工作。2月，云霄县被文化和旅游部命名为2018—2020年度中国民间文化艺术之乡（书画）。

【文学艺术创作】　编撰出版刊物《漳江文学》第34至35期，出版《圣地茶香“白石茶得浓”》《“庆祝建国七十周年”》专辑。周莹洁散文《医人医国梦》2019年5月参加福建中医药大学“中国梦主题征文比赛”并获二等奖。唐淑婷出版个人作品集《在一首诗里弹响你》；汤毓贤出版个人作品集《开漳圣王传》，编辑出版《燕翼宫开漳文化丛书》，发表《开拓南中国海的开漳圣王信仰》论文报告；吴伟义书法作品入展首届“中国书法大厦杯”书法大奖赛。

【协会创作】　县音乐家协会　作云霄县庆祝中华人民共和国成立70周年艺术歌曲《唱响云霄》、旅游歌曲《漫步云霄》、闽南歌曲《厝内安吉》并拍摄MV。方锐栩获漳州市“水仙花”杯青年歌手赛三等奖。

县美术家协会　征集筹备美协期刊画册第8期。吴华林、方慧生、胡杰辉作品入选省美协主办的全国第十三届美展福建省中国画、油画作品选拨展。蔡雪莹作品《追梦》入选第二届“邮驿路 运河情”全国美术作品展。方惠仁国画作品入选2019年首届“大美观音山”全国山水画作品展。陈贵生作品获第二届“泾上丹青”全国中国画作品展入会资格。

县摄影家协会　谢勤杰正式加入中国摄影家协会，成为2017年批次会员。截至2019年，全县中国摄影家协会会员5人。吴晓达、吴叶青、陈伟伟、方惠莉、吴绍明、吴晨淮作品见刊《海峡摄影》。吴建云、李金文作品见刊《婚礼》。周先丽作品获“你好，世界”全球旅行摄影大赛第17期佳作奖。谢勤杰作品获第七届“爱海洋爱厦门”摄影大赛优秀奖，作品入围首届全国海洋滩涂摄影大展，作品入选中国农工民主党福建省委员会庆祝中华人民共和国成立70周年书画摄影展。

县戏剧家协会　创作编排大型潮剧现代戏《向东渠》，在第七届福建艺术节揽获六个奖项；剧目《金刀会》入选首届福建省民间职业剧团优秀剧目展并在晋江展演。林淑玲、何佳敏在福建省戏剧家协会举办的福建省第十四届水仙花戏剧比赛均获得个人表演二等奖。大型潮州大锣鼓器乐合奏曲《向东颂》参加漳州市九龙江杯器乐比赛并获第一名。

县民间文艺家协会　整理出版《云霄民间文学》第六卷。蔡伟明获得《中国民间传说大系·福建卷》编辑组先进个人奖。2019年，发展国家级民间文艺家协会会员施春声，省民间文艺家协会会员陈韩英、方晓东、林维嘉、陈太章、黄纳新及数十位市级民间文艺家协会会员。

县收藏家协会　汤育智作为编辑部专家组成员，编写的《宋瓷新典——汝窑卷》与《陶瓷撷英》两本书籍相继正式出版。

县舞蹈家协会　方泽斌创作的原创舞蹈《年华》参加漳州市首届“水仙花杯”原创舞蹈比赛。由赵玲、林璐指导的舞蹈作品《水》获2019《我和我的祖国》漳州市“九龙江杯”群众文艺展演舞蹈类第三名。2名会员加入省舞蹈家协会、15名会员加入市舞蹈家协会　。

【工艺美术】　云霄《黄金漆画》《闽南木雕》项目在云霄列屿中学开展传承活动，招收学生30余人。

【群众文化】　云霄有专业潮剧团1个，民间职业潮剧团21个，木偶剧团2个，芗剧团2个，专业文艺协会13个以及漳江画院、元光书画院、云山书画院、红树林书社、星期三合唱团。各乡镇有400多支广场舞队。

2019年，云霄在县人民会堂举办潮剧现代戏《向东渠》专场演出。福建潮剧魏妈文化园潮剧（潮乐）传习点正式揭牌。创作编排的大型潮州大锣鼓器乐合奏曲《向东颂》参加漳州市“九龙江杯”器乐比赛并荣获第一名。国庆节期间举办非遗进南湖专场演出，受到广大群众的好评。

全年，云霄文化馆举办、协办文艺活动80多场，其中为老年人、未成年人、残障人士、农民工等组织专场40多场，观众4万人次；举办书法、美术、摄影展览20多场，参观人数2万人次。

【基层文化场馆建设】　2019年，云霄持续推进“三馆”（图书馆、博物馆、非遗馆）项目建设、“中国书画之乡”创建工作。完成10个书画创作写生基地建设。秋瑾故居文化园建设有序推进。投资1900多万元的县新图书馆项目竣工。完成5个乡镇综合文化服务中心示范点和73个村级达标点建设，推进实体书店转型升级，提升基层文化服务水平。

【文化交流】　2019年，云霄文化体育和旅游局参与第八届海峡两岸青少年快乐读书会启动仪式，协助海峡卫视《我从中原来》拍摄工作。协助漳州市档案局、漳州新闻网推出《漳州档案》馆藏“奉旨边界”碑刻专题；参加马来西亚第三届开漳圣王文化论坛，并发表论文报告《开拓南中国海的开漳圣王信仰》等。

开展对台学术文化交流，参与社科课题调研、涉台文化和祖国统一研究，出版省历史文化名人传略《陈元光》《开漳圣王传》专著，编辑《燕翼宫开漳文化丛书》，主持云霄开漳圣王文化国际交流会《陈元光文化论坛》评议。

【文物保护】　2019年，云霄加强维修和保护省级文物保护单位秋瑾故居紫阳书院，弘扬秋瑾爱国主义精神和朱子理学文化，创建云霄秋瑾故居出生地的文化品牌，推动文化古郡建设。

是年，云霄完成申报漳州市第六批非物质文化遗产代表性项目传承。搜集整理并申报省级非遗项目“开漳圣王信俗”为国家级项目。先后到各乡镇中小学举办非遗展演及“走遍漳水云山、传承文明精华——云霄县文化遗产图片巡回展”。国庆节期间，到南湖公园举办非遗灯谜竞猜、非遗图片展活动。

【电影】　2019年，云霄电影公司积极开展农村数字电影放映工作。2019年度，省政府下达公益放映任务1908场。公司精心组织，有计划安排下乡放映活动。

【博物馆】　2019年，云霄博物馆全力拓展中外闽台文化交流，推进文化强县、文明县城建设。坚持博物馆和文物保护单位免费开放，深入基层宣传文物保护法规。15次应邀到县委党校、检察院、税务局、燕翼宫松洲讲堂、高溪庙及博物馆，现场宣讲开漳文化、海丝文化、洪门源流、廉政文化、闽南建筑文化等内容，并应邀为云霄县落实党委（党组）意识形态工作责任制培训班、县总工会讲授《孝廉历史人物的榜样力量》。主办2019年“庆元宵、迎国庆”云霄收藏精品成果展、紫砂情浓系桑梓—周福茂先生捐赠紫砂壶特展。

【图书馆建设】　2019年，云霄图书馆在全国公共图书馆评估中获评三级图书馆。接待读者70多万人次，外借书刊87多万册次，举办各类活动10多次，约有6000人次参加。举办儿童作家商晓娜走进云霄系列活动和金牌主播晓月姐姐走进云霄系列活动。开展“读者选书，图书馆买单”系列活动，积极引导青少年阅读。分类整理馆藏民国时期图书和族谱。图书采编、外借、查询基本实现自动化。县图书馆新馆纳入城市总体规划。

【文化市场管理】 2019年，云霄加强文化市场巡查，查处行政违法事件。在全县范围内开展五个专项行动，落实安全市场措施，行政处罚15起。开展文化市场涉黑涉恶排查工作，约谈业主32人次，约谈商家32家次，形成业主自查自纠记录表21份；举办2次专题讲座，发放宣传材料500多份，悬挂宣传条幅4条，播放滚动宣传标语19条。

（张桢江撰 赖燕梅审）

体 育

【全民健身活动】 2019年，云霄实施全民健身计划，健全社团建设，做好社会指导员培训工作，举办乒乓球、篮球、羽毛球、气排球、足球等赛事，举办2019年福建省全民健身运动会全市“阳下杯”村级农民乒乓球团体比赛。是年，云霄组队参加福建省全民健身运动会漳州市乡村（社区）健身广场舞比赛暨社会体育指导员教学成果展示活动。

【竞技体育】 2019年，云霄积极举办各种竞技体育赛事，分别是2019年福建省全民健身运动会“华信杯”干部职工篮球邀请赛、2019年福建省全民健身运动会云霄县“阳下杯”村级农民乒乓球团体比赛、2019年福建省全民健身运动会云霄县气排球联赛、2019年福建省全民健身运动会云霄县5公里跑活动、2019年福建省全民健身运动会云霄县“励道体育杯”少年儿童武术散打锦标赛、2019年福建省全民健身运动会云霄县“体彩杯”篮球比赛、2019年福建省全民健身运动会云霄县篮球邀请比赛、2019年福建省全民健身运动会云霄县第二届“国晟义发杯”羽毛球赛、2019年福建省全民健身运动会云霄县中学生篮球联赛、2019年福建省全民健身运动会云霄“清华园怀”气排球比赛。2019年，云霄皮划赛艇基地组队，代表漳州市参加2019年7月在龙岩上杭举行的“2019年福建省青少年皮划赛艇锦标赛”，获赛艇男子团体总分第五名、女子团体总分第五名和皮划艇男子团体第六名，并获得单项金牌1枚、银牌1枚、铜牌3枚。中华人民共和国第二届青年运动会比赛，漳州市输送的运动员汤煜彬，林智彬，方顺添获得皮划艇乙组4x200米接力冠军，方泽川获得甲组皮艇1000米第五名。

【农民体育】 2019年7月，由云霄农民体育协会组队，代表漳州市参加在永安举行的福建省全民健身运动会2019全省农民象棋比赛，获团体男子第六名。

【老年人体育】 2019年，云霄举办展示活动继续遵循“面向基层，发动老人”的工作思路，发挥示范作用，带动更多老年人参与健身活动。举办“庆五一”柔力球展示会，表演柔力球套路、双球双拍、柔力球长绸等16个节目，150多人参与展示。举办庆祝中华人民共和国成立70周年老年人健身文艺晚会，250人参与展示。举办国庆节有氧行进健身操第十四套展示活动，250人参加。

【体育场馆建设】 2019年，云霄筹备建设县足球训练中心，完成县体育场灯光提升改造，完善体育场馆免费开放服务，满足云霄群众日益增长的健身活动需求。

【少体校】 2019年，云霄少年体育学校各项体育竞训工作有序开展。设有田径、羽毛球、乒乓球、皮划艇、赛艇、足球、拳击、散打、跆拳道、游泳、篮球等十一个项目，全年各项目训练分批分期有序开展。认真组织2018—2021年度“福建省重点体育项目后备人才基地”参评工作，顺利通过年度复评。是年，云霄青少年校外体育活动中心开展乒乓球、羽毛球、跆拳道、散打等项目。县体育场开展足球、篮球等项目。

【重要赛事】 2019年12月6—8日在云霄县区域赛段（位于马铺乡大仑村）举办“2019年环东山湾·中国汽车拉力锦标赛”部分赛事。

（张桢江撰 赖燕梅审）

旅 游

【概况】 至2019年底，云霄主要旅游景区景点有陈岱镇金汤湾旅游区、马铺乡百草园、和平乡乌山风景区、下河乡杨桃生态园、七星山风景区等。有云霄省级乡村旅游休闲集镇和旅游村10个，旅游休闲集镇1个和乡村旅游特色村9

个。是年，云霄以发展温泉旅游、乡村旅游为重点，以温泉养生为主体，以开漳人文旅游开发为特色，以宗教亲祖为补充，做大做强云霄旅游。全县旅游接待人数331.87万人次，旅游总收入46.60亿元。

【旅游景区景点规划建设】 2019年，云霄围绕县委、县政府提出“宜居宜业宜游”的发展目标，重点创建有效益的旅游精品，把旅游资源优势转化为经济产业优势。推动出台《云霄县人民政府办公室关于印发云霄县民宿管理指导意见（试行）的通知》（云政办〔2019〕48号），指导创建首家民宿（“红树林之梦”主题民宿）；在南湖生态园新建旅游集散服务中心，新建陈岱镇金汤湾旅游区AAA级旅游厕所和马铺百草园A级旅游厕所，均通过验收并投入使用；和平乡桥头村开展旅游扶贫规划，和平乡泮坑社区被评为福建省旅游特色村（三级）。

【特色旅游】 县旅游发展服务中心以云霄特色资源优势为基础，以市场为导向，以生态旅游为龙头，整合全县旅游资源，串点成线，形成精品旅游线路：①以康体养生为主的温泉养生游精品线路；②开漳文化游精品线路；③以红色革命老区为主的红色文化游精品线路；④以自然生态为特色的乡村生态游精品线路。

【旅游宣传推介】 2019年，云霄旅游发展服务中心组织金汤湾旅游企业、漳州善舟食品有限公司、福建明煌旅游开发有限公司等企业参加厦门海峡旅游博览会旅游推介活动，现场分发旅游手册、金丸子旅游伴手礼，并向游客宣传推介云霄旅游景点。积极参加2019第六届四川旅博会、东南花都茶博会、花样漳州（台北）旅游推介会、东南花都花博会、第四届海南世界休闲旅游博览会、下河杨桃节、东厦番茄采摘节、火田金柑采摘节以及和平乡枇杷采摘季活动，宣传推介“漫步云霄”旅游品牌，推动“一产接二连三”，促进旅游扶贫和乡村振兴。围绕“全福游 有全福”旅游品牌宣传推广，以“文旅融合，美好生活”为主题，开展2019年中国旅游日活动。是年，云霄在动车站出入口及广场附近多种形式宣传云霄旅游品牌，并设立临时游客服务中心。在各主要路口树立标准化旅游标识标牌。金汤湾海水温泉度假酒店和云顶温泉大酒店到广东潮汕地区、上海、江浙及福建省的厦门、泉州、福州一带宣传推介。

【旅游行业管理】 至2019年底，云霄AAAA级景区1家，是金汤湾旅游区；五星级旅游饭店1家，是金汤湾海水温泉度假酒店；三星级旅游饭店1家，是临泰大酒店；民宿1家，是红树林之梦主题民宿；旅行社3家，分别是长城、友谊、众游旅行社。

（张珏撰　方晓敏审）

广播电视

【新闻报道】 2019年，云霄融媒体中心牢牢把握舆论导向，电视台《云霄新闻》栏目采访拍摄制作新闻1900多条（其中中央台采用6条、省台采用105条、市台录用528条及26个专题节目），云霄新闻网发布新闻报道3000多篇（其中，中央级网站上稿47篇、市级网站上稿2438篇、省级网站上稿1037篇）。广播电台编播新闻1700多篇（市广播电台采用536篇，省广播电台采用530篇）。报纸中央上稿4篇，省级上稿179篇、市级上稿562篇。微信公众号发布新闻报道800多篇，微信总阅读量25万人次。

【专题报道】 2019年，云霄融媒体中心充分挖掘地方特色题材，制作52期专题节目在《聚焦云霄》（内含《周二视点》《漳江风情》《教育之窗》《搜寻天下》等专题栏目）播出。制作播出《聚焦聚力助推工业发展》等新闻专题片，宣传贯彻“大抓工业、抓大工业”部署，营造浓厚氛围。结合“不忘初心、牢记使命”主题教育，设置主题教育专栏，摄制并播出《“不忘初心、牢记使命”主题教育 李文庆：淡泊名利，把功勋写在人心》《为有牺牲多壮志，敢叫日月换新天》《不忘来时路——董楚扬的初心》《从古田再出发》等新闻、专题及纪录片。深入开展精准扶贫与乡村振兴宣传工作，拍摄制作播出《小杨桃铺就致富路》《大仑村的幸福生活》《探寻红色文化·体验特色乡村》《火田镇圆峰村产业发展助力乡村振兴》等多期专题节目。制作电视歌曲MV《我爱你中国》及云霄原创歌曲《平安云霄》，并刊播在《学习强国》平台。

【节目监管】 2019年，云霄融媒体中心全面掌握新闻从业人员情况，落实重大政务信息发布前舆情预测评估制度和重要新闻报道协商通气制度，严明政治纪律和政治规矩，强化宣传报道“三审三校”制度和重要稿件上提一级审核制度，确保本地媒体刊播安全，实现安全播出零事故目标。

【台站建设】 推动县广播电视台、云霄新闻网、云霄乡讯社等主流媒体有效融合，完成合署办公、人员转隶。与福建广电网络集团云霄分公司签订省级融媒体技术平台建设合作协议。斥资近400万元，完成融媒体中心系统网络安全等级保护、采编播系统高清升级、虚拟演播室和专业级录音棚等改造和建设，并购置摄像机、非编系统等设备。系统升级改造和设备更新，为融媒体中心建设创造良好的工作条件和技术支撑。

（陈闻涛撰　汤若蓉审）

卫生与计划生育

医疗卫生

【基础设施建设】 云霄县医院整体迁建项目：2019年完成投资5465.85万元，完成临时办公区项目经理部地面混凝土浇筑以及墙体砌筑工作，于9月26日，举行县医院整体搬迁开工仪式；云陵社区卫生服务中心完成搬迁，项目实际投资1024万元；云霄县疾病预防控制中心完成主体工程建设，实际投资1000万元。2019年，全县医疗机构增加儿科、精神科等床位116床。

【医疗技术】 云霄县总医院建立名医工作室制度，通过定期邀请专家开展专家讲座、手术治疗、查房、坐诊，协助医院开展医疗新技术、新项目，接受云霄县专科医护人员进修培训等方式，为县域培养医疗人才及完善专科建设，提升医院医疗服务水平。县妇幼保健院接受厦门市妇幼保健院帮扶，成功实施云霄县首例无痛分娩。

【医疗服务】 各医疗机构建立健全医疗质量安全核心制度，加强医疗质量控制体系建设，严格医疗废物管理工作。继续实施家庭医生签约服务工作，重点人群签约10.26万人，签约率76.33%；建档立卡户农村贫困人口签约17465人，签约率100%。云霄县妇幼保健院在2019年度全省公立医院满意度调查中位列全市第一，全省第二。

【社区卫生】 2019年，云陵社区卫生服务中心增设中医馆和五官科，购置口腔CT和X光机，门急诊人次比2018年增加1848人次，业务收入增加579350.96元。全年建成居民健康电子档案67969份，建档率90.51%；举办健康讲座12次，咨询活动12次，共计受众24146人次；办理预防接种人数1280人，建证率100%，开展接种服务22791人次，一类苗接种率100%；规范管理0～6岁儿童7842人，管理率98%，新生儿访视1517人，访视率98%；0～36个月接受中医健康管理3552人，健康管理率44%；入户开展产后随访，纳入规范管理孕产妇972人，早建卡921人，早建卡率94.75%，产后访视918人，访视率94%；65岁以上老人接受健康管理人数4406人，管理率68.17%，65岁以上老年人接受中医健康管理2936人，健康管理率46.49%；规范管理高血压患者为4020人，规范管理率79.2%；规范管理糖尿病患者为1410人，规范管理率74.76%；上报传染病疫情145例，报告率100%，疫情报告及时率100%；管理结核病患者68人，规范管理68人，规范管理率100%，辖区内完成治疗人数规范管理38人，规则服药38人，规范服药率100%；协助开展食源性疾病、饮用水卫生安全、学校卫生、非法行医和非法采供血、计划生育实地巡查87次，监督协管信息报告率100%；确认为严重精神障碍患者315人。规范管理308人，管理率97.78%。

【农村卫生】 开展“优质服务基层行”活动，完成云陵社区卫生服务中心、陈岱中心卫生院、和平卫生院3家机构“基本标准”创建任务。落实乡村医生养老保障政策，发放养老保险补助金186人计38.76万元，发放养老生活补助金213人计145.31万元。继续实施家庭医生签约服务工作，重点人群签约10.26万人，签约率76.33%；建档立卡户农村贫困人口签约17465人，签约率100%。

【妇幼保健】 继续加强生育全程基本医疗保健服务，推广实施《母子健康手册》，规范妇女儿童系统管理。根据妇幼保健院工作需要，实施产儿科床位扩增项目，投入资金150万元扩增儿科床位5张，提高县级医疗保健机构服务能力。继续实施妇幼重大公共卫生项目，完成免费发放叶酸3795人次，免费产前筛查采血2061人，HPV检测3200人，免费宫颈癌筛查400人，乳腺癌筛查1200人，免费孕前优生健康检查4186人， 完成地中海贫血防控项目1598对。

【人才队伍建设】 2019年，招聘编内人员64人，编外人员43人，招聘全科特岗医师本科1人。与8名本科定向生和17名大专生定向生签订定向委培合同，并安排2019年毕业的8名定向委培本科生及5名定向委培专科生报到就业。新设立5家名医工作室：徐杰名医工作室（云霄县医院）、林孟波名医工作室（云霄县医院）、李建国名医工作室（云霄县医院）、庄志明名医工作室（云霄县医院）、杨一民名医工作室（云霄县中医院）。

【卫生监督执法】 2019年，共查处案件18起。其中医疗监督非法行医14起、超范围执业1起，罚没金额95872元；传染病防治监督2起，罚款金额9000元；公共场所卫生监督1起，罚款800元。合计总金额110672元。开展中医养生保健服务乱象专项整治，责令拆除非法广告12个，查处违规开展中医诊疗活动的“诊所”1家。

【爱国卫生运动】 2019年4月，开展第31个爱国卫生月活动，重点清除卫生死角、垃圾池周边、河道、公共场所等地，保障群众身体健康。强化培训，分两批共对各职能单位、乡镇、基层医疗机构技术骨干共70人进行除“四害”专业技术培训。加大除“四害”资金投入，2019年全县除“四害”活动共投入资金189.01万元，其中县疾控中心投入资金55万元开展县城区公共场所消杀灭工作，10个乡镇共投入资金110.99万元，县各中小学、幼儿园投入资金23.02万元。有序开展以灭蚊为主的防控登革热防控工作。推进“厕所革命”，县财政投入12万元，完成农户改厕200户。

（杨陈涛撰　张立革审）

疾病预防控制

【传染病控制】 传染病管理。2019年，全县报告39种法定甲、乙、丙类传染病2860例，总报告发病率为674.53/10万，其中报告28种法定甲乙类传染病1020例，总报告发病率为240.57/10万，低于全市平均水平；全县相应传染病个案调查率达到100%。霍乱监测。2019年4月1日，云霄县开展肠道门诊、外环境的水源、海（水）产品监测工作，确立云霄县医院、云霄县中医院、陈岱卫生院、列屿卫生院和东厦卫生院为肠道门诊监测点，其余7家卫生院（含云陵社区、常山医院）为腹泻病人送检单位。截至2019年12月共监测1248份标本，水样210份，海（水）产品350份，肠道门诊腹泻标本688份，未检出霍乱弧菌阳性标本。结核病防治。2019年，云霄县报告肺结核患者和疑似肺结核患者的总体到位率96.1%，病原学检查阳性肺结核患者的密切接触者筛查率100%，共登记治疗管理活动性结核病患者227人，肺结核患者成功治疗率92.4%，耐多药肺结核高危人群耐药筛查率达到100%，基层医疗卫生机构肺结核患者规范管理率达到100%，公众结核病防治核心知识知晓率大于85%，学生体检结核病筛查比例明显提高。血吸虫病防治。根据《漳州市2019年血吸虫病监测工作计划》的文件要求，认真做好云霄县原螺区钉螺、流动人群感染、家畜调查和监测工作。登革热疫情防治。2019年5月，云霄县首次发现近五年内第一例柬埔寨输入性登革热病例，在市疾控中心的指导下，按照规定启动未分级应急预案规范地处置疫情并进行网络报告。9月又发现一例，之后10月本土登革热疫情爆发。疫情发生后云霄县委、县政府高度重视，根据疫情的发展立即启动突发公共卫生事件Ⅳ级应急预案，并多次责成乡镇、教育、住建、城管和市场监督等部门严格按照登革热防控措施要求开展防控工作。该疫情得到有效控制，累计共报告4例本土病例，于11月25日结案。疑似麻疹病例实验室检测。报告疑似病例总数12例，排除病例报告发病率2.36/10万。

【地方病防治】 碘缺乏病防治。2019年4月22日至4月24日我中心地方病防治工作人员积极开展8～10岁学生尿碘、盐碘监测及甲状腺检查；孕妇尿碘、盐碘监测工作。2019年，对全县5个乡镇对应的5所小学进行采样，共抽检200份盐样，合格碘盐198份，不合格碘盐2份，非碘盐0份，非碘盐率为0%，碘盐覆盖率为100%，碘盐合格率99.00%，合格碘盐食用率99.00%，碘盐中位数23.50毫克／千克。碘盐覆盖率与合格碘盐食用率保持在较高的水平。儿童尿碘中位数为126.53微克／升，属于儿童尿碘适宜范围。孕妇盐碘含量：共抽检100份盐样，合格碘盐99份，不合格碘盐1份，非碘盐0份，非碘盐率为0%，碘盐覆盖率为100%，碘盐合格率99.00%，合格碘盐食用率99.00%，碘盐中位数22.50毫克／千克。孕妇尿碘含量：共调查100名孕妇，调查结果显示云霄县孕妇尿碘中位数120.05微克／升，比适宜水平明显偏低，大部分孕妇存在碘摄入量不足情况。地方性氟中毒防治工作。2019年3月28日，疾控中心地方病防治相关工作人员前往云霄县饮水型氟中毒原病区马铺乡新楼村下尾溪自然村开展病情监测工作。调查新楼村下尾溪自然村人口学资料，改水工程运行正常，采集10份居民实际饮用水样进行测定水氟浓度，其中8份标本合格，2份标本不合格（超过国家生活饮用水卫生标准1毫克／升）。对各年龄段共计采集尿样41人进行尿氟测定，尿氟几何均值为1.07毫克／升，检测结果符合人群尿氟正常值。对监测村在读8～12岁学生中1人进行氟斑牙检查，未检出氟斑牙患者。艾滋病防治。2019年，辖区内新发现16名艾滋病病人／感染者，截至2019年12月辖区内共发现艾滋病病人／感染者54名。新发现的病人／感染者首次随访率（流行病学调查率）为100%，结核病筛查率为100%，配偶检测率为100%，年度CD4检测完成数为54名。53名病人在漳州市医院朝阳分院进行抗病毒治疗，治疗率为98.15%。开展预防性传播干预活动，截至12月31日，云霄县疾控中心共接受自愿咨询检测660人次，梅毒检测结果均为阴性；HIV抗体检测660人，检测结果658人次为阴性，2人次为阳性。麻风病防治。2019年，辖区内共发现麻风病1例，及时积极开展麻风病线索调查，做到早发现、早报告、早诊断、早治疗，减少肢残的产生。

【慢性病管理】 重症精神病管理：2019年，全县在管严重精神障碍患者1793人，报告患病率4.23‰，规范管理率91.02%，在册患者服药率81.65%，规律服药率62.8%，精神分裂症患者服药率81.83%。各项工作指标均达到省里要求，且高于漳州市平均水平。死因监测：2019年死因监测各项工作完成良好，截至2019年12月31日，死亡率（1/10万）：523.82/10万。死因顺位（前5位）：肿瘤，脑血管病，心脏病，损伤及外部原因、事故后遗症，呼吸系统。全年全县不明死因的报告卡比例1.53%（34/2221），低于6%，达到死因监测工作的指标要求。肿瘤登记管理。2019年4月中旬和7月中下旬、10月上旬，县疾控中心分别对县医院和中医院的肿瘤报告开展情况进行督导检查，确保全县肿瘤报告工作科学有序开展。全县总共报告104例肿瘤病例，及时发现和解决存在的困难和问题，加快推进肿瘤发病登记报告工作。

【计划免疫】 2019年，全县儿童出生数5503人，建卡数5503人，建卡率为100%，全县免疫规划八苗接种率均达到95%以上。为进一步提高云霄县预防接种工作质量，县疾控中心组织专业人员帮助指导5家乡镇卫生院数字化规范化预防接种门诊建设，全部通过市级考核验收，实现全县各乡镇均有一家合格以上数字化、规范化预防接种门诊。

【重预防性健康体检】 2019年，县疾控中心体检股对县中医院的健康体检进行业务指导，并做好健康体检的数据统计、重点职业病危害因素个案录入的审核、有毒有害因素网报的审核等工作。全县学生健康体检42981人，录入27592人，视力不良率60.9%，患龋率53.608%，营养不良率8.9%。全县共体检食品卫生、公共卫生等从业人员 8941 人，检出从业人员职业禁忌症肝功能异常 141 人，X 光胸片异常 12 人。对 26 家有职业接触的危害因素或作业的公司进行职业健康体检（岗中作业人员 397 人，岗前作业人员 65 人），发现职业禁忌症 3 人，可疑尘肺病 2 人。及时督促中医院反馈给所在单位，通知本人，并建议复查或根据有无自觉症状等机体反应到临床科室诊治。

【卫生检测】 2019 年，完成农村饮用水水质监测，丰水期和枯水期共 90 份。对云霄自来水厂的生活饮用水进行检测，共完成末梢水 140 份，出厂水 4 份，合格率 97.92%；对列屿水厂、陈岱水厂、七星山水厂、常山经济开发区自来水公司生活饮用水检测 31 份，合格率 58.06%；二次供水检测 23 份，合格率 86.96%。配合卫生监督所完成公共场所客用品检测 86 份，合格率 87.21%。对托幼机构进行消毒效果监测 35 份，合格率 97.1%。对全县 6 家医疗机构进行院感检测，共完成 74 份，合格率 94.6%。受食品卫生监督管理局委托对辖区内餐饮行业进行餐用具消毒效果检测共完成 41 份，合格率 92.7%。为加强艾滋病的筛查工作，定期对监管场所的羁押人员采血检测，共完成监管场所 HIV 抗体检测 350 份，自愿咨询 HIV 抗体检测 660 份；RPR 检测 660 份。完成高氟村水氟监测 20 份，对地氟区 25 周岁以上人群进行尿氟监测 42 份。配合省 OCD 开展核电站周边食品监测工作，采样送检 5 份样品。开展食品污染及有害因素监测工作，采样送检蔬菜、水果、肉类和水产品等共计 37 份样品；今年云霄县新增四家哨点医院（下河中心卫生院、火田镇卫生院、莆美镇卫生院、陈岱中心卫生院），县疾控中心和 8 家哨点医院联合开展食源性疾病的监测工作，共报告疑似食源性异常病例 567 例，未发现其他相关病例。

【病媒生物监测】 2019 年，疾控中心重点开展伊蚊监测和蟑螂监测工作，组织专业消杀灭队伍快速、规范、连续开展对登革热疫情核心区和警戒区的成蚊杀灭工作；开展布雷图指数（BI）调查和成蚊密度监测，评估防控措施效果，直至布雷图指数均在 5 以下，成蚊挥网为 0。

【健康教育】 2019 年，疾控中心组织 12 次卫生健康教育系列活动，有两千多人参与，发放健教传单、折页、小册子、健康处方、碘盐等宣传品 2 万多份，展示健教科普图片 35 版次、举办大型健康知识讲座两次，并通过《云霄新闻》及时播出，受教育人数近七十万人次。在发现确诊登革热本土病例后，进行入户宣传教育，面对面告知群众如何预防登革热；并深入学校开展预防登革热知识专题讲座，通过“小手拉大手”的方式，全民行动起来消灭成蚊和蚊虫孳生地。疾控中心为全县各乡镇卫生院、社区卫生服务中心设立公共邮箱，及时将各种政策措施、健康资讯、及各种防病知识材料下达各乡镇，方便基层健康教育的开展；利用电视、视频、短信、微信平台、微博平台、宣传栏等多媒体方式，及时转发和发布各种健康防病知识，扩大宣传覆盖面，让更多大众了解到疾病防治知识。多次组织志愿者入城元社区、棪树村开展创城工作，以及做好县城区十条文明示范街的除四害工作。

（李志勇撰　林茶枝审）

妇幼保健

【概况】 云霄县妇幼保健院位于将军大道南侧宝龙路 6 号，为二级乙等妇幼保健院。医院占地面积 8667 平方米，建筑面积 12420 平方米，医院现有编制床位 109 张，产科 80 张，儿科 29 张。干部职工 163 人（在编 99 人、编外 64 人），卫技人员 134 人。2019 年，云霄县妇幼保健院继续加强生育全程基本医疗保健服务，规范孕产妇、儿童系统保健管理，实施产儿科床位扩增项目，提高县级医疗保健机构服务能力，先后获得“省级青年文明号”“省级巾帼文明岗”“省级三八红旗集体”，连续五届“市级文明单位”等省、市级荣誉称号。

【公共卫生】 低保孕妇免费产前筛查诊断项目。2019 年，全县免费产前筛查诊断任务 1800 例，全县完成采血 2061 例，完成率 114.5%；妇幼院采血筛查数为 1281 人，占任务数的 71.16%，占全县总数的 62.15%；全县彩超筛查人数 1076 人，完成率 59.78%。农村妇女及城乡已婚低保妇女“宫颈癌”检查项目。2019年，宫颈癌HPV检测任务数为3200人，完成检查3200人，完成率为100%，共查出患病人数1839人，占总人数57.45%；宫颈脱落细胞检查有异常306人，占检查总数的9.56%。2019年延续宫颈癌检查任务数为400人，完成普查人数400人，完成率100%，共查出患病人数247人，占总人数61.75%。农村妇女及城乡低保已婚妇女“乳腺癌”检查项目。2019年，任务数1200人，完成普查人数1200人，完成率100%，乳腺彩超检查结果，1级494人，2级404人，3级286人，4级16人；未发现乳腺癌病例。农村育龄妇女增补叶酸预防神经管缺陷管理项目。2019年，全县新增叶酸服用人数达3795人，任务完成率100%；新增叶酸服用依从率86.5%，叶酸知识调查知晓率100%，其中该院发放叶酸991人次，发放1598盒。地中海贫血防控项目。2019年，任务数1500对，完成采血1598对，完成率106.53%。血常规筛查至少一方阳性316对；血红蛋白分析316对，夫妇双方阳性24对送基因检测，查出α地贫基因携带者人数34人，β地贫基因携带者人数10人，夫妇携带同型地贫基因4对。免费婚前医学检查项目。2019年，全县初婚登记为1473对，婚检人数为1360对，婚检率为92.33%。免费婚前检查男性1360人，女性1362人。通过婚前医学检查，检出疾病总人数306人（其中男性172人，女性134人），其中查出指定传染病男性2人，女性4人；生殖系统疾病男性30人，女性50人；内科系统疾病男性140人，女性80人。孕前优生检测项目：2019年，全县孕前优生检测项目任务数5000人，完成人数4186人，完成率83.72%。孕产妇免费艾滋病、梅毒、乙肝表面抗原检测项目。2019年检测4582人，其中发现艾滋病抗体阳性1人，梅毒感染孕妇15人，乙肝表面抗原阳性321人；艾滋病感染孕妇自愿早期终止妊娠，梅毒感染孕妇所生的儿童均按规范要求给与预防性阻断措施和随访，乙肝表面抗原阳性孕妇所生的儿童均按规范要求接种乙肝高效免疫球蛋白（免费）和乙肝疫苗。免费避孕药具发放。2019年，全县免费避孕药具发放情况：避孕套202400只，口服药778板，外用药2895盒，有效满意率96%，随访率90%。

【妇幼保健管理】 孕产妇保健系统管理：2019年，全县产妇总数5144人，系统管理4759人，管理率92.52%。孕妇建卡4835人，建卡率93.99%；产前检查4871人，产前检查率94.20%。全县住院分娩活产数5171人，住院分娩率100%。高危孕产妇筛查数2062人，全部进行管理和随访，高危住院分娩100%。产后访视4844人，访视率93.68%。儿童保健系统管理：2019年，全县7岁以下儿童47613人，体检数46322人，儿保健康管理率97.29%。城关幼儿园儿童。2019年4—5月，云霄县妇幼保健院组织健康体检4956人，查出有异常的儿童人数3000人，占体检总人数的60.5%；发现龋齿人数2525人，占体检总数的50.9%；中班以上查视力发现单眼或双眼视力低于正常标准的人数1151人。占四岁以上人数的30.2%。已将情况详细告知家长和园所，嘱随访或者上级医院复查治疗。幼师健康体检。2019年，全县幼教与保育人员健康体检1153人。查出肝炎1例，霉菌阴道炎1例，及时收回健康证，并建议休息治疗后复查。儿童入托入园体检。2019年，健康体检1600人，为每个体检儿童进行了健康评价及相关指导，对高危儿童进行专案管理，并定期复查，保证其健康发展。

【母乳喂养】 妇幼院制定《爱婴医院管理制度》《母婴同室管理制度》等有关母乳喂养的规章制度，严格执行促使母乳喂养成功的十点措施和十条规定，执行国际母乳代用品的销售守则。2019年，实查5019人，母乳喂养4586人，母乳喂养率91.37%，其中纯母乳喂养4027人，纯母乳喂养率80.24%。

【医疗服务】 妇幼院加强妇产科、儿科、妇保和儿保等重点学科建设，优化就诊流程，拓展医疗服务范围。全院设有住院病床109张，开展产科无痛分娩、剖宫产术、妇科手术、宫腹腔镜手术、三维彩超检查等医疗项目，突出妇幼专科医院的优势，为病人提供更加优质的医疗技术服务。2019年，住院分娩人数1857人，活产数1861人；门诊诊疗257364人次，同比增长14.59%；住院2751人次，同比增长9.92%；医院总业务收入为2981.8万元，同比增长20.3%。全县完成各项计划生育手术服务总数1090人。

（张婷婷撰 钟茂林审）

计划生育

【生育工作】 2019年，云霄县统计年上报当年出生5246人，出生率11.59‰，其中政策内出生4630人，政策符合率88.3%，出生性别男2815人，女2431人，出生性别总比为115.8。初婚2026对，初婚率4.48‰。

【政策兑现】 2019年，云霄县兑现农村奖扶1088人，奖扶金149.28万元；城镇奖扶591人，奖扶金72.72万元；原农村独女贡献奖368人，奖励金13.2万元；农村二女扎奖励7329人，奖励金263.8万元；新农合补助17243人，补助资金431.1万元；农居保补助3232人，补助资金9.7万元；安居工程补助49户，补助资金19.6万元；计生低保户增加10%低保金255户，增发23.78万元。慰问计生特殊家庭66户（含伤残家庭），慰问金额7.9万元；发放特别扶助对象109人，特扶金132.1万元；护理费补助2人，每年护理费补助1.2万元；新建住房安居补助1户，共补助1万元；同时继续落实公交车乘车补助、意外伤害保险、免费体检、参加新型养老保险等相关补助制度。

【生育服务】 继续加强政策法规工作培训，要求各乡镇卫计办工作人员对《关于实施全面两孩政策改革和完善计划生育服务管理的决定》进行全面了解，认真做好生育一孩、二孩夫妇的登记服务工作，加强对适龄、育龄人群的优生优育、妇幼保健、生殖健康等问题的咨询指导，落实好免费的卫生计生服务项目。

【健康教育】 利用微信平台，宣传政策，服务群众。围绕卫生健康中心工作，以创建幸福家庭活动为基础，将家庭健康、家庭发展工作融入“大健康、大卫生、大人口”的发展格局，立足于面向全人口，按照家庭发展各阶段，为群众提供生命全过程的系统健康服务，提升家庭健康素养、提高家庭发展能力，增进群众福祉。以健全完善家庭发展政策体系、提高家庭发展能力、保障家庭健康水平为目标任务，以“家庭保健、科学育儿、养老照护、家庭文化”主题，确定云陵镇宝楼社区、莆美镇双溪口村为试点单位，以点带面全面开展“健康家庭行动”和“新家庭计划”活动。

【计生审核】 严格执行计生“一票否决”， 2019年度共审核各类评先评优、职称评聘、调动、提拔和公务员、事业单位招聘入职政审等计生审核中，审核2846批次（个人2461人、单位385个），否决个人27人，无单位。

【依法行政】 严厉打击非法行医。进行拉网式排查，严厉打击未取得医疗机构执业许可证擅自开展诊疗活动的“黑诊所”；严禁药店“坐堂医”诊疗行为，签署《打击非法行医告知书》32份。查处非法行医案件8起，罚没金额75710元。

（杨陈涛撰 张立革审）

外事侨务　台湾事务　民族宗教

外事侨务

【友好往来】　牢固树立“外事无小事”工作理念，坚决贯彻中央方针、政策，自觉服从服务中央战略部署。2019年，自土耳其、斯里兰卡、尼日利亚等国家的商务人员到云霄与企业对接商洽，大大促进了对外的经贸合作交往。

【交流合作】　云霄县外事办坚持“走出去”和“引进来”并举，经济合作与人文包容并重，国内与国外联动，支持云霄县非物质文化遗产“潮剧”团走出去，推动民间交往与文化交流，扩大文化影响力，推动经济文化快速发展。

【涉外管理】　云霄县强化因公出国（境）管理与服务，对落实中央八项规定精神应落实的职责进行认真梳理，认真做好出国计划申报、出访活动安排、行前教育、团组出访报告上报、出访成果督促检查等工作，抓好规范服务和跟踪落实。2019年，云霄县外事办结合工作职责，制订“1+X”专项督查工作方案，组织开展“1+X”专项督查4次，督查单位10个。7月29日，云霄县外事办在云霄县文化馆会议室对即将出访的云霄县青年艺术潮剧团、云霄县潮剧三团、云霄县竹港潮剧团等3个团组进行行前教育培训。积极为企业办理APEC商务旅行卡，为企业“走出去”提供更便利的条件。

（蓝培兰撰　林海树审）

台湾事务

【涉台法律事务】　2019年度，县委台港澳办主任罗荣辉等撰写的《如何提升涉台法律法规在“第一家园”建设中的融合作用》获得2019年福建省人大常委会课题调研优秀奖，编入2019年地方人大工作与时俱进专题研讨论文集，提升处理涉台法律事务水平。成功化解漳州云顶温泉大酒店和益恒大酒店房产纠纷一案，当事双方于2019年12月30日签订友好合作协议。2019年11月，省委巡视组到漳州市台港澳办巡视全市对台工作，云霄县被省委巡视组确定为县市区“巡视”点之一（全市只“巡视”2个县市区）。

【民俗文化交流】　2019年，云霄台港澳办把威惠庙（开漳圣王祖庙）与周边名胜古迹整合，推出访贤寻古路线，吸引台胞参访。全年接待前来寻根谒祖、探亲访友、观光旅游、进行民俗文化交流的台胞2000人次以上，其中团组20余团。2019年8月2日，以“同心筑梦、阅读寻根”为主题的第八届“海峡两岸青少年快乐读书会”在漳州市云霄县开幕（两岸师生100多名，活动时间为期一周）。

【海峡两岸村里对接】　人家村被市推荐为省级闽台乡镇村里交流示范点，开漳历史博物馆被市确定为全市对台交流基地。先后20多次与台湾开展乡镇村里交流活动。

【对台农业合作】 云霄县相继出台《关于鼓励和支持台湾青年来云创业就业的实施意见》《关于探索海峡两岸融合发展新路的实施意见》等文件及贯彻落实中央台办26条惠台措施的实施细则（“云霄县18条实施意见”），提升台企建设综合实力。2019年，接待台湾农业人士35人次，赴台考察交流30多人次，开展闽台农业技术培训2期100人次，引进台湾良种10个，累计推广面积3.26万亩，实现农业产值3亿元以上，带动农民增收1500万元。其中，2019年4月，台湾青年尤凯威159万美元创办福建省植优农业发展有限公司，引进种植水果玉米等高优作物。截至2019年12月，全县共创办台资农业项目50多个，总投资1.5亿美元，合同利用台资1.2亿美元，对台农业合作已成为县域经济发展的新增长点。

【台企落户】 2019年4月，台资企业宙士新材料科技有限公司正式落户云霄，主营新材料羽毛球拍、网球拍等体育用品，产品主做出口，年销售额可达到2亿元。

（陈丽敏撰　罗荣辉审）

民族宗教

【少数民族工作】 县委统战部积极向上争取补助资金15万元，用于支持坡兜畲族村实施道路硬化工程，有效改善坡兜村交通环境。宗教界人士深入坡兜畲族村慰问建档立卡贫困户8户，发放帮扶资金2万余元。以“礼赞70年，铸牢中华民族共同体意识”为主题开展民族团结进步宣传月活动，在坡兜畲族村积极宣传党的民族政策，使中华民族一家亲、同心共筑中国梦成为坡兜畲族群众共识。

【宗教民间信仰工作】 在西霞亭寺、水月楼、广恩亭寺等宗教活动场所利用电子屏、宣传栏开展宣传国家安全活动，进一步提高宗教界人士的国家安全意识。针对灵鹫寺露天群体造像问题，制定专项工作方案，并于7月底完成专项治理工作。

【宗教团体公益活动】 2019年，积极引导宗教界人士参与扶贫、奖学、助学工作，发放慈善资金、物资120.9万元，主要向马铺、下河等山区乡镇困难群众免费发放大米、油等生活物资。1月23日，漳州市民宗局到云霄县开展慰问宗教界代表人士和少数民族家庭困难群众活动，发放慰问金1.14万元，慰问宗教界代表人士17人、少数民族家庭困难群众5户。

【民间信仰交流】 以开漳圣王文化为桥梁，进一步拓宽对台交流交往。通过拓展双向交流，拓宽联谊渠道，增进共识，联络感情，进一步增强中华民族的亲和力与凝聚力。2019年，威惠庙、云山书院等县域宗教及民间信仰场所接待对台文化交流8批次244人。

（王水金、郑海珠撰　张仕旺、蔡振新审）

人力资源

【专业技术人员管理】 做好监督和指导各个系列的职称评审工作，对全县各系列送评的材料进行详细查阅预审，使职称评审工作规范、有序进行，及时完成上级下达的任务。截至2019年11月底，审核职称371人，根据岗位设置的情况，对各单位的职数聘任进行动态管理。截至2019年11月新认定专业技术人员145人，晋级认定35人。完成专技人员的年度考核工作，2019年完成教育系统除外专业技术人员年度考核4213人。理顺教育系统教师调动的职称问题98人。现场审核机关事业单位工勤人员技术等级考试报名95人。根据省市文件的精神提高教育系统岗位比例，重新布置岗位设置，有10所学校完成高、中、初级职数的测算。

【录用调配管理】 全县计划公开招聘事业单位工作人员254名。5月份完成招聘教育系统74名、卫生医疗系统58名（其中研究生2名）、医卫计定向委培生12名、其他事业单位4名（其中研究生3名）。校园招聘工作，赴福建省中医药大学现场招聘2名研究生。9月份计划公开招聘事业单位人员55名，已完成资格复核环节，考试招聘工作按计划时序推进。新计划招募18名服务“三支一扶”大学生工作，服务好在岗“三支一扶”日常管理和服务工作。

【工资福利管理】 组织实施机关、事业单位工作人员退休政策，对85名达到退休年龄人员办理退休手续，并对全县符合退休条件的人员进行在职基金核减和退休基金的核增。核准机关事业单位工作人员及离退休人员病故后的遗属抚恤和生活补助34人，调整全县退职人员基本养老金和遗属生活补助标准。

办理正常工作调动、考录人员工资转移手续219人，办理转正定级、学历变更工资手续55人，办理晋升职务、工人等级晋升工资手续16人，办理乡镇补贴、教龄、警衔津贴、特岗津贴及其他津补贴调整变动手续866人，办理受处分人员的工资核减手续，办理职称聘任428人，办理全县机关、事业单位工作人员辞职辞退8人。

【人才服务】 扎实做好人事人才公共服务工作。重点做好大中专毕业生档案管理、人事代理、高校毕业生就业协议书签订，毕业登记等业务工作。截至2019年10月，档案入库总量1583份，档案调出391份，人事代理对象372人，开具调档函87人。其中协助代理单位办理大学生就业手续签订就业协议书30份，合同登记、鉴证、转正定级、工资审批、职称评定等工作持续开展。

【退休干部管理】 稳妥实施退休政策，强化日常工作管理。继续加强基层现有退管队伍建设，抓好市退教协、县老年活动站等退管联系点建设，务实工作基础，畅通全县各系统退管工作联系渠道；畅通出口，严格执行机关事业单位工作人员退休规定，年初列出达龄退休人员名单，提前1个月发通知，当月办退，第二个月发放退休金；组织慰问，开展2019年元旦、春节慰问，并送去慰问金。

（方伯尧撰 张建德审）

劳动就业

【就业和再就业】 完成城镇新增就业2967人，完成任务数的92.72%，下岗失业人员再就业301人，完成任务数的37.63%，城镇就业困难人员再就业177人，完成任务数的88.5%，失业率2.15%。确实推进企业淡旺季用工调剂，截至2019年12月，有19家企业计1216人参与用工调剂，有效缓解企业用工难问题。积极预防和有效调控失业风险促进就业，全县参加失业保险人数20861人，发放失业金2516人次，失业金329.21万元。对1116名灵活就业人员发放社保补贴394.76万元。

【职业培训】 2019年，发放就业创业证709本。不断提升劳动者就业能力，强化技能培训，在春潮行动和互联网创业从业人员培训中，完成农民工就业技能培训866人，完成任务数的72.2%。加强基层劳动保障平台特别是村（社区）平台建设，对全县189个村（社区）发放平台补助经费114.65万元。

（方伯尧撰 张建德审）

社会保障

【城乡居民养老保险】 截至2019年10月31日，云霄县居民保应参保人员23.1394万人，参保人员19.7782万人，参保率85.47%，城乡居民保应缴人员125853人。2019年10月，养老金应发放59419人，实际发放59007人，发放率99.31%。

截至2019年10月底，基金收入8206.4万元，基金支出6024.8万元。基金累计结余18984.7万元，个人账户累计结余15841.32万元。

截至2019年10月底，应纳入被征地养老保障人员641人，实际发放被征地养老保障金人员15人，历年发放被征地养老保障金总计10.527万元，项目征收耕地历年累计7876.362亩，预留社会保障资金历年累计预留8556.9415万元。

【企业社保】 继续巩固养老金100%社会化发放成果，确保全县企业离退休人员按时足额领取基本养老金。截至2019年11月，全县离退休人员11016人，发放养老金20677.79万元，月人均养老金2102.69元。

加强与税务部门协调与配合、共同完善养老保险统筹机制，建立健全养老保险业务管理制度，努力配合税务部门做好国家社会保险费及非税收入征管职责划转工作。积极开展养老保险降费减负宣传咨询活动。截至2019年11月，全县养老保险参保单位1616户，在职参保职工42222人，征收养老金保险费16222万元，人均缴费工资3140.03元。

努力推进退休人员社会化管理服务工作，截至2019年11月，基本完成2019年度全县退休人员领取养老金待遇认证工作，完善社会化管理服务工作的具体实施，建立健全企业退休人员社会化管理服务信息库，实现退休人员移交工作的平稳过渡，为云霄县的社会保障体系建设，构建和谐社会做出新贡献。

【工伤保险工作】 截至2019年11月，全县各类企业、事业、行政单位纳入工伤保险人数42512人，征收工伤保险基金756万元，支付1207万元，管理上不断完善工作程序，规范审批手续和支付项目，保证基金的专款专用。

【保障服务】 协助做好无力参保的县级以上集体所有制企业退休人员老年生活保障金领取资格审核工作；协助相关部门做好项目的代发放工作。截至2019年11月，云霄县符合无力参保的退休人员发放808人生活保障金，支付365.06万元；未参保高龄职工老年发放2人生活保障金，支付8856元，做到按月足额及时发放，有力促进社会稳定。加强与退役军人事务局的联动工作，加强创新机制建设，提高服务质量，做好涉及退伍军人的社保关系转移工作。

【机关社保工作】 截至2019年10月，云霄县纳入机关事业单位养老保险的参保单位173家，参保缴费人数7992人，通过税务部门计征缴养老保险费和职业年金13654万元。

【劳动与社会保障监察】 加大劳动监察执法力度，维护劳动者合法权益。接待来信来访投诉42起，受理投诉42起，其中办结42起，涉及劳动者352人，涉及金额587.7万元，接待劳动法律法规咨询55人次。

开展劳动用工执法检查专项行动4次，2次专项检查行动主动监察用工单位76户，涉及职工6547人；审查用人单位报送书面材料20户，涉及职工3655人，补签续签劳动合同183人。

宣传劳动保障法律、法规情况，深入社区、乡镇企业举办普法宣传咨询，用人单位和职工反映良好，用人单位依法规范劳动用工和职工维权意识进一步加强，为建立和谐劳动关系奠定坚实基础。

制定实施欠薪应急保障金实施办法，依法确保劳动者权益。制定建设领域农民工工资保证金制度，及时办理缴交施工企业的保证金确认及退还。设立财政专户，存入欠薪应急保障金100万元。

（方伯尧撰　张建德审）

民　政

【社会保障】 做好农村低保动态管理。全县城市低保761户1140人，发放城市低保金591.9259万元；农村低保5075户8014人（与建档立卡贫困人口重叠2437人），发放农村低保金3594.2006万元，计发放城乡低保金4186.1265万元。全县城乡低保通过入户调查、民主评议、省经济核对平台核对家庭经济状况等方式进行动态调整，新增385人，退出687人。

提高特困人员供养标准。2019年通过两次提标，云霄县大幅提高生活不能自理特困人员集中供养标准，其中半护理特困人员集中供养标准由分散供养的120%提高至200%，全护理特困人员集中供养标准由分散供养的120%提高至250%。截至12月，全县城乡特困供养人员800人（其中集中供养68人）发放特困供养金920.2965万元。

做好残疾人两项补贴工作。截至2019年12月底，全县享受困难残疾人生活补贴5349人，发放生活补贴资金742.86万元；享受重度残疾人护理补贴5089人，发放护理补贴资金671.97万元。

发放临时补贴。2019年8月启动2019年3—6月社会救助和保障标准与物价上涨挂钩联动机制，对全县城乡低保，特困供养人员发放3—6月临时价格补贴，计发放40931人，99.2238万元。2019年10月对城乡低保对象及特困供养人员按每户发放100元的两节一次性补贴，计发放67.45万元。

下放临时救助审批权限。出台《云霄县民政局、云霄县财政局关于进一步加强和改进临时救助工作的实施办法》，下放临时救助审批权限，对救助金额在3000元以下（含3000元）由乡镇实施救助审批，救助封顶线从8500元提高至10000元，同时按各乡镇户籍人口每人每年3元的标准预拨临时救助备用金。2019年全县救助3365人次，发放临时救助金400.91万元。

做好流浪乞讨人员救助工作。截至12月，救助外来流浪人员175人次，发放食品200份，大衣6件，接收其他地区救助站送云霄籍流浪人员返乡2人；收治流浪精神病人1人，帮其找到家人，并护送回家。全年支出救助资金4.57万元。

【赈灾救灾】 2019年1月下拨自然灾害补助资金10万元用于解决因灾紧急转移群众安置、冬春期间受灾困难群众生活救助及因灾倒房、危房重建维修等工作。与中国人民财产保险股份有限公司签订2019年云霄县农村住房保险协议。因机构改革，2019年6月与云霄县应急局、粮食局完成救灾救济工作及救灾物资储备移交工作。

【区划地名】 全面开展地名文化保护，清理整顿不规范地名工作，完善补充云霄县地名词目的编撰工作。与信息公司衔接云霄县第二次全国地名普查补查工作的档案归档工作。

云霄县现有37个社区居委会，2019年无新增加社区。2019年新命名住宅区1处，即位于下河乡华荣社区的云霄县社会保障房四期区域，命名为“和田嘉园”。

【民间组织登记】 2019年，新登记成立社会团体8家，民办非企业21家，换发证书11家，社会团体年检57家，民办非企业单位年检46家。组织开展社会组织监督管理“双随机”检查工作，加强民间社会组织的管理。与教育局、人社局、市场监督局联合开展校外机构专项治理行动检查，取得阶段性的成效。

【婚姻登记】 2019年，云霄县民政部门办理结婚登记2553对（其中涉外婚姻登记22对），补发结婚证576对（其中补发涉外婚姻登记证3对），办理离婚登记680对，补发离婚证26.5对。

【殡葬改革】 按照县委县政府深化殡葬改革的部署，进一步深化殡葬改革，巩固“集中治丧”殡葬改革成果，继续在云陵镇、莆美镇开展“集中治丧”行动。2019年，在云霄县殡仪服务中心举行“出殡仪式”约705场。加强移风易俗政策的宣传教育，引导丧属简化治丧程序，实行文明治丧，进一步加强监督管理，形成文明有序的时代新风尚。

根据民政部《关于进一步推动殡葬改革促进殡葬事业发展的指导意见》及《福建省人民政府办公厅关于免除城乡困难群众基本殡葬服务费的通知》的要求，积极落实惠民收费政策，结合云霄县“移风易俗，集中治丧”殡葬改革，2019年3月15日起，对全县城乡居民基本殡葬服务费实行免除。2019年，死亡遗体火化2496具，免除城乡居民基本殡葬服务费计约290万元。设立直达公交路线，设立“一站式”便民服务窗口，实施对特困人员、低保、革命“五老”及重点优抚对象优惠政策，进一步简化治丧流程。

【乡镇敬老院与农村幸福院】 截至2019年底，云霄县乡镇敬老院有5所（云陵镇、莆美镇、火田镇、和平乡、下河乡）投入运营，在建的敬老院有4所，为东厦镇、列屿镇、马铺乡、陈岱镇敬老院。2019年继续稳步推进农村幸福院建设，截至2019年底，云霄县有农村幸福院86所，农村幸福园15所。

【勘界工作】 根据省政府办公厅《关于2018—2022年省县乡三级行政区域界线联检工作计划安排的通知》、市政府办《关于2018—2022年省县乡三级行政区域界线联合检查工作计划安排的通知》、市民政局《关于做好2019年度全市行政区域界线联检工作的通知》精神，云霄县成立乡镇级行政区域界线联合检查工作领导小组，制定云霄县乡镇级行政区域界线联合检查工作实施方案，对2019年度18条乡镇级行政区域界线进行联合检查工作，涉及云陵、莆美、陈岱、列屿、东厦、火田、马铺、下河、和平、常山华侨经济开发区等9个乡镇，1个开发区，38个村，边界线总长233.8公里。经全县联检工作人员的通力合作，顺利完成2019年乡级界线联检工作任务。

【社区建设】 在县委组织部的指导下，完成2018年换届选举时6个村空缺村主任的选举工作。开展村“两委”换届“回头看”，通过信息共享、资源互补，对在任基层群众性自治组织成员从严全面审查。2019年，通过“回头看”工作，清理村两委成员5名，相应村也按规定程序完成补选工作。

根据漳州市民政局等五部门《关于组织实施2019年高校毕业生服务社区计划的通知》要求，做好高校毕业生服务社区人员招募录用工作，招募7名，全部分配到社区工作。

（方锶、方雪丽、方美云、朱镇荣撰　方志远审）

老龄工作

【老年教育】 全县创办各类老年大学（学校）183所，其中省级示范学校1所（县老年大学），市级示范校11所。县老年大学坚持政治立校、文化兴校，改革创新，不断提高办学质量，取得显著成绩。开设15门专业课，共有学员1275人，聘请教师21人，配备工作人员9人。

【老年社会保障】 2019年，全县城乡60周岁以上老年人，共75349名享受老年人社会保险养老金，其中机关事业单位养老保险4067人，社会劳动养老保险11204人，城乡居民养老保险60078人。为全县9174位80周岁以上的老人发放高龄补贴654万元。投入252万元，为云霄县195个村（社区）（和平乡新增9个社区）继续聘任一名助老员，在全市率先实现村（社区）助老员全覆盖。推进养老服务设施建设，新建农村幸福院27所，完善提升居家养老服务站8所，在云陵镇丽都社区新建五星级居家养老服务照料中心1所。加大居家养老扩面工作力度，投入475

万元为云霄县符合条件的老人购买居家养老专业化服务，覆盖云霄县154个村居，覆盖率达78.9%。盘活用好乡镇敬老院建设。和平乡、火田镇、云陵镇、莆美镇、下河乡敬老院入住率达55%。东厦镇敬老院完成基建工作。

【“敬老月”活动】 2019年，国庆节、重阳节来临之际，由县委书记王金狮、县长张明东带头，人大主任施仲达、政协主席林达祥、县委常委宣传部长林意纯、分管老龄工作副县长林立鹏分为六组，深入全县各乡镇，进村入户走访慰问24位百岁老人，送上节日慰问金合计69000元。各机关企事业单位和乡镇、开发区政府积极开展爱老敬老活动，慰问走访本单位离退休老干部、老职工及高龄、失能和重病的困难老人。

老区工作

【老区项目建设】 完善基础设施建设。2019年，下拨261.88万元助力革命老区村道路建设，建设老区村31条水泥路，30.8公里。

加大对革命老区村扶贫发展。2019年向上争取老区专项扶贫发展资金40万元用于下河乡新坡村磁窑机耕路灌溉水沟修建和龙透村中溪生产及马铺乡宝石村、和平乡安吉村等村道路建设。

【革命“五老”优待工作】 完善五老待遇。2019年8月将福建省革命“五老”人员定期生活补助标准从原来每人每月1250元提高到每人每月1450元，超过省定标准，革命“五老”遗孀定期生活补助标准每人每月250元，截至2019年12月，发放生活补助62.76万元。

落实革命“五老”医疗补助政策。截至2019年12月，有13人次革命“五老”人员得到医疗费补助，计补助金额6.19万元，确保革命“五老”人员病有所医。

开展走访慰问活动。2019年元旦、春节、重阳节期间，组织开展走访慰问革命“五老”人员及遗偶，发放慰问金和慰问品6.28万元，送去党和政府的关怀和温暖。

云霄县革命“五老”人员一览表（健在）

表7

乡镇	村（社区）名	姓名	性别	出生年月	“五老”类别
云陵镇	城元社区	张梅英	女	1945年6月	交通员
火田镇	高田村	林元通	男	1931年10月	交通员
马铺乡	桥头村	曾碧英	女	1932年1月	接头户
	枧河村	董　粉	女	1937年8月	接头户
	乌螺村	何茂盛	男	1943年3月	接头户
	乌螺村	何桂花	女	1943年6月	接头户
和平乡	通贝村	张琴松	男	1938年8月	交通员
	桥头村	杨裕英	女	1932年11月	接头户
	棪树村	吴水松	男	1928年6月	接头户
	上坂村	徐添教	男	1934年10月	交通员
	甘埔村	陈桂英	女	1931年11月	接头户
	河溪村	吴金枝	男	1936年4月	接头户

续表7

乡镇	村（社区）名	姓名	性别	出生年月	“五老”类别
下河乡	七高磜村	蔡秋花	女	1935.11	接头户
	七高磜村	吴素精	女	1930.12	接头户
	七高磜村	江　风	女	1933.08	接头户
	梅林村	吴南山	男	1932.03	交通员
	金坑村	张乾花	女	1932.02	接头户
	金坑村	吴泗兴	男	1924.10	接头户
	仙石村	张素华	女	1935.09	交通员
	坡下村	吴银寿	男	1933.12	接头户
	曲溪村	吴丽华	女	1930.12	接头户
	车圩村	吴来春	男	1935.06	游击队员
	车圩村	张仁发	男	1932.09	游击队员
	孙坑村	张　富	女	1928.09	接头户

说明：表中资料时间截至2019年12月。

（方锶、方雪丽、方美云、朱镇荣撰　方志远审）

移民安置

【概况】 2019年底，经省移民局核定资金直补14506人，项目扶持到村5902人。建水库66座，其中涉及移民的小型水库7座，移民分布在5个乡镇，10个移民村点。云霄县库区移民开发管理局于2019年3月经机构改革更名为“云霄县库区移民开发中心”，行政职能划归水利局，明确县水利局做为库区移民开发中心主管单位，行使行政职能，推动云霄县库区移民后期扶持工作顺利开展。

【移民后期扶持】 2019年，云霄县申报项目68个，申请移民资金4306.48万元。根据省、市移民局、云霄县政府关于加快预算执行进度和盘活财政存量资金工作要求，切实加快项目实施进度，减少项目资金积存，库区移民开发中心以稳增长、促改革、调结构、惠民生为目标，进一步加快预算执行进度，狠抓项目进度，敦促各项目的责任主体在保证工程质量、施工安全的基础上加快项目实施进度，确保年度计划项目合理、有序、顺利完成，提高后扶资金使用效率，尽快完成资金拨付，投入使用，造福移民群众。2019年11月28日，由县政府办牵头，组织县水利局、县移民开发中心、各乡镇（开发区）等相关单位召开全县库区移民项目推进会，会上由县移民中心通报各乡镇项目进度情况；会议对各单位、各乡镇（开发区）提出具体要求，要求明确责任、落实责任、倒排工期、强化监管。

【“平安库区”建设】 根据县委、县政府和县综治委要求，成立平安志愿者服务队，健全完善群防群治体系，使群防群治逐步常态化、规范化；在移民人口较集中的移民村安排视频监控系统项目，建成后与综治办、公安局网格化管理对接，提升村庄社会治安和稳定工作；深入移民安置点，持续对库区移民的突出热点难点问题进行拉网式、全方位、无遗漏地滚动排查；在重要时点阶段，加强统筹协调化解稳控工作，及时报送重点对象维稳风险隐患问题清单。

（谢熙撰　林庆云审）

支前双拥

【部队建设支持】 退役军人事务局协助驻云海警做好临时驻点的征地工作和协调政府下拨资金支持警营建设等项目，在组建海警工作站的过程中，与部队和有关部门沟通协调，取得地方部门和当地群众的支持，认真做好现场勘查等工作，实现挂牌成立，妥善处理地方经济建设与部队建设的关系。

【拥军优属】 县退役军人事务局完成信息采集工作。严格落实优抚对象抚恤补助工作，及时足额发放抚对象抚恤补助金1353.27万元，落实优抚对象医疗保障政策。2019年687人重点优抚对象发放门诊费12.4万元；报销住院医疗费53人次，支出资金10.9万元，支付重点优抚对象医疗补助资金24.8万元，加强军休干部服务管理工作。及时调整发放军队退休干部退休费和生活补贴及相关待遇，在“八一”中国人民解放军建军节和重阳节期间分别慰问军休老干部，发放慰问金7200元，并组织离休老干部健康体检，认真做好相关保障工作。

（林泰权撰　陈跃溪审）

云霄经济开发区

【概况】 云霄经济开发区地处海峡西岸经济区闽南金三角，位于云霄县南部，324国道穿过全区，沈海高速公路和沪深高铁在园区内设有互通口及客运、货运站埠，云霄疏港公路、将军大道和规划建设中的入闽通道均在开发区交汇，是漳州南部主要的交通枢纽中心，区位优势明显，交通便利。辖区土地面积30.2平方公里，总规划面积13平方公里，实行“以区带村”管理体制，下辖8个行政村，现有人口1.3万。2019年，云霄经济开发区列入县级以上的重点项目20个，其中市级重点6个。

【工业经济】 2019年园区总体经济运行良好，签约落地富兴通、鑫强威等6个投资项目，总投资额超10亿元。推动中福新材料企业新上规模，绿克、利众诚等企业建设即将竣工投产。全年完成规模以上工业总产值36.53亿元，增长15.2%；规模以上工业增加值10.93亿元，增长15.4%；固定资产投资完成16.82亿元，增长8.3%；工业投资11.05亿元。

【农业经济】 进一步健全完善“三个中心”（即云陵工业开发区招投标监督服务中心、云陵工业开发区农村经济合同审核服务中心、云陵工业开发区集体会计委托代理服务中心）建设，稳步推进农村集体产权制度改革，全面开展农村集体资产清产核资工作。坚持统筹农村各项事业发展，调整优化农业和农村经济结构，推广农业机械化管理和科学种养技术，提高农业科学技术管理水平。发展高效农业产业，促进产业发展、百姓增收、贫困户脱贫。

【招商引资】 围绕“光电之都、能源新城”的产业发展定位，梳理光电、新能源、食品、电力设备产业情况，全年外出招商13场次，参加签约活动5次，签约项目数8个，完成签约项目投资额13亿元。

【标准化工业园区建设】 加快园区基础设施配套建设，打造标准化工业园区。抓好云霄经济开发区污水厂的运营管理，确保全区工业污水应纳尽纳。做好生活污水管网建设和电力、路灯网络提升工程。推进云翔产业园（实施园区电力管沟布设，回乡创业园3号、4号开闭所施工，排洪渠二期工程，树洞横三路、奥克兰路等项目），食品工业园（实施中小流域治理云陵马山项目区C段工程、山美溪护岸工程、和吉路、吉业路等工程），临港工业园（实施下径高山楼富兴通、海润地块场平工程、富兴路、燕径路等工程）建设。做好回乡创业园树洞横三路、奥克兰路、树洞横四路、瓦窑路、和吉路、吉业路、七星大道、富兴路、燕径路、祥龙路等10条道路建设。

【自治组织建设】 积极构建区、村、企“三级统筹”体系，建立党建自查自纠机制，每月公布党建工作落实情况，倒逼基层党组织自我改进、自我完善、自我提升。开展“不忘初心、牢记使命”主题教育活动，班子领导进行集体学习8次，专题研讨8次，区班子成员为所分管科室、企业和所驻村上党课、讲心得体会35次，各支部书记为支部党员上党课、讲心得体会44次。鑫创鑫党支部结合公司生产经营，实施“精益项目”，促进企业提质增效。实施“村财增收三年规划”，召开村财增收专题党工委会议6次，深入8个行政村开展村财专题调研16次，层层压责任、抓落实。2019年，8个行政村村财增收均能达到年初目标，原村财薄弱村狮山村连跳两级台阶，创收村财16.54万元。

【科技创新】 开展科技小巨人领军企业申报工作，漳州华锐锂能新能源科技有限公司等企业获得通过；培育高新技术企业，组织鑫创鑫自动化设备科技（漳州）有限公司、福建大晶光电有限公司等3家企业申报国家级高新技术企业；指导企业组建、申报企业技术中心，福建云星电子有限公司申报市级企业技术中心获得通过；开展科技进步奖申报工作，组织漳州绿州农业发展股份有限公司、福建太尔集团股份有限公司申报。

【产城融合】 连接开发区与县城的国道324改造提升工程已开工建设，计划总投资8亿元。2019年开工的亚琦·云霄万贸中心，位于云霄县高铁商业圈324国道与彩龙大道交汇处，计划总投资15亿元，规划用地304.8亩，建筑面积45万平方米，2019年完成投资5个亿，完成项目一期多层商业楼建设。

【污水处理】 总投资1.9亿元的云霄经济开发区污水处理厂及管网配套工程（一期）项目，主要建设污水处理厂1座，以及综合楼、食堂及宿舍、鼓风机房及配电间、机修仓库及车库、进出水检测用房、加药间及污泥脱水间、门卫、变配电室等。该项目所有工程量已修建完成并于2019年8月27日验收通过。污水主管网工程新建1号污水提升泵站（远期规模3.0万立方米／天，近期规模0.7万立方米／天）、2号污水提升泵站（远期规模4.50万立方米／天，近期规模1.0万立方米／天），敷设管道18.8千米，该项目所有工程量已修建完成并于2019年8月16日验收通过，通水试生产。

【土地集约利用】 2019年供应建设用地面积14560亩，达到供地条件土地面积约17870亩，土地供应率81.5%，土地建成率86.8%，综合容积率2.06%。

（方政鑫撰　罗坤荣审）

云陵镇

【概况】 云陵镇位于云霄县中部，坐落在大臣山与将军山之间的平原地带，东与东厦镇毗邻，西与下河乡相连，南与莆美镇接壤，北与火田镇相依，母亲河漳江从辖区内蜿蜒而过，是开漳发祥地和县城区所在地。辖区内拥有秋瑾故居、开漳祖庙、陈元光故居、朱熹文庙等丰富的历史文化资源和繁华的商贸街区。云陵镇立足优势，通过旧城改造、古迹修复开发等，持续做大做强中心城市建设，打造集文化旅游、休闲娱乐及商贸服务为一体的城市发展路线。

2019年云陵镇实现规模工业总产值272743万元，增长41.5%；社会消费品零售总额56493万元，增长25.6%；非农固定资产投资263003万元；财政总收入30169万元，其中地方级收入20713万元。镇可支配财力收入2300万元。

【工业经济】 2019年，云陵镇重点项目22个，总投资30亿元，其中新开工建设项目9个，已开工项目7个，开工率77.8%；投产项目17个（含3个本年度开工及竣工项目），投产竣工项目8个，竣工率100%。其中，工业项目8个，总投资10.1亿元；城建项目6个，总投资18.76亿元；其他项目8个，总投资1.14亿元，重点项目累计完成投资15.88亿元，完成86.1%。坚持“一把手”抓招商，实行常态化招商，突出产业项目招商。2019年，外出招商12场次，县领导参加招商活动2场次。

【电子商务】 2019年，云陵镇积极建设电子商务公共服务体系，打造电子商务载体，培育电子商务平台，8月30日在阿里研究院第七届中国淘宝村高峰论坛上被授予2019年度中国“淘宝镇”称号。

【农业工作】 2019年实现农业总产值11188.09万元，增长3.6%。以乡村振兴为契机，加快补足农业产业基础设施短板，投入100多万元实施桥梁配套设施，道路硬化、修缮引水排水渠。着力支持合作社和家庭农场建设，全镇有合作社、家庭农场等55家，包含种植、养殖、农资各个领域。推进农产品网络化营销，下坂村、下城村结合现有的基础、规模、特色、优势和潜力积极探索“支部＋合作社＋基地＋农户”党建工作模式，运用“互联网＋农业”，实现农民人均年收入1.5万元以上。注重乡村本土人才培育计划，着力培养“土专家”“田秀才”等有一技之长的农村实用技能人才，镇累计培训农村劳动力0.6万人次。市、县科技特派员、农业技术人员定期深入田间地头面对面对科技示范户进行现场技术指导。注重打造品牌农产品，大力发展绿色、有机农产品，“臣果”枇杷获得全国绿色产品标志认证，下坂村牛肉制品获得国家“农产品地理标志认证”。

【城乡建设】 云陵镇着力推动旧城改造，完成云霄立人学校拓宽51.6亩的土地征收工作；向东渠拓宽加固云陵段24.07亩的征地工作；第二水厂云陵段7.73亩的征地工作；将军大道（丽都路至云漳北路段）拓宽改造工程云陵段7.02

亩土地的征收工作；国道324线改造拓宽下坂段征迁工作。推动下港棚户区改造项目，70天完成签约1008户，签约率96.5%。威惠庙片区292套、建筑面积6.35万平方米的就地安置房建设工程及异地安置房144套、建筑面积2.33万平方米的建设工程均已竣工，即将交付安置。旧实小片区255套、建筑面积3.38万平方米的安置房即将竣工。强化农村基础设施建设，建成1座农村垃圾中转站，实施农村垃圾无害化处理。加大农村生活污水治理力度，塘坪村、享堂村的生活污水纳入县污水处理设施及配套管网PPP项目，下城村投入142.83万元用于农村生活污水处理设施及配套管网PPP项目征地、赔青及管网工程。

【文化旅游商贸区建设】 以复兴路商业区、建发商业区、金霞商业区、跨境电商创业园等为核心的高品质商贸圈构建完成。加快下港片区旧城改造和威惠庙夜间文化广场建设，推进和平路历史文化街区、秋瑾故居、中山路民国古街棋牌楼等以历史文化底蕴为核心的旧城区保护修复和开发，规划打造新型文化旅游商贸区。

【社会综合治理】 云陵镇作为城乡社区网格治理试点单位，全镇各社区（村）组建20支“平安云陵巡逻队”，实行分片定线、定点巡防，强化重点区域巡查整治。2019年开展访查巡查2266人次，采集录入综治网格服务管理平台的信息234条，其中应用采集终端录入233条；本地综治网格服务管理平台现有数据信息1692条。治安巡逻队排查各类矛盾纠纷22起，现场化解20起，推送到镇、县综治中心及其他职能部门协调解决2起；排查各类公共安全隐患36个，现场解决28个，治安事件发生率与上年同期相比下降60%。着力强化应急救援组织队伍建设，镇级和社区有21支应急队伍236人，保障人民群众安居乐业。加强灾害信息员队伍建设管理，每个社区（村）配备灾害信息员1名，现有镇直信息员3名、社区（村）信息员20名，定期报送信息，为上级决策提供信息支持。普及安全生产意识，社区（村）工作人员进村入户，向居民分发安全生产宣传手册、宣传单等5000余册，发放宣传资料10000余份，面对面向居民讲解安全生产法律法规。

【社会事业】 全镇76户258人建档立卡贫困户实现干部挂钩帮扶全覆盖，已全部脱贫，其中稳定脱贫12户43人，2019年持续帮扶64户215人。在全镇20个社区村广泛开展“帮困送温暖”活动，2019年对低保家庭1111户1704人（其中农村339户 564人，城镇772户1140人）发放补助1080万元，发放困难归侨补助0.6万元。开展拥军优属活动，提高“双拥”工作整体水平，发放优抚补助230万元、优待金70万元。完成重度残疾人保障金800户200万元发放工作。2019年，14位贫困学生享受雨露计划补助4.2万元，建档立卡贫困户37户62人享受教育健康扶贫补助7.2万元。发展慈善事业，发放重阳安老慰问款16万元、情暖千家慰问9.6万元，募集非定向捐助25万元。

（汤蕴新撰　郭阿坚审）

莆美镇

【概况】 莆美镇位于云霄县中部，东连漳江出海口，南接常山华侨农场，西北面是将军山，西南面是莆美大山。莆美镇区位优越，交通运输便捷发达，国道324线贯穿全境，北距厦门经济特区150公里，南接建设中的厦深高速铁路。拥有国家文物保护单位陈政墓和献宝山烈士陵园、仙峰岩、南山寺等文物古迹，明代曾筑抗倭城堡，具有丰富的历史文化资源。全镇面积40平方公里，辖10个社区，16个行政村，户籍人口6.8万人，常住人口11万人。

2019年，实现地区生产总值46.3亿元，增长9.1%；公共财政总收入2.39亿元，增长15%；地方公共财政收入1.5亿元，增长10%；工业税收2622万元，增长37%；限额以上社会消费品零售总额8.51亿元，增长7.7%；非农固定资产投资11.7亿元；规模工业产值18亿元；规模工业增加值5.13亿元；出口创汇1.67亿元；城镇居民人均可支配收入3.37万元，增长9.1%；农民人均可支配收入1.69万元，增长10.2%。

【营商环境建设】 营商环境持续优化，豪锦化妆品工业税收超过1200万元；协助企业争取资金近百万元，帮助企业招工300多人，组织6家企业外出参展12场次。

【农业经济】 2019年，莆美镇现有耕地面积294.05公顷，全年实现稻谷产量133.2万公斤，蔬菜产量568.8万公斤，水果产量1255.6万公斤，生猪产量53.58万公斤，家禽产量4.82万公斤。枇杷种植产业作为莆美镇重要农业产业，种植面积7800多亩，以中小型种植户为主体，亩均产值8600元，年总产值6700万元。

【城乡建设】 乡村振兴开启新篇章，演武亭美丽乡村建设入选2019年福建省最美乡村名单，阳下村投入1000万元专项资金启动历史文化名村古建筑修复工程，宝树村、山美村“旧貌”换“新颜”。全镇所有农村生活垃圾处理实现市场化运作，人居环境整治巩固提升，50栋裸房集中整治，投入15万元建设高塘村农村公厕。文明创城工作深入推进，城乡品质持续提升，南湖生态园建设全面收官，二期700亩园区开园迎宾，演武亭、莆下等村民安置房项目稳步推进；交通基础设施不断完善，国道莆政路提升改造、莆美龙湖路、山美环村路、峰头水源健身步道加快建设，城乡交通网络进一步完善；乡村公路养护23公里，交通条件得到改善，路长制全面落实。持续开展“百路千村”“两违”“四拆四整”综合治理，抓重点区域、治重点路段，开展联合执法13次，整治“两违”38宗，拆除违建面积总数87038平方米，辖区国道324线两侧130个广告牌拆旧换新。历史遗留问题逐步破解。演武亭村安置地顺利施工，莆下村村民安置项目奠基开工建设；阳下、中柱村安置地正式启动，后汤村、前埔村安置地征迁扫尾持续推进，县总工会工人文化建设项目、县农信社业务大楼、信实地块顺利完成场地扫青。

【项目建设】 2019年，服务保障项目推进，抽调23名干部参与南湖生态园重点项目征迁，全年完成征地面积1051.5亩，拆迁5298平方米。实施重点项目18个，完成投资15.73亿元，完成率103%，凯都电子、莆下村村民安置房、县农信社业务大楼、阳下幼儿园二次装修等7个项目实现开工，福印茶业、豪信纸箱包装、山美溪生态修复工程等8个项目竣工投产。

【招商引资】 坚持党政“一把手”外出抓招商工作机制，组织到泉州、厦门、潮州、广东等地开展招商12次，全年签约三维项目3个，计划总投资18.2亿元，其中生产性项目2个，即科斯美护理用品和昇达昶明纺织设备项目，计划总投资3.2亿元，均已完成工商注册和选址；爱欣养老院、喜来乐服装制造、龙耀手表和派科汽车配件等4个意向重点在谈项目，计划总投资10亿元。

【社会事业】 教育事业优先发展。莆美中心小学教育教学质量在全市统考全县统评中，获农村组总分第一、总评第二的好成绩。投入超过1500万元建设英济学校二期工程2号教学楼、英济学校文化广场、山美小学塑胶跑道运动场、后汤小学等配套工程，投入150多万元添置设施设备。控辍保学劝返12名学生入学，完成率100%。卫健事业加快发展。莆美卫生院投入126万元新建中医馆和对孕管科、医技科等业务用房，投入260万元采购全自动血凝仪和电解质分析仪等先进医疗设备。养老事业有序发展。实施高塘、前埔村幸福院和怡景、泰景社区居家养老服务站提升工程；宣传发动2户特困户入住莆美养老院。全年发放城乡低保437万元、全镇580户984人基本生活得到保障。持续开展殡葬改革工作，火化率保持100%。文化事业繁荣发展。投入570万元修缮阳下村家风馆、民俗馆，云阳方氏历史文化研究会、助学奖学基金会揭牌；开展中华人民共和国成立70周年群众性主体宣传教育系列活动，投入45万元建设莆美镇综合性文化服务中心。社会治安持续稳定，扫黑除恶专项斗争深入推进，推行城乡社区网格治理“2+N”模式，招聘“一村一警务助理（打假专员）”26名，“社区（乡村）110”正式上线；严格按照“守土有责”“除假务尽”要求，开展“夏季风暴”和秋冬季卷烟打假专项行动，持续严控严打。落实安全生产责任制，深入开展“三合一”场所整改、无物业住宅小区消防安全隐患整改、房屋安全隐患排查等专项整治行动。多管齐下开展道路交通安全重点整治，投入300多万元建设完成国道、将军大道等城区主干道交叉路口警示标志、交通安全宣教基地和警保联动合作劝导站。投入专项资金近百万元用于防控“登革热”和非洲猪瘟，组织人力物力开展全面宣传和消杀。

【农村工作】　推进村级阵地建设。2019年9月完成双溪口村和向北村的村部功能提升；针对莆北村级组织活动场所落后、设施不完善的问题，通过实地调研，联合县直有关单位，从资金、规划上给予多方支持，帮助其建设和发展；结合“不忘初心、牢记使命”主题教育，打造山美村党建文化公园，成为集思想教育、休闲健身、陶冶情操于一体的党群教育基地。推进村财增收三年规划。各村立足实际，充分挖掘资源禀赋，一村一策探索村财增收的路子，村集体经济发展壮大。2019年，全镇16个村谋划增收项目43个，同比增长34%，行政村均实现5万元以上的村财收入。演武亭村重整资源实现升级，按照“四议两公开”原则，广泛听取党员群众意见，以招投标的方式，重新对村集体店面进行发包出租，年收益达203万元。宝树村出租闲置土地给商家开展活动，年收益3万元。

【电子商务】　在积极拓宽原有销售渠道、提升产品品质效益的同时，打破传统外销模式，依托电商销售平台、网络直播平台等，通过走有价格优势的快递服务，推广“泡沫网格”的包装模式，形成“互联网+快递+枇杷”的合作共赢产业模式，让枇杷销售走得更远、更稳。是年，电商产业蓬勃发展，舒而美卫生用品网上年销售额突破2000万元，恒峰花茶、德润康枇杷花茶等特色产品“触网”销量大增，助力莆美镇入选2019年中国淘宝镇。

【乡村旅游景点开发】　依托南山寺、大山自然生态景区、枇杷基地，重点打造莆美大山堡、绿昕园等项目，把整个南山寺、莆美大山串成旅游带，建设集生态观赏、休闲度假、农业生产生活为一体的农业特色产业园区。在古村落修复上，阳下村致力于打造集生态、文化、旅游于一体的历史文化古村落品牌，严格按照“保护为主、抢救第一、修旧如旧、合理利用、传承发展”的方针，整体改造项目分一期、二期工程逐步开展，将核心保护区内的“继志堂”“翰林第”以及西北区30号古厝等3座古建筑纳入修缮范围，并计划打造创办成家风馆、民俗展览馆和村老年人活动中心，将历史文化建筑与乡村文化生活融合。

（蔡毓宁撰　杨伟佳审）

东厦镇

【概况】　东厦镇地处漳江出海口，位于云霄县城东南5公里处，省道漳云线和漳诏高速公路贯穿全境，漳诏高速公路设立互通口。东距厦门经济特区105公里，南距汕头经济特区120公里，水陆交通非常便捷。全镇总人口6万人，下辖15个行政村和1个镇办农场。

【工业经济】　2019年，全镇完成规模工业总产值26.4亿元，固定资产投资20.8亿元，社会消费品限上零售总额3.22亿元，工业税收2943.55万元，财政总收入4288万元，外贸出口3000万美元，外资到资250万美元。

【农业经济】　2019年实现农业总产值10.9亿元，农民人均可支配收入22095元。现代农业产业园“3211工程”（即30个茶叶现代产业园、20个蔬果现代产业园、10个食用菌现代产业园、10个畜禽现代产业园）依托省、市农民创业园、现代农业竞赛基地等建设，加快土地资源整合，示范带动莆美镇高优水产养殖、特色蔬菜产业向集约化、基地化、产业化方向发展。通过培育农业龙头企业、加大企业扶持力度等举措，打造一批特色优势品牌。其中，港恒泰生物科技公司引进国际最新金针菇液体接种技术及自动化设施设备，提高食用菌生产效率，通过农产品溯源体系建设，实现产品“一品一码”可追溯；龙泽食品有限公司打破日本企业对鱼籽原材料的控制垄断，与冰岛一公司合作，鱼籽产品在国内外市场供不应求，远销产品到中国台湾地区、马来西亚等地，成为云霄县重要的规模以上食品加工企业。

【旅游产业】　以佳洲岛现代农业观光园、红树林国际重要湿地、魏妈文化园为中心，带动南梁山、半径山、天地会的开发，形成现代农业、人文观光农业与乡村休闲旅游区。

【项目建设】　2019年，引进亮邦照明、明丰电子、南梁山茶旅融合、威顿彩印、佳顺智能设备、锦凯兰新材料、艺生达新材料7个项目，计划总投资14亿元，其中亮邦照明、明丰电子、南梁山茶旅融合、佳顺智能设备、艺生达新材料等项目已落地投产。是年，全镇有市级重点项目4个，县级重点项目23个，24个项目参加“三抓三比、十项竞赛”活动、10个项目参加“百个项目大比拼”活动。

【社会事业】 投入1800万元对全镇海堤、水库、水闸、排洪沟等水利设施进行维修养护，完成佳洲岛海堤洲渡段、埭洋诗城海堤应急加固工程项目。投入600多万元努力解决全镇的农村安全饮水问题。投入170万元建设白塔村海防执勤路。投入1000万元，对竹塔学校宿舍楼、四中综合教学楼、船场幼儿园等校园建设。农村低保、扶贫济困、慈善等救助活动有效推进，2019年发放低保金744万元，孤儿养育金1.53万元，重点优抚对象及社会救助金261万元，80周岁、90周岁老人高龄补贴105万元，自然灾害救助金2.3万元，临时救助金24.7万元。对全镇357户1054人建档立卡贫困户，开展精准扶贫结对帮扶活动，实现全镇贫困户有县、镇、村、经济能人、企业等多个层次的帮扶挂钩，发放中央、省级共3批发展生产资金83万元，2个县级扶贫开发重点村持续巩固提升。

【污染防治】 注重生态建设，深入开展牛蛙整治、生猪养殖面源污染防治工作，加强水资源保护，全面落实河长制，对黑臭水体、水葫芦、海漂垃圾等进行清理整治，加大对非法洗沙、采沙行为的打击力度。积极开展优化美化乡村环境建设，实施乡村振兴、美丽乡村建设、农村生活垃圾三年提升行动及“两违”综合治理行动。浯田村、荷东村、船场村、佳洲村、长洋村5个村被列为市级乡村振兴示范村；其中，荷东村、佳洲村被列为省级乡村振兴示范村。

【特色农副产品】 东厦镇是著名的鱼米之乡。东州冷冻的速冻毛豆、速冻甜豆等5个产品获省级“绿标”标志；绿州农业培育种植甜椒、西红柿、黄瓜、哈密瓜、西兰花等10多种无公害蔬菜水果品种；“东厦缢蛏”“东厦文蛤”“锯缘青蟹”“漳江口大蚝”等四个地理标志、“竹塔泥蚶”中国驰名商标推向市场。

【乡村旅游景点开发】 佳洲岛现代农业观光园依托佳洲岛良好的自然资源，按照“聚集资源，科学规划，集成创新，示范展示，辐射带动”的总体发展思路，建成现代设施农业核心区、农产品加工区、休闲垂钓区、农耕文化主题区、休闲农家大院、主题水景、家禽养殖观赏区、荷塘度假休闲区、农耕劳作体验区、渔家乐主题区等十大功能区，累计投资超2亿元。利用佳洲村优越的地理环境特征和产业发展特点，引进经营主体从事餐饮、民宿、娱乐等服务，如明煌旅游公司打造云霄县首家主题特色民宿——“红树林之梦”主题民宿；绿州农业打造亲子共享农场等。魏妈文化园完成魏妈庙、广场、慢道、神道碑、停车场、芳径和仙人峰登山步道等建设，着力发展生态、文化、创意等特色功能的开漳文化景区。

（朱明强、黄怡彦撰　蔡明达审）

火田镇

【概况】 火田镇位于云霄县东北部，是漳州郡治的发祥地。境内自然风光秀丽，拥有丰富的温泉旅游资源和历史文化资源，是远近闻名的温泉小镇，先后获得全国重点乡镇、省级生态乡镇、省级文化示范和省级历史文化名镇等多项殊荣。其中溪口村获全县唯一一个第五批中国传统村落称号；火田村获省级历史文化名村。全镇辖21个行政村和1个社区，90个自然村，总人口6.2万人。

【工业经济】 2019年，完成规模工业总产值26.45亿元，规模工业增加值7.14亿元，固定资产投资15.97亿元，限额以上社会消费零售总额1.97亿元，工业税收1803万元。

【农业经济】 火田镇以种植青枣、菠萝、荔枝、枇杷为主，有水果之乡、闽南荔枝第一镇的美誉，2019年新增“火田生姜”“火田金柑”“火田金樱酒”3枚国家级地标；打造示范性的农民专业合作社、家庭农场和种养基地，扶持厦云花卉、浩丰蔬菜、凤竹菠萝、下楼好康蔬菜合作社、凤得养鸡场、袖珍菇生产厂、火龙果种植基地等农业企业做大做强；引进双金悦、蔬之彩2家食品深加工公司，延伸农业产业链。

【项目建设】　全镇有16个县级以上重点建设项目，年度计划投资14.07亿元，全年完成投资14.78亿元，其中4个项目提前开工，7个项目提前竣工，其余项目均按时序进度完成全年任务；全年“五个一批”项目库计划总投资22.86亿元，谋划项目8个，签约项目4个，开工项目3个，投产项目2个，增资项目1个，其中签约项目和开工项目均为当年谋划当年签约和开工；“百个项目大比拼”项目年度计划投资5.1亿元，完成投资9.03亿元，其中婧阳户外用品增资扩产项目、交通设施生产项目、厦云农业科技项目均提前竣工投产；火田镇凤竹水库道路改线工程已全面施工，多个作业面同时开工，正在进行清表、路基开挖及边坡建设；高地利制罐项目完成1号厂房三层主体建设，正在进行四层主体建设和综合楼基础开挖，预计2020年初完成1号厂房主体工程。是年，全镇重大项目建设取得突破，全面完成324国道隐患改造、第二饮水源、云平高速项目征迁扫尾工作，云平高速1月9日提前通车；完成上库路、下库路征迁，加快推进“两洞一站”征迁，为百亿抽蓄项目落地建设打下坚实基础；完成滨北新区新征面积924亩，促进县医院整体搬迁项目开工；推进高地利制罐生产项目、寰威士忌生产项目及火田镇凤竹水库道路改线工程、火田镇坪水洋水库硬化道路工程3个市级重点项目建设。

【社会事业】　火田镇建档立卡贫困户387户1104人，2018年实现贫困户脱贫、所有贫困村出列的“双脱贫”局面。2019年加大贫困户中重点对象（不稳定脱贫对象）和非建档立卡贫困户中困难群众的跟进帮扶工作，一是大力推进危房改造工程。完成建档立卡贫困危房户、无房户第二批修建工程71户，其中旧房仍可住修缮55户，危房不可住重建或购房16户，均已竣工，发放补助金额1333987元；二是解决群众无户口问题。辖区内66名群众受益，其中64名在校生。

新建乡级和村级道路30.99千米，修缮道路3500平方米，其中后火线道路2000平方米，火城线道路1500平方米；加固改造乌石村、莆中村、火田村、大坑村4座桥梁；完成2260亩征迁任务，推进滨北新区、核电抽水蓄能电站、324国道隐患改造及云平高速征迁扫尾工作；积极实施农村饮水工程，投入近700万元，维修14处供水工程，建设蓄水池3座、机井16口，铺设供水管网5.86万米，惠及西林、白石、瑞堂、政和、东车、大坑、高田、岳坑、新园、后埔、水头、火田等12个村，受益1.7万人，解决群众安全饮水问题；制定并出台《云霄县火田镇关于扫黑除恶专项斗争实施方案》，深入各村（社区）摸排线索，出动宣传车48车次，发放宣传资料6万多份，设置宣传展板38块，宣传横幅68条，下发“全省群众安全感满意度调查”宣传短信22000余条。摧毁开设赌场恶势力犯罪团伙2个，打击处理涉恶犯罪人员36名（其中刑拘11人，行政处罚25人），破获各类涉恶案件2起，涉乱案件11起。建成云霄县首个警保联动暨警务工作室一级安全劝导站——下楼村警保联动交通安全劝导站，该劝导站成立标志着“两站两员”“警保联动”新模式在云霄县正式铺开并作为典型在全市推广；弘扬乡风文明，承办“党的十九大精神宣讲暨文化扶贫 助力乡村振兴文化巡演”“新思想进基层”音乐走村及“礼赞新中国 建功新云霄”晚会共3场大型文艺活动；成立后埔、西林、白石、岳坑、瑞堂、溪口、乌石、菜埔、大坑等9个奖教助学基金会。投入2200万元建成岳坑小学、后埔小学及幼儿园；完成10个村级文化综合服务中心建设。

【自治组织建设】　打造党建工作典型，形成高田－圆峰－白石党建示范线，提升祥和新村党建文化园，完善党员扶贫服务站，完成22个村（社区）村部提升工程；制定党建工作要点，与全镇各基层党组织签订目标责任书，开展党组织书记述职评议考核，召开党建工作会6次，出台党建工作文件12份；开展基层党支部达标创星活动，严格按照考评标准评级定星，评选出五星级党组织4个，四星级党组织5个；制定《关于印发2019年度火田镇村主干职业化考评办法配套文件的通知》，将党建工作作为村主干绩效考评的重要内容；坚持分类指导，汇总形成“光伏发电、物业经济、资产经营、入股分红、资源开发”等“强村五法”，确保经营性收入超过5万元，实现村财“消薄”目标。

【生态环境建设】 投入660多万元完成莆中段、高田段、火田段5.27千米万里生态水系工程；开展牛蛙养殖集中整治行动，实现全镇牛蛙“零养殖”；火田溪、西溪实现水质稳定Ⅲ类；PPP污水处理站项目涉及53个自然村40个点，开工建设17个点，其中，政和社区站点占地面积1950多平方米，建成后，污水处理可容纳1.2万户3万多人口生活排污所需；投入427万元，实现环卫一体社会化运营；完成上片和下片垃圾中转站建设和中片垃圾中转站提升改造，指定佳园、溪口两处建筑垃圾填埋点，占地26666.8平方米；投入62万元，购置公共垃圾桶700对1400个，家庭式垃圾桶1500个，果皮箱150个，实现22个村（社区）全覆盖；投入180多万元清理旱厕、猪舍、垃圾死角500余处；投入400万元，完成13座公厕建设及提升改造；对开漳大道、国道324线、火城线等交通要道进行集中治理120余次，清理小广告2000余处，清理陈年垃圾400余吨，拆除国道旁578户13000多平方米户外雨棚、67间临时搭盖等。

【乡村旅游景点开发】 火田镇全力推进“十大农业观光园”之一的白石古茶树群落观光园建设，计划投资1.5亿元建设圆白线道路、古茶树观光道路等，形成白石生态旅游交通网。是年，建成仙峰稻谷、阳明谷瀑布、莲花池、古茶树观光步行道、佛峰山登高步道、古秋枫森林公园、观光凉亭等多个景点；完成古茶树群落观光园山门、游客中心及公厕建设；古茶文化交流中心等项目建设接近尾声，计划5年内建成福建省最大的古茶树观光园。立足白石村优美的自然资源和丰富的人文历史，举办文化活动宣传造势，2019年3月，火田镇承办白石金柑快乐采摘周为游客呈现“白石金柑”“火田青枣”“白石长寿粿”等地道美食，以及“白石老酒‘摔碗酒’”等趣味游戏，采摘节3月2日当天客流量达到6000多人次，一周达到10000多人次。2019年12月，《清新福建｜漳州云霄：醉美白石村》发布于《学习强国》福建学习平台，打出白石生态游名片。火田镇着力打造“茶品牌”，积极推动“茶旅融合”。多次邀请专家到白石现场指导制茶，提高大茂山茶制茶工艺，依托七七电子商务平台，助推国家地标“火田大茂山茶”知名度。古茶树观光道路的完善及凉亭的建成吸引更多游客，仅国庆节期间，白石每天接待游客2000多人次，“茶旅热”不断高涨。

（洪毅军撰　李骞审）

陈岱镇

【概况】 陈岱镇位于海峡西岸南部，是云霄的南大门，东山湾经济繁荣区的中间地带，介于厦门、汕头两个经济特区之间，距厦门机场170公里、汕头机场110公里，距漳州港140公里、东山港25公里，距沈海高速公路常山站11公里，国道324线、省道201线交织而过，动车站云霄站距陈岱12公里，人流、物流顺畅便捷；海岸线25公里，海域面积549公顷，深水港湾多，礁美码头与台湾省隔海相邻。全镇总面积68.10平方公里，管辖18个行政村，总人口约4万人，党支部34个，党员1560人。山地面积2.38万亩、林地面积1.9万亩，耕地面积2.9万亩。2019年完成全年公共财政总收入3421万元，地方公共财政收入1988万元，全年实现社会固定资产投资16.17亿元。

【工业经济】 2019年，全镇规模工业总产值29.96亿元，增长24.45%；规模工业增加值8.42亿元，增长31.29%；出口总值1080万元；固定资产投资16.17亿元；社会消费品零售总额2.26亿元，增长30.6%。陈岱镇大力推进竹港、岱北工业区开发，成立竹港工业园建设指挥部，编制修订园区发展规划，以“高起点、高标准、高站位”为原则，把服务企业与园区发展建设有机结合。现有35家企业落户于“两区”，涉及饲料生产、五金加工、环保科技、新型建材等行业，实施“一岱、一轴、两翼”规划布局发展战略，以规划先行、项目带动为指引，完成竹港、岱北工业区环评规划，征收储备土地494.6亩，福兴建材、澳林镁等一批工业项目前期工作扎实推进。

【农业经济】 抓好峰外柳叶白梗空心菜、礁美鲍鱼苗、后江南美白对虾、东方螺、河豚等生态养殖示范区建设，鼓励引导龙头企业和种养大户实施标准化、现代化生产，打造“无公害农产品”。挖掘特色农产品，“陈岱长寿菜”“陈岱东方鲀”“礁美海瓜子”等农产品地标已进入受理阶段。立足海产品丰富、渔业基础好的优势，发展巴非蛤、鲍鱼苗、吊蚵、东方河豚、东方螺养殖等海洋经济，推进海产专业养殖、海上捕捞业转型升级，建立海产品贸易集散地，推行“合作社＋基地＋农户”产业化经营模式，并从资金、用地、技术、销售及基础设施建设上给予全方位扶持。2019 年陈岱镇农林牧渔业总产值 9.8 亿元，农村居民人均可支配收入 18952 元。

【项目建设】 深化“五个一批”工作机制，深入开展“三抓三比、十项竞赛”“百个项目大比拼”活动。2019 年全镇签约引进项目 5 个，计划总投资约 10.7 亿元；17 个重点项目完成投资 15.2 亿元，其中开工项目 7 个，竣工投产项目 8 个。

【社会事业】 2019 年陈岱镇荣获“省级卫生乡镇”称号，投入 300 万元开展聚星路、东安路、竹港路、国道 G357 道路两侧综合整治。全面推进“厕所革命”，投入 200 万元建成公厕 12 座。多方筹措资金 200 万元对曾江五口水闸、中港四口水闸进行翻修。大山顶山坪村 96 户农户搬出深山，喜圆“安居梦”。投入 700 万元持续开展人居环境大整治，有效提升镇容村貌。投入 25 万元设计礁美、竹港概念性规划。持续开展河（湖）长制工作，投入 320 万元对前江排洪沟、岱南大埭等河流进行清淤疏浚。“百路千村”两违综合治理行动累计拆违 66903.8 平方米，腾出土地面积 128771 平方米。交通路网日趋完善，竹港、礁美、坑内海防路建成通车，曾江垦区、礁美养殖区交通路网全线打通，国道 G357“白改黑”进场施工。陈岱中心幼儿园、礁美幼儿园揭牌开园，竹港幼儿园完成选址征地工作。投入 230 多万元用于产业扶贫、教育扶贫、健康扶贫等十个项目建设。开展“两不愁三保障”全域排查，涉及农户 9000 多户，覆盖人口 39000 多人，梳理并解决问题 11 个。

推进“平安陈岱”建设工作，推行城乡社区网格治理“2+N”模式，招聘“一村一警务助理（打假专员）”18 名，“乡村 110”正式上线。持续推进第三轮“三年卷烟打假综合治理活动”，查处烟丝 194 包、半成品烟 121 件。

【自治组织建设】 结合“不忘初心、牢记使命”主题教育学习，依托本地特色教育资源，开展瞻仰烈士陵园等一系列主题党日活动，让主题党日活动更“接地气”、更有“本地味”。从严落实管党治党主体责任，全力抓好省委巡视、环保督察、土地督察等反馈问题整改。严格落实中央八项规定精神，全面推进党风廉政建设，严肃查处违法违纪案件，驰而不息查纠“四风”及群众身边的“微腐败”，“三公”经费持续下降。推进“放管服”改革，完善镇、村两级便民服务中心，规范办事流程，让村民不出家门就能办成事、办好事。

【特色农副产品】 利用辽阔的滨海海域及丰饶的海产资源优势，发展礁美万亩巴非蛤养殖基地、白礁万亩泥蚶养殖区、曾江垦区河豚养殖基地、礁美鲍鱼苗养殖区、八尺门网箱养殖区等，出产泥蚶、花蛤、巴非蛤、河豚、对虾、螃蟹、石斑鱼、美国红鱼等海产品，其中东方鲀、白对虾、巴非蛤、鲍鱼、石斑鱼等名贵水产品养殖已享有一定的知名度，礁美的巴非蛤远销国内外市场。种植农业方面，农业园区发展态势良好，新建 4000 亩高效节水灌溉项目，努力打造“峰外柳叶白梗空心菜”（俗称云霄蕹菜）、“岱北金针菇”、圣女果等农业知名品牌。

【乡村旅游景点开发】 围绕“宜居宜业宜游滨海小城镇”目标，将生态旅游与经济建设齐抓共管，不断优化资源、丰富产品，积极促进陈岱镇旅游融入县域旅游框架，着力打造金汤湾海水温泉度假生态旅游景区。是年，在建项目有塞维利亚游艇码头、颐养商业综合体、星空湾房车露营地等。金汤湾 SPA 海水温泉园占地 3 万平方米，以罗马风格建造，有 49 个精品温泉泡池，1 个室外游泳池及儿童戏水池。

（周尚赟、黄阿萍撰　方月赏审）

列屿镇

【概况】 云霄县列屿镇位于福建省云霄县东南部沿海，总面积 96 平方公里，其中陆地面积 47 平方公里，海域面积 49 平方公里，处于东山湾底，海岸线逶迤绵长 18.0 公里，与漳浦县古雷半岛、东山县铜陵镇隔海相望，一衣带水，是少有的避风良港，素有“沧海桑田、鱼米之乡”的美称。全镇下辖12个行政村，总人口26063人，户数5739户，有1所中学，2所完小，1所卫生院，1家自来水公司。列屿镇有33个党支部（党组织36个），党员1068人。2019年，公共财政总收入7138万元，增长20.9%；地方级财政收入4313万元，增长19.8%；完成限额以上社会消费零售总额72468万元，增长18%。

【工业经济】 2019年度实现规模工业总产值21.68亿元，增长23.6%；工业增加值5.98亿元，完成25个重点项目投资31.45亿元。促成东乐M新材料项目、百益工贸项目、凯浩食品项目、上海鹏砂项目、天恒耀晟光伏发电5个项目签约，其中百益工贸项目、凯浩食品项目、上海鹏砂项目和天恒耀晟光伏发电项目实现当年签约、当年建设、当年投产，签约落地率达到80%。

【农业经济】 依托资源和区位优势，加大对龙头企业、农民专业合作社、家庭农场等经营主体的培育、引进和扶持力度。新培育水产养殖公司2家、农民专业合作社5家、家庭农场8个、规模个体户50户。全年农业总产值98379万元；农民人均可支配收入18858元。完成耕地补贴面积11536亩，补贴金额702542.4元，其中缴纳水稻保险金额19064.22元。农业产业布局基本形成，形成以山前村、油车村、人家村、青径村为主的大棚蔬菜种植区，以山前村为主的水产养殖区，以山前村、城外村、人家村为主的巴非蛤、牡蛎养殖区，以青径村为主的的紫菜生产加工区，以半山村为主的农业观光园区。

【项目建设】 漳州核电1号机组于2019年10月份正式开工，富佳宝食品工业园开工建设28万平方米，华威二期建设18万平方米厂房。党政主要领导先后12次分别带队前往厦、深、泉、北、上、广等地开展招商活动，通过及时接洽、内引外联，有效营造“亲情招商”的良好氛围。签约东乐M新材料和天恒耀晟光伏发电2个项目，投资额2.6亿元。在谈项目5个，计划总投资12亿元。

【社会事业】 2019年，民生和公益事业投入4704万元。沿海大通道列屿段正式通车，列屿镇旧农贸市场顺利改建，沿海大通道路灯亮化工程顺利完工，列屿镇12村均建设完成幸福园与乡镇卫生所；对全镇困难群众、受灾群众和患有重大疾病家庭进行摸底排查，发放救助金208800元；为82名重度残疾人办理生活补助和护理补助，落实居家抚养、创业就业补助12户；春节期间，对全镇120户困难群众进行慰问，发放慰问金7.2万元。重阳节对全镇154名88岁以上老人进行慰问，发放慰问金6.16万元。清理农村垃圾4116吨，清除村内水塘29口，清理村内沟渠63.8公里、淤泥65吨，清理畜禽养殖粪污等农业生产废弃物538.5吨，发动农民群众投工投劳6935人次，清理残垣断壁53次，基本达到全镇村庄无垃圾堆放、无污水横流、无杂物挡道。开展“百路千村”“两违”综合治理环境提升行动工作方案，对发现的违法建设、违法占地坚决予以制止、拆除，出动160余人次，依法处置37户计55347平方米，腾出土地55972平方米。“四拆”方面，累计拆除“两违”建筑15宗17836平方米，铁皮搭盖67宗8338平方米，圈地占地8宗9907平方米，违规广告9宗250平方米，其中500平方米以上累计15宗31436平方米；“四整”方面，累计处理垃圾车135车，污水7处，杂物废料80处，裸房沟渠8处；整治疏港路、沿海大通道、人家村内路，涉及城内村、顶城村、宅坂村、半山村、人家村、油车村、南山村、青径村、宅后村等9个村庄，完成整治公里数约14.4公里。山前、城内、人家、青径四个村确定为县级示范村，人家村确定为省级试点村。充分利用各级扶持资金，完善贫困村基础设施建设，改善村容村貌，2019年山前村投建5个项目113.16万元，主要用于路灯亮化、道路硬化等，截至2019年12月底，其中2个项目已竣工，3个项目仍在建设当中。南山村投建4个项目55.06万元，主要用于土方工程、亮化工程等，其中3个项目已竣工，1个项目仍在建设当中。2019年，列屿镇收到第一批中央财政扶持资金34万元，第二批中央财政扶持资金10万元，省级财政扶持资金9万元，均已发到贫困户账户上；26户建档立卡贫困户申请小额信贷用于发展种植养殖业；50户163人住在C级及D级住房的贫困户，采取措施进行修建，住房条件全部达到B级以上。

【自治组织建设】　以学习贯彻习近平新时代中国特色社会思想为主线，组织开展6次班子领导学习研讨（其中1期为列屿镇自行增加的围绕“全力以赴做好要素保障，确保核电顺利开工”的专题研讨）。举办1期基层党支部书记培训班，有200余人次接受红色教育。围绕“落实新思想和党中央决策部署不力”“干事创业精气神不够”“形式主义”“对群众关心的利益问题漠然处之”“基层党组织软弱涣散”“涉黑涉恶”六大方面的问题开展走访调研400余次，设立意见箱17个，召开座谈会10场，发放征求意见函29份，查摆出八大方面问题40个。制定《“找差距 抓落实 干好干成几件事”进度表》，实施挂图作战，在全镇范围内营造干事创业的竞争氛围，计划干成民生实事26件，截至2019年12月底，开工13件，完成13件。

【特色农副产品】　紫菜：列屿镇海域内以青径村为主，紫菜养殖面积300亩，年产量达4万公斤，总产值450万元。青径村在厦门、泉州、广州、潮阳等地设点，探索产、供、销一条龙的紫菜经营模式，把产品做好做大。

牡蛎。列屿镇海域内以山前村、城外村养殖为主，养殖面积13250亩，年产值9275万元。全镇牡蛎加工厂30多场，形成闽粤牡蛎加工中转市场，闽南、广东大量牡蛎在列屿加工后销往全国各地。

巴非蛤。人家村巴非蛤养殖面积18900亩，年产值15120万元。列屿镇海域内以人家村养殖为主，在广西、广东、海南等地开发养殖基地，年销售产量达100万吨，村民的收入实现大幅度增长，村民稳步实现脱贫奔小康。

【乡村旅游景点开发】　统筹谋划全域旅游产业，整合列屿旅游资源，积极融合核电、风电、剑石岩、灵鹫寺、山前一级渔港、漳绿农业旅游观光园等自然、人文、产业的资源优势，打造列屿沿海一日游。通过“黄金漆画”传承人汤松溪开展“顶城村传统黄金漆画艺术进课堂”活动，利用“剑石岩书画写生基地”“朱子文化讲堂”等载体开展各式书法绘画交流学习。灵鹫寺卧佛楼、天王殿以及剑石岩观景台建设已全部建成。

（林仁斌撰　张俊标审）

下河乡

【概况】　下河乡地处云霄县西部，位于漳江上游，东接云陵镇，西南与诏安县官陂镇为邻，西与平和县大溪镇接壤，北连火田镇，生态环境良好，是国家级生态乡镇。全乡土地总面积150.7平方公里，其中耕地2.6万亩，林地17.2万亩；辖有24个行政村（社区）、136个自然村，其中老区村19个，总人口4.9万人，坡兜畲族村为云霄县唯一一个少数民族村。省道坂云线、县道下大线贯穿全乡，新开建的云平高速、和田路也从下河乡经过。全乡粮食作物以水稻、甘薯为主，主要经济作物有杨桃、枇杷、金枣、蜜柚、龙眼、茶叶、荔枝、甘蔗、香蕉，是漳州市杨桃主产区之一，素有“杨桃之乡”美誉。2019年，全乡财政收入5487万元，比增7.08%；

【工业经济】　2019年，全乡实现地区生产总值22.8亿元，增长8.6%；规模工业产值23.9亿元，增长10.5%。推动华锐锂能、奥克兰光电、金立电子、真吾食品、品源饮料等骨干企业加快发展步伐，实现总投资6亿元的奥克兰光电于2019年10月实现试投产，电商文创园一期启动运营，华锐锂能规模持续扩大，产业龙头带动作用日益显现。

【项目建设】　2019年落实“五个一批”项目13个，计划总投资18.9亿元；重点项目18个，计划总投资31.66亿元，其中2019年计划总投资17.18亿元，完成投资19.41亿元。10个参与“百个项目大比拼”竞赛活动的项目均超时序进度，完成投资12.61亿元，达到年度投资计划的113%。其中奥克兰光电、创格美居橱柜、兰亭茶叶等项目均完成厂房建设及设备购入，实现投产；宏茂城市花园完成一期社区的亮化、硬化、绿化建设，下河杨桃生态观光园、七高际古村落保护工程已基本建成。落实“一月一招商、一季一签约、一季一开工”工作机制，突出一把手招商、产业链招商、点对点招商，2019年外出招商12次，引进开漳印象茶叶、佳昇亿食品、电动牙刷生产项目等大型工业企业5家，总投资额超过9亿元，全部投产或投建。

【农业经济】 下河乡按照“一乡一业”“一村一品”的发展模式，注重品牌引路，大力发展杨桃、枇杷、金枣、大棚蔬菜等现代农业，带动农业产业化水平全面提升。2019年，孙坑、石屏大棚蔬菜，外龙金枣等现代农业示范园均已形成规模；“公司+合作社+基地+农户”的经营模式逐渐发展壮大，全乡现有家庭农场、农家乐205家，农民专业合作社52家，其中富达农民专业合作社和盈漳果蔬农民专业合作社被认定为市级农民专业合作社示范社；富达农民专业合作社、漳州杰成养殖有限公司、顺强养猪专业合作社、益泰农养殖有限公司、垦拓果蔬专业合作社等5家企业被评为农业产业化县级龙头企业，富达农民专业合作社被评为市级龙头企业。是年，下河乡加大资金投入，着力做好“山水”及“特色”文章，建设下河杨桃生态观光园、七高际旅游景区，将沿线车圩美食、燕翼楼、内龙陶淑楼等景观串点成线，成为下河乡现代农业发展的有效补充，带动农户增收。

【特色农副产品】下河乡物产丰富，素有“水果之乡”的美誉，其中杨桃、蜜柚、金枣被称为“下河三宝”。“下河杨桃”地理标志保护产品认证已获得国家工商部门批准，并完成国际域名、通用网址注册工作，全乡杨桃种植面积1.35万亩，采摘面积超过8000亩，年产量4万多吨。下河杨桃已形成杨桃鲜果、风干杨桃、冻干杨桃、杨桃罐头、杨桃饮料等系列产品。富达农民专业合作社与龙海利达食品加工厂合作生产风干、冻干杨桃等系列产品，年销售额达450万元。

下河种植金枣历史悠久，《云霄厅志》载：“金吉俗称金枣，产霞河。”厅志物产水果属将其列入“32个品种之中”。下河金枣皮薄肉嫩，色香味俱佳。过去下河金枣远销新加坡等东南亚各国和香港，以及广东潮汕地区和诏安等地。其主要产区在下河乡外龙村。

下河蜜柚曾于1958年参展北京，被列为名优果品。1983年，省科委举办柚类展览会，名列全省柚类品质第二，1989年参加全国农产品展览会，被农业部评为全国优质农产品。其果实重约2～4公斤，瓣囊大，砂囊肥，肉嫩汁多味清甜，多为无核。下河村尚留有多株百年蜜柚老树。

石屏拥有现代农业示范基地120余亩，主要种植菜椒、西红柿等蔬菜，年产值300余万元。

【社会事业】 2019年，向上争取教育经费500多万元，有效保障云霄五中、世坂小学、下洞小学、下河中心幼儿园等学校教学质量，成为清华大学、中国政法大学等高校支教联系点；投入200多万元建设新坡村、坡下村等2家幸福院，新建上窖、下河、上河等10个村（社区）村级综合文化服务中心、农家书院等活动场所；2019年为困难户办理低保14户，医疗救助58例，殡葬优惠30例，老年退役士兵生活补助19户，新农合新农保参保率保持在99%以上。

【乡村旅游景点开发】 下河乡生态旅游以七高际村和下河村为主，投入2000余万元完成七高际古村落保护和杨桃岛提升工程建设。七高际村以完善生态旅游配套设施建设为重点，主要是瀑布景观设计、瀑布护栏安全加固、道路建设、停车场修建、古村落保护等；下河村依托下河万亩杨桃基地，先后投入1.5亿元打造集农业观光、绿色采摘、农事体验、休闲娱乐、历史文化观光、生态保护、科普教育、杨桃产品展示等功能为一体的现代农业暨文化旅游生态观光园，一期杨桃主题公园竣工，二期杨桃岛建设全面启动。实施杨桃岛提升工程，完成小桥流水、百果漫道、动漫杨桃、星光大道、古城墙修复、杨桃座椅等休闲设施配套，以及村庄整体立面改造、园区绿化工程和游客中心建设。

（蔡育忠、陈可姗撰　方焕钊审）

马铺乡

【概况】 马铺乡辖区面积161平方公里，其中山地面积19.8万亩，耕地面积1.85万亩，林业面积17.6万亩。下辖28个行政村、237个自然村，户籍人口约4.6万人，常住人口约2万人。2019年，全乡一般公共财政总收入1804万元，地方级财政收入994万元。非农固定资产投资15.38亿元，同比增长4.7%；社会消费品零售总额36391万元，同比增长5.2%；出口创汇3264万元。

【工业经济】 2019年，在全乡原有32家工业企业的基础上，新引进一家亲食品、专宇科技、顶鑫茶类饮品、田丰粮业、何氏淮山深加工项目等5个项目，新增1家规模以上工业企业：永源建材，规模以上工业企业达17家，实现规模工业总产值31.06亿元，同比增长7.4%；规模工业增加值9.43亿元，同比增长8%；

【农业经济】 2019年，全乡农业经济生产总值58363万元，同比增长5%，农民人均可支配收入18383元，农业在一、二、三产业中占比约25%。全力推进名贵花木、高优淮山、波尔山羊生态养殖、中草药种植等特色扶贫产业发展，蜜柚种植面积持续缩减。成功打造龙镜花卉和库区花卉两个特色产业示范种植基地；调整农业种植结构，引种马铺脐橙、红心芭乐、百香果、沉香、茶叶等新品种。

【项目建设】 2019年，全乡县级以上29个重点项目，全年完成投资17.63亿元，完成年度计划的110%；以"追问题，解难题、促进度"问题清单为抓手，保障项目建设提速提效，"百个项目大比拼"10个项目（7个工业项目，2个"一区一湖两站四园"重点工作项目，1个民生项目），如期完成任务目标；2个亿元开工项目加快推进，龙镜花卉扶贫创业园、磜头百草养生园两个农业大观园日趋完善。

【农民合作社】 全乡成立各类农民专业合作社40家，家庭农场80家。其中，客寮矾山果蔬专业合作社被评为国家级示范合作社，马铺库区花木专业合作社、富硒家庭农场、华丽家庭农场被评为省级示范合作社、家庭农场，高山湖家庭农场、大栋后果品家庭农场被评为市级家庭农场，"何氏农业"被认定为省级著名商标。

【特色农副产品】 至2019年底，马铺乡淮山种植面积0.8万亩，专业种植户达1500多户，产值近4000万元，产区主要分布在客寮、新楼、粗溪、枧河、磜头、杨美等6个村。"马铺淮山"先后通过国家工商总局中国地理标志产品注册商标和无公害农产品认证，成功入选农业部全国名特优新农产品目录。是年，投资50万元建成的龙镜村淮山美食体验馆，吸引大批美食爱好者前来旅游观光；引入淮山深加工生产线，建设淮山观光工厂，通过依托国家级示范社--矾山果蔬农民专业合作社及龙镜淮山美食体验馆，进一步延伸淮山深加工生产链。截至2019年12月底，成功研发淮山饼、淮山粿、淮山馒头、淮山汤圆、淮山面线、淮山面、淮山蝴蝶面、淮山片、淮山粉等系列产品。其中漳州何氏农业公司研发的"淮山三宝"系列产品远销省内外，在海峡农博会、花博会获得畅销产品奖，并成功入围"漳州市十大伴手礼"评选。

花卉产业主要分布在峰头水库库区，主要利用库区所形成的小气候条件优势，重点培育苗木花卉和具有较高观赏价值的名贵花木。至2019年底，全乡种植花卉苗木6000多亩，100亩以上的花卉苗木基地12个，50亩以上的花木经营大户25户，集中分布在库区杉脚、青美、大坪、坑口和龙镜等5个村。主要种植茶花、桂花、台湾花旗木、台湾铁红鸡蛋花、罗汉松、金竹柏等50多种品种。是年，花卉销售总额近6000万元，户均增收2.5万元。

金竹柏系世界珍奇濒危观赏竹柏，属国家二级保护植物，被现代科学称为"活化石"，有"植物钻石"的美誉。截至2019年底全乡种植金竹柏4万多株，面积1000多亩。其中龙镜村投资近3000万元，建成了全省最大的金竹柏休闲观光基地。

【社会事业】 全乡建档立卡贫困户659户2478人，2019年所有结对帮扶的干部全部进村入户至少4次，帮助落实帮扶资金超180万元，解决贫困户生产生活难题50多个，明确帮扶项目57个。全乡现有低保户301户533人、五保户147户147人，实现应保尽保，全年累计发放低保、五保等困难对象补助资金393.3万元。2019年，10个贫困村建设57个扶贫开发项目，投资2447.95万元，主要涉及道路硬化、水利维修、环境整治、排污设施、公共场所建设（公园、公厕、活动中心）、绿化亮化工程、新村建设等方面。2019年，危房改造累计竣工514户；新修拓宽乡村道路12公里，投入120万元新装路灯8.5公里220盏；建成库区敬老院和马铺第二幼儿园；全乡28所村级公办卫生所完成标准化建设。通过金秋助学、雨露计划、民政临时救助等渠道筹措助学资金 21.9 万元，资助全乡学生 84 人次。

【自治组织建设】 按照县委关于打造“身边党建”的工作要求，积极整合村部、党建公园、家风文化和各种多媒体等与群众身边最近的党建资源。2019 年，全面实施“村部姓党、民心向党”工程，重点对宝洞旧村部进行改造提升，把乡村振兴服务站、退役军人服务站与党群服务中心建设结合起来，着力解决群众最怨最盼最难的事。结合廉政教育示范点建设，发扬好何氏家规、罗氏十二家训等传统文化传家宝，成功创建马铺乡谷春庵何氏家风堂，计划创建枧河何氏家风堂和龙镜罗氏家风堂。根据各村特色产业设置党建形象雕塑，打造宝石、石芹党建文化广场和马铺党建文化一条街，打造“坪水苏维埃革命政权旧址—磜头百草养生园—龙镜花卉扶贫产业园”红色旅游路线。

【乡村旅游景点开发】 磜头百草园坐落于马铺乡磜头村的百草园，是云霄首家以中草药种植生产和生态旅游有机结合的休闲观光园，项目一期总规划面积 1300 亩，二期总规划面积 800 亩。目前种有巴戟天等珍稀名贵的中草药1200多种，引入“从百草园到三味书屋”的主题元素，2019 年全年接待游客将近 3 万人。

镜花缘生态农庄坐落于龙镜村大坪头自然村，着力提升环山休闲漫道、休息驿站、观景台、垂钓台、特色水果采摘园、生态餐厅、茶马古道秘制体验馆、亲子水上乐园等特色项目，构建水陆两条极具特色游玩便捷路线，打造“镜花水月”花卉主题文化，2019 年接待游客上万人。

醉美宝石：文化景观、旅游资源高度富集，闽南特色村居、土楼建筑群、云山居士林太师公讲学遗址、油菜花基地、森林文化公园、蝙蝠石公园、霞城古桥等人文景观星罗棋布。

（林绍宇、郭洪鑫撰　黄锦章审）

和平乡

【概况】 云霄县和平乡位于云霄县西北部，云霄、诏安、平和三县结合部，东凭将军山与莆美镇接壤，西隔乌山山脉与诏安县红星乡毗邻，南连常山华侨经济开发区，北接下河乡，县道“建火线”斜贯全境，下辖 13 个行政村，9 个社区，75 个自然村，7099 户 30508 人。乡场总面积 111 平方公里，其中山地面积 15.3 万亩，耕地面积 2.07 万亩。2019 年，社会消费品零售总额 2.22 亿元，增长 20.3%；规模工业总产值 15.95 亿元；出口总值 3508 万元；公共财政总收入 278 万元；地方财政总收入 185 万元。

【工业经济】 2019 年，和平乡规模工业总产值 138400 万元，占地区生产总值的 10.47%，工业经济增加值 42500 万元，工业投资 92430 万元，技术改造 49445 万元，工业企业数 13 家，规模以上工业 10 家。全年累计新签约项目 10 个，其中亿元项目 6 个，计划总投资 10 亿元；梳理 24 个重点项目参与全县“三抓三比、十项竞赛”活动，年度计划投资 15.4 亿元，完成投资 16.942 亿元，完成率 110%。其中，有 10 个项目参与全县“百个项目大比拼”活动，年度计划投资 3.95 亿元，完成投资 90505 万元。

【农业经济】 2019 年，和平乡（场）农业总产值 5.45 亿元，在地区生产总值中占比为 10.3%，农民人均可支配收入 16299 元，增长 11%。和平乡致力于发展富硒枇杷、茶叶、蔬菜三大支柱农业产业，以 5 家农业龙头企业为“龙头”，带动创办农业企业 65 家、合作社 40 家、家庭农场 72 家，拓宽销售渠道，促进农业增效、农民增收。全乡建立枇杷专业村 17 个，种植枇杷 2 万多亩，年产枇杷近 2400 万公斤，产值达 2.4 亿元。全乡茶叶种植面积近 8000 亩，产值超亿元。坎顶创意农园、径仔绿佳果蔬农民合作社、乌山家庭农场等利用近 1000 亩土地发展规模设施农业，打造集生态农业、休闲观光、农事体验为一体的现代观光农业。

【项目建设】 2019 年，和平乡重点项目 26 个，计划总投资 151150 万元，完成总投资 169420 万元，其中“百个项目大比拼”竞赛项目 10 个，年度计划总投资 39500 万元，实际完成投资 90505 万元。银凯物流为市级在建项目，2019 年完成厂房主体建设和装修；

和平乡枇杷观光园二期为市级在建项目，2019年完成梾树至内洞木栈道及游步道4.5公里，游客服务中心、内洞村金关桥、文化公园，梾树村内景观提升，民俗文化馆、环村道路建设，旅游停车场建设，主景观工程（九筑十八潭），梾树和内洞村庄环境整治及村庄周边绿化、美化、休闲驿站建设。和平生态茶园文化旅游项目完成生态园生产道路及水利设施项目；茶文化园装修完成50%；完成跃进门牌坊修缮，入村小公园景观、登山游步道、观景平台建设及晒青场、停车场硬化；共享茶厂完成主体建设；6公里的后泮线扩宽建设完成道路硬化及新建停车场，茶叶市场基础设施完成茶叶市场店招提升项目。先后投入1980万元，实施商泮线、后泮线、小西安桥等道路修建工程，交通路网渐趋完善；实施总投资1650万元的农村安全饮水巩固提升、水土流失治理等水利项目，群众生产生活用水得到有效保障；投入820万元，实施耕地保护、土地开发整理，农田基础设施得到有效提升；投入460余万元，改善敬老院和幸福院基础设施，提升中小学教育环境，配齐卫生院及村级公办卫生所服务设施，教育、养老、医疗服务水平明显增强；投入320余万元建设公厕、污水处理池和垃圾收集房，卫生环境得到全面改善。争取3200多万元实施4个"农业大观园"建设提升，乡村旅游再增新看点。

【社会事业】　大力支持贫困户发展特色产业，重点推动发展富硒枇杷、茶叶、蔬菜等特色农业产业，全年发放生产补助金94.05万元，惠及贫困户320多户，户均增收3000元。为42户贫困户提供贷款142.5万元，缓解贫困户产业发展资金压力，激发稳定脱贫的内生动力。为356名符合医疗补助的贫困户发放补助金36.15万元，为39名贫困学生发放"雨露计划"职业教育补助11.7万元，帮助减轻生活负担。协调云霄酒类收藏协会结对帮扶东方、安吉、梾树3个村，引导云霄茶叶协会将桥头村、泮坑社区作为茶叶产业扶贫村，为70多户贫困户送资金送技术。开展农村人居环境综合整治，实施农村环境整治"一革命四行动"（农村"厕所革命"，农村垃圾治理行动、农村污水治理行动、农房整治行动、村容村貌提升行动），先后关闭牛蛙养殖场15个，拆除82间猪舍、提升改造21家养猪场，新建乡镇区公厕1座、农村公厕9座，改造三格化粪池410户。开展垃圾专项治理行动，投入300万元实施垃圾清运社会化运营管理，做到垃圾"日产日清"。加快推进农村生活污水处理工程PPP项目，建设30个污水处理站，全面解决生活污水排放难题。严格落实河长管理责任制，统筹实施生态水系建设工程，河道水质明显提升。

【自治组织建设】　开展党支部达标创星活动，按照"六个基本"建设的内涵评级定星，评定五星级党支部1个，四星级党支部4个，其他为三星级及以下党支部，提升整体党建工作水平。抓好专项斗争，针对摸底调查阶段排查的3个后进基层党组织，建立台账，通过规范民主管理、补选村主干等措施，认真整顿，全部完成整改。开展农村发展党员违规违纪问题排查，排查党员档案90份，均不存在带病入党等9种情形问题。大力发展村集体经济，深入推进"村财增收三年规划"，科学运作村集体资源资产，鼓励村集体以集体资产、基础设施等资源入股合作社，发展现代农业、乡村旅游业，解决"薄弱村"财力问题。2019年，13个行政村经营性收入都在5万元以上，财增收达到5万元以上的村7个，消除上年度的薄弱村3个。四是深化村主干职业化管理。逐年加大基层党建工作经费投入力度，完善村级组织运转经费保障机制，村级组织运转经费达10万元以上。落实村级主干养老保险，全面提高村级两委干部薪酬待遇及离任村主干生活补贴。对2018年村级组织换届选举后的两委班子进行"回头看"、全面体检，倒排不担当不作为村（社区）主干和"两委"干部6名。

【特色农副产品】　和平种植"早钟六号"枇杷2万多亩，是全县最大的早熟枇杷生产基地。开发枇杷花、枇杷膏、枇杷露、枇杷蜜饯等枇杷深加工产品，提升枇杷产业附加值，促进一、二、三产融合发展，规划每年新嫁种高优枇杷500亩。

茶叶种植面积约8000亩，主要分布在泮坑作业区、茶山作业区、桥头村、梾树村，其中泮坑茶叶种植面积约2000亩，种植的茶叶品种主要有黄观音、八仙茶、单枞水仙、毛蟹等；茶山作业区、桥头村、梂树村主要品种有野生苦茶、大红袍、白鸡冠、金观音、紫红袍、肉桂、本山、雀舌、黄旦、夜明香等13个品种。创办乌山茶叶交易市场，占地面积17700平方米，其中经营面积6000平方米，设有100个经营门市和3个停车场，吸引来自广东、省内的武夷山、安溪、平和及县内的茶叶营销企业25家进驻，是云霄县目前规模最大、功能最齐全的茶叶交易专业市场。茶叶远销福建、广东、云南、北京等地，年产值达5000多万元。

和平乡共种植“夏黑”“巨峰”“香印”等甜度高、外观美等优良品种葡萄50亩，亩产值达30000元。为充分凸显优质葡萄种植休闲自由采摘特色，规划将田坎葡萄采摘园发展为集葡萄观光、采摘、农家乐饮食、娱乐、休闲、休假为一体的综合性休闲果园。田坎葡萄采摘园建设葡萄大棚30亩，初步完成规划餐饮区、民宿、停车场等基础设施；园区水系改造项目完成前期设计，进入招投标阶段；进园区道路改造项目正在建设东方桥分项及园区道路绿化。

百香果　百香果素有“果汁之王”“摇钱树”等美称。和平乡境内河塘百香果核心示范区致力于打造集种植基地、旅游观光、生产加工销售等为一体的综合性休闲园区场。全乡百香果种植面积达180亩，主要种植黄金百香果，亩产值达18000元，另外积极培育黄金果、荔枝味果等新品种果苗，有育苗园10亩，年育苗20万株，产值达80万元，是云霄县内最大是百香果苗基地。

和平乡积极探索产业发展的有效途径，通过整治牛蛙污染养殖，转型升级发展芡实种植23亩。

【乡村旅游景点开发】　和平乡以乌山红色之旅为载体，深度结合现代观光农业与乡村旅游，进一步打响“和平之旅”生态旅游品牌。是年，统筹资金3800万元，完善沿线村庄旅游基础设施，推进四个农业大观园建设，打造富有特色的乡村游品牌。和平乡获评“中国旅游产业影响力美丽乡村”，梂树村获评“中国美丽休闲乡村”。内洞、桥头等2个村被列为全国旅游扶贫重点村，内洞、桥头、梂树等3个村被评为福建省特色景观旅游名村。全年累计吸引游客超50万人次，旅游经济收入4500万元以上。

乌山红色旅游景区位于云霄西部的和平乡境内，东接常山开发区，南临诏安县，山脉走向呈南北趋势，最高海拔1117米，自北而南，绵延百里，是闽粤边区重要的山脉，漳诏高速公路经云霄县城可达，距云霄城区约30公里，交通便捷。景区内奇岩怪石处处可见，又是一块富有革命光荣传统的“红色土地”，是原闽南地委机关所在地，被誉为“闽南的井冈山”。

梂树村历史悠久，民俗文化底蕴丰富，有“上刀梯”“趟火海”“捞油锅”“坐刀轿”等民俗活动。村庄生态环境优越，属富硒产区，地形地貌为多山丘陵，植被覆盖率极高，大体上形成有山皆绿的山体植被状态；村庄则深藏在层层果林之间，枇杷文创形象生动。村庄有云霄“小布达拉宫”的美誉。

内洞村民居古朴，风景优美，旅游资源丰富。有吴彩楼、百年榕、成事岭、原始森林及山涧溪流瀑布等景观，先后被列入首批国家旅游扶贫试点村、福建省首批旅游扶贫工作重点村、福建省美丽乡村、福建省第二批特色景观旅游名村、漳州市县级富美乡村示范村等，是一个村小资源多发展潜力大的小山村。

安吉村拥有原安吉人民公社、割藤埔土楼等景观。割藤埔土楼按马蹄形状而建，也称马蹄楼，有200多年历史，该楼设计建设房间25间。

宜谷径树滋楼建于清乾隆己酉年，至今已有220年的历史，该楼占地面积2461.76平方米，分3层，每层28间，总共84间。其结构分为两大部分，屋顶为琉璃瓦结构，建筑雄观，且具有抗震、防火、防盗的功能，堪称土楼建筑史上一朵奇葩。

凤顶茶山休闲观光园地处和平乡水晶坪地区，园区计划投资8亿元。重点凸显生态茶园观光，重振老茶山雄风。计划建设集观光旅游、娱乐休闲、度假小镇等为一体的生态茶园景区，形成以乌山红色旅游景区为依托，以开漳文化、红色文化和茶文化为主题的文化创意产业。

泮坑专业茶村生态园地处和平农场泮坑作业区，园区计划投资3000万元。重点突出整村专业制茶，以及生态茶园观光旅游特色。大力发展集生态种植、休闲观光、手工制茶体验为一体的传统茶村观光旅游业，将茶业与文化产业发展相融合，提升老茶村形象，打响泮坑“生态+”茶文化品牌，辐射带动和平乡整体茶产业发展，振兴和平老茶乡。

梾树枇杷生态观光园地处和平乡梾树村、内洞村，园区计划投资6000万元。重点凸显枇杷观光、枇杷采摘、枇杷文化等特色。积极推广“现代农业+生态游”模式，规划建设枇杷生态园4500亩，整合梾树村、内洞村得天独厚的枇杷产业优势和天然景观资源，打造特色枇杷产业文创基地。

田坎葡萄采摘园地处和平农场田坎作业区，园区计划投资1000万元。凸显优质葡萄种植休闲自由采摘特色。规划发展集葡萄观光、采摘、农家乐饮食、娱乐、休闲、休假为一体的综合性休闲果园。建设期限6年，时间从2015年至2020年，截至2019年12月底，完成投资150万元。下一步计划完成园区接待中心配套建设，完成葡萄品种改良改种20亩，黄金百香果、树葡萄采摘区20亩及园区配套设施建设，建设亲水平台、垂钓区；完成游客中心提升、餐饮区、园区道路扩宽、旅游公厕等配套设施建设。

（郑铭杰撰　汤志民审）

人 物

2019年度云霄县获得省部级（含以上）表彰的先进个人名单

表8

姓名	工作单位	奖励名称	颁奖单位	颁奖时间
张惜美	云霄县残疾人联合会	2015-2018年全国残疾人体育先进个人	中国残疾人联合会、国家体育总局	2019年4月
陈启明	港荣泰（福建）生物科技有限公司	福建省五一劳动奖章	中共福建省委、福建省人民政府	2019年4月
林炉生	云霄县好厝边志愿服务队负责人	“全国向上向善好青年”	共青团中央	2019年5月
吴云	云霄一中	全国教育系统先进工作者	中华人民共和国人力资源和社会保障部、中华人民共和国教育部	2019年9月

2019年云霄县获得省部级（含以上）表彰的先进单位名表

表9

获奖单位	奖励名称	颁奖单位	颁奖时间
云霄县	2018—2020年度中国民间文化艺术之乡（书画）	文化和旅游部	2019年2月
福建省云霄县老区建设促进会	在2019年度老区宣传工作中荣获三等奖	中国老区建设促进会	2019年5月
云霄县教育彩虹公益联合会	全国“品质公益奖”青少年帮扶奖	全国品质公益峰会工作小组、团中央、志愿中国、腾讯公益	2019年7月
云霄县电商办	2019年全国电商精准扶贫典型案例50佳	国务院扶贫开发领导小组办公室	2019年12月

2019年度云霄县处级领导干部调整情况表

表10

姓　名	单位及职务	备　注
王金狮	县委书记	—
张明东	县委副书记、县长、县政府党组书记	—
何　霭	县委副书记（正处长级）	—

续表 10

姓 名	单位及职务	备 注
蔡向东	县委常委、纪委书记、监委主任	2019 年 9 月调离
胡纯岗	县委常委、政法委书记	—
方伟仪	县委常委、县政府副县长、党组成员	—
林意纯	县委常委、县委宣传部长	—
林仁振	县委常委、总工会主席	—
庄跃庆	县委常委、纪委书记、监委主任	2019 年 9 月调入
方毅强	县委常委、组织部长、党校（行政学校）校长、县直机关党工委书记	—
黄伟强	县委常委、县人武部政委	—
林进财	县委常委、统战部长	2019 年 9 月县副县长转任
周志坚	县政府副县长、党组成员	—
康 鸿	县政府副县长、党组成员、公安局局长（副处级）、党委书记	2019 年 10 月调离
冯建辉	县政府副县长、党组成员	2019 年 6 月调离
林立鹏	县政府副县长、党组成员、红十字会会长（兼）、木垒县委副书记	—
蓝振强	县政府副县长、党组成员	2019 年 6 月调入
汤永坚	县政府副县长、党组成员	2019 年 10 月提拔
吴荣辉	县政府副县长、党组成员、公安局党委书记、局长、督察长	2019 年 10 月调入
吴志英	县政府副县长、党组成员	2019 年 12 月调入
李 赓	县政府副县长（挂职）、党组成员	2019 年 12 月挂职期满调离
黄福升	县政府副县长（挂职）、党组成员	2019 年 12 月挂职期满调离
陈 义	县政府副县长（挂职）、党组成员	—
曹 威	县政府科技副县长、党组成员、火田镇党委副书记（挂职）	—
李 娟	县政府科技副县长（挂职）、党组成员	2019 年 8 月挂职
叶天送	县政府党组成员、副县长（挂职时间一年）	2019 年 12 月挂职期满调离
施仲达	县人大主任、党组书记	—
蔡美华	县人大副主任、党组成员	—
郑逢源	县人大副主任	—
方成江	县人大副主任、党组成员	—
张亚屋	县人大副主任、党组成员	—
林达祥	县政协主席、党组书记	—
许师逊	县政协副主席、党组成员	—
吴淑芬	县政协副主席	—

续表 10

姓 名	单位及职务	备 注
汤志远	县政协副主席、党组成员	—
张永久	县政协副主席	—
柯秀娟	县人民法院院长、党组书记	2019 年 10 月调入
严春森	县人民法院院长、党组书记	2019 年 10 月调离
郭荣龙	县人民检察院检察长、党组书记	—
董勇贵	红树林管理局局长、政府党组成员，火田镇党委书记	—
方响宏	县政府党组成员、县长助理，援藏任昌都市边坝县财政局副局长(副县级)	2019.10 月调离
张炯辉	云霄县委四级调研员	—
周道珊	云霄县政府四级调研员	—
谢惠君	云霄县政协四级调研员	—

2019 年云霄县县直各部门、乡镇（开发区）及有关单位主要负责人名单

职 务	姓 名	籍 贯	任职时间
县委办公室			
主任	王志远	云霄云陵	2014 年 1 月起
县信访局			
局长	方长城	云霄云陵	2017 年 5 月至 2019 年 12 月
局长	孔 炜	云霄云陵	2019 年 12 月起
县委组织部			
部长	方毅强	福建龙海	2017 年 10 月起
县委宣传部			
部长	林意纯	云霄莆美	2016 年 7 月起
县委文明办			
主任	江丽芳	云霄云陵	2013 年 12 月起
县委统战部			
部长	林进财	福建平和	2019 年 10 月起
县委老干部局			
局长	王桑坤	云霄云陵	2016 年 11 月起
县老年大学			
常务副校长	郭拱明	云霄莆美	2013 年 3 月起
机关党工委			
书记	方毅强	福建龙海	2017 年 10 月起
常委副书记	汤光宇	云霄列屿	2016 年 11 月起
县委党校			
校长	方毅强	福建龙海	2017 年 10 月起
常务副校长	张志山	漳州常山	2015 年 3 月起
县人大常委会办公室			
主任	吴秋生	云霄云陵	2007 年 1 月至 2019 年 6 月
主任	何文革	云霄马铺	2019 年 6 月起
县政府办公室			
主任	张清顺	云霄莆美	2017 年 4 月至 2019 年 5 月
主任	朱泉源	云霄火田	2019 年 12 月起
县行政服务中心			
主任	方志伟	云霄云陵	2019 年 12 月起
县政协办公室			
主任	王永城	福建漳浦	2016 年 11 月起
县纪委、县监委			
纪委书记、县监委主任	庄跃庆	南靖山城	2019 年 9 月起
县人民武装部			
部长	黄伟强	福建漳州	2017 年 7 月起
政委	吴南华	江西星子	2018 年 7 月起

县委政法委

书记　胡纯岗　漳州芗城　2015年2月起

县公安局

局长　吴荣辉　漳州芗城　2019年10月起

县检察院

检察长　郭荣龙　福建龙海　2019年2月起

县法院

院长　柯秀娟　漳州天宝　2019年12月起

县司法局

局长　汤毅民　云霄云陵　2015年4月起

县总工会

书记　汤重伟　云霄云陵　2012年12月起

县妇女联合会

主席　方静芸　云霄云陵　2016年11月起

共青团云霄县委会

书记　张景辉　云霄和平　2019年5月起

县科学技术协会

主席　方镇和　福建云霄　2019年7月起

县文学艺术界联合会

主席　何明坤　云霄火田　2016年11月起

县工商业联合会

专职副主席　张耀忠　云霄云陵　2019年10月起

县残疾人联合会

理事长　吴宏畴　云霄和平　2016年11月起

县归国华侨联合会

主席　高　健　吉林长春　2015年3月起

县台湾同胞联谊会

会长　黄泽民　台湾台中　2012年12月起

县计划生育协会

常务专职副会长汤慧云　云霄云陵　2017年12月起

县红十字会

会长　林立鹏　龙海紫泥　2016年12月起

常务副会长　李晓杰　云霄云陵　2016年2月起

县关心下一代工作委员会

主任　何天全　福建诏安　2015年5月起

县城乡规划建设局（防空办）

局长　柳启生　云霄云陵　2016年11月起

圣城集团

董事长　方　祥　云霄东厦　2017年9月起

公积金管理部

副主任　张添元　福建云霄　2018年2月起

县城市综合管理局

局长　朱泉源　云霄火田　2016年11月起

县生态环境局

局长　郑　蒲　云霄云陵　2017年3月起

县委农办 县农业局

主任、局长　张志林　云霄和平　2017年3月起

县林业局

局长　张泗川　云霄莆美　2016年6月起

漳江口红树林管理局

局长　董勇贵　云霄云陵　2018年11月起

县水利局

局长　刘玉辉　云霄云陵　2015年3月起

漳州市峰头水库管理局

局长　谢少泽　福建龙海　2016年3月起

县海洋与渔业局

局长　许　勇　云霄下河　2016年11月起

县农业机械管理站

站长　汤光辉　云霄云陵　2016年6月起

县工业和信息化局

局长　陈伟其　云霄云陵　2016年12月起

县二轻工业联社

主任　张来坤　云霄云陵　2017年3月起

县供电公司

总经理　蔡靖诏　漳州南靖　2018年6月起

县商业总公司

副总经理　吴树生　云霄马铺　2008年2月起

县供销社

主任　方捷庆　云霄云陵　2017年3月起

县物资总公司

总经理　吴军俊　云霄下河　2015年3月至2019年6月

总经理　周建宗　云霄东厦　2019年6月起

县烟草专卖局

局长　郭艺成　福建龙海　2018年5月起

县整顿市场秩序办公室

主任　陈耿淮　云霄云陵　2015年3月起

县电商办

主任　郭　玲　云霄云陵　2013年12月起

县交通运输局

局长　吴泽洪　云霄云陵　2015年3月起

长运集团云霄分公司

书记　汤荣华　云霄列屿　2012年12月起

经理 方育庆 云霄云陵 2019年4月起

漳州公路局云霄分局

局长 陈汉宜 福建漳浦 2017年10月起

邮政云霄分公司

总经理 陈建宝 漳州漳浦 2018年10月起

电信云霄分公司

总经理 张 晨 福建莆田 2017年5月起

移动通信云霄分公司

经理 黄秀君 福建东山 2017年8月起

联通云霄分公司

总经理 李荣耀 云霄莆美 2016年1月至2019年8月

总经理 纪勇强 福建龙海 2019年8月起

县发展和改革局

局长 林榕庆 云霄火田 2016年11月起

县统计局

局长 吴文禄 云霄云陵 2016年11月起

县自然资源局

局长 吴禧文 云霄云陵 2018年12月起

县退役军人事务局

局长 陈跃溪 云霄云陵 2018年12月起

县审计局

局长 张佳阳 云霄云陵 2012年2月至2019年12月

局长 林长镇 云霄火田 2019年12月起

县应急管理局

局长 孙志刚 云霄云陵 2016年12月起

县市场监督管理局

局长 方伟民 云霄东厦 2015年3月起

县财政局

局长 何苗发 漳州常山 2016年11月起

县税务局

局长 方进勇 云霄云陵 2018年10月起

人民银行云霄支行

行长 黄俊超 云霄云陵 2012年1月起

漳州银监分局云霄办事处

组长 王勇猛 福建漳浦 2011年5月起

工商银行云霄支行

行长 陈锡海 福建诏安 2019年10月起

农业银行云霄支行

行长 林泽波 云霄云陵 2017年1月起

中国银行云霄支行

行长 吴文通 云霄火田 2017年1月起

建设银行云霄支行

行长 林坤喜 福建东山 2017年9月起

县农村信用社

理事长 潘周平 福建东山 2015年5月起

邮政储蓄银行云霄支行

行长 沈春才 福建东山 2019年4月起

海峡银行云霄支行

行长 方卓强 云霄云陵 2016年10月起

云霄润发村镇银行

董事长 成 辉 吉林安图 2017年12月起

人寿保险云霄支公司

经理 蔡建智 福建漳浦 2016年6月起

人民财产保险云霄支公司

负责人 陈钦达 云霄云陵 2016年1月起

平安人寿保险公司云霄营销部

经理 张清梅 云霄常山 2019年12月起

兴业证券云霄营业部

总经理 叶耀东 福建诏安 2015年7月起

县教育局

局长 方妙秦 云霄云陵 2016年11月起

县地震办

主任 梁健婴 云霄云陵 2012年12月起

县气象局

局长 周 敏 建阳漳墩 2018年7月起

县文化体育和旅游局

局长 赖燕梅 平和小溪 2019年12月起

县旅游发展服务中心

主任 方晓敏 云霄云陵 2017年12月起

县广播电视新闻中心

主任 石晓窗 云霄云陵 2019年7月起

县广电网络集团云霄分公司

总经理 蒲惯洲 福建诏安 2017年1月起

县档案局

副局长 吴镇平 云霄东厦 2015年1月起

县委党研室

副主任 王一雄 云霄云陵 2018年1月起

县地方志编纂委员会

副主任 汤智谋 云霄列屿 2019年3月起

县疾病预防中心

主任 吴文勇 云霄云陵 2010 年 1 月起

县妇幼保健院

院长 钟茂林 云霄下河 2012 年 2 月起

县卫生和计划生育局

局长 林添齐 云霄下河 2016 年 12 月起

县外事办公室

主任 朱泉源 云霄火田 2019 年 12 月起

县委台湾工作办公室

主任 罗荣辉 云霄马铺 2018 年 12 月起

县民族与宗教事务局

局长 蔡振新 云霄云陵 2018 年 12 月起

县人力资源和社会保障局

局长 吴文添 云霄云陵 2015 年 2 月起

县委机构编制办公室

主任 林长镇 云霄火田 2016 年 11 月至 2019 年 12 月

主任 黄锦标 福建云霄 2019 年 12 月起

县民政局

局长 张文清 云霄火田 2015 年 3 月起

县老区办

主任 陈城炉 云霄云陵 2017 年 3 月至 2019 年 6 月

主任 张文清 云霄火田 2019 年 6 月起

县慈善总会

会长 张小梅 云霄莆美 2017 年 12 月起

县库区移民开发局

局长 朱旭东 云霄云陵 2015 年 3 月至 2019 年 5 月

云霄经济开发区

书记 林青海 云霄火田 2017 年 6 月起

主任 张荣发 云霄云陵 2016 年 11 月起

云陵镇

书记 方锦洲 云霄莆美 2015 年 3 月起

镇长 吴文群 云霄火田 2016 年 11 月至 2019 年 5 月

镇长 高澎涛 云霄云陵 2019 年 5 月至 2019 年 12 月

莆美镇

书记 梁炎林 云霄云陵 2017 年 3 月至 2019 年 5 月

书记 蔡权城 云霄云陵 2019 年 5 月起

镇长 周金汉 云霄云陵 2017 年 3 月起

火田镇

书记 董勇贵 云霄云陵 2015 年 3 月至 2019 年 5 月

书记 蔡艺武 云霄东厦 2019 年 5 月起

镇长 张俊池 云霄和平 2016 年 11 月起

东厦镇

书记 王秋阳 云霄东厦 2016 年 5 月至 2019 年 12 月

镇长 朱来香 云霄火田 2016 年 5 月起

陈岱镇

书记 张清顺 云霄和平 2019 年 5 月起

镇长 张建龙 云霄云陵 2018 年 1 月起

列屿镇

书记 汤永坚 云霄云陵 2016 年 5 月至 2019 年 10 月

书记 朱添泉 云霄火田 2019 年 10 月起

镇长 朱添泉 云霄火田 2016 年 5 月至 2019 年 10 月

镇长 高澎涛 云霄云陵 2019 年 12 月起

下河乡

书记 朱光勇 福建东山 2015 年 3 月起

乡长 方矩宇 云霄云陵 2015 年 3 月起

马铺乡

书记 蔡艺武 云霄东厦 2016 年 5 月至 2019 年 5 月

书记 吴文群 云霄火田 2019 年 5 月起

乡长 陈加山 云霄云陵 2016 年 12 月起

和平乡

书记 方艺强 云霄马铺 2015 年 3 月至 2019 年 12 月

书记 张建龙 云霄火田 2019 年 12 月起

乡长 朱铜彬 云霄火田 2019 年 5 月起

水稻原种场

书记 吴庆华 云霄云陵 2015 年 12 月起

场长 周和国 云霄东厦 2015 年 8 月起

园岭国有林场

场长 何德镇 福建平和 2012 年 3 月起

注：以上名表由各撰稿单位提供

附　录

2019年县委、县政府及"两办"出台的重要文件

一、云霄县委文件

云委发〔2019〕2号　中共云霄县委关于印发《中共云霄县委2018年工作总结》的通知

云委发〔2019〕3号　中共云霄县委关于印发《中共云霄县委常委会2019年工作要点》的通知

云委发〔2019〕6号　中共云霄县委、云霄县人民政府关于印发《云霄县开展质量提升行动加快质量强县建设的实施方案》的通知

云委发〔2019〕7号　中共云霄县委、云霄县人民政府关于印发《"大抓工业、抓大工业"三年行动计划（2019—2021年）》的通知

云委发〔2019〕8号　中共云霄县委贯彻落实《中共中央关于坚持和完善中国特色社会主义制度、推进国家治理体系和治理能力现代化若干重大问题的决定》的实施意见

云委文件

云委〔2019〕2号　中共云霄县委、云霄县人民政府关于调整县打假工作领导小组成员的通知

云委〔2019〕3号　中共云霄县委关于成立县委落实全面从严治党主体责任工作领导小组的通知

云委〔2019〕5号　中共云霄县委、云霄县人民政府关于下达2019年经济发展责任目标任务的通知

云委〔2019〕7号　中共云霄县委、云霄县人民政府关于表彰2018年纳税企业的决定

云委〔2019〕8号　中共云霄县委、云霄县人民政府关于批准云霄经济开发区益宝山村贫困村达标退出的通知

云委〔2019〕10号　中共云霄县委关于印发《2019年精神文明建设工作考评实施意见》的通知

云委〔2019〕13号　中共云霄县委关于印发《2019年党建工作考评实施意见》的通知

云委〔2019〕16号　中共云霄县委关于成立落实省委第四巡视组巡视云霄反馈意见整改工作领导小组的通知

云委〔2019〕17号　中共云霄县委、云霄县人民政府关于开展2019年为民办实事工作的通知

云委〔2019〕25 号　中共云霄县委、云霄县人民政府关于成立县重要片区项目建设领导小组的通知
云委〔2019〕27 号　中共云霄县委、云霄县人民政府关于印发《全面提速提质推进福建漳江口红树林国家级自然保护区退养还湿实施方案》的通知
云委〔2019〕30 号　中共云霄县委关于表彰全县优秀党员、优秀党务工作者和先进基层党组织的决定
云委〔2019〕32 号　中共云霄县委、云霄县人民政府关于成立健康云霄建设领导小组的通知
云委〔2019〕40 号　中共云霄县委、云霄县人民政府关于给予 6 个公务员集体、35 名公务员记三等功和表彰 2017 年度“百个项目大比拼”竞赛活动先进集体、先进个人的决定
云委〔2019〕48 号　中共云霄县委印发《关于开展“不忘初心、牢记使命”主题教育的实施方案》的通知
云委〔2019〕51 号　中共云霄县委关于深入学习弘扬“向东渠精神”的决定
云委〔2019〕54 号　中共云霄县委关于调整县委巡察工作领导小组成员的通知
云委〔2019〕61 号　中共云霄县委关于“2017-2018 年度”基层党组织星级评定结果的通报
云委〔2019〕63 号　中共云霄县委、云霄县人民政府、云霄县人武部关于调整县海防委员会组成人员的通知
云委〔2019〕69 号　中共云霄县委、云霄县人民政府关于成立县级融媒体中心建设工作领导小组的通知

二、云霄县人民政府文件

云政综〔2019〕23 号　云霄县人民政府关于切实抓好 2019 年造林绿化和森林经营工作的通知
云政综〔2019〕24 号　云霄县人民政府关于印发福建省云霄县矿产资源总体规划（2016—2020 年）的通知
云政综〔2019〕39 号　云霄县人民政府关于印发云霄县西溪（漳江）水体达标与水质提升工作方案的通知
云政综〔2019〕40 号　云霄县人民政府关于印发云霄县北溪 / 火田溪水体达标与水质提升工作方案的通知
云政综〔2019〕47 号　云霄县人民政府关于印发云霄县 2019 年地质灾害防治方案的通知
云政综〔2019〕50 号　云霄县人民政府关于印发《云霄县水土保持规划（2016—2030 年）》《云霄县“十三五”水土保持专项规划》的通知
云政综〔2019〕52 号　云霄县人民政府关于印发云霄县 2019 年度国有建设用地供应计划及 2019 年度住房用地计划的通知
云政综〔2019〕54 号　云霄县人民政府关于印发云霄县提升城市供水水质三年行动实施方案的通知
云政综〔2019〕68 号　云霄县人民政府关于印发云霄县新增基干林地收储实施方案的通知
云政综〔2019〕102 号　云霄县人民政府关于印发云霄县开展生猪养殖专项整治工作目标管理办法的通知
云政综〔2019〕103 号　云霄县人民政府关于加强森林资源保护管理的意见
云政综〔2019〕112 号　云霄县人民政府关于下达 2019 年乡镇船舶安全生产管理目标责任的通知
云政综〔2019〕124 号　云霄县人民政府关于印发福建云霄抽水蓄能电站提前开工子项征迁安置补偿方案的通知
云政综〔2019〕139 号　云霄县人民政府关于印发云霄县推进工程建设项目审批制度改革实施方案的通知

三、云霄县委办公室文件

云委办发〔2019〕1号	中共云霄县委办公室印发《关于进一步激励广大干部新时代新担当新作为的实施办法》的通知
云委办发〔2019〕4号	中共云霄县委办公室、云霄县人民政府办公室印发《关于创新体制机制推进农业绿色发展先行先试的实施意见》的通知
云委办发〔2019〕8号	中共云霄县委办公室、云霄县人民政府办公室关于印发《云霄县工业和信息化局职能配置、内设机构和人员编制规定》的通知
云委办发〔2019〕10号	中共云霄县委办公室、云霄县人民政府办公室关于印发《云霄县民政局职能配置、内设机构和人员编制规定》的通知
云委办发〔2019〕11号	中共云霄县委办公室、云霄县人民政府办公室关于印发《云霄县自然资源局职能配置、内设机构和人员编制规定》的通知
云委办发〔2019〕12号	中共云霄县委办公室、云霄县人民政府办公室关于印发《云霄县水利局职能配置、内设机构和人员编制规定》的通知
云委办发〔2019〕14号	中共云霄县委办公室、云霄县人民政府办公室关于印发《云霄县文化体育和旅游局职能配置、内设机构和人员编制规定》的通知
云委办发〔2019〕16号	中共云霄县委办公室、云霄县人民政府办公室关于印发《云霄县应急管理局职能配置、内设机构和人员编制规定》的通知
云委办发〔2019〕17号	中共云霄县委办公室、云霄县人民政府办公室关于印发《云霄县林业局职能配置、内设机构和人员编制规定》的通知
云委办发〔2019〕18号	中共云霄县委办公室、云霄县人民政府办公室关于印发《云霄县海洋与渔业局职能配置、内设机构和人员编制规定》的通知
云委办发〔2019〕19号	中共云霄县委办公室、云霄县人民政府办公室关于印发《云霄县信访局职能配置、内设机构和人员编制规定》的通知
云委办发〔2019〕20号	中共云霄县委办公室、云霄县人民政府办公室关于印发《云霄县人力资源和社会保障局职能配置、内设机构和人员编制规定》的通知
云委办发〔2019〕21号	中共云霄县委办公室、云霄县人民政府办公室关于印发《云霄县市场监督管理局职能配置、内设机构和人员编制规定》的通知
云委办发〔2019〕2号	中共云霄县委办公室关于印发《云霄县委党史和地方志研究室职能配置、内设机构和人员编制规定》的通知
云委办发〔2019〕23号	中共云霄县委办公室关于印发《云霄县档案馆职能配置、内设机构和人员编制规定》的通知
云委办发〔2019〕25号	中共云霄县委办公室、云霄县人民政府办公室关于印发《云霄县财政局职能配置、内设机构和人员编制规定》的通知
云委办发〔2019〕26号	中共云霄县委办公室、云霄县人民政府办公室关于印发《云霄县城市管理局职能配置、内设机构和人员编制规定》的通知
云委办发〔2019〕29号	中共云霄县委办公室、云霄县人民政府办公室关于印发《云霄县卫生健康局职能配置、内设机构和人员编制规定》的通知
云委办发〔2019〕30号	中共云霄县委办公室、云霄县人民政府办公室关于印发《云霄县住房和城乡建设局职能配置、内设机构和人员编制规定》的通知

云委办发〔2019〕33 号	中共云霄县委办公室、云霄县人民政府办公室印发《关于加强审计整改工作的意见（试行）》的通知
云委办发〔2019〕34 号	中共云霄县委办公室、云霄县人民政府办公室关于印发《调整云霄县村（社区）“两委”干部基本报酬标准的工作意见》的通知
云委办发〔2019〕35 号	中共云霄县委办公室、云霄县人民政府办公室关于印发《云霄县党政机关国内公务接待管理办法补充说明》的通知

云委办文件

云委办〔2019〕1 号	中共云霄县委办公室、云霄县人民政府办公室关于各乡镇（开发区）、县直单位 2018 年度绩效考评结果的通报
云委办〔2019〕2 号	中共云霄县委办公室、云霄县人民政府办公室关于 2018 年度“平安单位”调研评定结果通报
云委办〔2019〕3 号	中共云霄县委办公室、云霄县人民政府办公室关于 2019 年省、市、县重点项目实行领导挂钩责任制的通知
云委办〔2019〕4 号	中共云霄县委办公室、云霄县人民政府办公室关于印发《云霄县“春暖云霄　快乐采摘”系列活动方案》的通知
云委办〔2019〕5 号	中共云霄县委办公室、云霄县人民政府办公室关于做好节假日期间值班工作的通知
云委办〔2019〕6 号	中共云霄县委办公室、云霄县人民政府办公室关于 2018 年度有关工作考评结果的通报
云委办〔2019〕8 号	中共云霄县委办公室、云霄县人民政府办公室关于印发《云霄县党政领导与企业家恳谈会制度（试行）》和《云霄县非公有制企业诉求受理处置反馈工作机制（试行）》的通知
云委办〔2019〕9 号	中共云霄县委办公室关于印发《云霄县 2018 年度基层党建述职问题整改方案》的通知
云委办〔2019〕10 号	中共云霄县委办公室关于转发《云霄县关心下一代工作委员会 2019 年工作意见》的通知
云委办〔2019〕11 号	中共云霄县委办公室、云霄县人民政府办公室关于印发《云霄县精准服务企业专项行动实施方案》的通知
云委办〔2019〕13 号	中共云霄县委办公室、云霄县人民政府办公室关印发《云霄县 2019 年卷烟打假综合治理绩效考核办法（暂行）》的通知
云委办〔2019〕16 号	中共云霄县委办公室关于印发《云霄县基层党组织“五星级支部”滚动》的通知
云委办〔2019〕17 号	中共云霄县委办公室、云霄县人民政府办公室关于印发《2019 年“三抓三比、十项竞赛”工作方案》的通知
云委办〔2019〕18 号	中共云霄县委办公室、云霄县人民政府办公室关于印发《云霄县 2019 年“百个项目大比拼”竞赛活动考评办法》的通知
云委办〔2019〕19 号	中共云霄县委办公室、云霄县人民政府办公室关于成立云霄县“漳州通”建设工作领导小组的通知
云委办〔2019〕20 号	中共云霄县委办公室关于印发《云霄县 2019 年督查检查考核年度计划》的通知

云委办〔2019〕23号	中共云霄县委办公室、云霄县人民政府办公室关于推行城乡社会治理“2+N”模式暨“社区（乡村）110”的通知
云委办〔2019〕25号	中共云霄县委办公室、云霄县人民政府办公室贯彻落实《关于推进城市安全发展的实施意见》的通知
云委办〔2019〕27号	中共云霄县委办公室、云霄县人民政府办公室关于印发《2019年云霄县乡镇、开发区经济发展责任目标考核办法（汇编）》的通知
云委办〔2019〕28号	中共云霄县委办公室、云霄县人民政府办公室关于调整各乡镇（开发区）及县直党政有关职能部门与县政协专门委员会对口联系安排的通知

四、云霄县人民政府办公室文件

云政办〔2019〕1号	云霄县人民政府办公室关于印发政府工作报告重点任务分解方案的通知
云政办〔2019〕5号	云霄人民政府办公室关于印发云霄县开展百路千村、两违综合治理环境提升行动工作方案的通知
云政办〔2019〕6号	云霄县人民政府办公室关于印发云霄县中心城区城市管理提升年活动方案的通知
云政办〔2019〕7号	云霄县人民政府办公室关于印发云霄县突发环境事件应急预案的通知
云政办〔2019〕8号	云霄县人民政府办公室关于印发云霄县大气重污染突发环境事件应急预案的通知
云政办〔2019〕11号	云霄县人民政府办公室关于印发云霄县房屋安全隐患排查整治专项行动工作方案的通知
云政办〔2019〕12号	云霄县人民政府办公室关于印发全县无物业住宅小区消防设施维修改造工作实施方案的通知
云政办〔2019〕13号	云霄县人民政府办公室关于印发云霄县既有住宅小区增设电动车智能充电桩实施方案的通知
云政办〔2019〕16号	云霄县人民政府办公室关于印发云霄县2019年度峰头水库水环境综合整治实施方案的通知
云政办〔2019〕19号	云霄县人民政府办公室关于印发《云霄县2019年度漳江（西溪）水环境综合整治实施方案》等三个方案的通知
云政办〔2019〕20号	云霄县人民政府办公室关于印发2019年云霄县乡镇船舶和大中型“三无”船舶专项整治方案的通知
云政办〔2019〕21号	云霄县人民政府办公室关于印发云霄县进一步优化电力接入提升营商环境实施方案的通知
云政办〔2019〕22号	云霄县人民政府办公室关于印发云霄县城镇小区配套幼儿园专项治理工作方案的通知
云政办〔2019〕23号	云霄县人民政府办公室关于建立云霄县坚决打赢农村饮水安全脱贫攻坚战联席会议制度的通知
云政办〔2019〕26号	云霄县人民政府办公室关于印发云霄县开展颗粒物污染专项整治实施方案的通知
云政办〔2019〕29号	云霄县人民政府办公室关于进一步加大粮油商标品牌培育发展工作的通知
云政办〔2019〕32号	云霄县人民政府办公室关于印发云霄县道路交通安全综合整治三年专项行动实施方案的通知

云政办〔2019〕34 号　云霄县人民政府办公室关于进一步明确协议有偿收回闲置土地项目资金补偿有关规定的通知

云政办〔2019〕45 号　云霄县人民政府办公室关于印发云霄县裸房专项整治示范村工程三年行动实施方案的通知

云政办〔2019〕52 号　云霄县人民政府办公室关于印发云霄县集中式饮用水源突发环境事件应急预案（2019年修订版）的通知

云政办〔2019〕55 号　云霄县人民政府办公室关于印发云霄县中小学生课后服务工作实施方案的通知

云政办〔2019〕56 号　云霄县人民政府办公室关于开展超限超载运输车辆专项整治行动的通知

云政办〔2019〕59 号　云霄县人民政府办公室关于进一步加强救灾物资储备工作的通知

云政办〔2019〕61 号　云霄县人民政府办公室关于印发云霄县压缩不动产登记办理时间实施方案的通知

云政办〔2019〕62 号　云霄县人民政府办公室关于印发云霄县职业技能提升行动实施方案（2019—2021年）的通知

（林海树审　郑泽霖撰）

2019 年云霄县国民经济主要指标完成情况

表 11

指标名称	计量单位	云霄县		其中：县辖	
		总量	增长（%）	总量	增长（%）
地区生产总值	万元	2607164	5.0	2254238	7.1
1. 第一产业增加值	万元	373245	3.5	351086	3.6
2. 第二产业增加值	万元	1243049	3.7	988360	8.1
3. 第三产业增加值	万元	990870	7.1	914792	7.3
三次产业结构	%	14.3:47.7:38.0		15.6:43.8:40.6	
农林牧渔业总产值	万元	634861	3.6	597169	3.8
规模以上工业产值	万元	3339764	5.5	2661475	10.5
非农户固定资产投资	万元	2514523	12.5	2200549	20.5
1. 工业投资	万元	1705529	51.2	1540197	69.2
2. 房地产投资	万元	266933	24.5	196805	13.7
社会消费品零售总额	万元	903010	11.0	818542	12.0
一般公共预算总收入（含车购税）	万元	125490	0.4	99128	0.1
地方一般公共预算收入	万元	83602	2.0	67748	2.0
一般公共预算支出	万元	284010	0.5	264443	1.4
实际利用外资（验资口径）	万元	5885	-79.0	3580	-82.4
城镇单位在岗职工平均工资	元	—	—	80387	—
城镇居民人均可支配收入	元	34686	6.9	—	—
农村居民人均可支配收入	元	18388	9.4	—	—

说明：本表数据为快报数。

2019 年省级媒体上稿情况

表 12

时 间	标 题	报 刊
1 月 9 日	省领导赴漳州调研乡村振兴工作（云霄相关）	福建日报
1 月 21 日	福建都城隍庙：省垣坛庙，为此最早	福建日报
1 月 21 日	云霄一中跻身省示范行高中建设名单	福建日报
2 月 13 日	云霄：助企业早复工	福建日报
2 月 18 日	云霄：百年古塔海上绽光芒	福建日报
2 月 25 日	“三社联动”，让乡村治理更有效	福建日报
3 月 15 日	一个贫困村的美丽嬗变	福建日报
3 月 25 日	图片新闻	福建日报
3 月 29 日	赖水顺：一如既往做群众的贴心人（云霄相关）	福建日报
4 月 1 日	闽南师大开办首个“守望学堂”	福建日报
4 月 8 日	图片新闻（生态）	福建日报
4 月 8 日	乐三堂师生书画展开展	福建日报
4 月 11 日	云平高速公路联建隧道右洞贯通	福建日报
4 月 12 日	图片新闻（生态）	福建日报
4 月 15 日	云霄“三送服务”助力春耕生产	福建日报
4 月 15 日	云霄：县领导到重点项目一线解难题	福建日报
4 月 15 日	云霄下港棚户区改造项目启动	福建日报
4 月 17 日	一位古稀老人，一座小型纪念馆	福建日报
4 月 18 日	漳州 大抓工业 抓大工业	福建日报
4 月 20 日	世界上最绿色的核电	福建日报
4 月 22 日	互联网，成漳州工业转型利器（云霄相关）	福建日报
4 月 22 日	国道 324 线云霄段地下人行通道完工	福建日报
4 月 22 日	中华白海豚现身云霄漳江口	福建日报
5 月 27 日	云霄启动 17 个名师工作室	福建日报
5 月 24 日	陈氏裔孙到云霄寻根谒祖	福建日报
5 月 23 日	图片新闻（扶贫）	福建日报
5 月 20 日	云霄首座高架桥开建	福建日报
5 月 20 日	云霄推进云漳大桥拓宽改造工程	福建日报
5 月 20 日	闽南师大与云霄和平小学共建乡村少年宫	福建日报

续表 12

时　间	标　题	报　刊
5 月 20 日	林偕春：开放月港建言人	福建日报
5 月 20 日	“图书漂流”，一场满溢书香的文化接力	福建日报
5 月 15 日	“福建省第八批援藏队助力昌都民生改善 援建路上见初心”	福建日报
5 月 13 日	云霄七星山自来水公司源水管道通水	福建日报
5 月 13 日	云霄：农村污水治理显成效	福建日报
5 月 13 日	农科成果转化带来的“田野革命”（云霄相关）	福建日报
6 月 3 日	新乡贤文化，激起乡村振兴“一池活水”	福建日报
6 月 3 日	走出“小家”融入“大家”	福建日报
6 月 3 日	佳洲岛：解锁现代农业跨界新“玩法”	福建日报
6 月 10 日	银纽带连着金茶山茶香里藏着好钱景	福建日报
6 月 10 日	云霄建成 7 所新学校	福建日报
6 月 10 日	云霄又一名医工作室投用	福建日报
6 月 12 日	周福茂捐赠紫砂壶特展开展	福建日报
6 月 14 日	“一场一景”， 国有林场发放“生态福利”	福建日报
6 月 17 日	云霄：服务保障队驻一线　工业项目“跑得快”	福建日报
6 月 17 日	云霄马铺产业脱贫“橙”意十足	福建日报
6 月 17 日	云霄新增市场主体近三成	福建日报
6 月 24 日	云霄县干部下基层，为奥克兰光电项目排解施工用电难题	福建日报
6 月 22 日	云霄等 12 个县退出省级扶贫开发工作重点县	福建日报
6 月 24 日	联席会议：漳州“大工业”的“智囊团”（云霄・配图）	福建日报
6 月 25 日	【图片新闻】	福建日报
6 月 28 日	云霄县农业废弃物无害化处理场投入运行	福建日报
7 月 2 日	【图片新闻】云霄举行女子龙舟赛	福建日报
7 月 5 日	【图片新闻】漳江口国家级红树林自然保护区	福建日报
7 月 8 日	小小巴非蛤，带富“渔港之乡”	福建日报
7 月 8 日	生态养殖扩宽致富路	福建日报
7 月 15 日	以壶传情，让小爱融成大爱	福建日报
7 月 15 日	闽粤两地书法联展开展	福建日报
7 月 15 日	云霄县委离退休工委党校揭牌成立	福建日报
7 月 19 日	好生态引白鹭来	福建日报
7 月 22 日	林区变景区 青山变“金山”	福建日报

续表 12

时　间	标　题	报　刊
7月22日	云霄工业“110”：全心全意为企业服务	福建日报
7月29日	云霄开发区“金融超市”开张	福建日报
8月5日	云霄：工地一线送“清凉”	福建日报
8月5日	云霄莆下村民安置房启动建设	福建日报
9月2日	“云霄血蚶”首次出口到泰国	福建日报
9月4日	云霄：瞄准“三个口袋” 巩固扶贫成果	福建日报
9月5日	闽湘两地美术作品联展开展	福建日报
9月9日	科技插上翅膀 飞到乡村一线	福建日报
9月16日	“2+N”：漳州创出社会治理新路径（云霄相关）	福建日报
9月21日	老区苏区，一个都不掉队（云霄相关）	福建日报
9月24日	农村电商：数字引擎唤醒乡村市场（云霄相关）	福建日报
9月26日	奋力赶超当先锋 建设富美新漳州（云霄相关）	福建日报
9月26日	云霄：乡村从脱贫走向振兴	福建日报
9月27日	点滴做起 带动校风乡风大变样	福建日报
9月30日	云霄：农村养老有去处	福建日报
10月8日	一本书·两岸情——两岸青少年快乐读书会侧记	福建日报
10月14日	杨桃变身“致富果”	福建日报
10月14日	漳州多地大项目集中签约（云霄相关）	福建日报
10月14日	这里的农民为啥搬家能致富？	福建日报
10月14日	“搬得出”还得“稳得住”	福建日报
10月15日	云霄机收再生稻示范项目完成验收	福建日报
10月15日	云霄抽水蓄能电站 “两洞”工程开工	福建日报
11月11日	云霄投入千万元引才	福建日报
11月11日	云霄为贫困户定制“就业脱贫攻略”	福建日报
11月11日	云霄县警保联动一级劝导站投用	福建日报
11月11日	【头条长通讯1200字以上】建设“第一家园”，闽台同“筑梦”（云霄相关）	福建日报
11月11日	自觉对标对表 以钉钉子精神抓落实	福建日报
11月12日	我省8县（市、区）入选第二批国家农产品质量安全县（云霄相关）	福建日报
11月17日	【头版头条1200字以上】森林“三库”引领八闽绿色发展	福建日报
11月18日	【要闻版头条1200字以上】森林进城·入村·惠民（云霄相关）	福建日报
11月14日	【2版800字】巩固拓展脱贫攻坚成果（云霄相关）	福建日报

续表 12

时　间	标　题	报　刊
11 月 18 日	“花”开两岸话盛世　“农”墨重彩谱华章（云霄相关）	福建日报
11 月 25 日	云霄公共配套项目建设提速	福建日报
11 月 25 日	云霄开展节水宣传活动	福建日报
11 月 25 日	【头条通讯 1200 字以上】攻坚克难　扶贫“战场”再冲锋	福建日报
11 月 25 日	来！到这里感受别样的东南亚风情（云霄相关）	福建日报
12 月 1 日	（要闻版 500 字以上）2019 年度福建省县域经济评价结果揭晓	福建日报
12 月 2 日	阿里巴巴漳州产业带签约仪式举行（云霄相关）	福建日报
12 月 2 日	陈年酒文化博物馆开馆	福建日报
12 月 2 日	云霄 96 户村民搬出深山	福建日报
12 月 2 日	云霄反季节四季蜜龙眼上市	福建日报
12 月 3 日	（要闻版 500 字）第三届“福建省十大法治人物”评选结果揭晓（云霄相关）	福建日报
12 月 8 日	图片新闻（产业脱贫）	福建日报
12 月 8 日	图片新闻（体育旅游）	福建日报
12 月 9 日	春风十里，不如阅读有你（云霄相关）	福建日报
12 月 10 日	在山海间畅享“飞驰人生”（云霄相关）	福建日报
11 月 25 日	云霄公共配套项目建设提速	福建日报
11 月 25 日	云霄开展节水宣传活动	福建日报
11 月 25 日	【头条通讯 1200 字以上】攻坚克难　扶贫“战场”再冲锋	福建日报
11 月 25 日	来！到这里感受别样的东南亚风情（云霄相关）	福建日报
9 月 28 日	“纸话　”录入中国语言资源库	海峡导报
9 月 27 日	漳江湾特大桥正式通车	海峡导报
9 月 27 日	云霄和田路（开漳大道至世坂段）竣工通车	海峡导报
9 月 25 日	群众用“纸话”保护游击队员	海峡导报
9 月 24 日	“纸话　”情报让日军束手无策	海峡导报
10 月 10 日	为设加水点破坏防撞墙	海峡导报
11 月 23 日	云霄：培养瓶里育出苗木克隆的“春天”	海峡导报
11 月 23 日	云霄：反季节四季蜜龙眼“抢鲜”上市“身价”看涨	海峡导报
11 月 23 日	云霄户外用品企业订单爆满	海峡导报
11 月 23 日	云霄：云陵镇下坂县城客运站建设提速	海峡导报
11 月 28 日	云霄马铺：经济实现量与质的飞跃	海峡导报

续表12

时间	标题	报刊
11月28日	云霄陈岱建成山坪新村96户村民开启幸福新生活	海峡导报
11月28日	云霄户外用品企业订单爆满	海峡导报
11月28日	云霄富佳宝食品工业园一年建成厂房超20万平方米	海峡导报
11月28日	云霄光电企业技改升级发展“满园春色”	海峡导报
12月4日	云霄：铺开占道经营整治助力美丽乡村建设	海峡导报
12月4日	云霄：“小种子”带动新产业	海峡导报
12月4日	云霄：莆美镇污水管道工程验收投用	海峡导报
12月4日	“小交警”走进云霄县公安局交警大队	海峡导报
12月5日	云霄：加强设备巡护确保赛事“电力”十足	海峡导报
12月5日	云霄：诚发不锈钢建设提速明年投入生产	海峡导报
12月5日	云霄高地利：力争明年第二季度实现投产	海峡导报
12月10日	云霄实小教师黄淑晖获一等奖	海峡导报
12月11日	云霄新投用15辆新能源电动公交车	海峡导报
12月11日	云霄：山美溪疏浚清淤工程春节前将竣工	海峡导报
12月11日	品质公益云霄“彩虹”在行动	海峡导报
12月11日	云霄列屿：张开“天罗地网”推进网格化管理	海峡导报
5月2日	漳江湾特大桥昨日通车 厦门至云霄多地少半小时车程	新华网
6月10日	云霄又一名医工作室投用	新华网
9月30日	云霄：农村养老有去处	新华网
11月11日	漳州市云霄县警保联动一级劝导站投用	新华网
11月12日	漳州云霄下河“杨桃村”的脱贫之路	新华网
12月2日	【“飞阅”中国】福建乌山天池：绿水青山 奇峰耸峙	新华网
12月3日	【“飞阅”中国】福建云霄：山易名园高古 纪念大唐将军父子	新华网
12月4日	【“飞阅”中国】最美赛道：福建东山湾	新华网
12月9日	【“飞阅”中国】2019环东山湾CRC赛况：追光逐影过山林	新华网
12月3日	全国百家媒体聚焦“花样漳州花样美”	新华网
9月26日	奋力赶超当先锋 建设富美新漳州	人民网
10月14日	漳州云霄县：杨桃变身“致富果”	人民网
10月17日	这里的村庄美如画——福建检察机关下派云霄县驻村第一书记扶贫侧记	人民网
11月7日	福建漳州：确保高质量打赢脱贫攻坚战	人民网

续表 12

时　间	标　题	报　刊
11 月 11 日	福建省各地认真传达学习贯彻十九届四中全会精神	人民网
11 月 12 日	福建省 8 县（市、区）入选第二批国家农产品质量安全县	人民网
11 月 14 日	巩固拓展脱贫攻坚成果——访漳州市委书记邵玉龙	人民网
11 月 27 日	福建漳州激活“地标”效应	人民网
12 月 5 日	不忘初心的坐标——“向东精神”	人民网
12 月 5 日	最美赛道：福建东山湾	人民网
12 月 9 日	2019 中国汽车拉力赛福建东山站落幕	人民网
12 月 18 日	李文庆：“劈山跨海”映初心	人民网
12 月 3 日	高质量发展 ｜ 福建云霄：云祥歌盛世 霄宇展新姿	人民网
10 月 30 日	模拟法庭进校园 普法教育零距离	中国新闻网
11 月 7 日	2019 全国重点网络媒体漳州行启动	中国新闻网
11 月 11 日	建设“第一家园”，闽台同“筑梦”	中国新闻网
11 月 11 日	福建省各地认真传达学习贯彻党的十九届四中全会精神	中国新闻网
11 月 12 日	福建省 8 县（市、区）入选第二批国家农产品质量安全县	中国新闻网
11 月 14 日	巩固拓展脱贫攻坚成果——访漳州市委书记邵玉龙	中国新闻网
11 月 17 日	福建漳州上下联动动真碰硬 深入推进整改落实工作	中国新闻网
11 月 17 日	壮丽 70 年 奋斗新时代 ｜ 森林〞三库〞引领八闽绿色发展	中国新闻网
11 月 18 日	森林进城·入村·惠民	中国新闻网
12 月 14 日	高质量发展丨千山拦不住 向东渠常清	福建学习平台
12 月 2 日	漳州：共沐“开漳圣王”荣光 开启“漫步云霄”时光	中新网
12 月 3 日	探访福建“杨桃村”	中新网
12 月 3 日	福建乌山天池：绿水青山 奇峰耸峙	中新网
12 月 6 日	2019 环东山湾中国汽车拉力锦标赛开赛	中新网
12 月 9 日	2019 中国汽车拉力锦标赛福建收官 范高翔蝉联年度总冠军	中新网
12 月 31 日	【光明图刊】向东渠：劈开万重山 引水向东流	光明网

云霄县地理标志产品名表

表 13

序号	注册商标名称	商标注册人	商标证号	注册商品	申报时间	注册时间	商标状态
1	云霄枇杷	云霄枇杷协会	3418548	枇杷	2002.12.27	2005.2.7	已注册
2	竹塔泥蚶	云霄县水产养殖协会	8518148	泥蚶（活）	2010.7.28	2011.2.14	已注册
3	东厦锯缘青蟹	云霄县水产技术推广站	9552702	锯缘青蟹（活）	2011.6.3	2012.1.14	已注册
4	列屿巴非蛤	云霄县水产技术推广站	9552743	巴非蛤（活）	2011.6.3	2012.1.14	已注册
5	下河杨桃	云霄县下河乡农村经济服务中心	9552703	杨桃	2011.6.3	2012.1.7	已注册
6	马铺淮山	云霄县马铺乡农村经济服务中心	9552744	淮山（新鲜蔬菜）	2011.6.3	2012.1.7	已注册
7	下河金枣	云霄县下河乡农村经济服务中心	9954949	金枣（新鲜水果）	2011.9.13	2012.3.28	已注册
8	东厦文蛤	云霄县海洋管理站	9954948	文蛤（活）	2011.9.13	2012.3.28	已注册
9	东厦缢蛏	云霄县东厦镇农村经济服务中心	10737564	缢蛏（活）	2012.4.9	2012.11.07	已注册
10	漳江口大蚝	云霄县水产技术推广站	12980693	大蚝（活的牡蛎）	2013.7.26	2015.3.28	已注册
11	火田青枣	云霄县火田镇农村经济服务中心	15262178	鲜枣	2014.9.1	2016.10.14	已注册
12	火田菠萝	云霄县火田镇农村经济服务中心	15262180	菠萝	2014.9.1	2016.10.14	已注册
13	火田大茂山茶	云霄县火田镇农村经济服务中心	15262179	茶	2014.9.1	2016.10.14	已注册
14	西林龙眼	云霄县食品快检中心	24341118	新鲜龙眼	2017.5.26	2018.7.21	已注册
15	马铺巴戟天	云霄县食品快检中心	24341110	药用巴戟天	2017.5.26	2018.7.28	已注册
16	岳坑大蒜	云霄县食品快检中心	25226349	新鲜蒜	2017.7.10	2018.10.28	已注册
17	漳江口跳跳鱼	云霄县东厦镇农村经济服务中心	24341113	跳跳鱼（活的）	2017.5.26	2018.10.28	已注册
18	下坂牛肉丸	云霄县食品快检中心	25226353	牛肉丸	2017.7.10	2018.10.28	已注册
19	漳江口竹蛏	云霄县食品快检中心	24341116	竹蛏（活的）	2017.5.26	2018.10.28	已注册
20	马铺沉香	云霄县马铺乡农村经济服务中心	24341111	药用沉香	2017.5.26	2018.11.28	已注册
21	七乡香芋	云霄县食品快检中心	24341117	新鲜芋头	2017.5.26	2018.11.28	已注册
22	向北番薯	云霄县食品快检中心	24341119	新鲜地瓜	2017.5.26	2018.11.28	已注册
23	云霄鸡爪松番薯	云霄县食品快检中心	24464841	新鲜番薯	2017.6.05	2018.11.28	已注册
24	七高漈石蛙	云霄县食品快检中心	25226354	石蛙（活的）	2017.7.10	2018.11.28	已注册
25	列屿石斑鱼	云霄县食品快检中心	25226352	石斑鱼（活的）	2017.7.10	2018.12.28	已注册
26	列屿青脚花蟹	云霄县食品快检中心	25226350	花蟹（活的）	2017.7.10	2018.12.28	已注册

续表 13

地区	注册商标名称	商标注册人	商标证号	注册商品	申报时间	注册时间	商标状态
27	列屿青鱼	云霄县食品快检中心	25226351	青鱼（活的）	2017.7.10	2018.12.28	已注册
28	佳州岛贴沙鱼	云霄县食品快检中心	25226348	贴沙鱼（活的）	2017.7.10	2019.2.7	已注册
29	火田金樱酒	云霄县火田镇农村经济服务中心	27851094	金樱酒（果酒）	2017.12.4	2019.2.21	已注册
30	向北米粉	云霄县食品快检中心	24341114	米粉（条状）	2017.5.26	2019.4.21	已注册
31	马铺甜茶	云霄县马铺乡农村经济服务中心	29975047	用作茶叶用品的花或叶	2018.4.2	2019.5.28	已注册
32	火田生姜	云霄县火田镇农村经济服务中心	27851093	生姜（新鲜）	2017.12.4	2019.6.7	已注册
33	马铺风柜斗草	云霄县马铺乡农村经济服务中心	24341112	药用风柜斗草	2017.5.26	2019.7.28	已注册
34	火田金柑	云霄县火田镇农村经济服务中心	27851095	金柑（鲜）	2017.12.4	2019.9.7	已注册

（黄宽林撰　蔡炎煌审）

说　明

一、本索引采用主题词分析法，按主题词首字汉语拼音字母顺序排列。
二、栏目、分目标题用黑体字。“大事记”“特载”“人物”“附录”内容不作索引。
三、索引主题词后的数字表示页码。
四、空一字起排的款目为上一主题的“附见”。

A

B

E

F

G

H

J

L

M

N

T

W

X

Y

Z

模式创新实验区

- 福建师范大学文学院国家级教学团队
- 福建师范大学文学院国家级专业综合改革试点项目
- 福建省财政厅专项经费
- 福建师范大学文学院林勤文学创作与研究奖励基金

支持本丛书的出版

耕云读雪

陈章汉 著

福建师范大学文学院文学创作丛书

ISBN 978-7-5567-0086-8

定价：33.00元

海峡出版发行集团
THE STRAITS PUBLISHING & DISTRIBUTING GROUP

海峡书局